국제거래에 관한 분쟁해결절차의 경합

- 소송과 중재 -

■ 이필복

서울대학교 법과대학 졸업
사법연수원 제41기 수료
서울대학교 대학원 법학석사, 법학박사
육군법무관, 서울중앙지방법원 등 판사
현재 부산고등법원 울산재판부 판사

국제거래에 관한 분쟁해결절차의 경합

초판 1쇄 인쇄   2022년 07월 19일
초판 1쇄 발행   2022년 07월 29일

지 은 이   이필복

발 행 인   한정희
발 행 처   경인문화사
편   집   유지혜 김지선 한주연 이다빈 김윤진
마 케 팅   전병관 하재일 유인순
출판번호   제406-1973-000003호
주   소   경기도 파주시 회동길 445-1 경인빌딩 B동 4층
전   화   031-955-9300   팩   스   031-955-9310
홈페이지   www.kyunginp.co.kr
이 메 일   kyungin@kyunginp.co.kr

ISBN   978-89-499-6651-9 93360
값   27,000원

국제거래에 관한 분쟁해결절차의 경합

– 소송과 중재 –

이 필 복 지음

경인문화사

서 문

　국제거래상 분쟁의 당사자들은 소송과 중재 등 법률적·경제적·전략적인 측면에서 자신에게 가장 유리한 분쟁해결절차와 법정지(法廷地)를 선택하고자 한다. 이러한 선택지는 당사자 사이에 상충할 수 있고, 이러한 선택의 충돌로 인하여 분쟁해결절차의 경합이 발생한다. 이 책은 소송과 중재를 중심으로 국제거래에 있어서 분쟁해결절차의 경합이라는 현상을 이론적으로 분석하고, 이에 대처하는 각국의 입법례를 정리하여 검토하며, 우리 현행법상 도출되는 적절한 해결책을 모색한다. 이에 따라 이 책에서는 국제적 소송경합, 소송과 중재의 경합, 중재 상호간의 경합의 경우로 나누어 각 유형별로 문제되는 주요 쟁점들을 분석하고, 이와 체계적으로 밀접하게 관련되어 있는 소송유지명령(訴訟留止命令, anti-suit injunction)에 관하여도 살펴본다.

　국제적 소송경합은 최근 국내외에서 주목 받는 주요 이슈가 되고 있다. 우선 국내적으로는 개정 국제사법에 새로 도입된 국제적 소송경합(제11조)과 법원의 결정에 의한 국제재판관할권의 불행사(제12조)에 관한 규정들을 어떻게 해석·적용하여야 하는가가 실무상 중요한 과제가 될 것이다. 한편 헤이그국제사법회의(HCCH)는 현재 이른바 '관할프로젝트(Jurisdiction Project)'를 진행 중인데, 관할프로젝트는 각 회원국의 국내법상 국제재판관할을 존중하는 것을 기본 원칙으로 하면서 그 상호간의 저촉을 해소할 적절한 규칙을 모색하는 데 주안점을 두고 진행되고 있다. 그러므로 관할프로젝트는 사실상 국제적 소송경합에 관한 규칙을 마련하는 방향으로 귀결될 것이라 조심스럽게 예상해 본다. 필자는 이 책이 개정 국제사법상 관련 규정들의 해석론을 정립하고, 우리나라가 헤이그국제사법회의의 회원국으로서 관할프로젝트에 참여하여 협약안을 발전시켜 가는 데 미력이나마 도움이 되기를 소망한다.

이 책은 필자가 2020년 취득한 법학박사학위 논문인 "국제적인 민사
및 상사분쟁 해결절차의 경합에 관한 연구-소송과 중재를 중심으로"(서
울대학교 대학원, 2020년 8월)를 수정·보완한 것이다. 이 책은 박사학위
취득으로부터 2년 가까이 지나서야 발간되는데, 이는 전적으로 필자의
게으름으로 인한 것이라 민망할 따름이다. 그 사이에 개정 국제사법이
국회에서 통과되어 시행되는 사정변경이 있음에 따라, 이 책 제4장 제
1절의 '현행법상의 국제적 소송경합의 해결' 부분은 구 법 하에서의 논
의가 되어 버렸다. 필자가 편집 막바지에 이르러 이 부분을 전면 수정할
것을 고려하기도 하였으나, 오히려 2020년 당시 구 법 하에서의 고민들
을 그대로 남기는 것도 의미가 있을 것 같아 그대로 두었다. 독자들께서
이를 감안하여 보아 주시기를 바라며, 그로 인한 불편에 대해 너그러운
이해를 구한다.

필자가 국제거래법과 국제사법의 세계에 발을 들여 박사학위를 받
고, 첫 저서를 낼 수 있게 된 것은 근본적으로 은사이신 석광현 교수님
의 지도가 있었기에 가능한 것이었다. 필자는 석광현 교수님의 학문적
업적이나 통찰뿐만 아니라, 학업에 대한 열정과 진지한 태도, 그리고
삶 자체에 있어서의 청렴하고 지조 있는 자세를 전범으로 삼으며 현재
에 이르렀다. 교수님께서 올해 정년을 맞이하시게 된 것은 제자로서 아
쉬운 일이나, 교수님의 정년을 축하드리며, 앞으로도 국제거래법학과
국제사법학의 거목으로서 필자를 비롯한 후학들에게 오래도록 커다란
그늘을 펼쳐 주시기를 감히 바라본다. 학위논문 심사 과정에서 귀중한
조언을 아끼지 않으신 정선주 교수님, 김인호 교수님, 전원열 교수님,
그리고 최봉경 교수님께도 깊이 감사드린다. 필자의 학위논문이 출간
될 수 있도록 법학연구총서로 선정해 주신 서울대학교 법학연구소, 이
책을 출판해주신 경인문화사와 편집담당자(유지혜 대리님)께도 감사드
린다.

필자가 이 책의 최종 편집 원고를 경인문화사에 전달한 날 필자의 딸 정원(貞遠)이 태어났다. 절묘하게도 이 책이 필자의 딸과 함께 태어나게 되는 것 같아 그 의미가 남다르다. 지난 열 달간 아이를 품어 무사히 낳고, 지금은 몸조리를 위해 애쓰고 있는 아내의 희생과 노력에 대하여, 아내에게 깊은 고마움과 애정의 마음을 지면을 빌려 전하고 싶다. 본래대로라면 이 책은 그 동안 아들을 낳아 키우며 뒷바라지 하고, 늘 응원과 지원을 아끼지 않으신 부모님께 바쳐야 할 것이다. 허나 필자가 박사학위를 받고 이 책을 내기까지 사이에 아내와 결혼하여 딸을 낳았으니 어떻게 해야 할 지 고민에 빠지게 되었다. 이 행복한 고민 끝에, 필자는 이 책은 사랑하고 존경하는 부모님께 바치되, 사랑하는 아내를 위해서는 훗날 다른 책을 내기로 다짐하며, 사랑하는 귀한 딸 정원이의 앞길에 늘 건강과 행복이 깃들기를 간절히 기원하면서 이 책의 서문을 마친다.

2022년 7월
이 필 복

목차

서문

제1장

서론

제1절 연구의 의의 및 목적

Ⅰ. 연구의 출발점

국제거래[1]는 외국관련성 또는 외국적 요소(foreign element)가 있는 사법(私法)상의 거래관계를 의미한다. 국제거래를 둘러싼 법적 분쟁은 준거법, 국제재판관할, 외국판결의 승인·집행과 같이 외국적 요소가 없는 거래에서는 나타나지 않는 특수한 문제들을 필연적으로 수반한다. 한편 외국적 요소가 없는 거래에서도 나타나지만 국제거래에 관한 법적 분쟁이기 때문에 특수성을 가지고, 새로운 차원의 쟁점을 불러일으키는 문제들도 있다. 국제거래에 관한 법적 분쟁에서 나타나는 국제적 소송경합(國際的 訴訟競合, lis alibi pendens)[2]은 그러한 속성을 가진 대표적인 문제이다.[3]

국제적 소송경합은 다음과 같이 단일한 법체계 내에서 발생하는 소송경합과는 다른 특수성을 가진다.[4]

---

1) 석광현, "국제계약의 준거법에 관한 몇 가지 논점", 국제사법과 국제소송 제1권, 박영사, 2002, 7. 국제사법의 적용대상인 국제적(섭외적) 법률관계에 관한 고찰은, 최공웅, "국제사법의 적용대상과 섭외성의 판단", 법조 제48권 제8호, 1999, 14 이하 참조.
2) 이는 '국제적 중복제소' 또는 '국제적 중복소송'으로 일컬어지기도 한다. '국제적 소송경합'이라는 용어의 사용에 관하여는 아래에서 따로 살펴본다.
3) 그 밖에 외국으로의 송달, 외국 소재 증거조사를 위한 국제사법공조에 관한 문제가 이러한 속성의 문제로 분류될 수 있을 것이다.
4) 피정현, "국제적 중복제소의 금지 여부", 현대사회와 법의 발달: 균제 양승두 교수 화갑기념논문집, 1994, 601 이하는 국제적 소송경합의 특수성으로 ① 법원의 질적 차이, ② 소송법의 차이와 그에 따른 당사자들의 법정지 쇼핑(forum shopping), ③ 소송비용의 부담 원칙의 차이를 들고 있다. 이러한 특수성의 내

첫째, 국제적 소송경합은 '법정지 쇼핑(forum shopping)'에 관한 당사
자들의 강한 동기에 기초해 있다. 분쟁 당사자들은 소를 제기하기에 앞
서 어느 국가의 법원이 국제재판관할을 가지는가를 검토하고 그러한 국
가가 하나인 경우에는 그곳에서, 복수(複數)인 경우에는 그중 자기에게
가장 유리한 최적의 국가를 선정하여 소를 제기한다.[5] 즉 당사자는 당
해 분쟁에 대해 국제재판관할권을 가지는 여러 법정지(法廷地, forum)
중 당해 법정에서 사용하는 언어, 국제사법과 그에 의하여 결정되는 준
거법, 증거법칙을 포함한 소송규칙, 승소판결의 집행가능성 등과 같은
법적인 측면, 소송비용과 소송절차의 신속성 등과 같은 경제적인 측면,
그리고 전략적인 측면에서 자신에게 가장 최적의 법정지를 선택하여 소
를 제기하게 된다.[6] 이것이 이른바 '법정지 쇼핑(forum shopping)'이다.[7]
단일한 법체계 하에서는 당사자들이 법정지 쇼핑을 할 동기가 크지 않
다. 어느 법원에 소를 제기하든 어차피 같은 소송규칙과 사법시스템, 그

용 역시 타당하나, 필자가 드는 아래 두 가지 특수성은 보다 거시적인 관점에
서 포착한 것이다.

5) 석광현, 국제재판관할에 관한 연구, 서울대학교 출판부, 2001, 1. 이 책은 석광
현 교수의 서울대학교 법학박사학위 논문인 "국제재판관할에 관한 연구: 민사
및 상사사건에 있어서의 국제재판관할의 기초이론과 일반관할을 중심으로"를
단행본으로 낸 것이다.

6) Fentiman, International Commercial Litigation(2nd), Oxford, 2015, para. 7. 22. Fentiman
교수는 상업적 당사자들에게 소를 제기하거나 방어하는 행위는 투자결정과 같
다는 국제소송의 현실적인 측면에 주목한다. 일방 당사자의 입장에서, 경우에 따
라서는 자신에게 객관적으로 가장 유리한 법정지가 아니라 상대방 당사자에게
객관적으로 가장 불리한 법정지가 최적의 법정지가 될 수도 있다.

7) 당사자들의 법정지 쇼핑에 영향을 미치는 요소는 일단 앞서와 같이 법적인 측
면, 경제적인 측면, 전략적인 측면으로 유형화할 수 있을 것이나, 사실상 소송
과 관련된 모든 사항이 영향을 미친다. 상세는 이철원, "EU법상 국제소송 경합
의 처리와 우리 법에 대한 시사점 -브뤼셀 규정과 최근 ECJ 판결들에 대한 검
토를 중심으로-", 한국해법학회지 제34권 제2호, 2012, 10 참조. 실무적으로는
어느 나라에서 소송이 진행되느냐가 당사자들의 화해 협상에도 큰 영향을 미
치는데, 이것이 전략적인 측면의 한 예라고 할 수 있다.

리고 준거법에 의하여 재판이 행해지기 때문이다.[8] 이와 달리 국제거래
는 여러 나라의 법체계가 교차하는 법적 분쟁을 수반하기 때문에, 당사
자들은 앞서 본 것처럼 법정지 쇼핑에 대한 강한 동기와 이해관계를 가
질 수밖에 없다. 그 결과 소송경합이 빈번하게 발생하고, 이를 어떻게
해결하는가에 관하여 당사자들은 더 첨예하게 대립한다.[9]

둘째, 국제적 소송경합은 국가의 주권, 그중에서도 민사재판권 행사
문제와 밀접하게 결부되어 있다. 국제적 소송경합을 규율하기 위해 경
합하는 각국의 국제재판관할권 사이에 우선권(priority)이 있는 것을 정하
게 되면, 어느 한 국가 법원이 민사재판권 행사를 자제·포기하는 것이
불가피하다. 어느 한 국가가 주권 행사를 자제하거나 포기함에 있어서
는 이를 강제할 '상위 권력'이 있거나, 그렇지 않으면 이를 정당화할 만
한 이념을 필요로 할 수밖에 없다.[10] 그런데 국가들이 '국제적인 관점에
서 조화로운 사법(私法)상 분쟁의 해결'이라는 목적을 위해서 다른 국가
의 민사재판권 행사를 승인하고 때로는 그 재판절차에 우선권을 부여한
다는 이념을 받아들이기까지는 오랜 시간이 걸렸다. 그러한 이유로 국
제적 소송경합의 해결을 위한 법 이론의 확장은 비교적 최근인 20세기
후반에 이르러서야 국제화(internationalization)·세계화(globalization)의 흐
름과 함께 현저히 나타나게 되었다.[11] 오늘날 유럽 '브뤼셀 체제(Brussels
Regime)'[12]의 소송경합(*lis pendens*)과 관련 소송(related actions)에 관한

---

8) 미국과 같은 불통일 법체계(不統一 法體系, non-unified legal system)에서는 한
   국가 내에서도 예컨대 주법원에서 재판을 받는가 아니면 연방법원에서 재판을
   받는가, 어느 주의 법원에서 재판을 받는가에 따라서 차이가 크므로 한 국가
   내에서의 법정지 쇼핑이 의미를 가진다.
9) 전원열, 민사소송법 강의, 박영사, 2020, 90은 다국적기업이 각 소송을 진행하
   여 보면서 더 유리한 판결을 받을 수 있는 법원을 찾을 때 종종 국제적 소송경
   합이 발생한다고 설명한다.
10) 이철원(주 7), 11.
11) Lüttringhaus/Silberman, "Lis Alibi Pendens", Encyclopedia of Private International Law,
   2017, 1160.

규정들은 국제적 소송경합에 대한 규율을 정당화하는 '상위 권력'의 예를 잘 보여주는데,[13] 이 역시 그 회원국들이 위와 같은 이념을 받아들였기 때문에 가능한 것이었다.[14]

　이처럼 국제적 소송경합은 법정지 쇼핑에 대한 당사자들의 강한 동기에 기초하여 국제소송에서 빈번하게 발생하고, 오늘날 그에 관련된 법 이론이 현저하고 급격하게 확장되는 추세에 있다. 외국판결의 승인과 집행을 통한 자유로운 판결의 유통(free circulation of judgments) 체계가 강화되는 추세에 있으므로, 국제적 소송경합은 점점 그 발생의 빈도와 중요성을 더해갈 것이다. 그렇다면 국제적 소송경합의 규율에 관한 국제적인 흐름에 보조를 맞추어 우리나라에서 국제적 소송경합을 규율하는 예측 가능하고 합리적인 법해석론 또는 입법론을 정리하는 것은 거의 당위(當爲)라 할 정도로 그 현실적 필요성이 크다.

　한편 당사자 사이에 중재합의가 있는 경우에도 국제적 소송경합과 유

---

12) 민사 및 상사사건의 재판관할과 재판의 집행에 관한 유럽공동체 협약(이하 '브뤼셀협약'), 이를 대체한 2000년 민사 및 상사사건의 재판관할과 재판의 집행에 관한 유럽연합 이사회 규정(이하 '브뤼셀 I 규정') 및 2015년 개정 브뤼셀규정(이하 '브뤼셀 I recast 규정'), 그리고 1988년 당시 유럽경제공동체 국가들과 자유무역연합(EFTA) 국가들간에 체결된 브뤼셀협약의 병행협약인 루가노협약(2010년 개정되어 유럽연합 국가들과 덴마크, 노르웨이에서 발효함)을 망라적으로 일컬어 '브뤼셀 체제(Brussels Regime)'라고 한다. 석광현, 국제민사소송법, 박영사, 2012, 13.

13) 이철원(주 7), 11.

14) 예컨대 프랑스는 국제적 소송경합에 대한 규제소극설(規制消極說)을 따라왔으나 1973년 브뤼셀협약이 발효되고 나서 국제적 소송경합에 대한 규율을 하기 시작하였고, 이탈리아는 "외국법원에 동일한 또는 관련된 청구에 대한 소송이 계속되었다는 사실에 의하여 이탈리아 법원의 재판권이 배제되지 않는다(민사소송법 제3조)"는 명문의 규정을 두고 있다가 1995년 국제사법 개정을 통해 승인예측설에 기초한 우선주의를 채택함으로써 비로소 국제적 소송경합에 대한 규율 체계를 받아들였다(이탈리아 국제사법 제7조). Lüttringhaus/Silberman(주 11), 1160; 이헌묵, "국제적 소송경합의 처리에 관한 비교법적 연구", 국제사법연구 제25권 제1호, 2019, 388 이하 참조.

사한 상황이 나타날 수 있다. 국제상사중재와 관련된 절차의 경합은 '중재
절차와 소송절차의 경합', '중재절차 상호간의 경합'의 두 가지 유형으로
나타난다. 오늘날 중재제도의 영향력이 커지고 있는 만큼 위와 같은 유형
의 절차 경합에 관한 논의도 점차 그 중요성을 높여가고 있다. 필자는
오늘날 대표적인 대체적 분쟁해결수단(代替的 紛爭解決手段, alternative
dispute resolution/ADR)[15])으로서 중재가 가지는 위상에 비추어, 국제적인
민사·상사분쟁에 관한 국제적 소송경합뿐만 아니라 국제상사중재와 관련
된 절차의 경합에 관하여도 연구를 함께 수행하는 것이 필요하다고 보았
다. 국제적 소송경합과 국제상사중재와 관련된 절차의 경합은 기초가 되는
이론과 그 구조에 유사성이 있으므로 이를 함께 보는 것은 연구의 체계성
과 효율성을 높일 수 있다.

　요컨대 이 연구는 국제적 소송경합과 국제상사중재와 관련된 절차의
경합에 관한 체계적 연구를 통해서, 이를 규율하는 예측 가능하고 합리
적인 법해석론 또는 입법론을 마련하는 것이 현재 시점에서 매우 필요
성이 크다는 인식에서 출발하였다.

II. 연구의 의의와 목적

　이 책은 ① 국제적인 민사·상사분쟁 해결절차의 경합 문제를 관통하
는 논리체계를 정립하고, ② 국제적 분쟁 해결절차의 경합에 관한 비교
법적 검토를 통해 국제적인 최신 동향을 국내에 소개하며, ③ 이를 토대

---

15) 분쟁을 소송에 의하지 아니하고 자치적으로 해결하려는 방안들인 '대체적 분
　쟁해결수단'으로 협상(協商, negotiation)과 화해(和解, compromise), 알선(斡旋),
　조정(調停), 중재(仲裁, arbitration) 등이 있고, 국제적인 사인 간 분쟁의 해결 방
　법으로서 이미 널리 활용되고 있다. 목영준/최승재, 상사중재법 개정판, 박영
　사, 2018, 4 참조.

로 현행 민사소송법과 중재법 하에서 국제적 소송경합 또는 국제상사중재와 관련된 절차의 경합을 해결하기 위한 합리적인 해석론을 도출하고, ④ 나아가 국제적인 민사·상사분쟁 해결절차의 경합을 효과적으로 규율하기 위한 입법론을 검토하는 것을 목적으로 한다.

1. 분쟁 해결절차 경합을 관통하는 논리체계의 정립

이 책은 국제적인 민사 또는 상사분쟁 해결절차의 경합 문제를 종합적이고 체계적으로 정리하는 것을 일차적인 목표로 한다. 종래 국내에서는 국제적 소송경합[16]과 국제상사중재에 있어서의 소송절차와 중재절차의 경합, 중재절차 상호간의 경합[17]에 관하여 이를 각각 다룬 적지 않은 선행연구가 있었다.

---

16) 우선 국제적 소송경합에 관하여 보면, 석광현 교수는 서울대학교 법학박사학위 논문(주 5)에서 국제적 소송경합에 관한 외국의 입법례를 소개하면서 국제적 소송경합의 규율에 관한 입장을 피력한 바 있고, 국제민사소송법 교과서(주 12)에서 국제적 소송경합을 별도의 장에서 다루었다. 이전의 유력한 선행연구로, 피정현(주 4), 599 이하; 최공웅, "국제소송과 중복제소의 금지", 민사재판의 제문제 제7권, 1993, 251 이하; 유재풍, "국제소송의 경합", 국제사법연구 제2호, 1997, 431 이하; 강희철, "국제적 중복소송", 국제사법연구 제9권, 2003, 9 이하; 한충수, "국제적 소송경합(Lis Pendens) ―서울중앙지방법원 2002. 12. 13. 선고 2000가합90940 판결을 중심으로―", 민사소송 제8권 제2호, 2004, 42 이하 참조.

17) 유력한 선행연구로, 박영길, "Lis Pendens와 중재", 중재 제327호, 2009, 4 이하; 이규호, "국제상사중재와 국제소송의 경합", 국제사법연구 제16권, 2010, 62 이하; 양석완, "국제상사중재와 국제소송의 경합과 병행절차에 관한 연구 ―로테르담 규칙을 중심으로―", 경영법률 제24집 제3호, 2014, 315 이하; 김용진, "중재와 법원 사이의 역할분담과 절차협력 관계 ―국제적 중재합의 효력에 관한 다툼과 중재합의관철 방안을 중심으로―", 중재연구 제27권 제1호, 2017, 85 이하 및 석광현, "국제상사중재에서 중재합의와 소송유지명령(訴訟留止命令, anti-suit injunction)", 국제상사중재법연구(제2권), 박영사, 2019, 275 이하 참조. 다만 중재절차 상호간의 경합에 관한 논의는 우리나라에서 연구가 많이 되지 않은 편이다.

그러나 이론적으로 국제적인 민사·상사분쟁 해결절차 경합의 해결은 이를 관통하는 공통된 논리 구조에 기초해 있으므로, 종합적인 접근을 통해 이에 관한 논의를 보다 체계적으로 정립할 필요가 있다. 국제적인 민사·상사분쟁 해결절차 경합의 해결은 기본적으로 특정한 사건에 관하여 적법한 권한을 가진 법원 또는 대체적 분쟁해결기구 사이의 우열을 정하는 문제이다. 따라서 특정 사건에 관하여 경합하는 관할권을 가지는 분쟁해결기구 중 어느 하나에 우선권(priority)을 주는 기준 내지 규칙을 정하는 것이 가장 핵심 과제가 된다. 분쟁해결의 수단이 소송인가 아니면 중재와 같은 대체적 분쟁해결수단인가에 따라서 위와 같은 기준 내지 규칙을 정하는 접근 방법이나 논리 경로에 조금씩 차이가 나타날 수는 있다. 그러나 근본적으로 국제적인 민사·상사 분쟁 해결절차 경합의 해결은 이를 일관되게 관통하는 논리적 틀에 기초해 있다.

실무적으로도 국제적인 민사·상사 분쟁 해결절차 경합의 해결을 아우르는 논리적 체계를 정립할 필요성이 있다. 국제적인 민사·상사분쟁 해결절차 경합을 체계적으로 이해함으로써 분쟁 해결절차 전반에 대한 실무가들의 '전략적 이해'를 증진할 수 있다. 특히 오늘날의 국제거래 실무에서는 소송과 중재의 접점이 점점 넓어지고 있으므로, 국제소송과 국제상사중재의 경합을 하나의 글 안에서 체계적으로 조명한다면 국제적인 민사·상사 분쟁 해결절차에 관여하는 실무가들에게 유의미한 참고 자료를 제공할 수 있을 것이다.

2. 최근의 국제적 동향 정리 및 소개

이 책은 국제적인 민사·상사분쟁 해결절차의 경합에 관하여 정리하면서 그와 관련된 외국법 규범 등 최근의 국제적 동향을 충실히 소개하는 것 역시 목표로 한다. 앞서 본 것처럼 국제적 소송경합의 해결을 위한 법 이론의 확장은 20세기 후반에 이르러서야 현저하게 나타나기 시작하였고, 이는 현재 진행형이다. 우리나라의 이웃 국가와 주요 교역 상대국을 중심으로 보면, 일본은 2011년 민사소송법, 2018년 인사소송법 개정을 통해 이른바 '특단의 사정론'을 구체화하는 입법을 하였고, 중국은 2015년 '중국 최고인민법원의 중화인민공화국 민사소송법의 적용에 관한 해석'에서 '부적절한 법정지의 법리(不適切한 法廷地의 法理, doctrine of *forum non conveniens*)'의 적용요건 등을 분명히 하였다. 미국법률협회(American Law Institute, ALI)는 2006년 '사법통일을 위한 국제협회(The International Institute for the Unification of Private Law/UNIDROIT[18])'와 함께 국제적 소송경합에 관한 대륙법계(civil law jurisdiction)와 보통법계(common law jurisdiction)[19] 규칙의 조화를 시도한 'ALI/UNIDROIT 원칙(Principle)'을 성립하였다. 유럽연합에서 2015년부터 시행된 브뤼셀 I recast 규정은 브뤼셀 I 규정 하에서 드러난 국제적 소송경합과 관련된 여러 문제들을 개선하기 위한 내용을 포함하고 있다. 헤이그 국제사법회의(HCCH)에서는 2019년 '민사 또는 상사에 관한 외국재판의 승인 및 집행에 관한 협약(이하 '헤이그 재판협약이라 한다)'[20]이 채택되었는데, 위 협약에서는 외국판결의 승인·집행의 맥락에서 국제적 소송경합의 처리에 관한 기준을 제시하고 있다. 헤이그 국제사법회의는 헤이그 재판협약 채택 이후 2020년 '국제적 병행절차[21]에 관한

---

18) 사법통일을 위한 국제협회의 공식 불어 명칭은 'Institut international pour l'unification du droit privé'이다. 이를 줄여 'UNIDROIT'라고 한다.

19) '커먼로(common law)'는 때로는 제정법(statute law)에, 때로는 대륙법(civil law)에, 때로는 지역적 특별법(*ius speciale*)에, 때로는 형평법(equity law)에 대비되는 의미로 사용되고, 이를 다루는 관점에 따라 '보통법'이라 일컬어지기도 하고 '공통법'이라 일컬어지기도 한다. 상세는 최봉경, "특정이행과 손해배상 –비교법적 연구를 중심으로–", 저스티스 통권 제178호, 2020, 55 각주 2) 참조. 이 논문에서 '커먼로(common law)'는 원칙적으로 '대륙법'에 대비되는 '보통법'의 의미를 가지고, 영국법과 관련하여서는 제한적으로 '형평법'에 대비되는 의미를 가진다.

20) 협약의 공식 명칭은 'Convention of 2 July 2019 on the Recognition and Enforcement of Foreign Judgments in Civil or Commercial Matters'이다.

21) 이하에서 '병행절차(concurrent proceedings)'는 당사자와 소송물이 동일한, 엄격

규칙을 포함한, 직접적 국제재판관할에 관하여 규율하는 외교문서'를 마련하기 위한 이른바 '관할 프로젝트(Jurisdiction Project)'를 개시하였다. 그런데 위 관할 프로젝트는 직접적 국제재판관할의 구체적 관할원인을 규율하는 규칙보다도 국제적 병행절차를 규율하는 규칙에 무게중심을 두고 진행될 것으로 예상된다.

한편 국제법협회(International Law Association/ILA)의 국제상사중재위원회는 국제상사중재와 관련된 절차의 경합, 즉 소송절차와 중재절차 사이의 경합, 중재절차 상호간의 경합에 관한 문제를 해결하기 위하여 2006년 토론토 총회에서 보고서 및 중재판정부에 대한 권고안을 채택한 바 있다.[22] 이는 국제상사중재와 관련한 절차의 경합 해결과 관련하여 유의미한 시사점과 지침을 제공한다.

이 책은 최근 급격한 변화를 겪고 있는 국제적인 민사·상사분쟁 해결절차의 경합에 관한 국제적인 최신 동향을 일목요연하게 정리하여 국내에 소개하는 것만으로도 의미가 있을 것이다.

3. 국내법의 합리적인 해석론 도출

이 책은 국제적인 민사·상사분쟁 해결절차와 관련된 우리 국내법의 합리적 해석론을 도출하는 것도 목적으로 한다. 현재 우리나라에는 국제적 소송경합에 관한 명문의 규정이 없다. 민사소송법 제259조(중복된 소제기의 금지)의 "법원에 계속되어 있는 사건에 대하여 당사자는 다시 소를 제기하지 못한다."는 규정만이 있을 뿐이다. 이에 국제적 소송경합

한 의미의 소송경합(parallel proceedings)과 관련 소송(related actions)을 통틀어 이를 때 사용한다.

22) Sheppard, Final Report on *Lis Pendens* and Arbitration: ILA Toronto Conference(2006) on International Commercial Arbitration, ILA, 2006. 위 보고서의 대강에 관한 소개 는, 박영길(주 17), 5 이하 참조.

을 어떻게 처리할 것인지는 '중복제소금지 원칙을 국제소송의 맥락에도 적용할 수 있는가'라는 관점에서 논의되어 왔다. 이 책에서는 국제적 소송경합에 관한 일반이론과 최근의 국제적 동향에 관한 검토를 토대로 현행 민사소송법의 해석론상 국제적 소송경합을 어떻게 처리할 것인지에 관하여 다룬다.

한편 우리 중재법은 국제연합 국제거래법위원회(United Nations Commission on International Trade Law/UNCITRAL)의 국제상사중재에 관한 모델법(Model Law on International Commercial Arbitration, 이하 '모델 중재법'이라 한다)[23]을 그 입법모델로 하고 있다. 중재절차와 소송절차가 경합하는 경우 중재합의의 존재, 유효성, 이행가능성, 그리고 당해 분쟁이 중재합의의 대상에 해당하는지 여부가 중요한 쟁점이 된다. 우리 중재법상 중재판정부가 법원에 대한 관계에서 위와 같은 쟁점들에 대한 심판의 우선권을 가지는지 여부(이른바 '자기권한심사의 소극적 효과'의 인정 여부)가 문제되는데, 이에 관한 우리 중재법의 해석론을 살펴볼 필요가 있다. 중재절차 상호간의 경합에 관하여는 우리 중재법이 어떠한 지침도 제공하고 있지 않은바, 현행법 하에서 어떠한 기준으로 중재판정부 상호간의 우열을 가릴 것인가에 관해서도 검토할 필요가 있다.

---

23) 1985년 채택된 모델 중재법은 현재 85개 국가 118개의 법역에서 이를 수용한 입법을 함으로써 국제적으로 통용되는 규범으로서의 위상을 가지고 있다. https://uncitral.un.org/en/texts/arbitration/modellaw/commercial_arbitration/status 참조. (개정 전) 모델 중재법에 관한 전반적 해설은 장문철, 현대중재법의 이해, 세창출판사, 2000, 73 이하 참조. 우리나라는 1999년 모델법을 전면적으로 수용하여 중재법을 개정한 바 있었다. 위 중재법의 주요 내용과 문제점에 관하여는 석광현, 국제상사중재법연구 제1권, 박영사, 2007, 55 이하 참조. 모델법은 2006년 중재합의의 방식, 임시적 처분과 사전명령 등에 관한 부분이 개정되었고, 우리나라는 2016년 개정된 모델법을 받아들여 다시 한번 중재법을 개정하였다. 2016년 개정된 중재법의 주요 내용과 문제점에 관하여는 석광현, "2016년 중재법의 주요 개정내용과 문제점", 국제상사중재법연구 제2권, 박영사, 2019, 93 이하 참조.

이 책은 중재보다 원칙적인 분쟁해결방법이라고 할 수 있는 소송의 경합, 즉 국제적 소송경합에 더 무게를 두어 다룬다. 다만 국제적 소송경합과 관련하여 다루는 일반이론은 그중 적지 않은 부분(예: 기판력, 외국판결의 승인·집행에 관한 사항)이 국제상사중재와 관련된 절차의 경합에 유추적용 되거나 준용될 수 있을 것이다.

4. 바람직한 입법론의 검토

2022년 개정된 국제사법(이하 '개정 국제사법'이라 한다)[24]은 국제적 소송경합을 규율하는 규정(제11조)과 국제적 소송경합과 밀접한 관련이 있는 '국가재판관할권의 불행사'에 관한 규정(제12조)을 포함하고 있다. 그러므로 개정 국제사법의 시행에 따라 국제적 소송경합에 대한 합리적이고 예측가능한 규율을 기대할 수 있다. 이 책에서는 개정 국제사법을 분석하여 그에 관한 합리적인 해석론을 제시하고, 입법론적 관점에서 그 개선사항을 검토한다.

한편 국제적 소송경합 또는 국제상사중재와 관련된 절차의 경합과 동전의 앞뒷면과 같은 관계에 있는 주제로서 소송유지명령(訴訟留止命令, anti-suit injunction)[25]이 있다. 국제거래의 당사자들은 국제재판관할

---

24) 정부는 2018년 제20대 국회에 구체적인 국제재판관할 규정을 마련하는 내용의 개정 국제사법을 제안하였으나 해당 법률안은 제20대 국회의 회기 만료로 폐기되었다. 정부는 2020년 종전의 안에 약간의 수정을 가한 개정안을 제21대 국회에 다시 제안하였고, 위 법률안은 2021. 12. 9. 마침내 국회를 통과하여 2022. 7. 5. 개정 국제사법이 시행되었다.

25) 보통법계에서 쓰이고 있는 'anti-suit injunction'을 어떻게 표현할 것인가에 관하여는 다양한 견해가 존재한다. 가장 유력하게 사용되는 표현은 소송유지명령(訴訟留止命令)이다. 석광현(주 17), 275; 이규호, "관할합의에 기초한 소송유지명령(anti-suit injunction)의 법적 쟁점", 국제사법연구 제25권 제1호, 2019, 55는 상법 제402조의 '유지청구권(留止請求權)'을 참조하여 '소송유지명령'이라는 표현을 사용한다. 김인호, "중재판정과 법원재판의 조화적 그리고 갈등적 상호작

합의나 중재합의와 같은 분쟁해결합의[26] 등에 기초하거나 상대방의 소권 행사가 남용적인 경우에 선제적이고 적극적으로 상대방의 소 제기나 소송수행을 제한하는 명령을 법원 또는 중재판정부에 신청할 수 있다. 실효적인 소송유지명령은 국제적 소송경합의 발생을 억지하는 효과가 있다. 이처럼 국제적인 민사·상사분쟁 해결절차의 경합 상황의 발생이 예상되는 경우에 소송유지명령은 이에 대한 실천적인 해결방법의 하나로서 기능하므로, 국제적인 민사·상사분쟁 해결절차의 경합 문제를 입체적으로 이해하고 그에 대하여 실무적으로도 유익한 시사점을 제공하기 위해서는 소송유지명령에 관한 검토가 필수적이다.[27]

용", 국제거래법연구 제28집 제2호, 2019, 69 이하는 '소송금지명령(訴訟禁止命令)'이라는 표현을 사용한다. 조인영, "소송금지가처분과 중재금지가처분 –대법원 2018. 2. 2.자 2017마6087 결정 및 개정 중재법상 간이집행절차를 중심으로–", 2019 법관연수 어드밴스 과정 연구논문집, 2020, 612는 '소송유지명령'이라는 표현은 소송행위를 중지 내지 금지 한다는 의미가 아니라 그러한 소송을 유지(維持)시킨다는 취지로 오해될 수 있고, 'anti-suit injunction'은 중재법 또는 민사집행법에 의한 가처분에 해당된다고 보인다는 이유로 '소송금지가처분(訴訟禁止假處分)'이라는 표현을 사용한다. 일반적으로 'injuction'은 당사자로 하여금 어떠한 특정한 행위를 하거나 하지 않도록 하는 명령(命令, order)을 말한다. Bean, Injunctions(10th), Sweet and Maxwell, 2011, para. 1.01. 이는 일반적인 의미에서 우리 민사집행법상 보전처분, 그 중에서도 가처분 개념에 가깝다. 그중 'anti-suit injunction'은 전면적인 소제기의 금지뿐만 아니라 기왕에 제기된 소송절차의 중지와 경우에 따라서는 소송절차를 종료할 의무를 명하는 것까지 포함하고, 그 범위 역시 소송절차의 일부에 한할 수도 있다. 이에 필자는 '소송금지명령'이라는 용어보다는 보다 넓은 의미를 포괄할 수 있는 '소송유지명령'을 사용하기로 한다.

26) 분쟁해결합의는 넓게는 국제재판관할합의, 국제상사중재합의 및 준거법 합의를 아우르는 개념으로 사용된다. 좁은 의미로는 국제재판관할합의, 국제상사중재합의만을 의미하는 개념으로도 사용된다. 김인호, "국제계약의 분쟁해결 메커니즘의 구조와 상호작용", 국제거래법연구 제23집 제1호, 2014, 222 참조. 이 책에서 분쟁해결합의는 국제재판관할합의, 국제상사중재합의만을 포함하는 좁은 의미로 사용된다.

27) 이창현 변호사의 서울대학교 법학박사 학위논문(2020년 8월)인 "국제적 분쟁해

우리나라는 2016년 모델 중재법을 따라 중재법에 중재절차 지원을 위한 중재판정부의 소송유지명령에 관한 근거 규정을 마련하였다.[28] 이 책에서는 현행법상 법원이 분쟁해결합의의 실효성 보장을 위하여 또는 일방 당사자의 소권 남용적인 소제기와 소송수행을 제한하기 위하여 소송유지명령을 내리는 것이 허용되는지, 만약 허용된다면 그 구체적인 요건과 효과는 어떠한지 검토한다. 이는 종래 우리 법이 예정하고 있지 않았던 새로운 제도를 법해석을 통하여 채용하는 문제로서 엄밀한 의미의 입법론이라고는 할 수 없으나, 새로운 제도를 채용하여 국제적 소송경합의 해결 구조를 근본적으로 변화시킨다는 점에서 입법론에 버금가는 의미를 가진다.

결에 있어서 '소송금지명령'의 활용에 관한 연구 -한국에서의 적용 가능성을 중심으로-"는 국내에서의 소송유지명령의 활용 가능성을 중심으로 광범위한 연구와 검토를 한 최근의 연구로서 주목할 만하다.

28) [중재법]
제18조(임시적 처분) ① 당사자 간에 다른 합의가 없는 경우에 중재판정부는 어느 한쪽 당사자의 신청에 따라 필요하다고 인정하는 임시적 처분을 내릴 수 있다.
② 제1항의 임시적 처분은 중재판정부가 중재판정이 내려지기 전에 어느 한쪽 당사자에게 다음 각 호의 내용을 이행하도록 명하는 잠정적 처분으로 한다.
2. 중재절차 자체에 대한 현존하거나 급박한 위험이나 영향을 방지하는 조치 또는 그러한 위험이나 영향을 줄 수 있는 조치의 금지

제2절 연구의 방법 및 범위

Ⅰ. 연구의 방법

앞서 본 바와 같은 연구목적을 달성하기 위해서는 국제소송과 국제
상사중재의 경합에 관련된 일반이론, 외국의 입법례, 그리고 국내의 법
률규정 및 판례에 대한 종합적이고 체계적인 정리와 검토를 수행할 필
요가 있다. 이 책은 이를 위하여 기본적으로 비교법(比較法)적 연구방법
과 법해석학(法解釋學)적 연구방법을 함께 사용한다.

소송경합에 관하여 대륙법계와 보통법계는 서로 다른 이론적·역사적
토대 위에서 발전해 왔다. 따라서 국제적 소송경합에 관한 비교법적 연
구의 대상은 기본적으로 각 국가의 법이 따르고 있는 법계(法系)²⁹⁾를 기
준으로 나누되, 우리나라와 인접하거나 교역규모가 큰 주요 국가들을
중심으로 선정한다. 중요한 국제적 협약(convention)이나 원칙(principle),
규칙(rule) 등도 검토의 대상이다. 중재절차와 소송절차의 경합에 관하여
는 자기권한심사의 소극적 효과를 인정하는가와 관련한 비교법적 연구
를 수행한다. 자기권한심사의 소극적 효과의 수용 여부와 그 내용을 달
리하는 여러 국가들의 입법례에 대한 비교법적 분석을 통해 우리나라에
서 자기권한심사의 소극적 효과를 어떻게 취급할 것인가를 살펴본다.

우리나라의 현행법상 국제적 소송경합과 국제상사중재와 관련된 절
차의 경합을 어떻게 해결할 것인가를 명문으로 정한 법률규정은 존재하
지 않는다. 이 문제들은 현행 민사소송법, 국제사법, 중재법의 규정들을

---

29) 여러 나라 또는 여러 민족이 하나의 법체계를 형성하는 경우 이를 하나의 법
   계(法系)라고 한다. 대륙법계와 보통법계의 구별 및 각 법계의 형성과 발전에
   관한 개관은 이상윤, 영미법(개정판), 박영사, 2003, 3 이하 참조.

토대로 어떤 해석론을 정립하는가에 맡겨져 있다. 앞서 밝힌 것처럼 이 책은 현행법상 이들 문제를 해결할 합리적인 해석론을 마련하는 데 초점을 맞추고 있으므로 법해석학적 연구방법이 필연적으로 요구된다. 또한 이 책은 개정 국제사법에 포함된 국제적 소송경합에 관한 규정(제11조)과 국가재판관할권의 불행사에 관한 규정(제12조)에 대한 체계적 해석을 시도한다. 개정 국제사법 규정의 합리적인 법해석론을 제시하는 것 역시 이 책의 중요한 일부를 이룬다.

II. 연구의 범위

이 책에서 다루는 '국제소송'은 기본적으로 사인(私人) 간의 국제거래에서 발생하는 재산법상의 분쟁인 민사(民事) 및 상사(商事)사건을 해결하기 위한 국제소송을 전제로 한다. 국제기구를 통한 공적 주체 사이의 국제소송 맥락에서도 소송경합을 규율하는 일반 규칙이 승인되는지는 논란이 이어지고 있다.[30] 공적 주체 사이의 소송은 협정에 의해 구성된 국제 법정에서 이루어지므로, 국제공법의 맥락에서는 국제사법의 맥락에서보다 소송경합이 발생할 여지가 많지는 않다.[31] 이 책에서는 국제공법의 맥락에서 나타나는 소송경합을 다루지 않는다.[32] 한편 가족 또는 상속과 관련된 사항은 민사 또는 상사와는 다른 독특한 법원리가 작용할 수 있으므로 이는 추후 별도의 연구대상으로 남겨두기로 한다.[33]

---

30) Lüttringhaus/Silberman(주 11), 1165.
31) McLachlan, Lis Pendens in International Litigation, Brill, 2009, 346 이하 참조.
32) 국제공법의 맥락에서 나타나는 소송경합에 관한 상세는 Pauwelyn/Salles, "Forum Shopping Before International Tribunals: (Real)Concerns, (Im)Possible Solutions", Cornell International Law Journal Vol. 42, 2009, 77 이하 참조.
33) 가사소송의 국제적 경합에 관한 선행연구로는 김원태, "가사소송의 국제적 경합", 비교사법 제16권 제3호(통권 제46호), 2009, 597 이하 참조. 영국에서는

이 책에서 다루는 '국제중재' 역시 국제적인 '상사중재'를 의미한다. 외국 중재판정의 승인 및 집행에 관한 협약(Convention on the Recognition and Enforcement on Foreign Arbitral Awards, 이하 '뉴욕협약'이라 한다) 제1조 제3항[34]은 '상사(commercial)'의 개념을 정의하지 않고 '상사'의 개념적 범위를 각 체약국(중재판정의 승인·집행이 요구된 국가)의 국내법에 유보한다는 것을 명시한다.[35] 언뜻 그에 따른 개념적 불확실성으로 인한 어려움이 야기될 것처럼 보이지만, 다수의 체약국들이 뉴욕협약의 목적과 통일성의 이익을 고려하여 '상사'의 개념을 광범위하게 해석함으로써 실무상으로는 별다른 문제가 나타나지는 않는다고 한다.[36] 따라서 이 책의 연구 대상을 국제상사중재에 관한 절차의 경합에 한정한다는 것은 사실상 '국가 간 중재(interstate arbitration)'와 '투자협정중재(investment treaty arbitration)'를 배제한다는 의미를 가진다.[37]

1973년 거소 및 혼인관계소송법(Domicile and Matrimonial Proceedings Act 1973) Schedule 1 제8조, 제9조에서 혼인관계소송이 경합하는 경우의 소송절차의 필요적·임의적 중지에 관하여 명시적으로 규정하고 있다. 일본에서는 아래에서 보는 것처럼 인사소송법 제3조의5에서 특별한 사정에 의한 소의 각하를 함에 있어서 고려할 사항으로 '당해 소에 관계된 신분관계의 당사자 사이의 성년에 이르지 못한 자(子)의 이익'을 명시하고 있다. 가사소송의 국제적 경합과 관련하여서는 민사·상사소송에 비하여 신분관계에 관한 파행적 법률관계를 방지할 이익이 더 크고, 미성년 자녀의 복리도 중요하게 고려하여야 한다는 점에서 특수성이 있다.

34) 뉴욕협약 제1조 제3항 후문은, "어떠한 국가든지, 계약적 성질의 것인지 여부를 불문하고, 그러한 선언을 행하는 국가의 국내법상 상사상의 것이라고 간주되는 법률관계로부터 발생하는 분쟁에 한하여 이 협약을 적용할 것을 선언할 수 있다."고 규정한다.

35) Wolff(eds.), New York Convention Commentary, C.H Beck·Hart·Nomos, 2012, 81.

36) Wolff(eds.)(주 35), 81.

37) 국가 간 중재에 관하여 오늘날 국제공법(public international law)상 절차의 경합에 관한 일반적인 규칙이나 원칙이 확립되어 있지 않다고 한다. 투자협정중재는 ICSID 협약에 의해 규율되는 중재와 그렇지 않은 중재를 나누어 보아야 하는데, 비(非) ICSID 중재는 국제상사중재와 다름없이 규율되고, ICSID 중재는

한편 최근 주목받는 대체적 분쟁해결수단으로 조정(調停, mediation)
이 있다. 중재와 조정은 제3자인 '중재인(arbitrator)' 또는 '조정인(mediator)'
의 관여에 의해 분쟁을 해결하는 대체적 분쟁해결수단이라는 점에서 공
통점이 있다. 그러나 중재판정은 당사자에 대한 구속력을 가지는데 비
하여 조정은 당사자가 거부하는 경우 구속력이 없다는 점에서 중재와
구별된다.[38] 국제연합 국제거래법위원회(UNCITRAL)는 2002년 국제거래
에서의 조정절차에 관한 통일 규칙인 "국제상사조정에 관한 모델법
(Model Law on International Commercial Conciliation, 이하 '모델 조정법'이
라고 한다)"을 채택하였다가 2018년에는 조정합의에 기초한 화해계약(和
解契約, settlement agreement)의 국제적 집행에 관한 사항을 포함한 개정
을 하였다.[39] 위 모델 조정법의 개정과 함께 뉴욕협약에 대응되는 '조정

ICSID 협약에 의해 규율되는데, 오늘날 ICSID 중재에 대해서도 절차의 경합에
관하여 국제상사중재와 마찬가지로 취급되고 있다고 한다. 이들 중재에 기초
한 절차의 경합에 관하여는, Hobér, "Res Judicata and Lis Pendens", Recueil Des
Cours Vol. 366, 2013, 287 이하(국가 간 중재) 및 331 이하(투자협정중재) 참조.
국가 간 중재와 투자협정 중재 및 국제상사중재의 특성과 차이점에 관한 개관
은 석광현, "국제분쟁해결의 맥락에서 본 국제상사중재: 통상분쟁해결절차 및
투자중재와의 대비를 중심으로", 국제상사중재법연구 제2권, 박영사, 2019, 401
이하 참조.

38) 석광현(주 23), 2. 조정의 목적은 당사자들이 자발적으로 합의하여 이행 가능한
합의서를 작성하도록 하는 것이고, 일반적으로 당사자들의 권리(right)보다는
이익(interest)을 중심으로 논의하는 절차라는 특징이 있다. 황승태, 한국형 대
체적 분쟁해결(ADR) 제도의 발전 방향에 관한 연구, 사법정책연구원, 2016, 53
참조.

39) 2002년 모델 조정법에 대하여는, 전병서, "조정절차에 관한 국제적 동향", 변호
사 제35집, 서울지방변호사회, 2005, 400 이하; 김태병, "UNCITRAL 국제상사조정
모델법의 개요", 조정마당 열린대화 제5호, 2007, 66 이하 참조. 2018년 모델법
은 ① 종래 조정을 의미하는 용어로 'conciliation'과 'mediation'을 호환 가능한
(interchangeable) 것으로 사용하던 것에서 벗어나 실무에서 더 많이 사용되는
'mediation'으로 용어를 통일하고(제1조 제1항), ② 당사자가 일정한 요건을 갖
춘 조정에 기한 화해계약(settlement agreement)이 기재된 문서를 권한 있는 당

에 의한 국제화해계약에 관한 UN협약(United Nations Convention on International Settlement Agreements Resulting from Mediation, 이하 '싱가포르 협약'이라 한다)' 역시 채택되었는데, 2019. 8. 위 협약에 대한 서명이 개방되어 우리나라를 포함한 46개국이 서명하였다.[40] 이에 따라 향후 조정 역시 대체적 분쟁해결수단으로서의 중요성을 더해갈 것으로 생각된다. 개정 모델 조정법 제14조 전문은 "당사자가 조정하기로 합의하고 일정한 기간 동안 또는 일정한 사건이 발생하기 전에는 현재 또는 장래의 분쟁에 관하여 중재절차 또는 사법절차를 개시하지 않기로 명시적으로 합의한 경우, 일방당사자가 권리의 보존을 위하여 필요다고 생각하는 범위[41]를 제외하고는 그러한 합의는 그 합의의 조건이 성취되기 전까지는 중재판정부 또는 법원에 의하여 유효성이 인정된다."고 규정한다.[42] 조정과 소송·중재 사이의 관계 정립에 관한 문제는 당사자자치의 이념이 특히 강하게 작용한다는 점에서 국제적 소송경합이나 국제상사 중재에 기한 절차의 경합 문제와는 성격을 달리하는 문제로 보이므로,

---

국(competent authority)에 제출함으로써 이를 집행할 수 있는 것으로 하되 권한 있는 당국이 구제수단(relief)의 제공을 거부할 수 있는 사유를 열거하였다는 점에서(제17조 내지 19조) 큰 변화가 있었다. 모델법의 명칭 역시 "2018년 국제상사조정과 조정에 기한 국제상사화해계약에 관한 모델법(Model Law on International Commercial Mediation and International Settlement Agreements Resulting from Mediation, 2018)"으로 변경되었다.

40) 싱가포르 협약은 싱가포르, 피지 등의 비준·승인에 따라 2020. 9. 12. 발효되었으나, 우리나라는 아직 싱가포르 협약을 비준하지는 않았다. 싱가포르 협약에 관한 개관은 한국조정학회의 법무부 연구용역 보고서, 국제상사조정 및 합의의 집행 관련 협약과 모델법의 국내 수용 및 동북아시아 분쟁 조정 허브 도입 방안 연구, 2018, 66 이하(위 연구용역 보고서는 온나라 정책연구 시스템, http://www.prism.go.kr에서 확인할 수 있다) 및 김효정/장지용, 외국재판의 승인과 집행에 관한 연구, 사법정책연구원, 2020, 184 이하 참조.

41) 예컨대 제소기한을 준수하기 위하여 소를 제기해야 하는 경우를 말한다.

42) 이때 중재나 소송의 개시는 그 자체로 조정하기로 한 합의의 포기나 조정절차의 종료로서 간주되어서는 안 된다(모델 조정법 제14조 후문). 이상의 모델 조정법 번역은 김태병(주 39), 76 이하의 번역문을 참조하였다.

추후 별도의 기회에 다루고자 한다.[43]

　도산절차와 중재절차 사이의 경합 역시 중요하고 어려운 문제이다. 도산절차는 도산과 관련된 재판 사이의 모순된 판단을 피하고 채권자 평등의 이념에 기초하여 채무자의 효과적인 회생과 재건 또는 파산재단에 대한 신속하고 효율적인 청산과 배당을 실현하기 위하여, 도산채권자의 권리 행사나 도산절차에서 파생하거나 그와 밀접한 관련이 있는 절차를 도산법원의 관할에 복종시킬 것을 요청한다. 이를 도산의 관할집중력(*vis attractiva concursus*)이라 한다.[44] 그런데 중재판정부에 대해서도 이러한 도산절차와 파생되거나 그와 밀접한 관련이 있는 절차에 대한 도산법원의 우위를 관철할 수 있는가는 간단하지 않다. 당사자들이 국가의 사법권으로부터 자유로운 자율적 분쟁해결체계를 마련하고 작동시키는 것을 지향하는 중재자치의 이념(arbitral autonomy)[45]과 도산법원에 대한 절차의 집중을 요청하는 도산절차의 이념은 서로 다른 방향을 지향한다.[46] 더욱이 뉴욕협약이 '중재합의'에 대한 승인의무를 명시하고

---

43) 개정 전 모델 조정법의 입법 과정에서 조정합의가 있는 경우 일반적으로 소송 절차 또는 중재절차의 개시를 금지하거나 위 절차의 개시를 제소기간의 준수를 위하여 필요한 경우로 한정하는 방안 등이 논의되었다. 그러나 그와 같이 규율하는 경우 오히려 조정합의의 체결을 저해할 수 있고, 경우에 따라서는 헌법상 권리인 재판청구권을 침해하는 문제가 생길 수 있다는 등의 문제 제기로 인하여 일반적인 규율 방안에 대한 합의에 이르지 못하였고, 조정합의의 당사자가 명시적인 합의를 한 경우에 소송 또는 중재의 개시를 금지한다는 형태로 규율하였다(개정 전 모델 조정법 제13조). 개정 전 모델 조정법의 입법 지침, paras. 83, 84 참조. 이러한 규율은 현행 모델 조정법에서도 그대로 유지되고 있다(모델 조정법 제14조).

44) 도산의 관할집중력 원칙에 관하여는, 노영보, 도산법 강의, 박영사, 2018, 31 및 이필복, "한진해운의 도산 관련 민사사건의 판결 동향 Ⅰ", 한국해법학회지 제41권 제1호, 2019, 249 이하 참조.

45) 손경한, "중재 자치의 개념과 내용", 성균관법학 제24권 제3호, 2012, 3 이하 참조.

46) Kühn, "Arbitration and Insolvency", Dispute Resolution International Vol. 5 No. 2, 2011, 203 참조. 중재합의의 당사자 일방이 도산하는 경우에 도산제도의 이념을 관철한다면, 그 중재합의 있는 원인행위와 관련한 도산채권의 존부와 범위

있으므로(뉴욕협약 제2조 제1항), 도산절차와 중재절차가 경합하는 경우 도산절차의 관할집중력에도 불구하고 중재합의의 효력 또는 이행가능성 (또는 실질적 유효성)을 그대로 수긍하거나 혹은 계속 중인 중재절차를 속행해야 한다고 볼 여지가 적지 않다. 그러한 이유로 중재절차와 도산절차 상호간의 관계 정립은 입법례에 따라 적지 않은 차이를 보인다(이는 특히 그 나라가 얼마나 '중재 친화적'인가와도 밀접한 관련이 있다).[47] 이 책은 도산과는 무관하게 진행되는 통상적인 민사 또는 상사분쟁의 해결절차에 관하여만 다루므로, 이 문제는 이 책의 연구 범위에서 배제한다.[48]

는 도산절차를 통해서만 확정되어야 한다. 그러나 이는 당사자들이 중재합의로써 의도하였던 것과는 다른 결과이다.

47) 임성우, 국제중재, 박영사, 2016, 123.

48) 중재합의의 일방 당사자에 대한 도산절차가 개시된 경우 발생하는 여러 쟁점에 관한 상세는, 오창석, "파산절차에 있어서 중재합의의 효력과 중재절차", 중재연구 제15권 제1호, 2005, 113 이하; 김경욱, "중재당사자의 파산이 중재절차에 미치는 영향 –국내중재·파산절차에 한정하여–", 민사소송 제10권 제2호, 2006, 292 이하; 이필복, "한진해운의 도산 관련 민사사건의 판결 동향 Ⅱ", 한국해법학회지 제41권 제2호, 2019, 123 이하; 김명수, "국제중재절차와 국제도산절차의 경합", 국제사법연구 제25권 제2호, 2019, 561 이하 및 임치용, "해운회사의 회생절차 개시와 국제사법의 주요 쟁점", 파산법연구 5, 박영사, 2020, 237 이하 참조.

제3절 이 책의 구성

이 책은 총 7개의 장으로 구성된다.

우선 제1장에서는 연구의 의의와 목적, 연구의 방법과 범위에 관한 일반적인 사항들을 정리한다.

제2장에서는 국제적 소송경합의 기본이론에 관하여 살펴본다. 국제적 소송경합의 기본이론은 국제상사중재와 관련된 절차의 경합 문제를 해결함에 있어서도 유의미하게 작용한다. 국제적 소송경합의 개념, 국제적 소송경합과 기판력의 관계, 국제적 소송경합의 준거법과 관련한 문제들을 개관하고, 국제재판관할권, 외국판결의 승인과의 관계 분석을 통해 국제적 소송경합의 체계적 지위를 명확히 한다.

제3장에서는 국제적 소송경합의 해결 방법에 관하여 비교법적 검토를 수행한다. 국제적 소송경합의 해결 방법에 관한 대륙법계와 보통법계의 접근방법이 상이하므로 우선 양자를 대별하고, 각 법계 내에서는 우리 법체계에 미치는 영향력 등을 고려하여 주요 국가들의 입법례를 체계적으로 정리한다. 우리에게 유력한 참고자료가 될 수 있는 국제적 규범으로 유럽연합의 브뤼셀 체제, ALI/UNIDROIT 원칙, 그리고 헤이그 재판협약에 관하여 살펴본다.

제4장에서는 국내법상 국제적 소송경합의 해결방법에 관하여 종합적으로 고찰한다. 먼저 제2장과 제3장의 연구 내용을 토대로 국제적 소송경합에 관한 명문의 규정이 없는 현행법하에서 국제적 소송경합의 일반이론, 요건과 효과를 어떻게 정리할 것인가를 살펴본다. 국제적 관련 소송의 취급에 관한 문제가 중요성을 더해가는 추세를 반영하여 그에 관하여도 검토한다. 다음으로 개정 국제사법에 포함된 국제적 소송경합을 규율하는 규정(제11조)과 '국가재판관할권의 불행사'에 관한 규정(제12

조)에 대한 합리적인 해석론, 그리고 그에 대한 개선사항을 도출한다.

제5장에서는 국제상사중재와 관련된 절차의 경합에 관한 종합적인 검토를 다룬다. 우선 중재와 소송의 경합과 관련하여, 우리 중재법상 '자기권한심사의 소극적 효과'를 인정할 수 있는지 여부 등에 관한 분석을 통해 중재절차와 소송절차 경합의 해결에 관한 나름의 답을 모색한다. 아울러 중재절차 상호간의 경합 해결방안에 관하여도 검토한다.

제6장에서는 소송경합 또는 중재에 기초한 절차의 경합 발생을 억지하기 위한 보다 적극적인 수단인 소송유지명령에 관하여 별도로 살펴본다. 여기서는 '법원의 소송유지명령', '중재판정부의 소송유지명령', 그리고 '중재유지명령'으로 나누어 우리나라 현행법상 법원이 이들 유형의 유지명령을 하는 것이 허용되는지 여부와 그 요건 및 효과에 관하여 검토한다.

제7장에서는 국제적인 민사·상사분쟁 해결절차의 경합에 관한 이 책의 연구 결과를 정리하고, 향후의 과제에 관하여 분석한다.

제2장
국제적 소송경합에 관한 기본이론

제1절 국제적 소송경합 일반론

Ⅰ. 국제적 소송경합의 개념

1. 국제적 소송경합의 법적·사실적 기초

가. '사법체계의 수평성'과 국제재판관할권의 적극적 저촉

1648년 체결된 베스트팔렌 조약(Peace of Westfalen) 이후 근대 주권국가의 개념이 정립되고, 각각의 국가들이 서로 다른 법체계에 따라 독립적이고 대등한 국제재판관할권을 행사하기 시작하였다.[1] 각국은 그 나라마다 고유한 국제재판관할 규칙을 가지고 있다. 그러나 근대 사법체계는 주권 국가들 사이의 주권 대등(sovereign equality) 원칙에 기초해 있으므로 그러한 각국의 사법체계 사이에는 위계질서가 전제되지 않는다. 이는 "사법체계의 수평성(the horizontality of the system of adjudication)"이라고 설명되기도 한다.[2]

이처럼 각각의 국가들이 고유한 국제재판관할권을 행사하고, 이때 각 국가는 대체로 자국의 국민에 유리하게 국제재판관할 규칙을 마련하고 있으므로, 사건에 따라서는 국제재판관할권의 저촉이 발생하게 된다. 국제재판관할권의 저촉은 소극적 저촉(消極的 抵觸)과 적극적 저촉(積極的 抵觸)으로 나타난다.[3] 어떠한 사건에 대하여 복수 국가의 법원이 관

---

1) Lüttringhaus/Silberman, "Lis Alibi Pendens", Encyclopedia of Private International Law, 2017, 1160.

2) McLachlan, Lis Pendens in International Litigation, Brill, 2009, 40.

3) 유재풍, "국제소송의 재판관할에 관한 연구", 청주대학교 법학박사 학위논문,

할을 부인하는 상태를 소극적 저촉[4]이라고 하고, 복수 국가의 법원이 관할을 주장하는 상태를 적극적 저촉[5]이라고 한다. 국제적 소송경합은 국제재판관할권의 적극적 저촉을 전제로 한다.[6] 동일한 당사자 사이의 동일한 청구원인에 기초한 소가 동시에 여러 국가의 법원에 계속되면, 각국의 법원은 원칙적으로 각각 소송절차를 진행하게 된다. 이처럼 동일한 사건에 대하여 소송절차가 병행하는 상태가 바로 국제적 소송경합 (國際的 訴訟競合, *lis alibi pendens*)이다.[7] 요컨대 국제적 소송경합은 각

1994, 157은 국제재판관할의 '소극적 경합', '적극적 경합'이라는 용어를 사용한다.

4) 국제재판관할권의 소극적 저촉이 있게 되면, 당사자가 어느 국가에서도 재판을 받을 수 없게 되므로 사법적 구제의 흠결 문제가 발생한다. 이처럼 어떤 사건에 대하여 외국법원 또는 내국법원에 국제재판관할을 긍정할 통상의 관할원인이 존재하지 않지만, 국제적인 재판거절을 회피하기 위한 차원에서 당해 사안의 내국관련성(內國關聯性)을 고려하여 예외적으로 인정되는 국내의 보충적 국제재판관할을 '긴급관할(緊急管轄, Notzuständigkeit, for de nécessité)'이라고 한다. 입법례로, 스위스 국제사법 제3조를 시작으로, 벨기에 국제사법 제11조, 네덜란드 민사소송법 제9조 b호, 포르투갈 민사소송법 제65조 제1항 d호, 오스트리아 관할법 제28조 제1항, 캐나다 퀘백주 민법 제3136조 등이 긴급관할을 명문으로 규정하고 있다. 긴급관할은 재판관할권의 소극적 저촉 외에도 외국법원에 관할원인이 존재하지만 그 외국법원의 관할권 행사가 사실상(전쟁·자연재해 등의 경우) 또는 법률상(예컨대 그 외국이 이혼제도 자체를 알지 못하는 경우와 같이 당해 법률관계를 규율할 실질법 자체가 존재하지 않는 경우) 불가능하거나 곤란한 경우, 또는 외국판결이 국내에서 승인·집행되지 않는 경우에도 인정될 수 있고, 특히 신분관계사건에 관하여 많이 문제가 된다고 한다. 긴급관할의 요건 등에 관하여는, 橫溝 大, "國際裁判管轄における緊急管轄について", 法曹時報 64卷 8号, 1985, 4 이하 및 橫山 潤, "總論的考察 −立法の方向性から緊急管轄まで−", 국제사법연보 제10호, 2008, 12 이하 참조. 국내 문헌으로는 석광현, 국제사법 해설, 박영사, 2013, 103 참조.

5) 국제재판관할권은 배타적인 것이 아니라 병존할 수도 있다. 지리, 언어, 통신의 편의 측면에서 다른 나라 법원이 대한민국 법원보다 더 편리하다는 것만으로 대한민국 법원의 재판관할권을 쉽게 부정할 수는 없다(대법원 2019. 6. 13. 선고 2016다33752 판결 참조).

6) 유재풍(주 3), 160.

7) Fawcett, Declining Jurisdiction in Private International Law, Oxford, 1995, 27.

각의 국가들이 독립적이고 대등한 재판관할권을 행사하고, 어떠한 사건에 대한 관할권의 적극적 저촉이 있는 상태를 전제로 한다.

나. 당사자들의 법정지 쇼핑

그러나 '사법체계의 수평성'과 국제재판관할권의 적극적 저촉은 국제적 소송경합이 발생할 수 있는 법적·제도적 환경일 뿐이다. 오늘날에도 국제적 요소를 가진 사건들의 대부분은 하나의 법체계 안에서 해결된다. 국제적 소송경합은 위와 같은 법적·제도적 환경을 자신에게 유리하게 이용하려는 당사자(원고)의 선택, 즉 법정지 쇼핑(forum shopping)으로부터 직접적으로 비롯된다.

당사자가 법정지 쇼핑을 하는 동기는 크게 두 가지로 설명된다.[8]

첫째는, 국제사법과 그에 의하여 결정되는 준거법, 증거법칙을 포함한 일련의 소송규칙, 승소판결의 집행가능성 등과 같은 법적인 측면과 소송비용, 소송절차의 신속성 등과 같은 경제적인 측면을 종합적으로 고려하였을 때 자신에게 객관적으로 가장 유리한 국가의 법원을 선택하는 경우이다. 분쟁의 양 당사자 사이에 객관적으로 가장 유리한 법원이 서로 다른 경우에, 각 당사자가 서로 다른 국가에서 자신에게 유리한 소의 형태를 갖추어 각각 소를 제기하는 경우가 나타날 수 있다. 또한 국제적인 사기 범행으로 인한 재산침해, 인터넷을 통한 인격권이나 지식재산권 침해 사건 등에서는 그러한 행위의 속성과 결과발생지(법익침해 당시 법익의 소재지)[9] 등에 따라 객관적으로 가장 유리한 법정지가 복

---

8) 아래 두 가지 유형의 분류는, McLachlan(주 2), 38 이하 참조.

9) 국제사법 제32조 제1항에서는 불법행위는 그 행위가 행하여진 곳의 법에 의한다고 규정하는데, '불법행위가 행하여진 곳'에는 손해의 결과발생지로서 법익침해 당시 법익의 소재지도 포함된다(대법원 2019. 4. 23. 선고 2015다60689 판결 참조).

수로 존재할 수 있는데, 이 경우 원고로서는 부득이 여러 국가의 법원에 소를 제기할 수밖에 없을 수도 있다.[10]

둘째는, 당사자가 전략적인 측면(tactical aspect)에서 자신에게 가장 유리한 국가의 법원을 선택하는 경우이다. 일방 당사자에게 객관적으로는 불리한 법정지가 전략적으로는 최적의 법정지가 될 수도 있다.[11] 예컨대 소송비용을 지출할 능력이 큰 당사자는 자신에게 약간의 불리함이 있더라도 소송비용을 지출할 능력이 적은 당사자에게 더욱 불리한 국가의 법원을 선택할 수 있다. 원고가 소송절차 밖에서의 협상력을 극대화하기 위하여, 이미 어느 국가에 소를 제기하고도 다른 국가에 소를 추가로 제기할 수도 있다. 또한 어떠한 분쟁에서의 잠재적인 피고가 소송절차의 지연을 목적으로 절차 진행이 더디기로 이름난 국가의 법원에 '소극적 확인의 소'를 제기할 수도 있다(이른바 '어뢰소송'). 이러한 어뢰소송의 제기는 특히 문제시되고 있는 법정지 쇼핑의 유형이다.[12]

'법정지 쇼핑'이라는 용어는 종종 부정적인 함의를 가지고 사용되기도 한다. 그러나 법정지 쇼핑은 당사자(원고)가 자신의 '재판받을 권리'를 최적으로 실현하기 위한 것으로서, 그 자체를 부정적인 것으로 취급할 수는 없다.[13] 자신에게 객관적으로 가장 유리한 법정지를 선택하는

<hr>

10) 유재풍, "국제소송의 경합", 국제사법연구 제2호, 1997, 433은 다국적 기업의 부정경쟁 행위에 대한 손해배상 소송을 그러한 예로 들고 있다. 다만 이 경우에는 각국의 법원에 제기된 소의 소송물이 다른 경우가 적지 않을 것이기 때문에, 엄격한 의미의 소송경합이라기보다는 '관련 소송'의 경합으로 취급될 여지가 크다. 즉 결과발생지의 법원에 당해 국가에서 발생한 손해의 배상에 한하여 재판관할을 인정하는 이른바 '모자이크 방식(mosaic approach)'을 적용하는 경우에는 각 결과발생지에서 발생한 손해배상청구권 상호간에는 관할의 적극적 저촉이 발생하지 않는다. 인터넷을 통한 인격권이나 지식재산권 침해 사건에 관한 모자이크 방식에 관하여는, 이필복, "전속적 국제재판관할 개관", 국제사법연구 제24권 제1호, 2018, 322 이하 참조.
11) Fentiman, International Commercial Litigation(2nd), Oxford, 2015, para. 7. 22.
12) '어뢰소송'의 문제에 관한 상세는 제3장-제3절-Ⅰ의 3.항 이하 참조.
13) 참고로 독일 민사소송법 제35조는 "원고는 여러 관할법원 중에서 선택할 수 있

것은 원고의 정당한 권리행사이고, 그러한 선택에 전략적인 고려가 개입되었다는 이유만으로 이를 부정한 것으로 볼 수는 없다. 물론 당사자가 전략적인 측면만을 주로 고려하여 소를 제기하는 것은 때로 소권의 남용으로서 이를 규율할 필요성이 있을 것이다. 국제적 소송경합을 규율하는 일련의 제도와 규칙을 정립하는 데 있어서 이러한 법정지 쇼핑의 양면성을 충분히 고려할 필요가 있다. 실제로 여러 입법례를 보면, 국제적 소송경합을 규율하는 규칙을 수립함에 있어서 소권 남용적인 법정지 쇼핑을 적절히 규율함으로써 절차적 정의(節次的 正義, procedural justice)를 실현하여야 한다는 측면이 중요하게 고려되고 있음을 알 수 있다.

2. 국제적 소송경합을 규율하는 법원리의 발전

앞선 논의를 정리하자면, 국제적 소송경합은 각 국가의 수평적인 사법체계와 국제재판관할권의 적극적 저촉이라는 법적·제도적 기초 위에서 당사자들이 자신의 이익을 극대화하기 위해 법정지 쇼핑을 함으로써 나타나는 현상이라고 할 수 있다. 그런데 국제적 소송경합 상태는 여러 가지 불합리를 불러일으킨다. 즉 ① 각국의 법원이 동일한 사건에 대해 중복하여 심리와 재판을 하게 되어 소송경제에 반하고, ② 각국의 법원이 동일한 사건에 대하여 모순된 판결을 해서 판결의 모순·저촉을 가져올 염려가 있으며, ③ 때로는 원고의 소권 남용으로 인해 피고가 부당하게 이중의 응소를 강요당하는 불공정한 경우도 나타나게 된다.[14]

다."고 하여 원고의 재판적(관할 원인)에 대한 선택권을 명문으로 규정한다.

14) 피정현, "국제적 중복제소의 금지 여부", 현대사회와 법의 발달: 균제 양승두 교수 화갑기념논문집, 1994, 600; Hobér, "Res Judicata and Lis Pendens", Recueil Des Cours Vol. 366, 2013, 144. 우리나라에서 국내법상 중복제소금지 원칙의 존재의의 역시 이같이 설명된다(대법원 2013. 12. 18. 선고 2013다202120 전원합의체 판결 등 참조).

그러므로 국제적 소송경합에 관한 법이론은 국제적 소송경합 상태가 유발하는 위와 같은 불합리를 제거할 적절한 규율 방안을 모색하는 것을 목표로 전개되었다. 그런데 대륙법계와 보통법계는 국제적 소송경합 해결을 통하여 추구하는 목적에 차이가 있다. 대륙법계에서는 단순하고 객관적인 기준에 의하여 소송경합 상태를 제거함으로써 법적안정성과 예측가능성을 보장한다는데 초점을 맞춘다. 이와 달리 보통법계에서는 그 사건을 심리하기에 가장 적절한 법원에서 사건이 심리될 수 있도록 구체적인 사건에서의 합리적인 국제재판관할 배분을 실현한다는 데 더 많은 관심을 기울인다.[15] 이러한 차이는 각 법체계의 전통과 문화의 차이에서 비롯된 것이다.[16]

구체적으로, 대륙법계에서는 사건을 접수한 법원은 그 나라의 국제재판관할규칙에 의해 관할권이 인정되는 이상 그 사건을 심리하여야 하고 다른 법원의 관할권 행사를 위하여 그 법원의 관할권 행사를 거부할 재량은 없다는 관념이 자리 잡고 있다. 따라서 소송의 경합 상태를 일정한 규칙에 의하여 해소함으로써 소송경합이 유발하는 문제를 제거하여야 한다는 인식이 강하다. 이러한 해결방식에는 소송경제를 실현하고 판결의 모순·저촉을 방지한다는 공익적 고려가 강하게 작용한다. 이와 달리 보통법계에서는 법원이 정의의 이익을 위하여(in the interest of justice) 그 재량에 의해 소송절차를 중지(中止, stay)할 수 있는 고유한 권한이 있다는 관념이 이어져 내려왔다.[17] 또한 법원 사이의 재판관할권

---

15) Hartley, "The Modern Approach To Private International Law: International Litigation and Transactions From a Common Law Perspective", Recueil Des Cours Vol. 319, 2006, 143.

16) *Airbus Industries GIE v Patel and others*, [1999] 1 AC (HL) 119, 131.

17) Sheppard, Final Report on *Lis Pendens* and Arbitration: ILA Toronto Conference(2006) on International Commercial Arbitration, ILA, 2006, para. 2. 12. 미국 연방대법원의 Cardozo 대법관은 *Landis v North American Co.*, 299 U.S. 248 사건에서 "소송절차를 중지할 수 있는 권한은 모든 법원에 고유한 권한(the power inherent in every

의 경합을 해소한다는 고려보다도, '당사자에게 당해 사건을 심리할 가
장 적절한 법원을 보장하는 정의'를 실현하여야 한다는 목표가 주된 고
려 대상이 된다. 그로 인해 각 법원은 실제로 소송경합이 발생하였는지
여부와는 무관하게, 스스로 당해 사건을 해결하기에 가장 적절한 법정
지인가를 검토하는 판단 과정을 거쳐 재판관할권을 행사하지 아니할 재
량을 행사할지 여부를 결정하게 되는데, 그러한 과정에서 소송경합이
자연스럽게 해소되기도 하고 소송경합에 대한 규제가 이루어지지 않은
채 각각의 소송절차가 진행되기도 한다.[18]

이와 같은 목적의 차이는 구체적인 방법론의 차이로 나타난다. 대륙
법계에서는 소송계속(訴訟係屬) 시점의 선후에 따라 전소(前訴)를 우선
시키고 후소(後訴)를 부적법한 것으로 보아 각하하는 '우선주의(優先主
義, first-in-time rule 또는 *lis pendens* rule)' 내지 '선소 우선의 원칙(先訴
優先의 原則, first seized court principle)'이 확립되었다.[19] 국내소송 맥락
에서 '중복제소금지 원칙'으로도 표현되는 이 원리는, 외국의 소송절차
에서 내려진 판결에 대한 승인(承認)이 예측(豫測)될 것을 전제로 국제적
소송경합의 맥락에도 적용되었다. 이러한 규율 방식에서는 '어떤 소의
소송 계속이 먼저 발생하였는가'라는 시간적 요소가 결정적인 중요성을
가진다. 이와 달리 보통법계에서는 우선주의와 같이 소송경합 그 자체
에 어떠한 법률효과를 부여하는 독자적인 법원리가 확립되지 않았다.
그러므로 보통법계에서는 기본적으로 소송경합 상태에서 각 법원이 절

---

court), 즉 법원·당사자의 노력과 시간의 경제(economy)를 위하여 그 사건 일람
표에 있는 사건의 처리를 통제할 수 있는 권한에 부수하는 권한이다."라고 설
시한 바 있다.

18) Hartley(주 15), 143.

19) 동일한 당사자 사이의 동일한 사건에 관한 복수의 소가 제기된 경우에 먼저
제기된 소를 전소(前訴)라 하고, 뒤에 제기된 소를 후소(後訴)라 한다. 그러나
'first seized court principle'은 통상 '전소 우선의 원칙'이 아니라 '선소 우선의 원
칙'으로 일컬어진다. 이하에서는 '우선주의'라는 용어로 통일하여 사용한다.

차를 계속 진행하여 실체에 관한 종국판결에 이를 수 있다는 것을 인정한다.[20] 다만 법원이 ① 국제적 소송경합 상태를 하나의 고려요소로 삼아 '부적절한 법정지의 법리'에 의하여 당해 사건에 대한 국제재판관할권 행사를 거부하거나, ② 당사자 사이의 분쟁해결합의를 위반하여 제기되었거나 피고에게 '괴롭히고 억압적인(vexatious and oppressive)' 성격을 가지는 소송절차에 대하여는 일방 당사자의 신청에 따라 소송유지명령(訴訟留止命令, anti-suit injunction)을 내리는 방법을 상호 보완적으로 활용하여 국제재판관할을 합리적으로 조정 내지 배분함으로써 결과적으로 국제적 소송경합이 상황을 방지하거나 해소하게 된다.[21] 이러한 조치들은 그 요건 판단에 있어서 많은 부분이 법원의 이익형량적 판단 내지 재량적 판단에 맡겨져 있다. 따라서 보통법계에서는 소송계속의 시간적 선후는 큰 의미가 없고, 법원의 이익형량 과정에서 고려되는 당해 소송의 전체적인 사정, 예양(禮讓, comity)에 대한 존중[22] 등이 중요한 고려요소가 된다.[23]

오늘날의 주목할 변화는 위와 같은 법계의 전통을 넘어 보다 합리적으로 국제적 소송경합 상태에서 발생하는 문제점을 해소할 방안을 마련하기 위한 시도들이 이루어지고 있다는 것이다. 대륙법계의 접근방식과 보통법계의 접근방식은 각각의 한계를 가지고 있다. 오늘날에는 이러한 한계를 극복하기 위하여 국제적 소송경합에 관한 대륙법계의 접근방식과 보통법계의 접근방식을 조화시키는 입법례들도 나타나고 있다.

한편 내국소송의 경합은 동일한 사법체계 안에서 나타나는 현상이기 때문에 ① 판결(기판력)의 모순·저촉 회피, ② 소송경제의 촉진, ③ 공정

---

20) Herrup/Brand, "A Hague Convention on Parallel Proceedings", University of Pittsburgh Legal Studies Research Paper No. 2021-23, 2021, 9.

21) 석광현, 국제민사소송법, 박영사, 2012, 189.

22) 예양에 관하여는 아래 제6장-제1절-I 의 2.항 이하 참조.

23) 이같은 대륙법계와 보통법계의 규율 방식 차이에 관한 요약은, McLachlan(주 2), 48 이하 참조. 상세는 아래 제3장에서 살펴본다.

하고 적법한 분쟁 해결절차의 제공을 통한 법치주의 원칙 실현이라는 일반적이고 전통적인 근거만으로도 이를 규율할 근거가 충분히 보장된 다. 하지만 국제적 소송경합에 관한 규율은 어느 한 국가가 민사재판권 행사를 양보하는 것을 전제로 하므로 보다 강력한 규율의 근거가 필요 하다.[24] 소송경합에 관한 대륙법계와 보통법계의 접근방식을 두루 고려 해 보면, 국제적 소송경합을 규율할 근거를 조금 더 찾을 수 있다. 즉 소송경합에 대한 일반적이고 전통적인 규율 근거 외에, ④ 저촉·과잉될 수 있는 국제재판관할에 대한 미세조정(fine-tuning), ⑤ 각 국가 법원 사 이의 예양 증진을 국제적 소송경합에 특유한 규율 근거로 추가할 수 있 다.[25] 이는 주로 보통법계의 접근방식을 많이 고려한 것인데, 이러한 규 율 근거는 궁극적으로 국제적 소송경합을 규율할 구체적인 방법론을 검 토하는데 유의미한 영향을 미치게 될 것이다. 대륙법계와 보통법계의 국제적 소송경합을 둘러싼 법원리의 발전 과정과 각 국가의 제도에 관 한 상세하고 구체적인 내용은 아래 제3장에서 비교법적 검토를 통해 살 펴본다.

3. '국제적 소송경합'이라는 용어의 문제

국제적 소송경합을 가리키는 말로 학자에 따라 "국제적 중복제소(國際的 重複提訴)",[26] "국제적 중복소송(國際的 重複訴訟)"[27] 등의 용어를

---

24) 유재풍(주 3), 158은 '국제소송의 경합은 서로 다른 사법제도 하에 있어서의 현 상이기 때문에 내국소송에서와 같은 논리를 가지고 이를 금지하는 방향으로만 나갈 수는 없다'고 한다.

25) McLachlan(주 2), 21 이하 참조.

26) 김홍규/강태원, 민사소송법 제4판, 삼영사, 2017, 302; 전병서, 강의 민사소송법, 박영사, 2018, 271; 전원열, 민사소송법 강의, 박영사, 2020, 90.

27) 강희철, "국제적 중복소송", 국제사법연구 제9권, 2003, 9; 홍지욱, "한국 민사소 송법 체제하에서 국제적 중복소송의 처리방안", 인천법학논총 제12집, 2009, 57;

사용하기도 한다. 그런데 앞서 본 것처럼 국제적 소송경합은 전통적으로 대륙법계와 보통법계에서 각기 다른 방식으로 규율되어 왔고, 특히 보통법계에서는 대륙법계의 우선주의와 같이 소송경합에 특유한 규율 원리가 확립되어 있지 않았다. 따라서 대륙법계에서 발달한 우선주의를 전제로 한 '국제적 중복제소'나 '국제적 중복소송'이라는 용어로는 보통법계에서 발달해 온 국제적 소송경합에 대한 접근방식이나 규율 방법까지 포섭하기 어렵다. 한편 우선주의를 잘 알지 못하는 보통법계에서는 국제적 소송경합 상태를 흔히 '병행소송(竝行訴訟, parallel proceedings)'이 제기된 상태라고 표현하는 것으로 보인다. 따라서 굳이 분류하자면, '국제적 중복제소' 또는 '국제적 중복소송'이라는 용어는 대륙법계의 접근방식에, '병행소송'이라는 용어는 보통법계의 접근방식에 더 가깝다고 할 수 있다. '국제적 소송경합(國際的 訴訟競合, lis alibi pendens)'이라는 용어는 위 용어들보다 더 중립적이고 유연하다. 필자는 이러한 이유로 '각국의 법원에 동일한 사건이 각각 계속되어, 각 법원이 각 사건을 심리·판단할 수 있는 상태'를 이를 때 '국제적 소송경합'이라는 용어를 사용하는 것이 타당하다고 본다.[28] 국내에서도 다수의 학자들이 '국제적 소송경합'이라는 용어를 사용하고 있고,[29] 개정 국제사법 제11조도 "국제적 소송경합"이라는 표제를 두고 있다.

김홍엽, 민사소송법(제8판), 박영사, 2019, 369.

28) 이와 달리 한충수, "국제적 소송경합(Lis Pendens) -서울중앙지방법원 2002. 12. 13. 선고 2000가합90940 판결을 중심으로-", 민사소송 제8권 제2호, 2004, 46, 66은 국제적 소송경합은 국내절차의 중복제소 금지 원칙과는 다른 차원에서 논의되어야 한다는 이유에서 '국제적 소송경합'이라는 용어를 사용한다. 한충수 교수는 국제적 소송경합 문제는 중복제소의 논리 범주에서 분리되어야 하고, 오히려 재소금지의 법리가 유추적용되어야 하는 영역이라고 주장한다. 이러한 접근에는 동의하기 어렵다.

29) 유재풍(주 10), 431; 석광현(주 21), 187; 강현중, 민사소송법(제7판), 박영사, 2018, 143; 한충수, 민사소송법(제2판), 박영사, 2018, 899; 이헌묵, "국제적 소송경합의 처리에 관한 비교법적 연구", 국제사법연구 제25권 제1호, 2019, 383 참조.

한편 이 책에서 저자는 국제적 소송경합 상태를 가리키는 외국어 표현으로 'parallel proceedings'보다는 보다 일반적이고 상징적으로 사용되는 '*lis alibi pendens*'를 사용한다. '*lis alibi pendens*'는 '다른 곳에 계속된 소송(lawsuit pending elsewhere)'이라는 의미로, 줄여서 '*lis pendens*'라고만 표현되는 예가 더 일반적이다(이하에서는 '*lis pendens*'로 표기한다).[30] 그런데 종종 외국 문헌에서 '*lis pendens* (rule)'는 대륙법계의 '우선주의'를 일컫는 용어로 사용되기도 하므로 양자의 구별에 대하여 주의할 필요가 있다.[31]

4. 국제적 소송경합의 유형

국제적 소송경합은 크게 두 가지 유형으로 나눌 수 있다. '원고피고 역전형(原告被告 逆轉型)' 국제적 소송경합은 하나의 분쟁에 대해 상충하는 이해관계를 가지는 당사자들이 각자 자신에게 유리한 다른 국가의 법원에 소를 제기하는 유형을 말한다. 이와 달리 '원고피고 공통형(原告被告 共通型)' 국제적 소송경합은 한 당사자(원고)가 법률적인 이유 또는 전략적인 이유로 복수의 국가 법원에 소를 제기하는 유형을 말한다.[32]

원고피고 역전형 국제적 소송경합 상태는 원고의 법정지 쇼핑에 의하여 피고에게 불리한 판결이 선고될 것이 예상되는 경우에 피고가 자신에게 유리한 판결이 내려질 수 있거나 적어도 소송절차를 지연시킬 수 있는 나라의 법원에 별도의 소를 제기함으로써 나타나게 된다. 원고피고 역전형 국제적 소송경합은 다국적 기업이 방어적인 기업소송전략(企業訴訟戰略)의 일환으로 사용하는 경우가 많다.[33] 원고피고 역전형

---

30) Lüttringhaus/Silberman(주 1), 1158.

31) McLachlan(주 2), 36.

32) 석광현(주 21), 191; 古田, 國際訴訟競合, 信山社, 1997, 7. 전자를 '병행형(竝行型)', 후자를 '대항형(對抗型)'이라고도 한다.

국제적 소송경합의 경우에는 특히 판결의 저촉·모순이 발생할 우려가
높게 나타난다.

원고피고 공통형 국제적 소송경합 상태는 우선 법률적인 이유로 발
생할 수 있다. 예컨대 피고가 여러 나라에 재산을 보유하고 있어 각 나
라에서 집행을 하거나 그 재산에 대한 보전처분을 해야 하는 경우[34]에
는 그 본소도 그 재산이 있는 나라에 제기할 현실적인 필요가 생기게 된
다.[35] 이 경우 원고로서는 피고의 보통재판적이 있는 곳에서 소송을 한
뒤 각 재산이 있는 곳에서 집행판결을 받아 집행을 할 수도 있겠지만,
주요한 재산이 소재한 국가에서 동시에 소를 제기하는 것이 더 신속한
권리행사 방법이 될 수 있다.[36] 채권자가 채권에 대한 확실한 소멸시효

---

33) 유재풍(주 10), 434.
34) 권창영, "국제민사보전법상 국제재판관할", 민사집행법 실무연구 Ⅲ(통권 제5
　　권), 2011, 281, 289는 우리 민사집행법 제278조, 제303조에 나타난 기본이념에
　　따라 '본안사건의 재판관할권이 있는 국가' 또는 '가압류할 물건 또는 가처분
　　의 목적인 다툼의 대상이 소재한 국가'에 보전소송에 관한 국제재판관할권(직
　　접관할)을 인정할 수 있다고 하면서도, 다만 본안사건의 국제재판관할을 따르
　　는 경우 단기간 내에 그 국가에 '가압류할 물건 또는 가처분의 목적인 다툼의
　　대상'이 소재하게 될 가능성이 없는 때에는 보전의 필요성을 인정하기 어려울
　　것이라고 한다. 결국 보전처분의 경우에는 '가압류할 물건 또는 가처분의 목적
　　인 다툼의 대상이 소재한 국가'가 국제재판관할권을 가지는 가장 유력한 국가
　　가 된다.
35) 유재풍(주 10), 433. 다만 그 나라에 보전처분의 국제재판관할뿐만 아니라 본소
　　의 국제재판관할이 별도로 인정되어야만 할 것이다. 참고로 우리 개정 국제사
　　법은 재산에 대한 보전처분(가압류)을 근거로 본안소송에 대하여 재판관할을
　　인정하는 이른바 '가압류관할(forum arresti)'을 해사사건에서 선박을 가압류한
　　경우에 한하여 인정한다(개정 국제사법 제10장). 석광현, "2018년 국제사법 개
　　정안에 따른 국제재판관할규칙", 국제사법과 국제소송 제6권, 박영사, 2019,
　　455.
36) 다만 재산의 소재를 근거로 당해 재산에 대한 소송이 아니라 '재산권에 관한
　　소' 일반에 대해 널리 특별관할을 인정하는 것은 전형적인 과잉관할(過剩管轄,
　　exorbitant jurisdiction)로 받아들여지고 있음에 유의할 필요가 있다. 개정 국제사
　　법은 ① 청구의 목적 또는 담보의 목적인 재산이 대한민국에 있는 경우, ② 압

중단 효과를 얻기 위하여 여러 국가에서 소를 제기하는 경우도 있을 수 있다.[37] 원고피고 공통형 국제적 소송경합으로서 조금 더 문제시되는 것은 원고가 전략적인 이유로 여러 국가에 소를 제기하는 경우이다. 예컨대 원고는 소송비용을 지출할 능력이 상대적으로 열위에 있는 피고를 압박하기 위하여 또는 소송절차를 지연하기 위하여 여러 국가에 소를 제기할 수 있다. 원고피고 공통형 국제적 소송경합은 피고에게 응소에 대한 과도한 부담을 준다는 점에서,[38] 원고피고 역전형 국제적 소송경합보다 이를 더 억지(抑止)할 필요성이 크다.[39]

II. 국제적 소송경합과 기판력

1. 국제적 소송경합과 기판력

일단 판결이 형식적으로 확정되면, 그 소송당사자는 그 판결에서 내려진 소송물에 대한 판단에 대하여 동일한 당사자를 상대로 이를 재차 다투거나 그 판단 내용에 반하는 주장을 할 수 없다(불가쟁/不可爭). 또한 그 재판을 하지 않은 다른 법원도 당사자와 소송물이 동일한 사건에 대하여는 그 판단에 모순되거나 저촉되는 판단을 할 수 없게 된다(불가

류할 수 있는 피고의 재산이 대한민국에 있는 경우(다만 분쟁이 된 사안이 대한민국과 아무런 관련이 없거나 근소한 관련만 있는 경우 또는 그 재산의 가액이 현저하게 적은 경우에는 그러하지 아니하다)에 한하여만 재산의 소재에 근거한 특별관할을 인정한다(개정 국제사법 제5조). 이에 관한 상세는 석광현 (주 35), 454 참조.

37) 한충수(주 28), 61.

38) 석광현(주 21), 191.

39) 특히 전략적인 목적에 기초한 원고피고 공통형 국제적 소송경합의 경우, 원고의 행위가 신의성실의 원칙(금반언)에 반하거나 소권을 남용하는 것으로 볼 여지가 적지 않다.

반/不可反). 이처럼 확정판결의 판단에 부여되는 구속력을 기판력(既判力, res judicata)이라고 한다.[40] 본안(소송물)의 실체에 관한 판결뿐만 아니라 소송판결에 대하여도 기판력이 인정된다.[41] 기판력 중 불가쟁(不可爭)에 관한 부분은 소극적 효과(negative effect), 불가반(不可反)에 관한 부분은 적극적 효과(positive effect)라고 설명되기도 한다.[42]

대륙법계의 전통에서 '우선주의' 내지 '중복제소금지 원칙'은 기판력, 특히 그중에서도 동일한 사건을 재차 다툴 수 없는 소극적 효과와 밀접하게 관련되어 있다고 인식되어 왔다.[43] 기판력과 중복제소 금지의 원칙 사이의 관계에 대한 아래와 같은 Pålsson의 설명은 오늘날 널리 인용되고 있다.

> "중복제소 금지의 원칙은 기판력 원칙, 특히 그중에서도 소극적인 측면인 일사부재리(一事不再理, ne bis in idem) 원칙을 자연스럽고 합리적으로 보완하는 원칙이다. 기판력을 받는 쟁점이 후소(後訴)에서 다시 심리될 수 없는 것처럼, 장차 그 기판력을 받을 수 있는 쟁점이 동시에 중복하여 심리되는 것 역시 불가능하여야 한다. 이 두 제도의 관계는 '중복제소 금지의 효과가 멈추는 지점에서 기판력의 효과가 시작된다(Where the lis pendens effect ceases, the res judicata effect commences)'고 표현할 수도 있다."[44]

---

40) 한충수(주 28), 587; 강현중(주 29), 666 및 이시윤, 신민사소송법(제15판), 박영사, 2021, 627 참조. 기판력은 실체적(실질적) 확정력(materielle Rechtskraft)이라고도 한다.

41) 소송판결의 기판력은 그 판결에서 확정한 소송요건의 흠결에 관하여 미치는 것이지만, 당사자가 그러한 소송요건의 흠결을 보완하여 다시 소를 제기한 경우에는 그 기판력의 제한을 받지 않는다(대법원 2003. 4. 8. 선고 2002다70181 판결 등 참조). 소송판결의 기판력에 관한 상세는 정선주, "소송판결의 기판력", 민사소송 제22권 제1호, 2018, 9 이하 참조.

42) Hobér(주 14), 121.

43) McLachlan(주 2), 36.

44) Lennart Pålsson, "The Institute of Lis Pendens in International Civil Procedure",

기판력의 기본이념은 로마법의 법언(法言) 'nemo debet bis vexari pro una et eadem causa(누구도 동일한 청구원인에 대하여 두 번 절차를 진행할 수 없다)'와 'interest reipublicae ut sit finis litium(소송을 종결한다는 것은 공서의 문제이다)'에 기초해 있다.[45] 중복제소 금지의 원칙은 그중 첫째 법언의 실현에 있어서 기판력과 상호 보완적으로 기능한다.

대륙법계에 속한 우리나라에서는 이러한 원리가 내국소송의 중복제소 금지 맥락에서든 국제적 소송경합의 맥락에서든 타당하게 적용된다. 만약 우리나라에서 국제적 소송경합에 대하여 우선주의가 적용되지 않는다고 보게 된다면, 일단은 외국소송과 내국소송이 각각 진행되는 것을 허용하되 먼저 확정된 판결이 다른 소송절차에 어떻게 작용하는가(예컨대 외국판결이 먼저 확정되고 그 외국판결이 승인 요건을 갖춘다면 우리 법원은 그 외국판결의 기판력을 받게 된다)의 문제를 고려하게 될 것이다.[46]

한편 소송경합에 관한 우선주의가 정립되지 않은 보통법계에서는 소송경합 내지 중복제소와 기판력의 관계에 대한 위와 같은 인식이 상대적으로 희박하다. 하지만 병행소송의 판결 확정 여부는 부적절한 법정지의 원리를 적용하는 데 있어서 중요한 고려사항으로 작용한다는 점에서, 국제적 소송경합에 있어서 기판력이 가지는 실질적 의미는 대륙법계에서의 그것과 크게 다르지는 않다고 할 수 있다.

2. '관련 소송'의 취급

대륙법계에서 일사부재리 원칙의 실현이라는 목적만을 놓고 보면,

Scandinavian Studies in Law ⅩⅣ, 1970, 68. McLachlan(주 2), 49에서 재인용.

45) Hobér(주 14), 120.

46) 이것이 이른바 '규제소극설(規制消極說)'의 입장이다. 아래의 제4장-제1절-Ⅰ의 1.항 참조.

중복제소금지 원칙과 기판력의 원칙은 같은 목적을 실현하기 위한, 시
간적 선후(先後) 관계에 있는 원칙이다.[47] 즉 앞서 본 Pålsson의 '중복제
소 금지의 효과가 멈추는 지점에서 기판력의 효과가 시작된다'는 표현
처럼, 중복제소 금지의 원칙은 선행소송의 계속 중에 작동하고, 기판력
은 선행판결의 확정 후에 작동한다. 따라서 기판력의 효과와 중복제소
금지의 효과가 적용되는 범위를 확정하기 위해서 동등하게 아래의 세
요소를 고려하게 된다.[48]

① 당사자의 동일성(the parties, *personae*)

② 청구취지의 동일성(the object, *petitum*)

③ 청구원인의 동일성(the cause or subject-matter, *causa petendi*)

위 세 요소를 구체적으로 어떻게 고려하여 사건의 동일성을 인정하
는가는 각 나라의 입법례마다 차이가 있다.[49] 그러나 기본적으로 위 세
요소를 고려하여 전소(前訴)와 후소(後訴)에 계속된 사건이 동일하다고
평가되는 경우에 한하여 엄격한 의미의 소송경합이 성립한다는 관념은

---

47) Lüttringhaus/Silberman(주 1), 1159.

48) McLachlan(주 2), 112; Hobér(주 14), 121.

49) 소송물을 '실체법상의 권리 또는 법률관계'라고 파악하여 소송물을 확정하기
위해서는 '청구원인의 동일성'을 고려하여야 한다는 소송물 이론을 '실체법설
(구소송물이론)'이라고 한다. 우리 판례는 확고하게 이를 따르고 있다. 한편 독
일과 일본에서는 1950년대~1960년대에 실체법상의 청구원인만을 달리하는 원
고의 반복된 소제기에 따라 피고에게 부당하게 응소부담이 과해질 수 있고 사
법자원의 낭비가 초래될 수 있다는 실체법설에 대한 비판이 일었다. 이에 따
라 '신청(청구취지)만으로' 또는 '신청과 사실관계(Sachverhalt)'로 소송물이 구성
된다는 이른바 '소송법설(신소송물이론)'이 주장되었다. 이는 오늘날 국내의
다수설이라고 설명된다. 그러나 우리 판례와 그에 기초한 실무례가 확고하게
실체법설을 따르는 상황에서 위와 같은 소송물 논의가 얼마나 실효성이 있는
지는 의문이다. 전원열(주 26), 225 참조. 우리나라의 소송물이론에 관한 상세
한 논의는 정동윤 외, 민사소송법(제7판), 법문사, 2019, 262 이하 참조.

통용되고 있다.

그런데 국제적 소송경합에 대한 규율을 뒷받침하는 다른 근거들, 즉 소송경제의 촉진, 공정하고 적법한 분쟁 해결절차의 제공을 통한 법치주의 원칙 실현, 저촉·과잉될 수 있는 국제재판관할의 미세조정, 각 국가 법원 사이의 예양 증진 등의 관점을 고려하면, '사건의 동일성'이 엄격하게 인정되지 않는 경우라도 외국법원에 계속된 사건과 밀접하게 관련된 사건에 대한 재판절차를 제한하는 것이 효율적일 수 있다. 이러한 점에서 국제적 소송경합에 관한 규율은 '관련 소송(related actions)'의 재량적 각하 또는 중지에 관한 규율까지도 포함하는 것으로 이해되기도 한다.[50]

엄격한 의미의 국제적 소송경합뿐만 아니라 국제적 관련 소송을 규율하는 경우, ① 우선 그 유형이 다양하여 일률적인 규율이 어렵고, ② 당사자의 재판청구권을 침해하는 결과를 초래할 수도 있다.[51] 따라서 엄격한 우선주의를 채택하고 있는 우리나라의 현행법하에서는 국제적 관련 소송에 관한 개입을 하더라도 엄격한 의미의 소송경합에 관한 규율을 그대로 적용할 수는 없고, 이를 규율할 수 있는지, 만약 그렇다면 그 근거는 무엇인지, 어떤 방식으로 규율할지, 관련 소송의 범주를 어떻게 관념할 것인지 등에 관하여 면밀히 검토할 필요가 있다.

아래 제3장 제3절에서 보는 '브뤼셀 체제'는 관련 소송에 대한 재량적 중지에 관한 근거를 두고 있다. 이른바 '관할 프로젝트'를 진행하고 있는 헤이그 국제사법회의에서도 새로운 문서에 엄격한 의미의 국제적 소송경합 외에 관련 소송에 관한 규율도 포함하는 것을 적극적으로 검

---

50) Lüttringhaus/Silberman(주 1), 1158. 앞서 본 것처럼 이 책에서는 소송경합과 관련 소송을 통틀어 이를 때에는 '병행절차(concurrent proceedings)'라 한다.

51) 기판력은 후소(後訴)의 제기와 기판력이 미치는 쟁점에 대한 쟁송을 원천적으로 봉쇄하는 효과가 있으므로 당사자의 재판청구권 보장이라는 관점에서 그 효력이 미치는 경우를 쉽사리 확장하기 어려운 측면이 있다.

토하고 있다. 국제상사중재에 기초한 절차의 경합에 있어서도 '관련 사건(related proceedings)'에 대한 중재절차 상호간의 처리가 중요한 영역으로 취급된다.

현행법하에서 국제적 관련 소송의 취급을 어떻게 할 것인지는 아래 제4장-제1절-Ⅲ항 이하에서 구체적으로 살펴본다.

Ⅲ. 국제적 소송경합의 준거법

1. 절차법에 관한 법정지법주의

소송이 개시된 법원이 있는 나라의 법률을 법정지법(法廷地法, lex fori)이라고 한다. 그러한 법정지법 중 재판권, 국제재판관할권, 소송서류의 송달과 증거의 조사 등에 관한 국제적 사법공조, 외국판결의 승인 및 집행 등 절차법적 문제를 규율하는 실질법이 국제민사소송법이다.[52] 전통적인 견해에 의하면 절차법, 즉 소송법에 관한 사항은 법정지법을 적용하는 것이므로 법의 저촉이 일어나지 않는다. 즉 소송법에 관한 사항은 "절차는 법정지법에 의한다"는 원리에 따른다(법정지법주의).[53] 따라

---

[52] 국제민사소송법의 본질, 개념, 기본원리 등에 관한 상세는 전병서, "국제민사소송법 서설 및 외국인당사자의 소송상 취급", 사법행정 제36권 제8호, 1994, 7 이하 참조. '국제민사소송법'은 ① 법원에서의 민사소송절차에 관하여 조약 등의 합의를 거쳐 국제적으로 통용되는 법, ② 섭외적·국제적 사안에 대하여 적용되는 각국의 민사소송법적 규범(국내법), ③ 실체법 규정에 대한 저촉규범으로 기능하는 협의의 국제사법에 대응하는 것으로서 각국의 절차법 규정 중 어느 것을 적용할 것인가를 결정하는 저촉규범(이른바 '협의의 국제소송법'이라고도 한다)의 의미로 논의된다. 이 책은 ② 개념에 따라 국제민사소송법을 서술하며, 이것이 국내의 통설이다. 김연 외, 국제사법(제3판 보정판), 법문사, 2014, 64; 신창선/윤남순, 신국제사법(제2판), 피데스, 2016, 193; 신창섭, 국제사법(제4판), 세창출판사, 2018, 14.

서 우리나라에 소가 제기된 사건에 대하여는 우리나라의 국제민사소송법을 적용하여 재판을 하여야 하고, 외국의 국제민사소송법을 적용하지 않는 것이 원칙이다. 국제적 소송경합의 요건과 효과 등에 관한 문제 역시 기본적으로 우리나라 법에 의하여 규율된다는 것이 대원칙이다.[54]

2. 국제적 소송경합에서 제기되는 문제

가. 문제의 소재

국제적 소송경합은 내국법원과 외국법원에 각각 계속된 소를 전제로 하므로, 필연적으로 두 국가의 절차법이 교차하는 국면이 나타난다. 이 경우 국제적 소송경합의 해결에는 기본적으로 그 문제를 다루는 법정지의 법이 적용될 것이다. 그러나 구체적으로 들여다보면, 외국법원에 제기된 소의 소송계속 발생 시점, 외국판결의 기판력의 범위(이는 '소송물의 동일성' 요건과 관련된다) 등에 관하여는 어느 나라의 법을 적용하여야 하는지가 문제 된다.[55] 이들 사항에 관하여 우리나라와 당해 외국이 다르게 규율하고 있는 때에는, 사안에 따라서는 어느 나라의 법을 적용하는가에 의해 전혀 다른 결론에 이르게 될 수 있다.[56] 국제적 소송경합

---

53) 김연 외(주 52), 62. 절차법에 관한 법정지법주의는 민사소송법의 적용범위에 관한 '장소적 한계' 문제로 설명되기도 한다. 김홍규/강태원(주 26), 67; 강현중 (주 29), 48.

54) 실제에 있어서는 민사소송법이 그 구체적인 규정 내용을 실질법에 맡겼기 때문에 국제사법에 의한 준거법으로서 외국법이 간접적으로 적용될 수는 있다. 예컨대 외국인의 소송능력에 대한 특별규정인 민사소송법 제57조가 그러하다.

55) 이는 국제적 소송경합의 해결에 관한 대륙법계의 우선주의와 '승인예측설'을 따를 때 특히 의미가 있다.

56) 국제적 소송경합에 관한 '규제소극설'은 '승인예측설'에 대하여 외국소송과 내국소송 사이의 소송물 동일성 판단이 어렵다고 비판한다. 이는 기판력 또는 소송물의 범위를 규율하는 각 법정지법의 내용이 다른 경우에 발생하는 어려

은 이러한 한도에서 절차법에 관한 저촉규범이 문제된다.

나. 소송계속 발생 시점의 준거법

소송계속의 발생 시점은 기본적으로 소송과 관련된 최초의 절차적 단계가 무엇인가, 즉 당사자가 법원에 소장을 제출하면 소송이 계속하는지 아니면 소장이 피고에게 송달됨으로써 계속하는지에 관한 관념의 차이에서 비롯된다. 또한 직권송달주의인지, 또는 당사자송달주의인지 등의 절차법상 차이와도 관련된다.[57] 우리나라를 비롯하여 독일, 일본과 같은 대륙법계 국가에서는 '소송계속'을 법원과 양 당사자 사이의 삼면적 소송법률관계가 성립되는 것이라고 관념하여, 소장이 피고에게 송달된 때에 소송계속이 생긴다고 본다.[58]

외국법원에 제기된 소의 소송계속 발생 시점에 관한 국내의 견해로는, ① 외국소송에 대하여도 우리나라의 소송계속 시점에 관한 기준을 적용하여 피고에 대한 소장 송달 또는 이에 준하는 사건이 발생한 때에 소송계속을 인정하여야 한다는 견해[59]와 ② 소송계속의 발생시점은 소제기의 절차법상 효과문제이므로 각자의 법정지법에 따를 수밖에 없다는 견해[60]가 대립한다. 현행법의 해석론으로서는 '법정지법주의'에 따라 외국법원에 제기된 소는 당해 외국법에 의하여 소송계속 발생 시점을 정하는 것이 타당하다고 생각된다. 개정 국제사법(제11조 제5항)은 위와

움을 지적하는 것이다.

57) 석광현(주 21), 200.
58) 민일영 외, 주석 민사소송법(IV), 한국사법행정학회, 2018, 23; 伊藤 眞, 民事訴訟法(第5版), 有斐閣, 2016, 225. 독일 민사소송법 제253조 제1항은 소장이 피고에게 송달되는 때에 소송계속이 발생함을 분명히 규정하고 있다.
59) 석광현(주 21), 201.
60) 한충수(주 28), 60; 이규호, "선제타격형 국제소송에 대한 연구", 민사소송 제14권 제2호, 2010, 139.

같은 어려운 문제를 해소하기 위하여 '소의 전후는 소를 제기한 때를 기준으로 한다'는 조항을 두고 있다.[61]

다. 외국판결의 기판력 범위에 관한 준거법

외국판결이 확정된 경우 그 기판력의 범위는 기본적으로 법정지법주의에 의하여 당해 외국법에 의하여 판단한다.[62] 이는 법정지법주의에 따른 원칙론으로서 타당하지만, 외국판결의 기판력의 범위 문제는 외국판결 승인(承認, recognition)의 본질 내지 효력 문제와 밀접하게 관련되어 있음에 유의할 필요가 있다. 국제적 소송경합 맥락에서 중요한 것은 외국판결이 그 나라에서 통용될 때의 기판력이 아니라 그 외국판결이 우리나라에서 승인되었을 경우 우리나라에서 인정되는 기판력이기 때문이다. 국제적 소송경합이 성립하기 위한 전제로서 '당사자의 동일성' 및 '사건의 동일성' 판단도 위와 같이 외국판결의 승인에 의해 우리나라에서 인정되는 기판력의 내용을 토대로 이루어져야 한다. 따라서 우리나라에서 국제적 소송경합이 문제되는 경우, 내국소송과 외국소송 사이의 '당사자의 동일성' 및 '사건의 동일성' 여부는 장차 외국의 소송절차에서 선고 및 확정되어 우리나라에서 승인되는 외국판결의 기판력 범위를 전

---

61) 그러나 이러한 규율이 합리적인지는 다소 의문이다. 제4장-제2절-III-2의 다.항 참조.

62) 피정현(주 14), 610; 석광현(주 21), 198; 한충수(주 28), 59; 이규호(주 60), 137. 김인호, "국제매매계약에 대한 국제소송과 국제상사 중재에서의 특정이행청구의 범위와 한계", 통상법률 통권 제100호, 2011, 34는 국제물품매매계약의 당사자들이 '국제물품매매계약에 관한 국제연합 협약(CISG)' 제28조에 의하여 특정이행(specific performance)을 구하는 소를 각각 대륙법계와 보통법계 국가에서 제기한 경우에, 대륙법계 국가에서 해당 소의 소송물은 '특정이행청구'일 것이지만 원칙적으로 계약에 따른 특정이행을 인정하지 않는 보통법계 국가에서 해당 소의 소송물은 실질적으로 '손해배상청구'가 되어 서로 소송물이 다르게 되고, 국제적 소송경합의 문제가 발생하지 않는다고 설명한다.

제로 우리나라의 기판력이론을 적용하여 판단할 것이다.[63]

그런데 외국판결 승인의 본질 내지 효력에 관한 국내의 논의가 정리되어 있지 않으므로 우리나라에서 승인되는 외국판결의 기판력 범위, 그리고 이에 기초한 당사자의 동일성과 사건의 동일성 여부를 판단하는 문제는 간단치 않다. 우선 외국판결의 승인에 관한 전통적 견해는, 외국판결은 승인제도를 채택한 법률에 의하여 승인요건을 갖추면 자동적으로 승인되고(자동승인의 원칙), 기판력을 포함한 당해 외국판결의 효력(다만, 집행력은 제외)이 그대로 국내에 확장된다는 '효력확장설(效力擴張說, Wirkungserstreckungstheorie)'을 따른다.[64] 그런데 효력확장설의 문제점을 극복하기 위하여 판결효력 확장을 제한하거나 수정하는 누적설(累積說, Kumultationstheorie),[65] 수정효력확장설 등 다양한 이론들이 제시되고 있다.[66] 기본적으로는 외국판결의 기판력 범위는 당해 외국법에

---

63) 이는 '승인예측설'을 전제로 한 설명이다.

64) 이필복, "외국판결의 승인에서의 공서 위반 심사의 대상", 사법 제44호, 2018, 282. 참고로, 유럽사법재판소는 2009년 *Gothaer Allgemeine Versicherung AG and Others v. Samskip GmbH*, Case C-456/11 사건에서, 승인은 '판결이 판결국에서 인정되는 권한과 효력을 수여하는 결과를 가져야 하며, 따라서 원칙적으로 판결국에서 가지는 효력과 동일한 효력이 승인국에서 인정된다'고 전제하면서, 유럽연합 규정의 통일된 적용의 요청에 따라 유럽연합 차원의 기판력의 원칙은 각 회원국의 상이한 기판력 원칙에도 불구하고 통일된 기준에 의하여 해결되어야 하며, 유럽연합 차원의 기판력의 개념은 판결의 주문뿐만 아니라 '주문의 필수적인 근거를 제공하고 주문과 불가분한 판결의 이유'까지 미치는 것이라고 판단하였다. 즉 유럽사법재판소는 승인의 본질 내지 효력에 관한 효력확장설을 분명하게 채택하면서도, 유럽연합 차원의 독자적이고 통일적인 기판력 개념(범위)을 확립하였다. 상세한 내용은 같은 논문, 286 이하 참조.

65) 외국판결의 효력은 원칙적으로 판결국법에 의하나, 다만 승인국법의 판결에 상응하는 판결효력을 한도로 당해 외국판결의 효력을 인정하는 견해이다. 이 견해에 의하면 승인된 외국판결에 인정되는 효력은 국내에 확장되면서 국내제도에 의한 판결효력의 범위 내로 축소된다. 독일과 일본 등에서 유력하게 주장되고 있다.

66) 상세는 석광현(주 21), 411 이하; 이필복(주 64), 282 이하; 이헌묵, "승인된 외국

의한다는 견해가 타당하다(효력확장설). 만약 외국판결 효력 확장을 제한하거나 수정하는 견해를 따른다면 외국법에 따른 기판력의 범위에서 그와 같이 제한·수정된 기판력의 범위가 외국법원에 계속된 소의 소송물을 특정하는 기준이 됨에 유의할 필요가 있다.

재판의 기판력의 범위를 결정하는 준거법", 민사소송 제22권 제1호, 2018, 35 이하 참조.

제2절 국제적 소송경합의 체계적 지위

국제적 소송경합은 대륙법계에서는 외국판결의 승인을 전제로 한 기판력의 문제와 시간적 선후의 관계에 있는 문제로 취급되어 왔고, 보통법계에서는 국제재판관할권의 배분·조정 문제로 취급되어 왔다. 이 절에서는 앞선 논의와 중복되지 않는 범위에서 국제재판관할권, 외국판결의 승인이라는 두 관점에서 조명하여 국제적 소송경합의 체계적 지위를 밝히고자 한다.

Ⅰ. 국제재판관할권

1. 국제재판관할과 국제적 소송경합의 관계

국제재판관할은 외국관련성 있는 특정한 사인간의 쟁송에 대하여 어느 국가의 법원이 재판할 권한을 가지는가 또는 해당 재판임무를 어느 국가에 배분할 것인가를 정하는 문제이다.[67] 국제재판관할은 어떠한 분쟁의 관련국 가운데서 어느 나라의 법원이 사건을 재판하여야 할 것인가를 정하는 문제라고도 설명된다.[68]

과거에는 국제재판관할 개념을 국가주권의 한 내용인 민사재판권의 저촉 문제로 인식하였다. 이처럼 국제재판관할을 주권 저촉의 문제로 인식하면서 이를 국제법상의 원칙에 기하여 해결하려는 이론을 '국제주

---

67) 석광현(주 21), 67; 전원열(주 26), 99. 이 책에서는 '국제재판관할'과 '국제재판관할권'이라는 용어를 맥락에 따라 혼용한다.
68) 강현중(주 29), 129.

의(國際主義)'라고 한다.[69] 국제주의는 자연스럽게 국제재판관할의 속지주의와 속인주의로 연결되고, 국제적 소송경합에 관하여는 규제소극설로 연결된다. 이와 달리 국제재판관할을 어느 국가가 특정한 사건에 대하여 민사재판권을 행사하고자 하는 범위를 확정하는 문제 내지 재판임무의 장소적 배분 문제로 인식면서, 재판의 신속·효율·공정과 같은 민사소송 절차의 이념에 기하여 정하려는 입장을 '보편주의(普遍主義)'라고 한다.[70] 오늘날에는 보편주의를 따라, 각국이 자국의 민사재판권을 행사함에 있어서 외국의 민사재판권 행사에 따른 간섭을 인정하고, 외국법원의 소송계속을 고려하여 자국법원의 민사재판권 행사를 제한·포기할 수 있다는 관념이 받아들여지고 있다. 이러한 입장은 국제적 소송경합에 대한 적절한 규율을 수긍한다. 이처럼 국제적 소송경합에 관한 이론은 국제재판관할에 관한 이론의 변천과 그 보조를 맞추어 발전해 왔다.[71]

국제적 소송경합이 국제재판관할의 적극적 저촉을 그 배경으로 한다는 것은 앞서 본 바와 같다. 국제적 소송경합 상태를 해소하기 위해서는 어느 한 국가의 법원이 형식적으로 존재하는 국제재판관할권의 행사를 제한하는 결정을 하여야 한다. 특히 영국을 중심으로 한 보통법계에서는 국제적 소송경합을 규율하는 특별한 법원리보다는,[72] 국제재판관할

---

69) 최공웅, "국제재판관할 원칙에 관한 재론", 법조 제47권 제8호, 1998, 13. 이는 '권력이론'이라고도 설명된다.

70) 최공웅(주 69), 13. 석광현(주 21), 76.

71) 한편 영미에서는 민사재판권과 국제재판관할 개념을 구분하지 않고 이를 포괄하는 국제재판관할권(jurisdiction) 개념을 사용하는바, 이는 엄밀히 보자면 우리나라 등 특히 독일법을 계수한 대륙법계에서 사용하는 국제재판관할(권)과는 개념적 차이가 있다. 석광현, 국제사법 해설, 박영사, 2013, 58 및 Briggs, The Conflict of Laws(4th), Oxford, 2019, 44 이하 참조.

72) 우선주의를 근거로 소를 각하 또는 중지하는 것은 실질적으로 국제재판관할권의 행사를 제한하는 효과가 있으나, 이는 국제재판관할권의 행사를 제한한다는 관점으로 인식되기보다는 독자적인 소송요건 충족에 따른 법률효과라는 관점으로 인식된다.

권에 대한 규율을 통해 경합하는 소송 사이의 질서를 정한다는 관념이 발달하였다. 즉 보통법계에서는 ① 외국에 대한 송달요건의 심사, ② 부적절한 법정지의 법리에 의한 국제재판관할권의 불행사, ③ 소송유지명령에 의한 외국소송의 제한을 통해서 경합하거나 경합할 수 있는 소송절차 사이의 질서를 정하는데, 이는 국제재판관할권에 대한 규율에 중점을 둔 것이다.[73] 영국의 저명한 국제거래법학자인 Hartley는 일반적으로 국제재판관할권을 제한하는 이유를 다음의 여섯 가지로 설명한다.[74]

① 판결의 모순·저촉: 어느 국가의 재판관할권이 지나치게 광범위한 경우, 두 국가에서 동일한 사건에 관하여 재판하여 판결의 모순·저촉을 초래할 수 있다.

② 판결의 집행: 판결국의 재판관할권이 지나치게 광범위한 경우, 확정판결의 집행을 요청받은 국가에서 집행이 거부될 수 있다.

③ 당사자의 합의 존중: 당사자의 국제재판관할합의가 있는 경우에는 법원이 이를 존중하여야 한다.

④ 시간과 자원의 낭비: 법정지와 관련성이 없거나 희박한 사건을 심리하기 위해 시간과 자원이 낭비될 수 없다.

⑤ 다른 국가의 주권 존중: 국제재판관할권을 지나치게 광범위하게 인정하는 경우 다른 국가의 주권을 침해하는 경우가 발생할 수 있다.

⑥ 피고와의 공평: 원고는 그에게 가장 유리한 법정지를 선택할 수 있다. 그러나 만약 원고의 법정지 선택에 적법한 이유가 없다면, 원고로 하여금 그러한 이익을 얻도록 하는 것이 피고에게는 불공평하다. 따라서 피고는

---

73) 이러한 성질은 특히 내국법원의 국제재판관할권 행사를 제한하는 '부적절한 법정지의 법리'에서 두드러진다.

74) Hartley(주 15), 30 내지 32. 이와 반대로, ① 예컨대 인권의 보장과 같은 특정한 정책적 목적을 달성하고자 하는 경우, ② 관련 사건(related cases)을 같은 법원에서 병합하여 심리할 필요성이 있는 경우와 같이 국제재판관할권의 범위를 확장할 이익이 있는 경우도 있다고 한다.

만약 그 법정지가 그에게 불공평한 경우에는 원고의 선택에 이의를 제기
할 정당한 이익을 가진다.

이는 국제적 소송경합에 대하여 법원이 적절히 간섭 또는 규율할 근
거와 상당 부분 교차·중첩된다. 또한 부적절한 법정지의 법리에 의해
자국의 국제재판관할권의 행사를 거부할 때 고려할 요소들과도 상통한
다. 국제적 소송경합의 해결은 국제재판관할에 대한 제한 내지 조정과
밀접하게 관련되어 있는바, 국제적 소송경합을 해결함에 있어서 소송
계속의 우선순위뿐만 아니라 위와 같이 다양한 이익들이 고려될 수 있
는 것이다.

한편 국제재판관할은 ① 어느 국가의 법원에 소가 제기된 경우 이를
심리하기 위한 전제로서 국제재판관할권을 가지는 것인가의 문제(심리
관할)와 ② 외국법원이 선고한 판결을 다른 국가의 법원이 승인 또는 집
행하기 위한 전제로서 판결을 선고한 법원이 국제재판관할권을 가지는
가(승인관할)라는 두 가지 유형이 있다. 전자를 직접국제재판관할(직접
관할), 후자를 간접국제재판관할(간접관할)이라고도 한다.[75] 판결국의
법에 따라 국제재판관할권(직접관할)이 인정된다고 하더라도 승인국의
법에 의하면 판결국의 법원에 국제재판관할권(간접관할)이 인정되지 않
는 경우, 승인국은 그 판결의 승인 또는 집행을 거부할 수 있다. 그러므
로 당사자는 소를 제기하고자 하는 경우 법정지의 국제재판관할 규칙뿐
만 아니라 잠재적인 승인·집행국의 국제재판관할 규칙도 함께 검토하여
야 한다.[76]

---

75) 석광현(주 21), 76; 김연 외(주 52), 67.
76) 직접관할과 간접관할은 같은 문제를 서로 다른 방향에서 보는 차이만 있고, 원
   칙적으로 동일한 원칙에 따라 규율된다. 전원열(주 26), 99. 민사소송법 제217
   조 제1항 제1호는 외국판결 승인 요건으로서 '대한민국의 법령 또는 조약에 따
   른 국제재판관할의 원칙상 그 외국법원의 국제재판관할권이 인정될 것'을 규
   정한다. 대법원 1995. 11. 21. 선고 93다39607 판결, 대법원 2015. 2. 12. 선고

2. 국제재판관할합의와 국제적 소송경합의 관계

유효하고 이행 가능한 전속적 국제재판관할합의가 있는 경우에는 원칙적으로 국제적 소송경합에 따른 문제가 발생하지 않는다. 만약 전속적 국제재판관할합의가 있음에도 불구하고 다른 법원에 소가 제기되면 그 소는 각하되어야 할 것이고, 법정지로 지정된 법원에 계속된 소송은 설령 그것이 후소라고 할지라도 결국에는 우선권을 가지게 될 것이기 때문이다. 그러나 이는 논리적으로 그렇다는 것이고, 실제로 당사자 사이에 전속적 국제재판관할합의의 존재·유효성·이행가능성에 대한 다툼이 있어서 그에 위반한 소가 먼저 계속된 때에는 그 전속적 국제재판관할합의의 실효성을 관철하기 어렵게 되는 경우가 적지 않다. 이러한 문제는 특히 합의되지 않은 법정지의 법원이 국제재판관할합의의 존재·유효성·이행가능성에 대한 의문을 가지고 이를 심리하고자 하는 경우나 단순히 그 법원의 절차 진행이 매우 더뎌서 그에 관한 심리 자체가 이루어지지 못하는 경우에 두드러진다.[77] 따라서 전속적 국제재판관할합의가 있는 경우 합의된 법정지 법원의 우선권을 명시하는 입법례들이 나타나고 있다.

예컨대 개정 전 브뤼셀 Ⅰ규정 하에서는 우선주의를 엄격하게 적용

2012다21737 판결은 간접관할 맥락에서의 국제재판관할권을 직접관할 맥락에서의 국제재판관할권과 같은 기준으로 판단한 사례이다.

77) Hartley, Choice of Court Agreements Under the European and International Instruments, Oxford, 2013, para. 11.01. 특히 우리 판례에 의하면, 당사자와 소송물이 동일한 소송이 시간을 달리하여 제기된 경우 전소(前訴)가 후소(後訴)의 변론종결 시까지 취하·각하 등에 의하여 소송계속이 소멸되지 않으면 후소는 중복제소금지에 위반하여 제기된 소송으로서 부적법하므로(대법원 2017. 11. 14. 선고 2017다23066 판결 등 참조), 전소에서 유효하고 이행가능한 전속적 국제재판관할합의의 존재가 확정되기 전까지는 합의된 법정지에 제소된 후소는 원칙적으로 부적법하게 된다. 국제적 소송경합과 관련하여 전속적 국제재판관할합의가 있는 경우 우리법의 해석론에 관하여는, 제4장-제1절-Ⅰ의 3.항 참조.

한 결과 국제재판관할합의를 한 당사자의 의사가 제대로 보장되지 못하기도 하였다(이른바 '어뢰소송'의 문제). 그러나 브뤼셀 I recast 규정은 전속적 국제재판관할합의가 있는 경우 우선주의에 대한 예외에 해당함을 명시한다(제31조 제2항).[78] 헤이그 국제사법회의의 2005년 관할합의에 관한 협약(Covention of 30 June 2005 on Choice of Court Agreements, 이하 '헤이그 관할합의협약'이라 한다)[79] 제5조 제1항은 "전속적 관할합의에 의하여 지정된 체약국의 법원 또는 법원들은, 그 국가의 법률에 따라 그 합의가 무효가 아닌 한 그 합의가 적용되는 분쟁을 재판할 관할을 가진다."고 규정하고, 같은 조 제2항은 "제1항에 따라 관할을 가지는 법원은 그 분쟁이 다른 국가의 법원에 의하여 재판되어야 한다는 근거로 관할을 행사하는 것을 거부할 수 없다."고 규정한다.[80] 이 조항들은 국제재판관할합의의 실효성을 보장하기 위한 조항들이다.[81] 국제적 소송경합과 관련하여 특히 의미가 있는 것은 제5조 제2항인데, 이는 전속적 국재재판관할합의가 있는 경우에는 설령 다른 국가의 법원에 소송이 계속되어 있다 하더라도 대륙법계의 '우선주의' 또는 보통법계의 '부적절한 법정지의 법리'를 적용하여 합의된 국가의 국제재판관할권을 제한할

---

78) Hartley(주 77), para. 11. 15. 국제재판관할합의에 의해 합의되지 않은 법정지의 법원은 설령 그 법원에 먼저 제소되었더라도 합의된 법정지 법원을 위하여 소송절차를 중지하여야 한다.

79) 헤이그 관할합의협약에 관한 개관은 석광현, "2005년 헤이그 재판관할합의 협약의 소개", 국제사법연구 제11호, 2005, 192 이하, 박정훈, "헤이그 재판관할합의협약", 국제사법연구 제18호, 2012, 233 이하, 김효정, "헤이그관할합의협약 가입시의 실익과 고려사항", 국제사법연구 제25권 제1호, 2019, 169 이하 및 석광현, "우리 대법원 판결에 비추어 본 헤이그 관할합의협약의 몇 가지 논점", 국제사법연구 제25권 제1호, 2019, 481 이하 참조. '국제사법연구' 제25권 제1호는 헤이그 관할합의협약 가입과 관련한 주요 쟁점을 다룬 특집호이다.

80) 이상의 헤이그 관할합의협약 규정의 국문 번역은 박상순, "헤이그 재판관할합의협약에 대한 연구", 서울대학교 법학석사 학위논문, 2017, 49 이하를 참조한 것이다.

81) 박상순(주 80), 55.

수 없다는 것을 분명히 한 것이다.[82] 아래에서 보듯이 우리 국제사법개
정안 역시 국제재판관할합의가 있는 경우에는 국제적 소송경합에 관한
우선주의(제11조 제1항 단서 제1호)와 부적절한 법정지의 법리(제12조
제1항 단서)가 적용되지 않음을 명시한다.[83]

유효하고 이행 가능한 비전속적 국제재판관할합의(부가적 국제재판
관할합의)[84]가 있는 경우에는 구체적인 소제기의 태양을 고려하여 합의
된 법정지의 우선권에 관한 고려를 할 것이다. 만약 법정지로 합의된 곳
의 법원에 각각 소가 제기되어 그 상호간의 우선권이 문제되는 경우에
는 국제재판관할합의가 없는 일반적인 경우와 동일하게 취급하면 족할
것이지만, 만약 법정지로 합의된 곳의 법원과 그렇지 않은 곳의 법원에
각각 소가 제기된 경우에는 법정지로 합의된 곳의 법원이 우선권을 가
진다고 할 것이다. 한편 배제적 합의(derogation of jurisdiction)의 대상인
법정지 법원과 법정관할에 의한 법정지 법원 사이에 우열이 문제되는
경우에는 법정관할에 의한 법정지 법원에 우선권을 인정할 수 있을 것
이다.

---

82) Hartley(주 77), para. 11.26; Brand/Herrup, The 2005 Hague Convention on Choice
    of Court Agreements –Commentary and Documents–, Cambridge, 2008, 82.
83) 개정 국제사법 제12조 제1항 단서의 '당사자가 합의한 국제재판관할'은 비전속
    적 국제재판관할합의도 포함한다.
84) 비전속적 국제재판관할합의는 부가적(附加的) 국제재판관할합의로도 일컬어
    진다. 부가적 국제재판관할합의란 법정관할 외에 다른 국가의 법원을 부가하
    는 합의를 말한다. 노태악, "국제재판관할합의에 관한 2018년 국제사법 전부개
    정법률안의 검토 –법원의 실무과 헤이그재판관할합의협약을 중심으로–", 국제
    사법연구 제25권 제1호, 2019, 126. 창설적 또는 설정적 합의(prorogation of juris-
    diction)의 결과 합의된 관할이 전속적 국제재판관할인지 부가적 국제재판관할
    인지는 기본적으로 당사자들의 의사해석에 달려 있다. 석광현(주 21), 117; 전
    원열(주 26), 131.

II. 외국판결의 승인

1. 외국판결의 승인과 국제적 소송경합의 관계

오늘날 우리나라를 포함한 다수의 국가들은 일정한 요건이 구비되는 것을 전제로 외국판결의 효력을 국내에서 인정하고 그 집행(執行, enforce-ment)을 허용한다. 이때 외국판결의 효력을 국내에서 인정하는 것을 승인(承認, recognition)이라고 한다.[85] 대륙법계의 접근에 의할 때, 국제적 소송경합과 기판력 사이의 이론적 관계는 외국판결의 승인을 매개로 하여서만 비로소 실천적으로 드러난다. 한 국가 내의 중복제소 상황에서는 '중복제소 금지의 효과가 멈추는 지점에서 기판력의 효과가 시작된다'는 논리만으로 소송경합과 기판력의 관계를 설명하기에 충분하지만, 국제적 소송경합의 경우에는 외국판결이 국내에서 승인되는 경우에만 '기판력의 효과가 시작된다'는 단계에 이를 수 있기 때문이다.

여기서 두 가지 중요한 시사점이 발견된다. 첫째는, 외국의 소송절차에서 내려진 외국판결이 국내에서 승인될 수 있는 경우에 비로소 국제적 소송경합을 규율할 필요성이 생긴다는 점이다. 외국판결이 국내에서 승인되는 경우라야 판결(기판력)의 모순·저촉 위험이 발생하고, 각국에서 따로 소송절차를 진행하는 것이 절차의 낭비에 불과하다는 논리를 세울 수 있다. 따라서 국제적 소송경합에 대한 규율은 국내의 소송절차와 경합된 외국의 소송절차에서 내려질 외국판결에 대한 승인이 합리적으로 예측(豫測)될 것을 대전제로 한다.[86] 둘째는, 외국판결의 승인·집

---

85) 석광현(주 12), 343.
86) 주의할 것은 이는 대륙법계의 법리를 따를 때 타당한 것이라는 점이다. 보통법계의 '부적절한 법정지의 법리'를 적용함에 있어서는 전소 법원에서 내려질 판결의 승인 가능성은 더 적절한 법정지를 판단하기 위한 하나의 고려 요소에 불과하므로, 그것이 국제적 소송경합에 대한 규율을 위한 필연적 전제에 해당하지 아니한다.

행이 보편적으로 인정될수록 국제적 소송경합의 문제가 더 중요하고 빈번하게 발생하게 된다는 것이다.[87] 오늘날 유럽의 브뤼셀 체제하에서 EU 역내의 민사·상사에 관한 판결은 사실상 자동적으로 승인 및 집행되고 있으므로 유럽에서는 국제적 소송경합의 문제가 더 중요하게 취급되고 있다.[88] 유럽 외에서도 외국판결의 승인·집행은 점차 보편적으로 인정되어 가고 있으므로, 향후 국제적 소송경합이 문제되는 경우 역시 늘어날 것으로 예상된다.[89]

2. 모순·저촉되는 판결의 해결

국제적 소송경합 상태에서 어느 법원의 판결이 먼저 선고되어 확정되면, 국제적 소송경합 상태는 해소되고 먼저 확정된 판결이 다른 나라에서 승인·집행될 수 있는가의 문제로 전환된다.[90] 따라서 국제적 소송경합 상태에서 외국판결이 먼저 확정되면, 그 이후에는 외국판결이 승인되어 그 기판력이 국내에 작용하는지, 작용한다면 어떻게 작용하는가의 문제를 살펴보아야 한다.[91]

---

87) Fawcett(주 7), 28.
88) Lüttringhaus/Silberman(주 1), 1160.
89) 영국은 Brexit 이후 루가노협약의 수탁자에게 루가노협약에 대한 가입 신청을 기탁하였으나, EU 집행위원회(European Commission)는 루가노협약을 체결한 공동체의 지위에서 이 가입에 동의하지 않을 의사를 표시하였다. 대신 EU 집행위원회는 장래 EU와 영국 사이의 재판의 유통은 헤이그 관할합의협약과 헤이그 재판협약에 의하여 해결되어야 한다는 전제에서 EU가 헤이그 재판협약을 체결하여야 함을 밝혔다. 영국은 2020. 9. 28. 헤이그 관할합의협약을 승인함으로써 독립적인 체약국이 되었다.
90) 박선아, "일본 전범기업을 상대로 한 민사소송의 의의와 과제", 법조 통권 제684호, 2013, 269; 석광현, "강제징용사건에 관한 일본판결의 승인 가부", 국제사법과 국제소송 제6권, 박영사, 2019, 627.
91) 국내에 잘 알려진 이른바 '강제징용 사건'에서, 국내의 제1심 단계에서는 국제적 소송경합이 쟁점이 되었으나 이후 일본의 판결이 확정된 이후로는 일본 판

내국소송이 계속되는 중에 외국판결이 선고되어 확정되고, 그 외국판결이 국내에서 승인 요건을 갖추면 원칙적으로 우리 법원은 그 기판력을 받아 외국판결에 모순·저촉되는 판단을 할 수 없다. 다만 헤이그 재판협약 제7조 제2항은 외국판결의 승인·집행을 요청받은 국가에 먼저 소송이 계속되었고 승인·집행을 요청받은 국가와 당해 분쟁 사이에 밀접한 관련이 있을 때에는 승인 또는 집행이 연기 또는 거부될 수 있다고 규정한다.[92] 이는 승인예측설에 기초한 우선주의에 따를 때 뒤에 소송이 계속된 외국의 소송절차는 원래 각하 또는 중지의 대상이 되었을 소송절차였으므로, 그 소송절차에서 이를 무시한 채 내려진 판결을 승인하는 것은 절차적 공서에 반한다는 것을 고려한 것이다.[93] 이는 우리 국내법의 해석론으로도 타당하다.[94] 따라서 우리나라에서 먼저 소송이 계속된 때에는 설령 외국판결이 먼저 선고되어 확정된다 하더라도 그 판결이 우리나라에서 승인되지 못하므로 내국법원은 외국판결의 기판력을 받지 않는다.

국제적 소송경합이 발생한 것을 간과하여 국내와 외국에서 모두 판결이 선고 및 확정되었고, 그 판결이 모순·저촉되는 경우는 어떻게 처리할 것인가? 이에 관하여는 선행판결을 우선하는 견해, 후행판결을 우선하는 견해, 내국판결을 우선하는 견해 등이 가능하다.[95] 헤이그 재판협

결을 승인할 수 있는가, 즉 일본판결의 기판력이 우리나라에 미치는가가 쟁점이 되었다. 이필복(주 64), 298 이하 참조.

92) 제3장-제3절-III항 참조.

93) 석광현(주 21), 206; 김주상, "외국판결의 승인과 집행", 사법논집 제6집, 1975, 506. 이와 달리 유럽사법재판소는 소송경합에 관한 규칙 위반이 그 자체만으로는 공서 위반으로서 승인·집행의 거부 사유를 구성하지 않는다고 본다. 이는 소송경합에 있어서 심판의 우선권 있는 법원을 정하는 문제가 통상적인 국제재판관할 인정의 문제와 본질적으로 다르지 않다는 인식에 기초한 것으로 보인다. Stefano Liberto v Luminita Luisa Grigorescu, Case C-386/17 [2019] 참조.

94) 석광현(주 21), 206.

95) 석광현(주 21), 205. 김주상(주 93), 506 역시 내국판결을 우선하는 견해를 따른다.

약 제7조 제1항 (e)호, (f)호는 판결의 확정 시점과는 무관하게 먼저 선고
된 판결을 우대하는 입장을 취한다. 생각건대, 이에 관하여는 국내사건
에서 모순·저촉되는 판결이 확정된 경우의 해결 방법을 따르되, 다만 소
송계속의 전후를 살펴 해결하는 것이 논리적이다.[96] 따라서 만약 내국
소송이 먼저 계속된 때에는 앞서 본 바와 같이 외국판결이 절차적 공서
에 반하여 국내에서 승인되지 못하므로, 기판력의 모순·저촉 문제가 발
생하지 않는다.[97]

문제는 외국소송이 내국소송보다 먼저 계속되었던 경우이다. 우선
외국판결이 내국판결보다 먼저 확정된 때에는 내국판결은 기판력 있는
외국판결에 저촉된다. 그러나 그렇다고 하여 내국판결이 위법, 무효한
판결이 되는 것은 아니고,[98] 재심의 소(민사소송법 제451조 제1항 제10
호)에 의한 취소의 대상이 될 뿐이다.[99] 국내에서는 이때 내국판결이 재
심의 소에 의해 취소될 때까지는 외국판결에 우선한다는 견해가 유력하

---

96) 석광현(주 12), 206.

97) 대법원 1994. 5. 10. 선고 93므1051, 1068 판결은 '동일 당사자간의 동일 사건에
관하여 대한민국에서 판결이 확정된 후에 다시 외국에서 판결이 선고되어 확
정되었다면 그 외국판결은 대한민국판결의 기판력에 저촉되는 것으로서 대한
민국의 공서에 위반되므로 외국판결의 승인요건을 흠결한 경우에 해당한다'고
판단하였다. 위 판결은 우리나라에서 먼저 이혼소송이 계속되어 먼저 판결이
확정된 사안에 관한 것이었다.

98) 판결로서의 외관을 갖추었지만 그 내용에 있어서 묵과할 수 있는 중대한 흠이
있는 경우에 판결이 무효로 된다. 예컨대 실재하지 않는 자를 당사자로 하여
내려진 판결 등이 그러하다. 우리 민사소송법은 판결의 무효사유를 따로 정하
고 있지 않으나, 해석상 인정되는 판결의 무효사유는 제한적이다. 전원열(주
26), 542; 이시윤(주 40), 678 참조.

99) 민사소송법 제451조 제1항 제10호의 재심사유는 재심대상판결의 기판력과 전
에 선고한 확정판결의 기판력과의 충돌을 조정하기 위하여 마련된 것이므로,
그 규정의 '재심을 제기할 판결이 전에 선고한 확정판결과 저촉되는 때'란 전
에 선고한 확정판결의 효력이 재심대상판결 당사자에게 미치는 경우로서 양
판결이 저촉되는 때를 말한다(대법원 2011. 7. 21. 선고 2011재다199 전원합의
체 판결).

게 제시된다.[100] 그러나 외국소송이 내국소송보다 앞서 계속되고 그 판결이 내국판결보다 먼저 확정된 경우에 내국판결의 효력을 우선시킬 근거는 분명하지 않다. 오히려 이 경우에는 국내에서 승인요건을 갖춘 외국판결이 내국판결에 우선하는 효력을 가진다고 보는 것이 논리적으로 일관되고 당사자에게도 공평한 결론이다.[101] 반면에 내국판결이 먼저 확정되고 나중에 외국판결이 확정된 경우에는, 당해 외국판결은 내국판결의 기판력에 반하는 것으로서 승인이 거부된다고 할 것이다.[102]

---

100) 피정현(주 14), 622; 강희철(주 16), 23; 석광현(주 21), 206. 이 견해는 내국판결에 대한 재심의 소가 제기되지 않거나 재심제기의 불변기간이 도과한 경우에는 이 내국판결의 우선적 효력이 지속된다고 설명한다.

101) 위 대법원 1994. 5. 10. 선고 93므1051, 1068 판결에 의하더라도 먼저 확정되어 국내에서 승인요건을 갖춘 외국판결의 효력이 우선한다고 보는 것이 타당하다.

102) 대법원 1994. 5. 10. 선고 93므1051, 1068 판결 참조. 피정현(주 14), 622; 석광현(주 21), 206도 동지. 다만 석광현 교수는 이에 대하여, 내국판결은 각하 또는 절차가 중지되어야 할 소송절차에서 국제적 소송경합을 무시하고 내려진 판결이라는 점에서 이러한 결론에는 논란의 여지가 있다고 한다. 그러나 위와 같은 이유로 내국판결이 무효가 되는 것은 아니므로, 내국판결의 기판력이 이미 발생한 상황에서는 위와 같이 보는 것이 부득이하다고 생각된다.

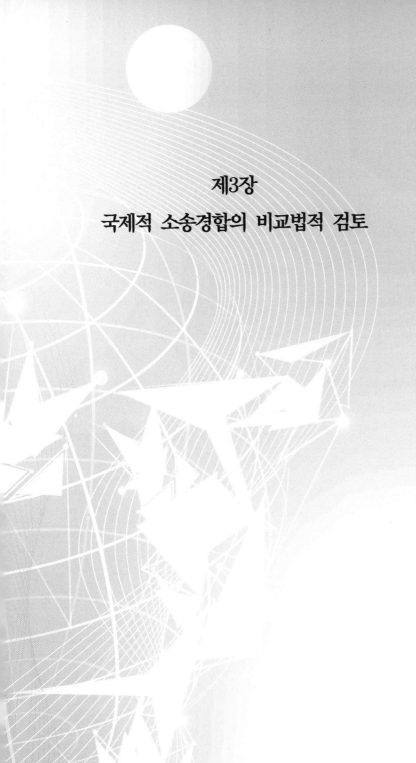

제3장
국제적 소송경합의 비교법적 검토

이하에서는 국제적 소송경합의 해결 방법에 대한 외국의 입법례를 대륙법계 국가와 보통법계 국가, 그리고 국제적 규범으로 나누어 비교법적으로 검토한다. 앞서 본 것처럼 대륙법계와 보통법계는 국제적 소송경합에 대하여 다른 접근 방식을 취하고 있고, 그 해결 방법에 대하여도 상당한 차이를 보인다. 필자는 이러한 법계의 차이를 고려하여 대륙법계 국가와 보통법계 국가로 나누어 살펴보되, 각 법계에서는 우리나라와 인접하고 교역규모가 커서 소송경합이 발생할 가능성이 높거나, 법 이론적으로 우리나라에서 참고할 가치가 높은 국가를 중심으로 비교법적 검토의 대상을 선정하였다. 그 결과 대륙법계 국가에서는 일본, 중국, 독일, 프랑스, 스위스의 입법례를, 보통법계 국가에서는 영국, 미국의 입법례를 검토의 대상으로 삼았다. 국제적 규범으로는 유럽연합의 브뤼셀 체제, 'ALI/UNIDROIT 원칙', 그리고 헤이그 재판협약을 검토하였다.

제1절 대륙법계 국가

Ⅰ. 일본

1. 일본의 민사소송법과 인사소송법 개정

일본 민사소송법에는 종래 국제재판관할과 국제적 소송경합에 관하여 규율하는 명문의 규정이 없었다. 이에 국제재판관할과 국제적 소송경합에 관한 법리의 형성은 판례와 학설에 맡겨져 있었다. 그러나 일본은 2011년 민사소송법 개정을 통해 제3조의2 내지 제3조의12에 재산관계사건에 관한 국제재판관할 규정을, 2018년 인사소송법 개정을 통해 제3조의2 내지 제3조의5에 신분관계사건에 관한 국제재판관할 규정을 각 신설하였다.[1] 그 중 민사소송법 제3조의9, 인사소송법 제3조의5는 일본의 판례 법리에 의해 전개되어 온 이른바 '특단의 사정론'(아래 2.항 참조)의 판단기준을 구체화하여 '특별한 사정에 의한 소의 각하'에 관하여 규정하고 있다.[2] 인사소송법 제3조의5는 전속적 국제재판관할합의가 있는 경우의 적용배제(예외)를 규정하지 않는 한편 법원이 고려하여야 할

---

1) 2011년 개정된 일본 민사소송법의 국제재판관할 규정의 개관은 김문숙, "일본법원의 국제재판관할권에 관하여 -2011년 개정민사소송법을 중심으로-", 국제사법연구 제18권, 2012, 279 이하 및 한충수, "국제민사소송의 국제적인 흐름과 우리의 입법과제 -일본의 국제재판관할 관련 민사소송법 개정법률안을 중심으로-", 민사소송 제14권 제2호, 2010, 72 이하 참조. 2018년 개정된 일본 인사소송법의 국제재판관할 규정의 개관은 김문숙, "일본에서의 인사소송사건에 관한 국제재판관할 -개정 인사소송법을 중심으로-", 국제사법연구 제25권 제2호, 2019, 403 이하 참조.

2) 三木 外, 民事訴訟法(第3版), 有斐閣, 2018, 350.

특별한 사정의 예시로서 '당해 소에 관계된 신분관계의 당사자간의 성
년에 이르지 못한 자(子)의 이익'을 포함하고 있다는 점에서 민사소송법
제3조의9와 약간의 차이가 있다.[3]

일본의 소송법체계 및 그와 관련된 학설, 판례는 우리법의 그것과 매
우 높은 유사성을 보인다. 따라서 일본의 국제적 소송경합에 관한 학설
과 판례, 개정 민사소송법과 인사소송법 규정의 해석론에 대하여는 다
른 입법례보다도 특별히 높은 관심을 가지고 살펴볼 필요가 있다.

2. 국제적 소송경합에 관한 일본의 학설

개정 전 일본 민사소송법은 물론 개정 민사소송법도 국제적 소송경
합에 관한 명문의 규정을 두고 있지 않다. 개정 민사소송법 제3조의9는
'특별한 사정에 의한 소의 각하'에 관한 것으로서 국제재판관할권 일반
에 관한 규정이다.[4] 일본에서는 종래 중복제소 금지의 원칙을 규정한
민사소송법 제142조가 국제적 소송경합의 경우에도 적용될 수 있는지에
관한 학설이 전개되었고, 각각의 학설을 따르는 판례들도 나타났는데,[5]
이 학설의 논의는 현재도 유효하다고 할 수 있다. ① 우선 전통적인 견
해는 본 조항의 '재판소'(이하 '법원'이라고 한다)는 국내의 법원만을 의
미하므로, 외국법원에의 소송계속은 본 조항의 소송계속에 해당하지 않
는다는 견해이다(규제소극설, 規制消極說).[6] 이에 의하면 외국법원에서
의 소송계속은 내국소송의 진행 과정에서 고려의 대상이 되지 않고, 다

---

3) 국제적 소송경합과 관련된 일본 민사소송법과 인사소송법 규정의 국문번역(발
   췌)은 별지 [부록 1] 참조.
4) 참고로, 우리 개정 국제사법 제12조의 '국제재판관할권의 불행사' 규정 역시 국
   제적 소송경합에 한정된 것이 아니라 국제재판관할권 일반에 관한 규정이다.
5) 이하의 논의에 관한 개략적인 소개는 우선 中野, 新民事訴訟法講義(第3版), 有
   斐閣, 2018, 194 이하 및 木棚, 國際私法, 成文堂, 2016, 401 이하 참조.
6) 兼子(竹下守夫/上原敏夫), 條解 民事訴訟法, 弘文堂, 2011, 828.

만 외국판결의 승인 단계에서 국내의 확정판결에 모순·저촉되는 외국판결은 공서양속에 반하는 것으로서 승인되지 않을 뿐이다.[7] 이에 대하여 외국법원의 소송계속에 대한 규율을 긍정하는 적극설(積極說)이 유력하게 제시되었고, 이는 크게 두 가지로 나뉜다. 우선 ② 독일의 이론을 수용하여, 외국법원에 먼저 계속된 소송절차에서 선고·확정될 판결이 장차 국내에서 승인될 것으로 예측되는 경우에는 본 조항을 유추적용하여 국내의 후소를 각하할 것이라는 견해가 있다(승인예측설, 承認豫測說). 이에 의하면 내국법원에의 소송계속 당시를 기준으로 내국법원과 외국법원에 계속된 각 사건의 동일성과 당해 외국판결의 승인예측 여부에 관한 판단이 중요한 쟁점이 된다.[8] 다음으로 ③ 국내사건의 국제재판관할의 존부와 소의 이익 유무를 판단함에 있어서 외국법원에의 소송계속을 하나의 고려요소로 삼아 이익형량적 처리를 해야 한다는 견해가 있다(이익형량설, 利益衡量說).[9] 이 견해는 국제적 소송경합 문제를 중복제소 금지 원칙이나 기판력의 저촉 문제가 아니라 국제재판관할의 문제로 접근하여, 일단 내국법원에 국제재판관할의 관할원인이 인정되더라도 사안의 제반 사정에 비추어 외국의 법정지가 사건을 해결하기에 더 적당하다면 이익형량을 통해 내국법원의 소를 각하할 수 있다고 한다. 이는 보통법계의 접근 방식을 취한 것이다. 한편 최근에는 ④ 승인예측설을 중심으로 하되, 승인예측이 확실하지 않은 경우에는 이익형량에 의한 관할조정을 보충적으로 활용할 수 있다는 견해도 제시된다(절충설).[10] 이에 따르면, 승인예측에 관한 판단이 확실하지 않은 경우에는, 개정 민사소송법 제3조의9에서 정한 바와 같은 '특별한 사정'을 고려하

---

7) 兼子(竹下守夫/上原敏夫)(주 6), 827.

8) 일본의 승인예측설에 관한 자세한 분석은 石黑, 國際民事訴訟法, 新世社, 2004, 274 이하 참조

9) 국제적 소송경합을 국제재판관할의 문제로 취급한다는 점에서 '관할규제설(管轄規制說)'이라고도 한다.

10) 木棚(주 5), 403.

여 내국법원의 국제재판관할권을 부정할 여지가 있다.[11]

2011년 민사소송법의 개정 과정에서 국제적 소송경합의 경우에는 일정한 요건 아래 법원이 재량으로 내국소송절차를 중지(中止, stay)할 수 있다는 규정을 두는 안이 제시되기도 하였다. 그러나 외국법원에의 소송계속이 국내의 소송절차를 중지할 상당한 근거가 되지 않고, 중지제도에 의하여 절차가 지연될 염려가 있다는 등의 이유로 채택되지 않았다.[12] 한편 제3조의9를 신설한 현행 민사소송법의 해석상 국제적 소송경합의 경우에 중복제소의 금지에 관한 제142조를 유추적용하기는 곤란하고, 다만 사안의 경과와 성질에 따라 실무상의 취급을 달리할 가능성이 있다는 견해가 유력하게 제시된다.[13] 이에 의하면, ① 외국의 소송절차에서 내려질 판결의 승인이 확실히 예측되는 단계에 이르면 국내의 소송절차를 사실상 중지하거나, 경우에 따라서는 소의 이익이 없다고 보아 각하할 여지가 있고, ② 제3조의9의 적용에 의해 경우에 따라서는 내국법원의 국제재판관할을 부정할 가능성이 있으며, ③ 다만 원고피고 공통형 소송경합의 경우에는 공평과 신의칙의 관점에서 후소에 중복제소금지의 취지를 적용할 여지가 있다고 한다. 2011년 민사소송법 개정 결과 기존의 '이익형량설'이 더 많은 힘을 얻을 것으로 예상되는 가운데, 향후 일본에서는 민사소송법 제3조의9, 인사소송법 제3조의5의 실제 적용을 둘러싸고 학설과 판례의 상당한 변천이 예상된다.

---

11) 木棚(주 5), 403은 다만, 원고피고공통형 소송경합의 경우에는 소송상의 신의칙을 근거로 국내 소송을 금지할 것을 고려하여야 한다고 한다.
12) 兼子(竹下守夫/上原敏夫)(주 6), 829.
13) 菊井=村松, コンメンタール民事訴訟法 Ⅲ, 日本評論社, 2018, 172. 이는 앞서 본 '승인예측설'을 중심으로 하는 절충설과 달리 기존의 '이익형량설'을 중심으로 하는 절충설이라고 평가할 수 있다.

3. 국제재판관할규정 신설과 국제적 소송경합의 처리

일본은 2011년 민사소송법의 개정 전에는 국제재판관할에 관한 국내 법상 근거 규정이 전혀 없었고,[14] 판례 법리에 의해 국제재판관할의 유무를 결정하였다.[15] 일본 최고재판소는 1981년 이른바 '말레이시아항공 사건' 판결[16]에서 국제재판관할의 결정기준을 처음으로 제시하였는데, "① 국제재판관할을 직접 규정하는 법규도 없고, 조약이나 일반적으로 승인된 명확한 국제법상의 원칙도 아직 확립되지 않은 현재로서는 ② 당사자간의 공평, 재판의 적정, 신속을 기한다는 이념에 의한 조리에 따라서 결정함이 상당하고, ③ 민사소송법의 국내의 토지관할에 관한 규정에 따라 일본에 재판적이 있는 때에는 그에 관한 사건에 대하여는 피고를 일본의 재판권에 따르게 하는 것이 조리에 합당하다"고 판시하여 기본적으로 토지관할의 재판적을 기초로 국제재판관할을 정하는 원칙을 제시하였다(이른바 '역추지설', 逆推知說).[17] 이후 일본 최고재판소는 1997년 이른바 '패밀리 사건' 판결[18]에서 "일본 민사소송법이 규정하는 재판적이 일본 안에 있는 경우에는 원칙적으로 일본의 재판소에 제기된 소송사건에 관하여 피고를 일본의 재판권에 복종케 하는 것이 상당하지만, 일본에서 재판을 하는 것이 당사자 간의 공평, 재판의 적정·신속을 기한다고 하는 이념에 반하는 특단의 사정이 있다고 인정되는 경우에는

---

14) 다만 일본이 체약국으로 되어 있는 약간의 다자간 조약, 예를 들면 '국제항공 운송에 관한 월소조약', '유류오염손해에 대한 민사책임에 관한 국제협약' 등에 재판관할권에 관한 규정이 있는 것에 불과하였다. 김문숙(주 1), 280.

15) 일본의 국제재판관할의 결정에 관한 판례법리에 관하여는 우선, 석광현, 국제 재판관할에 관한 연구, 서울대학교 출판부, 2001, 90 이하 및 김문숙(주 1), 312 이하 참조.

16) 最判 昭和 56·10·16, 民集 35卷 7号 1224頁

17) 伊藤, 民事訴訟法(第5版), 有斐閣, 2016, 44. 역추지설의 논리전개는 이른바 '3단 계 구조'로 일컬어지기도 한다. 석광현(주 15), 90 참조.

18) 最判 平成 9·11·11, 判例時報 1626号, 74頁; 民集 51卷 10号 4055頁

일본국의 국제재판관할을 부정하여야 한다"고 판시하여 최고재판소로서
는 최초로 특단의 사정론(特段の 事情論)을 명확히 수용하였다(이른바
'수정역추지설', 修正逆推知說).[19] 이러한 특단의 사정론은 역추지설에
의할 때 어떤 재판적이 일본 내에 있다는 이유로 국제재판관할을 인정
하는 결과 발생할 수 있는 문제에 대처할 필요가 있는 경우를 고려하여
도입된 것이다. 그러나 특단의 사정론에 의존하는 것은 당사자의 예측
가능성을 해하고, 특히 원고의 재판받을 권리를 보장하는 관점에서 중
요한 '명확한 관할규칙의 가치'를 경시한 것이라는 비판이 있었다.[20] 이
에 일본은 2011년 민사소송법을 개정하여 국제재판관할에 관한 규정들
을 새로 도입하면서, '특별한 사정에 의한 소의 각하'라는 표제 하에 특
단의 사정론을 구체화·명문화한 제3조의9를 신설하게 되었다.[21]

　개정 민사소송법 제3조의9는 국제적 소송경합의 경우에 (유추)적용
될 수 있는가? 이를 긍정하는 견해가 유력하다. 즉 외국법원에 소송이
계속되어 있다는 것 자체만으로는 '특별한 사정'으로 인정될 수 없지만,
외국소송의 심리 경과 등에 비추어 사건의 해결을 당해 외국법원에 맡
기는 것이 당사자 사이의 형평, 적정하고 신속한 심리의 실현에 적합하
다고 판단되는 경우에는 국내에 계속된 소를 각하할 수 있다고 한다.[22]
일본 최고재판소는 2016년 외국소송이 계속된 상태에서 일본에 관련 사
건에 관한 소가 제기된 사안에서, 민사소송법 제3조의9를 적용하여 내국

---

19) 수정역추지설의 논리전개는 이른바 '4단계 구조'로 일컬어지기도 한다. 석광현
　　(주 15), 91 참조.
20) 兼子(高田裕成)(주 6), 71.
21) 국제적 소송경합과 관련된 일본 민사소송법과 인사소송법 규정의 국문번역(발
　　췌)은 별지 [부록 1] 참조.
22) 中野(주 4), 77; 菊井=村松(주 13), 172; 伊藤(주 17), 64 및 橫山, 國際私法, 三省
　　堂, 2015, 369. 이와 달리, 국제적 소송경합에 관한 규제소극설의 입장에서, 외
　　국법원에 소송이 계속되었다는 사정은 일본법원의 재판권 행사를 자제할 이유
　　가 되지 않으며, 본 조항은 외국법원에의 소송계속을 참작사유로 상정하지 않
　　는 것으로 해석하여야 한다는 견해로, 兼子(高田裕成)(주 6), 73.

법원에 계속된 사건의 기초가 된 분쟁이 외국법원에 계속된 사건의 기초가 된 분쟁으로부터 파생된 것이고(사안의 성질), 주된 쟁점에 관한 증거방법이 주로 외국에 소재하며(증거의 소재지), 원고에게는 외국에서의 소송제기가 과대한 부담이 되지 않지만 피고에게는 일본에서의 응소가 과대한 부담이 된다는 점(응소에 따른 피고의 부담 정도) 등을 이유로 일본의 국제재판관할을 부정한 판결을 하였다.[23] 위 규정에 관한 구체적인 해석론은 아래에서 별도로 살펴본다.

4. 민사소송법 제3조의9의 해석론

가. '부적절한 법정지의 법리'와의 관계

일본 민사소송법 제3조의9는 일본의 법원이 당해 사건을 심리 및 재판하는 것이 당사자 사이의 형평을 해하거나, 또는 적정하고 신속한 심리를 실현하는데 방해되는지 여부를 판단함에 있어서 고려할 특별한 사정(特別の事情)으로 "사안의 성질, 응소에 의한 피고의 부담 정도, 증거의 소재지 그 밖의 사정"을 예시하고 있다. 이러한 '특별한 사정'은 일본의 판례와 학설에 의해 정치하게 정립된 특단의 사정론의 판단기준을 구체화·명문화한 것으로 이해된다.[24]

이 규정은 일본의 국제재판관할권을 인정함을 전제로 그 국제재판관할권의 행사를 부정하는 것이라는 견해도 있다.[25] 그러나 일본의 학자들은 대체로, 이 규정은 국제재판관할을 부정할 수 있는 특별한 사정이 있다는 것을 법원이 적극적으로 인정한 경우에 한하여 국제재판관할의 관할원인이 있다 하더라도 국제재판관할권 자체를 인정하지 않을 수 있

---

23) 最判 平成 28·3·10, 判例時報 2297号, 74頁; 民集 70卷 3号 846頁.
24) 三木 外(주 2), 350; 兼子(高田裕成)(주 6), 72.
25) 横山(주 22), 367.

도록 허용하는 규정으로서, 법원이 광범위한 재량에 의하여 국제재판관
할권을 행사하지 않는 부적절한 법정지의 법리와는 차이가 있다고 설명
한다.[26] 이 규정이 '특단의 사정론'을 구체화·명문화한 것으로 이해하는
이상 위 규정들이 정하는 '특별한 사정에 의한 소의 각하'와 부적절한
법정지의 법리는 서로 다른 것으로 취급할 수밖에 없을 것이다.[27] 요컨
대 일본 민사소송법 제3조의9가 규정하는 '특별한 사정에 의한 소의 각
하'는 부적절한 법정지의 법리와 차이가 있기는 하지만 국제재판관할의
결정에 있어서 유연한 접근을 가능하게 함으로써 부적절한 법정지의 법
리와 유사한 기능을 한다고 평가할 수 있다.[28]

나. 전속적 국제재판관할합의와 전속적 국제재판관할의 예외

일본을 법정지로 하는 전속적 국제재판관할합의가 있는 경우에는 본
조의 적용은 배제된다(민사소송법 제3조의9 괄호). 당사자들이 일본을
법정지로 합의하였음에도 특별한 사정에 의하여 소를 각하하는 것은 당
사자의 의사에 반하는 것이기 때문이다.[29] 한편 일본의 법원에 전속적

---

26) 兼子(高田裕成)(주 6), 72; 木棚(주 5), 376.
27) 석광현(주 15), 93은 '부적절한 법정지의 법리'와 일본의 판례법리에 의해 형성
    된 '특단의 사정론' 사이에 다음과 같은 차이가 있는 것으로 설명한다. 즉 ①
    전자는 국제재판관할이 존재함에도 불구하고 소를 각하 또는 중지함으로써 그
    의 행사를 거부하는 것이나, 후자는 아예 국제재판관할의 존재를 부인한다. ②
    전자는 위 법리를 적용하기 위한 요건의 하나로서 외국에 보다 적절한 법정이
    있을 것을 요구하나, 후자는 이를 요구하지 않는다. ③ 전자는 위 법리를 적용
    한 결과 소송절차의 중지(中止, stay)를 명할 수 있으나 후자는 소를 각하할 뿐
    이고 중지를 허용하지 않는다. ④ 전자는 간접관할의 판단에는 영향을 미치지
    않으나, 후자는 간접관할의 판단에도 영향을 미친다. 이러한 차이는 민사소송
    법 제3조의9, 인사소송법 제3조의5에 의한 규율과 '부적절한 법정지의 법리'에
    의한 규율상의 차이를 설명함에 있어서 여전히 유효할 것으로 생각된다.
28) 석광현(주 15), 100 참조.
29) 伊藤(주 17), 65. 이러한 예외는 관할합의가 유효할 것을 당연한 전제로 한다.

국제재판관할이 인정되는 경우에도 본 조의 적용이 배제된다(제3조의
10). 인사소송법 제3조의5는 전속적 국제재판관할합의의 예외를 두지 않
고 있는데, 이는 인사관계소송 국제재판관할의 강행성을 고려한 것으로
생각된다.

다. 일본 민사소송법 제3조의9를 적용한 최고재판소 판결

일본 최고재판소의 2016년 판결[30]은 개정 민사소송법 제3조의9를 적
용하여 내국소송을 각하한 최초의 최고재판소 판결이다. 위 판결은 앞
으로 일본에서 '특별한 사정에 의한 소의 각하' 제도가 어떻게 운용될
것인지에 관한 이정표를 제시한다.

1) 사실관계 및 사건의 경과

원고 A는 파친코 유기기의 개발, 제조, 판매 등을 주된 업무로 하는
일본 법인이고, 원고 B는 원고 A의 이사이자 회장이다. 피고는 미국 네
바다주 법인으로서 도박영업 면허를 받은 회사이다. 원고 A의 자회사인
C 회사는 피고의 지분 약 20%를 보유하고 있고, 원고 B는 피고의 이사
였다. 네바다주 법령상 당국은 도박영업 면허 취득자의 관계인이 범죄
에 연루되어 그 면허 취득자가 면허를 행사하기에 부적합하다고 인정하
면 해당 면허를 박탈할 수 있다. 또한 피고의 정관에 의하면, 이사회는
도박영업 면허의 유지를 위협할 가능성이 있는 부적격자라고 판단하는
때에는 그 주주의 주식을 강제로 상환하도록 할 수 있다. 원고들과 C 회
사는 피고와 출자 등에 관한 합의를 체결할 당시 위 합의와 관련한 소송
을 네바다주 법원의 전속관할로 하고 네바다주법을 준거법으로 하는 합
의를 하였고, 위 합의서는 영어로 작성되었다.

兼子(高田裕成)(주 6), 72.
30) 最判 平成 28·3·10, 判例時報 2297号, 74頁; 民集 70卷 3号 846頁.

피고의 이사회는 2012. 2. 원고 B와 그 관계자가 필리핀의 도박영업 감독당국의 직원 등에게 뇌물을 공여하여 미국연방법상 해외부패행위방지법을 위반하는 행위를 하였다는 보고서(이하 '이 사건 보고서')에 기초하여, 전원 일치로 원고 B를 이사에서 배제하고, 원고들과 C 회사를 정관에 정한 부적격자로 판단하여 C 회사가 보유한 피고의 주식을 강제로 상환하라는 결의를 하였다(이하 '이 사건 이사회 결의'). 또한 피고는 다음날, '원고 B 및 그 관계자가 해외부패행위방지법을 명백히 위반하는 행위를 한 것이 이 사건 보고서에 의해 증명되었고, 피고 이사회가 위와 같은 이사회 결의를 하였다'는 내용의 영문 기사(이하 '이 사건 기사')를 피고의 웹사이트에 게재하였다.

피고는 2012. 2. 네바다주 법원에 피고가 원고들과 C 회사를 상대로 합법적으로 정관 등에 충실한 행동을 하였음의 확인을 구하고, 원고 B의 신인의무위반으로 인한 손해배상을 구하는 소를 제기하였다. 이에 대하여 원고 A와 C 회사는, 2012. 3. 피고와 그 이사들을 상대로 이 사건 이사회 결의가 무효임의 확인을 구하고 그 이행의 금지와 손해배상 등을 구하는 반소를 제기하였다(이하 통틀어 '별건 미국소송'). 별건 미국소송의 증거개시절차에서, 양 당사자 신청 합계 100명의 증인과 9,500점의 서증이 개시되었다. 개시된 서증은 대부분 영어로 작성되었고, 증인 대부분은 일본어를 할 줄 모르는 미국 등 거주자였다.

원고들은 2012. 8. 피고를 상대로 일본의 동경지방법원에 이 사건 조사의뢰행위, 이 사건 이사회 결의, 이 사건 기사의 게재 행위가 원고들의 명예와 신용을 훼손하였다고 주장하면서 불법행위를 원인으로 한 손해배상청구의 소(이하 '이 사건 소')를 제기하였다. 일본의 제1심법원과 항소심 법원은 민사소송법 제3조의9를 적용하여 이 사건 소를 각하하였고, 원고들이 최고재판소에 상고하였다.

2) 최고재판소의 판단

이 사건 소의 핵심 쟁점에 관한 최고재판소의 판단은 다음과 같다.

가) 원고들은 피고가 인터넷상의 웹사이트에 게재한 이 사건 기사에 의해 명예와 신용을 훼손당하였다고 주장하면서 불법행위에 기한 손해배상을 청구하고 있다. 미국 네바다주 법인인 피고가 이 사건 기사를 웹사이트에 게재한 것에 관하여, 일본 법인과 그 이사인 원고들의 명예와 신용의 훼손이라는 결과가 일본국 내에서 발생하였다고 할 것이므로, 이 사건 소에 대하여는 일본 법원의 관할권을 인정할 수 있는 경우이다(민사소송법 제3조의3 제8호).

나) 이 사건 소와 별건 미국소송은 사실관계와 법률상의 쟁점에 관하여 공통되고 관련된 점이 많이 엿보인다. 이에 민사소송법 제3조의9 소정의 '특별한 사정'이 있는지 여부를 검토할 때, 아래와 같은 사정들을 고려하면 이 사건 소에 대하여는 "일본의 재판소가 재판을 심리하는 것이 당사자 간의 형평을 해하거나, 또는 적정하고 신속한 심리의 실현을 막는다는 특별한 사정(特別の事情)"이 인정된다: ① 이 사건 소는 원고들이 위와 같은 강제적인 주식 상환의 경위 등에 관하여 기재한 이 사건 기사에 의해 명예와 신용을 훼손당하였다고 주장하는 것으로서 별건 미국소송에 관계된 분쟁으로부터 파생된 분쟁에 해당한다. ② 이 사건 소의 본안에서 심리될 주된 쟁점에 관한 증거방법은 주로 미국에 소재하고 있다. ③ 원고들과 피고는 피고의 경영에 관하여 발생하는 분쟁에 관하여 미국에서 교섭하고 제소 등이 이루어질 것을 상정하고 있다. ④ 실제로 원고들이 별건 미국소송에서 응소 및 반소제기를 하였으므로 미국에서의 소송수행은 원고들에게 과대한 부담을 과하지 않지만, 증거의 소재지 등을 고려하면 일본의 법원이 이 사건 소를 심리하는 것은 피고에게 과대한 부담을 과하는 것이다.

3) 검토

가) 우선 이 사건은 인터넷상의 명예훼손의 경우 민사소송법 제3조의3 제8
호[31])의 적용과 관련하여 '인터넷 사이트상의 명예훼손적 내용의 열람이
가능한 곳(열람가능지, 閲覽可能地)'을 '결과발생지'로 파악하여, 인터넷
상 명예훼손의 관할원인 확정에 관한 기준을 제시하였다는 점에서 의미
가 있다고 평가된다.[32] 국제적 소송경합과 관련하여서는, 민사소송법
제3조의9의 적용 여부를 판단하기에 앞서 관할원인을 확정하는 판단구
조를 보여주었다는 점이 의미 있다.[33]

나) 일본 민사소송법 제3조의9는 "사안의 성질, 응소에 의한 피고의 부담 정
도, 증거의 소재지 그 밖의 사정"을 법원이 고려할 요소로 예시하고 있
는데, 이 판결은 위 고려요소들을 순차로 판단하였다. 위 조항에 예시된
고려사항이 법원의 판단기준을 지도하는 기능을 하였음을 알 수 있다.

다) 이 조항이 국제적 소송경합의 경우에 유추적용될 수 있는지 여부에 관

---

31) **제3조의3** 다음 각 호의 소는 당해 각호에서 정한 경우에 일본의 재판소에 제기
   될 수 있다.
   8. 불법행위에 관한 소 불법행위지가 일본국 내에 있는 경우
   (외국에서 행하여진 가해행위의 결과가 일본국 내에서 발생한 경우에는, 일
   본국 내에서 그러한 결과가 발생할 것이 통상 예견할 수 없었던 경우를 제
   외한다)

32) 高杉, "インターネット上の名譽毀損の國際裁判管轄と '特別の事情(民訴法3條
   の9)における外國訴訟の考慮", ヅュリスト(1505号), 2017, 314. 일본에서는 인터
   넷상 명예훼손의 결과발생지에 관하여 피해자의 법익소재지를 중시하는 '열람
   가능지설(閲覽可能地說)'과 우연적인 배포가 이루어진 곳을 결과발생지에서
   제외하여 가해자의 예견가능성을 중시하는 '상정대상지설(想定對象地說)'이 대
   립해 왔다고 한다. 인터넷을 통한 명예훼손에 대한 국제재판관할 논의는 간단
   하지 않다. 국내의 논의로는 노태악, "인터넷 명예훼손행위와 국제재판관할",
   민사재판의 제문제 제13권, 2004, 171 이하 참조.

33) 종래 '특단의 사정론'에 관한 논의에 있어서는 관할원인의 판단을 생략하고
   '특단의 사정' 판단을 선행시킬 수 있는지 여부에 관한 논의가 있었으나, 입법
   적으로 그 생략을 허용하지 않는 입장을 채택하였다고 한다. 高杉(주 32), 314.

하여, 외국에 동일한 사건의 소송계속이 있다는 것 자체만으로는 '특별한 사정'으로 인정될 수 없지만, 외국법원의 심리의 경과 등에 비추어 사건의 해결을 당해 외국법원에 맡기는 것이 당사자간의 형평, 적정하고 신속한 심리의 실현에 적합하다고 판단되는 경우에는 국내에 계속된 소를 각하할 수 있다는 견해가 유력하다는 것은 앞서 본 바와 같다. 이 판결은 그러한 견해를 따른 것으로 평가할 수 있다.[34]

라) 특히 흥미로운 점은, 이 판결은 국제적 소송경합뿐만 아니라 관련 소송의 계속이 있는 경우에도 일본 민사소송법 제3조의9를 적용하였다는 점이다. 이 사안은 엄밀하게는 국제적 소송경합이 문제된 사안이 아니라 '관련 소송'이 문제된 사안이다. 일본에서는 중복제소 금지 원칙의 제도적 목적을 '관련 소송의 집중화'라고 보아, 소송물이나 권리보호의 형식이 다르다고 하더라도 심리의 중복과 판단의 모순이 발생할 위험이 존재하는 경우에는 후소를 별도의 소송절차를 거치도록 할 필요가 없고, 계속 중인 소송절차 중의 반소나 소의 변경을 통해 함께 심리하면 된다는 점을 들어 중복제소의 금지 원칙을 '관련 소송'에도 유추적용하려는 견해가 유력하다.[35] 이 판결이 국제적으로 계속된 관련 소송에 대하여 민사소송법 제3조의9를 적용한 것은, 이 조항이 국제재판관할권을 유연하게 조정하는 수단이 될 수 있다는 것을 보여 준다.

---

34) 高杉(주 32), 314.
35) 예컨대 伊藤(주 17), 226은 '소송물의 권리관계 기초와 사회생활관계가 동일하거나 주요한 법률요건사실이 공통된 경우'에는 사건의 동일성이 인정된다고 한다. 사건의 동일성에 관한 이론의 일반적 소개는 松本=上野, 民事訴訟法(第8版), 弘文社, 2015, 232 이하 참조.

II. 중국

1. 외국소송에 대한 원칙적인 규제소극

중국은 민사소송법 제4편에 '국제민사소송절차의 특별규정'을 두고 있다.[36] 제4편의 일반원칙에 관한 제259조는 "중화인민공화국 영역 내에서 섭외민사소송을 진행하는 경우에는 본편의 규정을 적용한다. 본편의 규정이 없는 경우에는 이 법의 기타 관련된 규정을 적용한다."고 규정한다. 국제민사소송에 관하여 조문이 없는 사항은 중국 국내의 소송절차에 관한 규정이 적용된다.[37]

중국 민사소송법은 국제적 소송경합에 관하여 별도의 규정을 두고 있지 않다. 그러나 민사소송법 규정의 해석상 국제적 소송경합에 대한 규제소극설을 취한 것으로 해석된다. 즉 중국 민사소송법 제123조는 '본법 제119조에서 정한 조건에 부합하는 제소는 반드시 수리(受理)되어야 한다'고 규정하고, 중국 민사소송법 제119조[38]는 인민법원에 대한 제소

---

36) 중국 민사소송법 제4편은 일반원칙(제23장, 제259조 내지 제264조), 관할(제24장, 제265조, 제266조), 송달과 기간(제25장, 제267조 내지 제270조), 중재(제26장, 271조 내지 284조)에 관한 내용으로 구성되어 있다.

37) 중국의 국제재판관할에 관한 일반적인 설명으로 우선 김현아, "중국법상 재산관계사건에 관한 국제재판관할", 국제사법연구 제23권 제1호, 2017, 345 이하 및 전대규, "중국법상 섭외사건의 국제재판관할에 관하여", 국제사법연구 제18권, 2012, 391 이하 참조. 한편, 중국은 2012년 대대적으로 민사소송법을 개정하였는데, 그 개정내용의 개관은, 전대규, "2012년 중국 민사소송법의 주요 개정내용 -입법배경과 시사점을 중심으로-", 법조(통권 제690호), 2014, 255 이하 참조.

38) 제119조 소의 제기는 아래와 같은 조건을 갖추어야 한다.
  1. 원고가 해당 사건과 직접적인 이해관계를 가진 공민, 법인 기타 조직일 것
  2. 명확한 피고가 존재할 것
  3. 구체적인 소송상의 청구 및 사실, 이유가 있을 것
  4. 소가 인민법원이 수리(受理)할 민사소송의 범위에 속하고 소를 수리하는 인

가 성립할 수 있는 4가지 요건을 규정하는데, 이 두 조항의 해석상 일단 제119조의 4가지 요건이 충족되면, 다른 법령에서 달리 정하지 않는 한 중국 인민법원은 해당 사건을 심리하여야 한다.[39] 외국법원에 동일한 사건에 관한 소가 제기되었다는 사실은 원칙적으로 중국 법원의 재판권 행사에 영향을 미치지 않는다. 따라서 국제적 소송경합의 경우에 중국 법원은 외국소송을 고려하지 않고 절차를 진행할 수 있고, 중국법원이 해당 사건에 대하여 국제재판관할권을 행사하는 경우에는 중국과 해당 외국이 가입한 국제협약에서 달리 정하지 않는 한 그 외국소송절차에서 내려진 판결을 승인·집행하지 않는다.[40] 다만 외국법원에서 이미 내려진 판결이 국내에서 승인된 때에는, 그 기판력을 존중하여 중국법원에 동일한 소를 제기하는 것이 허용되지 않을 뿐이다.

　이러한 해석론은 1992년 '최고인민법원의 중화인민공화국 민사소송 법의 적용에 관한 몇 가지 문제에 대한 의견'(이하 '1992년 민소법 적용 의견'이라고 한다) 제306조[41]에서 처음 제시되었고, 현재는 최고인민법 원의 사법해석[42]인 2015년 '최고인민법원의 중화인민공화국 민사소송법 의 적용에 관한 해석'(이하 '2015년 사법해석'이라고 한다)[43] 제533조에

　　　민법원의 관할에 속할 것

39) Tang/Xiao/Huo, Conflict of Laws in the People's Republic of China, Edward Elgar, 2016, para. 4. 02.

40) Tang/Xiao/Huo(주 39), para. 4. 08.

41) 1992년 민소법 적용의견 제306조의 내용은 전대규(주 37), 411 참조.

42) '사법해석(司法解釋)'이란 최고인민법원과 최고인민검찰원을 포함한 사법기관 이 법률을 적용하는 과정에서 구체적으로 법률을 운용하는 문제에 관한 해석 을 말한다. 사법해석은 법률의 흠결을 보충하고 학리해석에 권위를 부여하는 기능을 한다. 중국의 사법해석에 관한 자세한 내용은 전대규, "중국의 사법해 석에 관한 연구", 사법 제14호, 2010, 113 이하 및 이연, "한국 법원에서의 국제 물품매매협약의 흠결 보충 –중국법의 보충적 적용과 중국 법원의 해석론을 중 심으로–", 서울대학교 법학석사 학위논문, 2019, 109 이하 참조. 서울고등법원 2018. 9. 7. 선고 2017나2049752 판결(확정) 등 우리 하급심 판결은 중국 최고인 민법원의 사법해석을 우리나라의 대법원예규에 해당하는 것으로 이해한다.

서 규정하고 있다. 즉 2015년 사법해석 제533조는 "중화인민공화국 법원과 외국법원이 모두 관할권을 가지는 사건에서, 일방 당사자가 외국법원에 제소하고 다른 일방당사자가 중화인민공화국법원에 제소한 경우, 인민법원은 그 소를 수리(受理)[44]할 수 있다. 판결 후 외국법원 또는 당사자가 인민법원에 대하여 외국법원이 본안에 대하여 선고한 판결·재정(裁定)의 승인과 집행을 구하는 경우, 인민법원은 이를 허가하지 아니한다. 다만, 양 국가가 공동으로 체결 또는 가입한 국제조약이 별도로 규정하고 있는 경우를 제외한다(제1문).", "외국법원의 판결·재정이 이미 인민법원에서 승인되었는데 당사자가 동일분쟁에 관하여 인민법원에 제소한 경우에는, 인민법원은 그 소를 수리하지 아니한다(제2문)."고 규정한다. 이처럼 중국은 입법적으로 국제적 소송경합에 대한 규제소극설을 채택하였다고 할 수 있다.[45]

---

43) 2015년 사법해석의 일본어 번역 자료는 吉村=上田(宮永文雄), 日中民事訴訟法 比較研究, 九州大學出版社, 2017, 697 이하 참조. 중국의 국제민사소송법에 관한 개관은 위 책, 662 이하 참조.

44) 중국 민사소송법에서 말하는 수리란 인민법원이 원고의 제소에 대하여 심사한 후, 제소가 법정조건을 만족시킨다고 판단되어 사안을 심리하기로 결정하는 직권행위이다. 중국에서는 원고의 소제기에 의해 필연적으로 소송절차가 개시되는 것이 아니고, 인민법원이 제기된 소를 수리하지 않으면 소송절차는 성립하지 않는다. 원고의 소제기와 인민법원의 수리가 결합하여야만 사건이 성립하고 소송절차도 개시되는데, 이는 중국 민사소송절차에 존재하는 특이한 제도로 우리나라의 접수와는 다른 개념이다. 전대규, 중국민사소송법, 박영사, 2008, 261 이하 및 宋朝武 主編, 民事訴訟法(第5版), 中國政法大学出版社, 2015, 285 참조.

45) 2015년 사법해석 제15조는 "중국공민의 일방이 국외에 거주하고 다른 일방이 국내에 거주하는 경우 어느 일방이 인민법원에 이혼소송을 제기하든 간에 국내 일방당사자 주소지의 인민법원이 관할권을 가진다. 만약 국외의 일방 당사자가 거주국의 법원에 소를 제기하고, 국내의 일방 당사자가 인민법원에 소를 제기한 경우 수소인민법원이 관할권을 가진다."고 규정한다. 제15조 후문 역시 규제소극설의 입장에 따른 것으로 볼 수 있다. 전대규(주 37), 411.

2. 부적절한 법정지의 법리의 수용

이처럼 중국은 국제적 소송경합에 대하여 원칙적으로 규제소극설을 채택하고 있으나, 부적절한 법정지의 법리를 수용함으로써 내국소송에 대하여 인민법원이 관할권을 행사하지 않을 수 있는 예외를 인정한다. 다만 인민법원이 관할권을 행사하지 않기 위한 요건은 제한적인 것으로 평가된다.[46] 2015년 사법해석 제532조는 그 요건을 규정한다.[47]

대륙법계에 속하는 중국은 원래 부적절한 법정지의 법리를 알지 못하였다. 그러나 부적절한 법정지의 법리는 법원의 사법해석과 실무를 중심으로 점진적으로 도입되었다.[48] 오늘날 중국의 지방법원은 일부 사안에서 직권 또는 당사자의 신청에 따라 위 법리를 원용하여 관할권을 행사하고 있으며 최고인민법원도 위 법리를 명확하게 적용하고 있다.[49] 중국 최고인민법원은 1990년대 초경부터 양 당사자가 중국인 또는 중국 회사가 아니고 당해 분쟁이 중국과 관련이 없는 예외적인 사안에서 부적절한 법정지의 법리를 적용하기 시작하였다.[50] 예컨대 최고인민법원 은 *HK Bank of East Asia v Dongpeng Trade* 사건[51]에서 광둥성 법원에, '양 당사자가 중국의 회사가 아니고 분쟁이 중국과 아무런 실질적 관련이 없으므로' 국제적 신용장거래와 관련된 소에 대하여 관할권을 행사하지 않을 것을 지시한 바 있고, *Sumitomo Bank v Xinhua* 사건[52]에서 다

---

46) Tang/Xiao/Huo(주 39), para. 4. 42.
47) 국제적 소송경합과 관련된 중국 민사소송법과 2015년 사법해석의 규정의 국문 번역(발췌)은 별지 [부록 2] 참조.
48) 중국의 부적절한 법정지의 법리 도입 경과에 관하여는 Tang, "Declining Jurisdiction in Chinese Courts by Forum Non Conveniens", Hong Kong Law Journal Vol. 45 No.1, 2015, 352 이하 참조.
49) 李双元/谢石松/欧福永, 国际民事诉讼法概论, 武汉大学出版社, 2016, 333.
50) Tang/Xiao/Huo(주 39), para. 4. 43.
51) Guangdong Province HPC, (1995) Yue Fa Jing Er Jian Zi No. 3.
52) 中华人民共和国最高人民法院 民事裁定书 (1999)经终字第194号/SPC, (1999) Jing

시 부적절한 법정지의 법리를 적용한 바 있다. 이후 최고인민법원은
2005년 '제2차 전국섭외 상사·해사재판 업무회의 요록'(이하 '2005년 요
록'이라고 한다) 제11조에서 처음으로 부적절한 법정지의 법리에 의하여
원고의 소를 각하하는 재정(裁定)을 내릴 수 있는 구체적 요건을 정하였
다.[53] 2015년 사법해석 제532조는 판례 법리와 2005년 요록을 기초로 중
국의 실무상 사용되어 온 부적절한 법정지의 법리의 적용요건을 구체
화·명문화한 것이다.

3. 중국의 부적절한 법정지의 법리

중국의 '부적절한 법정지의 법리'는 보통법계의 부적절한 법정지의
법리를 변형하여 수용한 것으로 이해된다.[54] 다만 중국이 부적절한 법
정지라고 인정되는 경우에 법원이 소를 '각하'할 수 있는 것으로 정하고
있다는 점에서 특수성이 있다(즉 절차의 '중지'를 할 수는 없는 것으로
정하고 있다). 중국의 부적절한 법정지의 법리의 요건은 2015년 사법해
석 제532조에서 정하고 있는데, 이 요건은 분명하고 구체적으로 정해져
서 법원이 재량을 행사할 여지를 허용하지 않는 것으로 해석된다.[55]

Zhong Zi No. 194.

53) 吉村=上田(宮永文雄)(주 43), 672. 2005년 요록 제11조가 정하고 있던 요건은
2015년 사법해석의 그것과 기본적으로 큰 차이가 없다. 다만 2015년 사법해석
제532조 제5호는 2005년 요록 제11조 제6호가 '사건에서 다투어지는 중요한 사
실이 중국 국내에서 발생한 것이 아닐 것'이라고만 규정하고 있던 것과 달리
법원의 실질적 고려사항을 구체화하였다는 점에서 가장 큰 차이가 있다. 2005
년 요록 제11조의 내용은 Tang(주 48), 365 및 李双元/谢石松/欧福永(주 49), 333
참조.

54) 杨泽宇, "不方便法院原则在涉外民事诉讼中适用的条件", 人民司法 35, 2017, 75;
彭奕, "不方便法院原则在我国的发展历程与立法完善—兼评2015年《民事诉讼法
司法解释》第532条", 南京大学法律评论, 2016, 248.

55) Tang(주 48), 356.

가. 피고의 이의 또는 법원의 직권에 의한 심사

피고가 더 적절한 외국법원이 사건을 관할하여야 한다는 청구를 제출하거나, 또는 관할권에 대한 이의를 제출하여야 한다(제1호). 위 문언에 의하면, 중국법원의 부적절한 법정지의 법리에 따른 관할권의 불행사 여부에 대한 심사는 피고의 청구나 이의를 필수적인 전제로 하는 것처럼 보이기도 한다. 그러나 피고의 청구나 이의 없이도 법원이 직권으로 관할권의 불행사 여부를 판단할 수 있는 것으로 이해된다.[56] 이는 중국의 부적절한 법정지의 법리가 당사자 사이의 공평을 실현하고 원고의 남용적인 소권 행사로부터 피고를 보호한다는 것뿐만 아니라, 법원이 부적절하고 과잉된 관할권의 행사로부터 스스로 보호하고 합리적인 사법권을 행사한다는 것 역시 그 목적으로 하고 있기 때문이다.[57]

나. 국제재판관할합의 및 전속적 국제재판관할의 예외

부적절한 법정지의 법리를 적용하기 위해서는 당사자 사이에 중국을 법정지로 하는 국제재판관할합의가 존재하지 않아야 한다(제2호). 이 관할합의는 전속적인 관할합의일 것을 요하지 않는다고 해석된다.[58] 외국법원에 대한 전속적 국제재판관할합의가 있는 경우에 관하여는 명시적으로 규율하고 있지 않으나, 유효하고 이행 가능한 관할합의[59]가 있는

---

56) *Sumitomo Bank v Xinhua*, SPC, (1999) Jing Zhong Zi No 194. Tang/Xiao/Huo(주 39), para. 4. 49.

57) Tang(주 48), 357. 이러한 점에서 중국은 '부적절한 법정지의 법리'를 변형하여 수용하면서 국제적 소송경합의 규율에 관한 보통법계의 이념 역시 받아들인 것으로 평가할 수 있다.

58) Tang/Xiao/Huo(주 39), para. 4. 50.

59) 2015년 사법해석 제531조는 '섭외민사사건의 합의관할'이라는 표제 하에, 제1항에서 "섭외계약 또는 그에 관한 재산권 분쟁의 당사자는 피고주소지, 계약체결지, 원고주소지, 계쟁목적물 소재지, 원리침해행위지 등 분쟁의 실제와 관련

경우에는 그 관할합의의 효력에 의해 합의된 외국법원만이 직접관할과
간접관할을 가지는 것으로 이해된다. 따라서 부적절한 법정지의 법리의
적용이 논의될 여지가 없다(부적절한 법정지의 법리는 중국법원이 당해
사건에 대한 국제재판관할권을 가지는 것을 당연한 전제로 한다).[60] 중
국은 헤이그 관할합의협약에 서명한 상태인데, 이 요건은 국제재판관할
합의의 효력을 부적절한 법정지의 법리의 적용에 우선시키는 것으로서
헤이그 관할합의협약의 규율과도 조화될 수 있다.[61] 중국에 당해 사건
에 대한 전속적 국제재판관할이 있는 경우에는 부적절한 법정지의 법리
의 적용이 배제된다(제3호).

다. 공적인 이익에 대한 직접적 영향의 부존재

인민법원은 만약 해당 분쟁이 중국에 대한 영향을 미치는 경우에는
관할권 행사를 거부할 수 없다.[62] 이 영향이 미칠 대상은 '중국의 국익
또는 공민·법인 그 밖의 조직의 이익'으로 구체화 된다(제4호). 이때 '공

성 있는 장소의 외국법원에의 관할을 선택하는 서면합의를 할 수 있다."고 규
정하고, 제2항에서 "민소법 제33조, 제226조의 규정에 의하여 중국법원의 전속
관할에 속하는 사건에 관하여는 당사자는 외국법원에의 관할을 선택하는 합의
를 할 수 없다. 다만, 중재를 선택하는 합의를 하는 경우는 제외한다."고 규정
한다.

60) Tang(주 48), para. 4. 51.
61) 이와 달리 Zhang, "International Jurisdiction under the 2005 Hague Convention on
Choice of Court Agreements: Implications for China", Hong Kong Law Journal Vol.
47 No. 2, 2017, 566은, 규제소극설의 원칙을 규정한 2015년 사법해석 제533조의
내용은 '합의되지 않은 법정지 법원의 소송 중지 또는 소 각하'를 규정한 관할
합의협약 제6조의 규정과 상충된다고 주장한다. 그러나 2015년 사법해석 중
합의관할에 관한 제531조와 이를 전제로 한 제532조의 내용을 종합하면 적어
도 중국의 사법체계가 관할합의협약 제6조의 규정과 상충된다고 보이지는 않
는다.
62) 2005년 요론 제11조 제3항.

민·법인 그 밖의 조직'에는 해당 분쟁의 당사자가 포함된다고 해석할 것
인지는 견해가 나뉜다. 해당 분쟁의 당사자가 포함된다는 견해[63]에 의
하면, 만약 일방 당사자라도 중국의 국민 또는 법인에 해당하는 경우에
는 중국법원은 관할권의 행사를 거부할 수 없다. 그러나 이 요건은 해당
사건에 대한 심리나 판결이 중국의 국익이나 일반 공중의 이익, 또는 관
련된 제3자의 이익에 영향을 미치는 경우 중국법원이 사건을 심리·판단
함이 적절하다는 취지에서 마련된 것으로서 '공민·법인 그 밖의 조직'에
는 해당 분쟁의 당사자가 포함되지 않는다는 견해[64]가 더 타당해 보인
다. 그 영향은 잠재적이고 간접적인 영향이 아니라 직접적인 영향만을
의미한다.[65] 요컨대 해당 분쟁이 중국의 국익이나 일반 공중의 이익, 또
는 관련된 제3자의 이익에 직접적인 영향을 미치는 경우에만 부적절한
법정지 법리 적용의 소극적 요인(要因)이 될 수 있다.

라. 당해 분쟁의 중국과의 관련성 결여

2015년 사법해석이 마련되기 전에는, 중국 판례상 당해 분쟁과 중국
의 관련성은 당사자의 국적과 거주지를 중심으로 판단되었다고 한다.
그러나 2015년 사법해석은 두 가지 사항을 분명히 하였다(제5호). 첫째,
분쟁의 사실적 요소와 준거법은 중국과 당해 분쟁 사이의 관련성 판단
의 고려요소가 된다. 둘째, 당해 분쟁과 중국과의 관련성 결여가 심리나
사실인정·법률적용에 곤란을 초래하여야 비로소 중국이 부적절한 법정
지로 인정된다.[66] 이처럼 두 가지 사항을 분명히 한 것은 2015년 사법해
석에서 나타난 큰 발전이라고 할 수 있다.

---

63) Zhang(주 61), 566.

64) Tang/Xiao/Huo(주 39), para. 4. 54.

65) Tang/Xiao/Huo(주 39), para. 4. 53. *Jaten Electronic v Smartech Electronic*, Shanghai
    Municiplity No 1 IPC, (2009) Hu Yi Zhong Min Wu (Shang) Chu Zi No 51.

66) Tang/Xiao/Huo(주 39), para. 4. 57.

마. 심리의 편의

외국법원이 사건에 관한 국제재판관할권을 가지고, 그 해당사건을 심리하기에 적절할 것임이 인정되어야 한다(제6호). 경합하는 외국법원이 재판관할권을 가지지 않음에도 중국법원이 재판관할권의 행사를 거부하는 것은 원고의 재판받을 권리를 박탈하는 것이기 때문에, 외국법원의 국제재판관할권이 인정되어야 한다.[67] 또한 외국법원이 해당 사건을 심리하기에 더 적절하여야 한다. 중국법원은 외국법원이 해당사건을 심리하기에 적절한 법원인지를 판단하기 위하여 해당 사건과 관련된 모든 요소를 고려할 것이다.[68]

III. 독일

독일은 유럽연합 회원국이므로 실제 독일에서 발생하는 국제적 소송경합 문제의 대부분은 브뤼셀 Irecast 규정의 적용을 받게 될 것이다. 이하의 논의는 독일의 고유한 법리에 관한 설명이다.

1. 우선주의와 승인예측설

독일은 민사소송법 제261조 제3항 제1호에서 소송경합에 관한 우선주의(중복제소금지 원칙)를 정하고 있다. 독일은 우리나라와 마찬가지로 국제적 소송경합에 관한 규정은 따로 두고 있지 않다. 그러나 독일에서는 일찍이 20세기 초 제국법원(帝國法院, Reichsgericht)에 의해서 '외국법원에서 제기된 소송에서 내려진 확정판결이 독일에서 승인될 것으로 예

---

67) Tang/Xiao/Huo(주 39), para. 4. 58.
68) Tang/Xiao/Huo(주 39), para. 4. 65.

측되는 경우에는 그 외국법원에 대한 제소에 의한 소송계속은 독일 법원에 대한 제소에 의한 소송계속과 동등한 효과를 가진다'는 법리가 확립되었다고 한다.[69] 승인예측설(承認豫測說)로 일컬어지는 이 법리는 학자들의 지지를 받아 국제적 소송경합(Internationale Rechtshängigkeit)의 해결 방안으로서 오늘날 통설로 자리 잡았다.[70] 이때 승인예측은 장차 내려질 외국판결이 독일 민사소송법 제328조 제1항이 규정한 각 외국판결 승인요건들을 충족하는 적극적인 승인예측(positive Anerkennungsprognose)을 의미한다.[71] 이처럼 독일의 판례법리에서 유래한 승인예측설은 여러 유럽의 여러 대륙법계 국가들과 일본, 우리나라에도 전파되었고, 대륙법계 국가들을 중심으로 구성된 브뤼셀체제도 기본적으로 승인예측설에 기초하고 있다.

독일에서 승인예측설은 엄격하게 관철되지만 요건과 효과 면에서 국내의 소송경합과 다른 취급이 인정된다. 먼저 요건의 측면에서, 외국의 전소가 지나치게 지연되어 당사자에게 권리보호의 참을 수 없는 침해(unzumutbare Beeinträchtigung des Rechtsschutzes)가 인정될 때에는 외국의 전소 계속이 고려되지 않을 수 있다.[72] 다음으로 효과의 측면에서,

---

69) 유재풍, "국제소송의 재판관할에 관한 연구", 청주대학교 법학박사 학위논문, 1994, 167.

70) Stein/Jonas, Kommentar zur Zivilprozessordnung(23. Auflage), Mohr Siebeck, 2014, § 261 para. 53.

71) Stein/Jonas(주 70), § 261 para. 61.

72) 피정현, "국제적 중복제소의 금지 여부", 현대사회와 법의 발달: 균제 양승두 교수 화갑기념논문집, 1994, 612; Fawcett, Declining Jurisdiction in Private International Law, Oxford, 1995, 197. 이는 외국의 소송지연이 극심하여 실질적으로 당사자의 권리실현을 거부하고 재판청구권을 침해한다고 인정되는 경우를 의미한다. 독일 연방대법원은 이탈리아에서 4년간 지연되고 있는 이혼소송에 대하여는 우선주의에 대한 예외를 인정한 바 있다. BGH, 26 Jan. 1983, [1984] IPRax 152. 그러나 재산상의 소에 관하여는 더 긴 기간의 지연을 필요로 하는 것으로 보인다. 독일 연방대법원은 터키에서 10년간 지연되고 있는 재산상 청구 사건에서는 우선주의에 대한 예외를 인정하지 않았다. BGH, 10 Oct. 1985,

승인예측의 불확실성을 고려하여 내국법원에 제기된 후소를 바로 각하하는 대신 민사소송법 제148조 제1항[73])을 적용하여 소송절차를 중지하여야 한다는 것이 독일의 다수설이고, 법원 역시 이를 받아들여 실무적으로 소송절차를 중지하는 예가 많다.[74]) 따라서 독일의 내국소송은 내국법원에 의하여 법적 보호를 받을 필요가 없는 것이 분명한 사건에 한하여 각하될 것으로 취급된다.[75])

한편 독일은 프랑스와 달리 관련 소송에 관하여 규율하는 조항을 두고 있지 않다. 따라서 관련 소송이 외국법원에 계속되었다는 사실은 원칙적으로 고려의 대상이 아니다.[76]) 다만 내국소송의 결과가 외국소송의 결과에 따라 달라지는 관계에 있는 경우에는 민사소송법 제148조 제1항에 의하여 내국소송 절차를 중지할 여지가 있다.[77])

2. 부적절한 법정지의 법리의 수용 여부

독일은 개별 관할원인 별로 명확하게 규정된 국제재판관할규칙을 두고 있고, 원칙적으로 법관이 국제재판관할의 행사에 관한 재량을 가지

[1986] NJW 2195.

73) 독일 민사소송법 제148조 제1항은 '선결관계 시의 중지'라는 제목 하에 "계속 중인 다른 소송의 대상이거나 행정관청에서 확인해야 할 법적 관계의 존부에 따라 소송의 재판이 전부 또는 일부 달라질 경우, 법원은 다른 소송의 종결 또는 행정관청의 결정 시점까지 변론의 중지를 명령할 수 있다."고 규정한다.

74) Fawcett(주 72), 197.

75) Fawcett(주 72), 198. 법원은 내국소송을 각하할지 아니면 중지할지에 대한 고유한 재량을 행사한다.

76) 독일 민사소송법 제147조는 "법원은 소송의 대상이 되는 청구권들이 서로 법적 연관이 있거나 하나의 소에서 청구될 수 있는 성질의 것이면, 동시 변론 및 재판을 목적으로 당사자의 계속 중인 동일하거나 서로 다른 여러 소송의 병합을 명할 수 있다."고 하여 변론 병합을 규정한다. 그러나 국제소송의 맥락에서는 이 규정이 적용될 수 없다.

77) Fawcett(주 72), 200.

지 않는다.[78] 다만 그러한 법원의 재량권 행사가 반드시 연방헌법 제101조 제1항[79]을 위반하는 것으로 이해되지는 않는다는 전제에서,[80] ① 개별 법령의 해석에 의하여 충분히 명확한 요건을 확정할 수 있는 경우에는 법원이 재량적으로 관할권을 행사하지 않을 수 있다는 견해,[81] ② 원고가 국제재판관할의 관할원인을 악의적으로 작출한 경우에는 법원이 재량에 의해 국제재판관할권의 행사를 거부할 수 있다는 견해[82] 등이 제시되기도 한다. 그러나 통설은 독일법상 부적절한 법정지의 법리를 일반적으로 수용할 수 없다고 본다.[83] 그 근거는 다음과 같다. 첫째, 부적절한 법정지의 법리는 소장의 송달을 기초로 한 광범위한 국제재판관할을 인정하는 보통법계에서 통용되는 것으로, 사안 또는 당사자와의 관련성을 기초로 형성된 확고한 관할 연결 규칙을 두고 있는 독일의 법체계와 어울리지 않는다.[84] 둘째, 독일에서는 법적안정성과 당사자의 예측가능성을 보장하기 위해 관할원인을 표준화하고 있는데, 부적절한 법정지의 법리를 수용함으로써 얻을 이익보다 법적안정성과 예측가능성

---

78) McCaffrey/Main, Transnational Litigation in Comparative Perspective, Oxford University Press, 2010, 176.
79) 독일 연방헌법 제101조 제1항은 "누구도 그의 적법한 법관의 관할권으로부터 배제되지 않는다."고 규정한다.
80) 법원이 부적절한 법정지의 법리에 의해 재판관할권 행사를 거부하는 것이 연방헌법 제101조 제1항에서 정한 재판받을 권리를 침해하는지가 문제되나, Schack, Internationales Zivilverfahrensrecht 8. Auflage, C.H.Beck, 2021, Rn. 615는 이를 부정한다.
81) Schack(주 80), Rn. 615, 616은 특히 입양 또는 부모의 이혼이 문제 되는 가사사건에서 있어서 아동의 복리 보장이라는 관점에서 법원이 관할권 행사를 포기하거나 관할항정의 원칙(perpeuatio fori)에 대한 예외를 인정한 사례와 관련 법령들을 소개한다.
82) Fawcett(주 72), 192; Schack(주 80), Rn. 617 참조.
83) Schack(주 80), Rn. 618; Junker, Internationales Zivilprozessrecht 5. Auflage, C.H.Beck, 2020, § 5 Rn. 39.
84) 석광현(주 15), 86; Junker(주 83), § 5 Rn. 39.

보장을 지향하는 독일의 민사재판 시스템을 유지할 이익이 더 크다.[85]
셋째, 부적절한 법정지의 법리는 국제재판관할의 소극적 저촉을 초래하
고 법원에 의해서 남용될 위험이 있다.[86] 결국 독일에서는 구체적으로
타당성 있는 관할의 배분은 국제재판관할규칙의 합리적인 해석에 의해
달성될 수 있다고 본다.[87]

IV. 프랑스

프랑스는 유럽연합 회원국이므로 실제 프랑스에서 발생하는 국제적
소송경합 문제의 대부분은 브뤼셀 Irecast 규정의 적용을 받게 될 것이
다. 이하의 논의는 프랑스의 고유한 법리에 관한 설명이다.

1. 우선주의와 승인예측설

프랑스 민사소송법은 제100조에서 국내의 소송경합에 관한 우선주의
를 명시하고 있으나, 국제적 소송경합에 관하여는 명문의 규정을 두지
않고 있다.[88] 그러나 프랑스의 통설과 판례는 독일에서와 마찬가지로
장차 내려질 외국판결이 프랑스에서 승인될 것으로 예측될 것을 전제로

---

85) Fawcett(주 72), 194; Schack(주 80), Rn. 618. Schack(주 80), Rn. 617은위 ② 견해에
   대한 반론으로, 독일의 법리에 의하더라도 원고의 법정지 선택이 명백한 권리
   남용인 경우에는 그 소가 부적법하게 되는 등 원고에게 불이익이 가해지므로,
   부적절한 법정지의 법리에 의하지 않더라도 법원이 원고의 소권 남용에 적절
   히 대응할 수 있음을 지적한다.
86) 석광현(주 5), 86.
87) Schack(주 80), Rn. 618.
88) 국제적 소송경합과 관련된 프랑스 민사소송법 규정의 국문번역(발췌)은 별지
   [부록 4] 참조.

내국소송에서 적용되는 소송경합(*litispendance*)에 관한 규칙을 유추적용하는 '승인예측설'을 따른다.[89] 다만 구체적 내용은 아래에서 보는 것과 같이 약간 다르다. 프랑스 파기원은 1974년 *Miniera di Fragne* 사건[90] 판결에서 처음으로 승인예측설에 기초한 법리를 선언하였다.[91] 이에 따르면, 국제적 소송경합 상황에서 프랑스의 법원은 장차 외국 소송절차에서 내려질 판결이 프랑스에서 승인될 것으로 예측되는 경우에 한하여 당사자의 신청에 따라 내국의 소송절차를 중지할 수 있다. 다만 프랑스에 전속적 국제재판관할이 있거나 프랑스를 법정지로 하는 전속적 국제재판관할합의가 있는 경우에는 우선주의가 적용되지 않는다.[92] 국제적 소송경합에 대하여 승인예측설을 적용한 효과는 국내 소송경합의 경우와 차이가 있다. 국내 소송경합의 경우, 당사자의 신청이 있으면 법원은 재량의 여지 없이 후소를 각하(却下, *dessaisir*)하여야 한다. 다만 당사자의 신청이 없는 경우에는 법원이 위와 같이 후소를 각하할 직권(*se dessaisir d'office, ex officio*)을 발동할 지 여부에 관한 재량을 가진다. 이와 달리 국제적 소송경합의 경우 법원은 당사자의 신청에 의해서만 해당 문제를 심판하게 되고, 승인예측설에 기초한 우선주의를 적용한 효과로서 후소를 각하해야 하는 것이 아니라 그 재량에 의하여 후소의 소송절차를 중지할지 여부를 결정할 수 있다.[93] 독일에서는 국제적 소송경합의 경우에도 필요적으로 절차를 중지하거나 소를 각하하는 것에 비하면, 프랑스의 이와 같은 판례 법리는 규제소극설에 좀 더 가까운 색채

---

89) Fawcett(주 72), 181; Guinchard, Droit et Pratique de la Procédure Civile, Dalloz, 2014, 293; Callé, Code de Procédure Civile, Dalloz, 2019, 209.

90) Cass. Civ 1, 26 Nov. 1974, [1975] RC 491.

91) 석광현(주 15), 142.

92) Callé(주 89), 210; Gaudemet-Tallon, "Répertoire de droit international", Compétence internationale : matière civile et commerciale, 2019, para. 227. 이 경우 외국 소송의 국제재판관할권을 인정할 수 없음을 이유로 한다. 명문의 근거 규정이 있는 것은 아니지만 이는 프랑스의 통설로 보인다.

93) Gaudemet-Tallon(주 92), para. 232.

를 띠고 있다고 평가할 수 있다.[94]

한편 프랑스 파기원은 1999년 관련 소송(*connexité*)에 관하여도, '대등한 국제재판관할권을 가지는 두 국가에 소가 계속되고, 상충하는 (*contrariété*) 판결을 발생시킬 수 있는 관련성이 존재할 때'에는 관련 소송에 관한 규칙(*exception de connexité*)이 적용될 수 있다고 판단한 바 있다.[95] 이는 국제적인 맥락에서도 프랑스 민사소송법 제101조의 관련 소송에 관한 규칙을 적용할 수 있다는 것을 분명히 선언한 최초의 판결이다. 프랑스 민사소송법 제101조는 "다른 두 법원에 계속된 사건들 사이에 존재하는 관련성에 비추어 이들을 함께 심리 및 재판하는 것이 정의의 이익에 부합하는 경우, 어느 한 법원은 당사자의 신청에 따라 재량으로 소를 각하하고 그 사실을 관련 사건이 계속된 다른 법원에 통지할수 있다."고 규정한다.[96] 위 판결에 의하면, 국제적으로 관련 소송이 계속되어 외국판결과 내국판결 사이에 상충할 가능성이 있는 경우에는 프랑스 법원은 국내에 관련 소송이 계속된 경우와 마찬가지로 일정한 요건 아래 소를 각하할 수 있다.[97]

2. 부적절한 법정지의 법리의 수용 여부

프랑스법은 대륙법계의 전통을 따르므로 부적절한 법정지의 법리를

---

94) 프랑스는 종래 확고한 규제소극설을 취해 오다가 브뤼셀협약을 체결하면서 비로소 승인예측설을 받아들인 것이라고 한다. Lüttringhaus/Silberman(주 1), 1160.

95) Cass. Civ. 1, 22 Juin 1999 No. 96-22. 546, *Bull. Civ.* 1, No. 208.

96) 법원은 직권으로 이러한 절차를 행할 수 없지만, 일단 이러한 절차가 개시되면 당사자가 법원에 이를 행하지 않을 것을 요구할 수는 없다. Cass. Civ. 2, 5 Juill 1978, [1978] 2 Gaz. Pal., 624.

97) Tirvaudey-Bourdin, "Compétence-Exceptions de litispendance et de connexié", Juris Classeur Procédure civile Fasc. 600-95, 2018, para. 42. 관련 소송의 경우에도 외국판결이 프랑스에서 승인될 것으로 예측되는 경우에 한하여 위와 같은 규칙이 적용될 수 있다.

알지 못하였다. 프랑스에서는 법원의 재판관할권이 인정되면 그 관할권의 행사를 거부할 수 없다는 관념이 이어져 왔다.[98] 프랑스의 민사소송법은 내국소송의 관할원인을 상세하게 특정하여 규율하고 있고, 국제재판관할권은 그러한 내국소송의 관할원인을 출발점으로 하여 그대로, 혹은 약간의 적응 내지 조정(adaptation)을 거쳐 인정되는바, 이를 통해 국제재판관할권이 인정되는 법원은 그 관할권의 행사를 거부할 수 없다는 것이다.[99]

　다만 프랑스에는 당해 분쟁과 프랑스 법질서 사이의 강한 연관성(strong link)을 요구하는 법리가 발달해 있고, 만약 원고가 법정지 쇼핑을 함으로써 당해 분쟁과 프랑스의 법질서 사이에 강한 연관성이 없다고 인정되는 경우에는 프랑스 법원의 국제재판관할권이 인정되지 않는다고 한다.[100]

　한편 최근에는 프랑스에서도 부적절한 법정지의 법리를 받아들일 수 있는지에 관한 논의가 활발하게 이루어지는 것으로 보인다. 특히 파기원은 프랑스인이 알제리인을 상대로 프랑스 법원에 제소하는 경우 프랑스 법원에 국제재판관할이 인정되는지가 쟁점이 된 2007년 *Fercométal* 사건[101]에서 '프랑스 민법(Code Civil) 제14조는 프랑스인 원고에게 단순한 권한을 부여할 뿐 그의 이익을 보호하기 위해 긴요한 관할이익을 창출하는 조항이 아니므로, 외국법원에 대한 관할의 선택이 사기적인 것이 아닌 한 외국법원의 간접관할을 부정하는 근거가 될 수 없다'고 판단

---

98) Fawcett(주 72), 175. Cornec/Losson, "French Supreme Court Restates Rules on Jurisdiction, Recognition and Enforcement of Foreign Decisions in Matrimonial Matters: A New Chance for Old Cases", Family Law Quarterly Vol.44 No.1, 2010, 91.

99) Fawcett(주 72), 178.

100) Fawcett(주 72), 179. 프랑스에서는 이러한 법리에 의하여 부적절한 법정지의 법리에 의하지 아니하고도 남용적인 법정지 쇼핑을 방지하는 효과를 얻을 수 있다고 한다.

101) Cass Civ. 1 22 mai 2007, No. 04-14.716.

하였다.[102] 위 판결에서 파기원은 외국법원에 해당 사건이 먼저 계속되지 않았으므로 프랑스 법원에 직접관할이 있다고 판단하기는 하였으나, 이로써 프랑스 법원은 민법 제14조, 제15조를 근거로 프랑스 법원의 준(準)전속관할을 인정하던 전통을 내려놓았다고 평가할 수 있다. 이처럼 민법 제14조, 제15조의 준(準)전속관할적 성격이 포기되었으므로, 더 나아가 프랑스 법원이 그 재량으로 민법 제14조, 제15조에 기한 직접관할권의 행사를 거부할 수 있는지, 즉 부적절한 법정지의 법리를 받아들일 수 있는지에 관한 논의가 촉발되었다.[103] 그러나 파기원이 2009년 프랑

---

102) 프랑스 민법 제14조는 "외국인은, 설령 프랑스에 거주하지 않는 경우라도 프랑스에서 프랑스 국민과 체결한 계약상 의무의 이행을 위하여 프랑스 법원에 의해 소환될 수 있다; 외국인은 외국에서 프랑스 국민을 향하여 체결된 계약상 의무의 이행을 위하여 프랑스 법원에 제소될 수 있다."고 규정한다. 제15조는 "프랑스 국민은 상대방이 외국인인 경우에도, 자신이 외국에서 체결한 계약의 계약상 의무 이행에 대하여 프랑스 법원에 제소될 수 있다."고 규정한다. 위 문언에도 불구하고 프랑스 파기원은 19세기부터 위 규정들을 '프랑스 국민은 프랑스에서만 제소될 수 있다'는 전속관할에 준하는 국제재판관할의 관할원인으로 해석하여 왔다. Cass. chambre des requêtes, 17 Mar 1830, s.1830.95. 프랑스 국민은 프랑스에서만 제소될 수 있는 권리를 가지기 때문에, 프랑스 국민을 피고로 하여 내려진 외국판결은 프랑스 국민이 '국제재판관할의 특권'을 명시적·묵시적으로 포기한 경우가 아닌 한 프랑스에서 승인될 수 없다. 따라서 프랑스 국민에게 인정되는 '국제재판관할의 특권'을 알지 못한 외국인들은 뜻밖의 곤란에 빠질 수 있는데, 이러한 점에서 이러한 법리는 많은 비판을 받아 왔다. 파기원은 2006년 스위스에서 확정된 혼인취소 판결의 승인 및 집행이 문제 된 *Prieur* 사건에서, "프랑스 민법 제15조는 프랑스 법원에 대한 임의적 관할원인을 규정한 것으로서 외국법원이 사건과 관련성이 있고 그 국제재판관할의 선택이 사기적인 것이 아닌 한 프랑스 민법 제15조가 외국법원의 간접관할을 부정하는 근거가 될 수 없다"고 판시하여 종전 판례를 변경하였다. Cass. Civ. 1 23 mai 2006, No. 04-12.777. *Fercométal* 사건에서는 위 *Prieur* 사건에서 선언된 법리가 프랑스 민법 제14조에도 적용될 수 있음을 확인하였다. Cornec/Losson(주 98), 86-88 참조.

103) Saussine, "Forum Conveniens and Anti-Suit Injunctions Before French Courts: Recent Developments", International and Comparative Law Quarterly Vol. 59 No. 2, 2010,

스 민법 제14조와 관련한 부적절한 법정지의 법리의 적용을 배척하는 판단을 함으로써 논의가 일단락되었다.[104)

V. 스위스

1. 우선주의와 승인예측설

스위스 역시 대륙법계의 전통을 따라 승인예측설에 기초하여 국제적 소송경합을 규율한다. 스위스는 독일, 프랑스와 달리 국제사법[105) 제9조에서 국제적 소송경합에 관한 명문의 규정을 두고 있다.

스위스 국제사법 제9조 제1항은 외국법원에서 장차 내려질 판결이 스위스에서 승인 가능할 것으로 예측될 때에 비로소 우선주의가 적용됨을 명시한다. 원칙적으로 우선주의의 적용에 관한 법원의 재량은 인정되지

523.

104) Cass. Civ. 1. 30 sep 2009, No. 08-19.793 및 Cornec/Losson(주 98), 92 이하 참조.

105) 스위스 국제사법의 공식 명칭은 '국제사법에 관한 연방법률[Bundesgesetz über das Internationale Privatrecht (IPRG), Loi fédérale sur le droit international privé(LDIP)]'이다. 스위스의 법은 공식적으로 독일어, 프랑스어, 이탈리아어 세 언어로 표시되며 각각의 내용은 동등한 효력을 가진다. https://www.umbricht.ch/en/swiss-private-international-law-cpil/에서는 스위스 국제사법의 세 언어 버전뿐만 아니라 2017년 4월 현재 스위스 국제사법의 영문 번역본도 확인할 수 있다. 1987년 제정되어 여러 차례 개정을 거친 스위스 국제사법은 오늘날 세계 여러 나라의 국제사법 중에서 가장 상세하고도 포괄적인 법전(法典)으로 평가되고 있다. 스위스 국제사법에 관한 개괄적인 소개로는 우선 이호정, "스위스의 개정국제사법전", 서울대학교 법학 제31권 3-4호, 1990, 1 이하, 석광현, "스위스 국제사법", 국제사법과 국제소송 제1권, 박영사, 2002, 479 이하 및 석광현, "스위스 국제사법 재론", 국제사법연구 제26권 제1호, 2020, 571 이하 참조. 국제적 소송경합에 관한 스위스 국제사법 규정의 국문번역(발췌)은 별지 [부록 5] 참조.

않는다. 다만 우선주의의 요건과 효과 측면에서 엄격함을 완화하고 있
다. 첫째, 요건의 측면에서 외국판결이 '적절한 기간 내'에 선고될 것으로
기대되는 때에 한하여 우선주의가 적용된다(이른바 'Fristprognose').[106] 이
는 일방 당사자가 전략적으로 절차 진행이 더디기로 이름난 법정지에서
소를 제기함으로써 상대방 당사자의 소 제기를 저지하거나 그 소송절차
를 지연시키기 위한 시도를 하는 것을 방지하기 위한 요건이다.[107] 외국
법원이 적절한 기간 내에 판결을 선고할 것인지 기대되는지 여부를 판
단함에 있어서 제한적으로 법원의 재량이 반영될 수 있다. 이는 우선주
의의 엄격함을 완화하기 위한 것으로서, 보통법계의 부적절한 법정지의
법리에서 적용되는 것과 같은 법원의 재량은 아니다.[108] 둘째, 효과의
측면에서 외국판결의 승인 여부에 대한 예측에 오류가 있을 가능성을
고려하여, 소의 각하 대신 소송절차의 중지만을 규정한다.[109] 다만 스위
스의 법원은 스위스에서 승인 가능한 외국판결이 법원에 제출되면 즉시
소를 각하하여야 한다(제3항).

　　제9조 제2항은 스위스의 소송계속 시점에 관한 특칙인데, 소의 제기
에 필요한 최초의 절차행위가 행해진 때에 소송계속이 이루어진 것으로
보되, 조정절차(調停節次, Süneverfahrens)의 개시도 소송계속을 구성하는
최초의 절차행위로 보기에 충분하다고 명시한다. 이 조항은 외국에서의
소송계속 시점에 관하여도 규율하는 것이 아니라 '언제 소가 스위스에
서 계속하였는가'라는, 국내의 소송계속 시점에 관하여만 규율한다. 외
국에서의 소송계속 시점은 법정지인 당해 외국법에 따라 판단할 것이라
는 견해가 유력하다.[110]

---

106) Schmid, Zürcher Kommentar zum IPRG, Schulthess, 2018, Art. 9 Rn. 48.
107) Schmid(주 106), Rn. 48.
108) 석광현(주 105), 489.
109) Fawcett(주 72), 390.
110) 석광현(주 105), 489.

2. 부적절한 법정지의 법리의 수용 여부

스위스는 다른 대륙법계 국가들과 마찬가지로 소의 유형별로 피고와 가장 밀접한 관련을 가진 곳에 고유한 국제재판관할의 관할 원인을 인정하고, 그러한 관할의 결정에 법원의 재량을 인정하지 않는다.[111] 그러므로 스위스 국제사법의 해석상 부적절한 법정지의 법리는 허용되지 않는다고 이해된다.[112]

---

111) Fawcett(주 72), 382.
112) 석광현(주 15), 145.

제2절 보통법계 국가

Ⅰ. 부적절한 법정지의 법리와 소송유지명령

영국, 미국, 오스트레일리아, 캐나다 등과 같은 보통법계 국가들에서
는 우선주의 같이 소송경합 자체에 어떠한 법률효과를 부여하는 독자적
인 법원리가 형성되지 않았다.[113] 대신 보통법계에서는 국제적 소송경
합의 문제를 국제재판관할의 합리적 배분의 문제로 접근하여 부적절한
법정지의 법리(不適節한 法廷地의 法理, Forum Non Conveniens)와 소송유
지명령(訴訟留止命令, Anti-Suit Injunction)을 상호 보완적으로 활용하여 해
결한다.

부적절한 법정지의 법리는, 실질적으로 더 편리하거나 적절한 대체법
정지(代替法廷地, alternative forum)가 있는 경우에 법원으로 하여금 재판관
할권의 행사를 거부할 수 있도록 허용하는 보통법상의 법리를 말한다.[114]
'부적절한 법정지의 법리'는 일종의 혼합법계인 스코틀랜드에서 유래하였
다.[115] 17세기 초 스코틀랜드에서는 법원이 '정의를 위하여(interests of

---

113) Trocker, "Party Autonomy and Judicial Discretion in Transnational Litigation", Inter-
national Contract Litigation, Arbitration and Judicial Responsibility in Transnational
Disputes, Mohr Siebeck, 2011, 210.

114) Born/Rutledge, International Civil Litigation in United States Courts, Wolters Kluwer,
2018, 349.

115) 커먼로 개념을 논할 때의 영국이라 함은 보통 잉글랜드와 웨일즈를 합한 지
역만을 의미하고 스코틀랜드는 제외하는 것이 일반적이다. 스코틀랜드는 잉
글랜드로부터 독립을 유지하기 위하여 프랑스와 동맹을 맺고 상호 교류를 실
시하였는데, 이 과정에서 대륙의 로마법이 스코틀랜드에 계수되었다. 따라서
스코틀랜드법은 잉글랜드와는 달리 토착 관습법, 제정법, 로마법 및 자연법
이론이 통합된 독자적 법체계를 형성하였다. 스코틀랜드법의 형성 과정과 그

justice)' 관할원인이 존재하더라도 그 재량에 의해 재판관할권을 부정할
수 있다는 판례가 확립되었다. 이후 위 법리는 19세기 중반에 이르러 '권한
없는 법정지(*forum non competens*)'라는 이름으로, 재판관할권이 존재하더
라도 법원이 재판관할권의 행사를 거부할 수 있도록 허용하는 독자적인
법원리로 발전하였다.116) 여기서 '관할권의 존재' 문제와 '관할권의 행사'
가 별개의 문제라는 인식은 부적절한 법정지의 법리를 가능케 하는 관념적
토대가 된다.117) 이후 19세기 말에 이르러 스코틀랜드 법원은 관할권의
존재 자체가 부정되는 '권한 없는 법정지(*forum non competens*)'와 구별되
는 것으로서 관할권은 존재하지만 법원이 재량적으로 그 관할권을 행사하
지 아니하는 것을 말하는 '부적절한 법정지(*forum non conveniens*)'라는 명
칭을 고안하였다.118) 이때 "*conveniens*"라는 라틴어 표현은 '편리함(con-
venient)'이라고 번역되기도 하나, '적절한(suitable 또는 appropriate)'이라고
번역하는 것이 타당하다.119)

영국 귀족원의 Goff 경은 *Airbus* 사건120) 판결에서 부적절한 법정지의
법리의 존재의의와 본질에 관하여 다음과 같이 설시하였다. 이는 부적
절한 법정지의 법리의 핵심을 보여준다.

특수성에 관하여는 이상윤, 영미법(개정판), 박영사, 2003, 21 이하 및 김영희,
"영국법, 스코틀랜드법, 미국법, 그리고 로마법", 법사학연구 제52호, 2015, 30
이하 참조.

116) 스코틀랜드 최고민사법원(Court of Session)은 1865년 *Longworth v Hope*, 3 M.
1049 (Sess. Cas. 1865)(Scot.) 사건에서 법원이 국제재판관할권의 행사를 거부
할 재량권을 행사할 수 있는 요건을 엄격하게 구성하였다.

117) Fentiman, International Commercial Litigation(2nd), Oxford, 2015, para. 13.02. 영국
귀족원의 *Tehrani v Secretary of State for the Home Departement(Scotland)*, [2007]
1 AC 521 (HL) 사건에서도 이러한 점이 분명히 설시되었다.

118) McCaffery/Main, Transnational Litigation in Comparative Perspective, Oxford University
Press, 2010, 134 이하; Born/Rutledge(주 114), 350 참조.

119) Lowenfeld, International Litigation and Arbitration, Thomson West, 2006, 300.

120) *Airbus Industrie GIE v Patel and others*, [1999] 1 AC 119 (HL)

"유럽 대륙에서는 유럽공동체(EC) 출범 초기부터 회원국 사이의 재판관할권 충돌을 피할 필요성이 제기되었다. 뛰어난 학자들이 구축한 브뤼셀협약의 법체계는 정치한 규칙에 기초하여 관할을 배분한다. 이 법체계는 위 목표를 달성하지만 대가도 치른다. 그 대가는 바로 '경직성(rigidity)'이다. 그리고 경직성은 부정의(injustice)를 양산할 수 있다. … 보통법계는 정반대의 상황이다. 보통법계에는 전세계에 걸친 그야말로 '관할권의 정글(jungle of separate jurisdiction)'이 존재한다. 예를 들어 잉글랜드에서는, 피고가 관할권 내에 현존하거나 그 관할권 밖의 피고에게 소장을 송달할 수 있는 특정한 상황(그러나 그 상황은 광범위하다)이 인정될 때 잉글랜드 법원이 관할권을 가진다. 그러나 보통법계 관할권의 과잉은 부적절한 법정지의 법리-법원이 명백히 더 적절한 다른 법정지를 위하여 소송절차를 중지하거나 소를 각하함으로써 관할권의 행사를 스스로 거부하는 규칙-를 수용함으로써 제한된다. … 부적절한 법정지의 법리는 부적절한 법정지에 제기된 소에 대하여 적용됨으로써 보통법계 국가들 사이에서 어떤 소가 분쟁 해결에 적절한 법정지에만 제기되도록 보장한다. 따라서 이 법리의 목적은 브뤼셀협약이 기초한 목적과는 다르다. 이 법리는 재판관할권의 저촉을 회피할 것을 목표로 하지 않고, 국제적 소송경합 상태를 수용할 수 없는 것으로 취급지도 않는다. 이러한 점에서 이 법리는 완전치 못한 무기라고 할 수도 있다. 그러나 이 법리는 유연하고 실용적이며, 그것이 효과적으로 작용하는 때에는 실천적 정의(practical justice)를 달성하는 데 도움이 될 수 있다."

보통법계에서 소송경합은, 재판관할권 행사의 거부와 관련된 보다 일반적 원리인 '부적절한 법정지의 법리'를 적용할 때 고려되는 다양한 요소 중 하나로 고려될 뿐이다. 법원이 자국의 소송절차를 중지하거나 각하하지 않으면 국제적 소송경합의 상황을 발생·유지시킬 수 있다는 사정은 부적절한 법정지의 법리에 기초한 법원의 재량권을 행사에 있어서 하나의 중요한 고려 요소일 뿐이다.121) 소송경합을 우선주의에 의하여 해결하는 대륙법계에서 각 소의 계속 시점은 결정적인 의미를 가지

지만, 부적절한 법정지의 법리를 적용함에 있어서 소의 계속 시점은 단
지 우연적 요소에 지나지 않는다.122)

보통법계의 국제적 소송경합에 관한 논의를 본격적으로 하기에 앞서,
보통법계에 특유한 국제재판관할 체계를 간단히 살펴볼 필요가 있다.
보통법계는 전통적으로 소송을 대인소송(對人訴訟, action in *personam*)과
대물소송(對物訴訟, action in *rem*)123)으로 구분하고, 각 소송에 대한 재판
관할권도 대인관할권(對人管轄權, *in personam* jurisdiction)과 대물관할권
(對物管轄權, *in rem* jurisdiction)으로 달리 인정해 왔다. 여기서 일반적으
로 더 중요한 것은 대인관할권인데, 피고에 대한 송달은 대인관할권을
구성하는 근거로 기능한다. 즉 보통법계에서는 기본적으로 피고에 대한
송달에 기초한 광범위한 국제재판관할권을 인정하고 있으며, 앞서 Goff
경의 설시에서 나타나듯이 그러한 광범위한 국제재판관할권으로부터 발
생하는 불합리를 완화하기 위하여 부적절한 법정지의 법리가 더욱 발전
하였다.

---

121) Hobér(주 14), 159; Fawcett(주 72), 29; Cheshire/North/Fawcett, Private International
    Law(15th), Oxford, 2017, 407.
122) Cheshire/North/Fawcett(주 121), 409. 다만 보통법계에서도 각 소의 계속 시점
    은 하나의 고려요소로 취급되어 왔다고 한다. 특히 외국의 소송절차가 먼저
    계속되어 이미 상당한 정도로 절차가 진행된 때에는 유의미한 요소로 고려
    된다.
123) 대물소송은 선박 등 특정한 물건에 대한 권리와 이익의 확정을 목적으로 하
    는 소송으로서, 그 판결의 효력은 특정 재산에만 미치되 대세적 효력을 가
    진다.

II. 영국124)

1. 부적절한 법정지의 법리의 두 가지 기능

영국에서 부적절한 법정지의 법리는 크게 두 가지 방향으로 기능한다.125) 첫째, 부적절한 법정지의 법리는 외국의 피고에 대한 소장 송달 허가 절차에서 그 송달의 정당성을 뒷받침하는 근거로 기능한다.126) 보통법의 관할이론은 속지주의에 기초하여 사람이나 물건이 영토 내에 소재하여야 한다는 이른바 현존의 원칙(the presence theory)을 따른다.127) 따라서 외국의 피고에 대한 소장 송달은 법원의 재량에 맡겨져 있다.128) 법원이 외국으로의 소장 송달 허가 여부를 결정함에 있어서, 원고는 영국 법원이 당사자의 이익과 정의의 관점에서 당해 사건을 심판하기에 명백하게 가장 적절한 법정지(*forum conveniens*, natural forum)임을 증명하여야 한다.129) 이러한 차원의 부적절한 법정지의 법리는 영국에 고유한 기원을 두고 있다.130) 둘째, 부적절한 법정지의 법리는 법원이 소송

---

124) 우리나라에서 보통 영국이라고 할 때에는 잉글랜드, 웨일즈, 북아일랜드와 스코틀랜드로 구성된 "연합왕국(United Kingdom)"을 의미한다. 그러나 여기에서는 달리 명시하지 않는 한 잉글랜드와 웨일즈만을 가리켜 영국이라는 표현을 사용하기로 한다.

125) 부적절한 법정지의 법리가 아래의 첫째 국면, 즉 외국의 피고에 대한 소장 송달 허가절차에서 작용하는 측면을 '적극적 작용(positive operation)', 둘째 국면, 즉 법원의 재량에 의한 소송절차 중지 근거로 작용하는 측면을 '소극적 작용(negative operation)'이라고 설명되기도 한다. Fentiman(주 117), para. 13.04.

126) '적절한 법정지(*forum conveniens*)' 내지 '자연적 법정지(natural forum)'의 내용에 관한 상세는, Cheshire/North/Fawcett(주 121), 364 이하 참조.

127) 최공웅(주 67), 16.

128) Cheshire/North/Fawcett(주 121), 365.

129) 영국 민사소송규칙(Civil Procedure Rules, CPR) 6.37(3).

130) Hartley, "The Modern Approach To Private International Law: International Litigation and Transactions From a Common Law Perspective", Recueil Des Cours Vol. 319,

절차를 중지할 고유한 재량권을 행사를 가능하게 하는 근거로 작용한다.131) 이 책에서 다루고자 하는 '부적절한 법정지의 법리'가 작용하는 국면은 이 두 번째 국면이다. '법원이 재량에 의해 소송절차를 중지할 수 있는 근거'로서의 부적절한 법정지의 법리는 19세기 스코틀랜드에서 개발되어 영국으로 계수(繼受)되었다.132) 그런데 영국은 다른 보통법계 국가들보다 비교적 뒤늦게 스코틀랜드에서 유래한 부적절한 법정지의 법리를 채용하였다.133) 영국에서 자국의 소송절차를 중지할 근거로 작용하는 '부적절한 법정지의 법리'는 제법 오랜 발달 과정을 거쳤는데, 이하에서는 이를 간단히 살펴본다.

2. 영국의 부적절한 법정지의 법리

영국의 전통적인 법리에 의하면, 법원은 단지 외국이 더 적절한 법정지라는 이유로 소송절차를 중지할 권한을 가지지 못하였다. 다만 피고가 ① 국내의 소가 '괴롭히고 억압적인(vexatious and oppressive)' 의도로 제기된 것이거나 그 밖에 절차를 남용한 것(abuse of process)이고, ② 그 소송절차를 중지하는 것이 원고에게 부정의(injustice)하지 않다는 것을 증명하는 경우에는 소송절차를 중지할 수 있었다.134) 이러한 법리는 영

2006, 145.

131) Cheshire/North/Fawcett(주 121), 393.

132) 법 계수(繼受)의 개념에 관하여는 양창수, "민법의 역사와 민법학", 민법연구 (제3권), 박영사, 1995, 141; 최봉경, "동아시아 계약법의 현재, 과거 그리고 미래 –PACL을 꿈꾸며–", 저스티스 통권 제158-2호, 2017, 338 참조.

133) Cheshire/North/Fawcett(주 121), 393. 이에 대하여는 양국의 정치적 관계의 특수성에 기인한 측면이 크다는 분석도 유력하다.

134) Hartley(주 130), 146. 대표적으로 영국 항소법원의 *Logan v Bank of Scotland(No. 2)*, [1906] 1 KB 141 (CA) 사건, *St. Pierre v South American Srores*, [1936] 1 KB 382 (CA) 사건. 특히 *St. Pierre* 사건에서 Scott 판사는 '소송절차의 중지를 정당화하기 위해서는 피고가 위 ①의 적극적 요건과 ②의 소극적 요건을 모두 증명하

국 귀족원(House of Lords)의 1973년 *Atlantic Star* 사건[135])에서도 승인되었다.[136])

그러나 이후 귀족원은 1978년 *MacShannon* 사건[137])에서 "괴롭히고 억압적인(vexatious and oppressive)" 의도로 제기된 경우 외에도 법원이 소송절차를 중지할 수 있는 기초를 제시하였다. "괴롭히고 억압적인(vexatious and oppressive)"은 일반적으로 도덕적 비난가능성(moral blameworthiness)의 요소를 포함하고 있는 것으로 이해된다. 그 의미에 관하여 Diplock 경은, "소송을 통해 원고 측의 기대를 증진시키거나 이익을 향상하는 것보다는 피고를 문제에 빠뜨리거나 불필요한 비용을 지출하게 함으로써 괴롭히고자 하는 의도"를 말한다고 설시한 바 있다. 비록 위 판결에서 '부적절한 법정지의 법리'라는 용어를 사용하지는 않았지만, 이는 스코틀랜드의 부적절한 법정지의 법리를 수용한 것으로 이해된다.[138]) 이 사건에서 Diplock 경이 새롭게 제시한 법리는 다음과 같다.

여야 한다'고 판시하였다.

135) *Atlantic Star (Owners) v Bona Spes (Owners)*, [1974] AC 436 (HL). 이 사건에 대한 상세한 소개는 이호정, "영국에 있어서의 forum non conveniens를 이유로 하는 소송의 정지", 서울대학교 법학 제36권 제3호, 제4호(통권 제99호), 1995, 32 이하 참조.

136) 영국 귀족원이 위 판결을 통해 부적절한 법정지의 법리를 처음으로 다루었다는 견해로는, McCaffery/Main(주 118), 135 참조.

137) *MacShannnon v Rockware Glass Ltd*, [1978] AC. 795 (HL). 이 사건에 대한 상세한 소개는 이호정(주 135), 39 이하 참조.

138) 이 사건은 스코틀랜드인인 MacShannon이 피고 Rockware Glass의 스코틀랜드 소재 공장에서 업무 중 상해를 입자, 피고의 본사가 있는 잉글랜드의 법원에 소를 제기한 사안이었다. 이 소가 잉글랜드 법원에 제기된 것은 피고를 괴롭히기 위한 것이 아니라, 이 소를 실제로 수행하였던 MacShannon 소속 노동조합의 본부가 런던에 있었고, 그 노동조합으로부터 소송위임을 받은 변호사가 런던이 소송절차를 진행하기에 유리하다고 판단하였기 때문이었다. 원고는 런던의 손해배상 수준이 더 높고, 절차 진행이 더 빠르며, 비용이 더 적게 들고, 원고가 승소할 경우 소송비용의 보전 역시 더 많이 받을 수 있다고 주장하였다.

"소송절차를 중지하기 위해서는 아래의 두 가지 조건이 충족되어야 한다. 하나는 적극적 요건, 다른 하나는 소극적 요건이다.

(a) 피고는 실질적으로 당사자들에게 더 적은 비용과 불편으로 당사자 사이의 정의를 더 잘 실현할 수 있는 대체법정지(代替法廷地)가 있음을 증명하여야 하고,

(b) 소송절차의 중지가, 만약 영국 법원에서 사건이 진행될 때 원고가 누렸을 원고의 정당한 개인적인 또는 사법적인 이익을 박탈하지 않아야 한다."139)

이는 종전의 법리에 비하면 커다란 변화였다. 첫째로 소송절차를 중지할 적극적 요건을 '괴롭히고 억압적인 의도로 소가 제기된 경우'에 한정하지 않고 '실질적으로 더 적절한 대체법정지가 있는 경우'까지 확장하였고, 둘째로 '소송절차의 중지가 원고의 정당한 이익을 박탈한다'는 소극적 요건을 원고가 증명하여야 한다는 것으로 증명책임을 분배하였다.140) 즉 피고는 (a) 요건을 증명하면 법원으로부터 소송절차의 중지명령을 얻어낼 수 있고, 원고가 이를 막기 위해서는 (b) 요건을 증명해야 한다.

---

139) 귀족원은 이와 같은 법리에 기초하여, (a) 원고가 스코틀랜드에서 살고 있고, 상해가 스코틀랜드에서 발생하였으며, 상해 당시의 상황에 대한 증인과 원고를 치료한 전문가 증인 등이 모두 스코틀랜드에 있어 스코틀랜드가 '실질적으로 당사자들에게 덜 불편하거나 비용이 덜 드는' 법정지이고, (b) 원고가 잉글랜드에서 소송절차가 진행되는 데 특별한 이점을 가지지 않는다고 판단하여, 피고의 중지신청을 받아들였다.

140) 증명책임의 분배는 1984년 귀족원의 *Owners of the Las Mercedes v Oweners of the Abidin Daver*, [1984] AC 398 (HL) 사건(*The Abidin Daver* 사건)에서 더욱 공고해졌다. 이 사건에서 Diplock 경은 "서로 다른 두 나라에서 동시에 두 소송절차가 진행되는 것은…원고가 되려는 당사자가 잉글랜드 법원에서 절차를 진행할 때에만 누릴 수 있는 개인적인 또는 사법적인 이익이 있고, 그것이 중요하여 이를 박탈하는 것이 그에게 부정의하다는 것을 적극적이고도 설득력 있는 증거(positive and cogent evidence)에 의해 객관적으로 증명할 때에만 정당화될 수 있다"고 판시하였다.

그러나 현대 영국에서 통용되는 부적절한 법정지의 법리의 구체적
내용은 귀족원의 1986년 *Spiliada* 사건[141]을 통하여 비로소 확립되었
다.[142] 이 사건에서 Goff 경은 *MacShannon* 사건에서 제시된 법리에 상당
한 수정을 가하였다.[143] ① 적극적 요건과 관련하여, 피고는 당사자의
이익과 정의를 실현하기에 명백하게 더 적절한(more appropriate)[144] 대
체법정지가 있음을 증명하여야 한다. 이러한 법정지는 당해 사건과 가
장 실제적이고 실질적인 관련성(real and substantial connection)을 가진
법정지로서 종종 '자연적 법정지(natural forum)'라고 일컬어진다.[145] 자
연적 법정지는 당해 사건과 객관적 관련성이 높을 뿐만 아니라 비용과
편의라는 관점에서도 유리하고, 원고의 재판청구권 보장을 실현하기에
더 적절하다는 점까지 고려하여 결정된다.[146] 따라서 법원은 이 자연적

---

141) *Spiliada Maritime Corp. v Cansulex Ltd.*, [1987] AC 460 (HL)

142) 한충수, "국제재판관할과 관련된 우리 판례의 현주소 –ALI/UNIDROIT의 국제
민사소송원칙과의 비교를 중심으로–", 변호사 제37집, 2007, 376.

143) Spiliada는 라이베리아 회사로서 라이베리아 선적인 선박의 소유자이다. Spiliada
는 인도 회사에 위 선박을 용선하여 주었고, 캐나다 회사인 Cansulex는 위 인도
회사에 캐나다 브리티시 컬럼비아주의 밴쿠버에서부터 인도의 항구까지 유황
(sulphur)을 운송할 것을 의뢰하였다. 위 운송계약의 준거법은 잉글랜드 법이었
다. Spiliada는 이후 Cansulex를 상대로, Cansulex가 젖은 유황을 선적하는 바람
에 선박의 선창이 부식되었다고 주장하면서 잉글랜드 법원에 송하인의 과실
로 인한 손해배상을 구하는 소를 제기하였다. 피고(Cansulex)는 브리티시 컬
럼비아 주 법원이 더 적절한 법정지임을 주장하면서 피고에 대한 소환장의
송달이 취소되어야 한다고 다투었다. 그러나 법원은 Cansulex가 당사자인 사
건으로서 이 사건과 핵심적인 사실관계와 쟁점이 거의 동일하고, 사건을 담
당한 변호사와 전문가 증인이 같은 The Cambridgeshire 사건(다만 이 사건의
원고는 영국 회사였다)이 영국법원에 계속되어 있고, 그 사건에서 Cansulex의
동일한 주장이 배척된 점을 들어 Cansulex의 주장을 배척하였다. 귀족원은 위
와 같은 사실심 법원의 판단을 수긍하였다.

144) Goff 경은 '*forum non conveniens*'에서 '*conveniens*'는 '편리한(convenient)'이 아
니라 '적절한(appropriate)'으로 번역되어야 한다는 점을 강조하였다.

145) 즉 '적절한 법정지(*forum conveniens*)'와 '자연적 법정지(natural forum)'는 동의
어로 사용된다. Cheshire/North/Fawcett(주 121), 397.

법정지를 확정하기 위하여 준거법, 당사자의 상거소 또는 영업소와 같이 당해 사건과 법정지 사이의 객관적 관련성을 결정짓는 요소와 함께, 예컨대 증거의 용이한 확보와 같은 소송절차의 비용 및 편의(便宜)와 관련된 요소, 원고의 재판청구권 보장과 관련된 요소 등을 종합적으로 고려하여야 한다. 이를 *MacShannon* 사건의 법리와 비교하자면, 더 적절한 대체법정지의 존재를 파악하기 위해 법원이 고려하여야 할 요소가 확장되었다는 것이 결정적 차이이다.[147] ② 소극적 요건과 관련하여, *Spiliada* 사건에서는 일단 피고가 적극적 요건인 '더 적절한 법정지의 존재'를 증명하면, 원고로서는 '정의(justice)의 관점에서 소송절차가 중지되지 않아야 하는 특별한 사정(special circumstances)'을 증명하여야만 소송절차의 중지를 막을 수 있다.[148] *Spiliada* 사건에서는 *MacShannon* 사건에서 소극적 요건의 핵심 내용이었던 '원고의 이익'이 갖는 중요성을 상당히 덜어냈다.[149] 이는 '원고의 이익'은 통상적으로 '피고의 불이익'과 동등한데, 피고 이익의 희생 아래 원고의 이익을 보장한다는 것은 사건을 공평하고 객관적으로 다루어야 할 법원이 취할 태도가 아니라는 것을 이유로 한다.[150] 따라서 소극적 요건을 심리함에 있어서도 '원고의 이익'뿐만 아니라 당해 사건을 둘러싼 제반 사정을 두루 고려하여야 하게 되었다.[151]

위 '특별한 사정'의 구체적 내용은 무엇인가. 우선 귀족원은 나미비아의 우라늄 광산에서 근무한 뒤 암에 걸린 근로자가 영국의 본사와 나미비아의 자회사를 상대로 보호의무 위반을 이유로 한 손해배상청구를 한 *Connelly* 사건[152]에서, 단지 원고가 영국에서 받을 수 있는 소송구조

---

146) Fentiman(주 117), para. 13.12.
147) Hartley(주 130), 152.; 한충수(주 142), 377.
148) Cheshire/North/Fawcett(주 121), 400.
149) Hartley(주 130), 156.
150) 위 *Spiliada* 사건 판결, 485 이하 참조.
151) Cheshire/North/Fawcett(주 121), 402, 405.
152) *Connelly v RTZ Corp. plc.*, [1998] AC 854 (HL)

를 나미비아에서는 받을 수 없다는 점만으로는 위 '특별한 사정'에 해당하기 어렵지만, 예외적으로 사건의 성질과 복잡성으로 인해 원고가 소송구조를 받지 않고서는 소송수행을 할 수 없음이 명백하고, 원고가 나미비아 법원에서 소송구조를 받지 못하는 경우 실체적 정의(substantial justice)가 실현되지 못할 수 있는 위 사안에서는 위 특별한 사정이 인정된다고 판단하였다. 또한 귀족원은 석면 채굴 및 가공업을 주로 영위하는 영국 회사인 Cape plc.사의 남아프리카공화국 소재 사업장 인근 주민인 원고들이 위 Cape plc.사를 상대로 석면노출로 인한 손해배상을 집단소송으로 구한 *Lubbe* 사건153)에서, 일응(*prima facie*) 더 적절한 법정지로 인정되는 남아프리카공화국에서는 원고들이 소송비용과 소송구조의 부족으로 인해 청구원인을 증명하는데 필요불가결한 전문적인 소송대리인과 전문가 증인을 확보하기 어렵고, 그 경우 남아프리카공화국에서 소송절차를 진행하는 것은 실체적 정의(substantial justice)를 실현하지 못하게 하는 것이 될 수 있기 때문에 영국의 소송절차를 중지하지 않을 '특별한 사정'이 인정된다고 판단하였다.

일부 논자는 '정의'를 실현하기 위해 요청되는 이 '특별한 사정'은 객관적 준거법 결정과 외국판결의 승인·집행에서 인정되는 예외 사유인 공서(公序, public policy)에 상응하는 것이라고 설명하기도 한다.154) 그러나 위 *Lubbe* 사건에서 귀족원은, 영국의 법원리와 법원의 심판 제도상 '당사자의 이익'과 '정의'는 오로지 당사자들의 사적인 이익 또는 정의를 의미하는 것이고, 그와 무관한 공익(public interest) 또는 공서(public policy)는 고려 대상이 되지 않는다는 점을 분명히 하였다. 그러므로 예컨대 영국에서 소송절차를 수행할 필요성을 뒷받침하는 공익이 있다고 하더라도, 당사자들의 사적인 이익 또는 정의의 실현과 관련된 '특별한 사정'이 인정되지 않는 한 소송절차의 중지를 불허하는 근거가 될 수 없

---

153) Schalk Willem Burger *Lubbe and others v Cape plc*, [2000] 1 WLR 1545 (HL)
154) Hartley(주 130), 156.

다.[155] 이러한 점은 미국에서 발달한 부적절한 법정지의 법리의 내용과
대조되는 중요한 특성이다.[156]

아래에서 보는 것처럼 브뤼셀 체제하에서 부적절한 법정지의 법리는
통용되지 않는다. 그러나 영국 법원은 자연적 법정지가 비회원국에 있
는 경우는 물론 회원국에 있는 경우에도 부적절한 법정지의 법리에 의
하여 절차를 중지하여 왔다.[157] 영국은 Brexit 이후에는 앞서 본 부적절
한 법정지의 법리를 더욱 일관되게 관철할 것으로 보인다.

III. 미국

1. 미국의 이원적 재판관할제도

연방국가인 미국은 연방법원과 주법원이라는 이원적인 독립된 법원
제도가 존재한다. 그리고 서로 다른 주법원 사이의 재판관할권을 배분
을 규율하는 주제재판관할(州際裁判管轄)에 관한 규칙은 국제재판관할
(國際裁判管轄)에도 적용된다.[158] 특히 미국은 오늘날까지도 연방법에서
각 주(州)의 재판관할에 관하여 규율하고 있지 않은 탓에 각 주의 재판
관할을 확정하기 위한 법리가 발달해 왔다.[159] 미국의 법원들은 각 주

---

155) 한충수(주 142), 379. 귀족원은 *Lubbe* 사건에서, 사법행정에 대한 부담과 같은
　　공적 이익 문제는 별도로 고려될 대상이 아니라 그것이 당사자의 이익에 어
　　떻게 영향을 미치는가의 관점에서 해결되어어야 할 문제라고 보았다.

156) Cheshire/North/Fawcett(주 121), 407.

157) *Rafa Sport Management AG v DHL International (UK) Ltd.*, [1989] 1 WLR 902 (CA);
　　The Alexandros T, [2013] UKSC 70, [2014] 1 All ER 590. Briggs, The Conflict of
　　Laws(4th), Oxford, 2019, 95 이하 참조.

158) 석광현(주 15), 96.

159) Symeonides/Perdue, Conflict of Laws: American, Comparative, International Cases
　　and Materials(3rd), Thomson Reuters, 2012, 865.

법원 상호간, 그리고 연방법원과 주 법원 상호간의 재판관할 및 소송경합에 관하여 개발된 법리들을 국제재판관할 차원에서도 적용한다. 따라서 미국의 국제적 소송경합에 관한 법리를 이해하기 위해서는 우선 국내의 주제재판관할에 관하여 이해할 필요가 있다.

미국에서도 보통법의 전통을 따라 피고에 대한 송달이 대인관할권의 관할 원인이 된다.[160] 미국에서는 보통법의 속지적 관할이론이 1877년 연방대법원의 *Pennoyer* 사건[161]을 통해 확인되었다. 위 판결에서 대인관할권은 피고가 그 주에 현존하면서 주 법원의 송달을 받음으로써 발생하고 대물관할권은 그 주 내에 존재하는 물건에 대하여 미친다는 이른바 'Pennoyer 원칙'[162]이 천명되었다. 여기서 중요한 것은 대인관할권인데, 이후 주간의 거래 또는 국제적인 거래가 점증하고 교통·통신수단의 발달로 말미암아 피고가 주 내에 존재하지 않는 경우가 빈번하게 발생함에 따라, '주내에 현존하는 피고에 대한 송달'을 요구하는 엄격한 Pennoyer 원칙은 상당한 변화의 압력을 받게 되었다. 그리하여 우선 '주내에 현존할 것'이라는 요건이 완화되었는데, 연방대법원은 1940년 *Milliken* 사건[163]에서 주 내에 피고의 주소(domicile)가 있는 때에는 피고가 주 내에 부재중인 경우에도 합리적인 방법(reasonable method)에 의하여 송달이 이루어지면 대인관할권을 인정할 수 있다고 하였다.[164] 그리고 회사인 피고에 대하여는 1945년 연방대법원의 *International Shoe* 사

---

160) Symeonides/Perdue(주 159), 844.

161) *Pennoyer v Neff*, 95 U. S. 714, 24 L. Ed. 565

162) '현존의 이론(presence theory)'이라고도 한다. 신창선/윤남순, 신국제사법(제2판), 피데스, 2016, 205.

163) *Milliken v Meyer*, 311 U. S. 457 (1940)

164) 강현중, 민사소송법(제7판), 박영사, 2018, 142. 참고로, 이후 연방대법원은 *Mullane v Central Hanover Bank & Trust Co.*, 339 U.S. 306(1950) 사건에서는, 송달은 '소송계속에 이해관계가 있는 당사자를 소환하고 그 당사자에게 답변을 할 기회를 줄 수 있도록 모든 사정을 고려하여 합리적으로 계산된 통지(reasonably calculated notice)'이면 적법하다고 선언하기에 이른다.

건165) 판결을 통해 위와 같은 전통적 원칙에 대한 수정이 이루어졌다. 연방대법원은 위 사건에서 피고 법인의 영업활동이 공평과 실질적 정의 (fair play and substantial justice)의 전통적 관념에 반하지 않는 범위에서 관할법원과의 '최소한의 접촉(minimum contacts)'166)만 있으면 관할권이 인정된다는 원칙을 선언하였다. 이 원칙에 기초하여 대인관할의 범위가 확대되었는데,167) '최소한의 접촉'의 구체적인 내용은 각 주의 관할권확대법(管轄權擴大法, Long-Arm Statute)이 정하고 있다.168)

2. 미국의 부적절한 법정지의 법리

이처럼 미국 법원의 국제재판관할이 확대됨에 따라, 미국을 법정지로 선택하는 원고의 법정지 쇼핑으로 인해 여기 응소해야 하는 피고와 이를 심판해야 하는 법원의 부담이 과중해지는 현상이 나타났다. 부적절한 법정지의 원칙은 미국에서 이러한 현상을 해소하기 위하여 채용되었다.169) 미국의 법원들은 19세기 초부터 이미 상호주의(reciprocity), 예양(comity), 편의(convenience), 사법행정(judicial administration) 등의 관념들에 기초하여 오늘날 부적절한 법정지의 법리와 유사한 논증을 거쳐 소를 각하하여 왔다.170) 이러한 배경 위에 1920년대에 비로소 스코틀랜

---

165) *International Shoe Co v State of Washington*, 326 U. S. 310 (1945)

166) '최소한의 관련'이라고도 한다. 신창선/윤남순(주 162), 205.

167) 이는 특히 외국회사가 미국 내에 지점이나 대리점을 두고 영업을 하는 경우에 두드러졌다. Burbank, "Jurisdictional Conflict and Jurisdictional Equilibration: Paths to Via Media?", Houston Journal of International Law, Vol. 26 No. 2, 2004, 392.

168) 일리노이(Illinois)주에서 1955년 관할권확대법을 최초로 제정한 것을 시작으로, 미국의 모든 주는 관할권확대법을 제정함으로써 '최소한의 접촉'을 기초로 주 법원의 재판관할권을 확대하고 있다. 석광현(주 15), 102.

169) 유재풍(주 69), 170; 신창선/윤남순(주 162), 205; 강현중(주 164), 142.

170) 이는 특히 연방 해사(海事) 사건에서 두드러졌다고 한다. 연방대법원은 연방

드에서 유래한 부적절한 법정지의 법리가 미국에 계수(繼受)되었고, 이후 약 20년간 미국의 주 법원과 연방법원은 사실상 부적절한 법정지의 법리를 수용한 판결들을 내놓았다.[171] 그리고 마침내 연방대법원은 1947년 *Gulf Oil* 사건[172]에서 처음으로 '부적절한 법정지의 법리'를 적용함을 명확히 밝히면서, 법원은 법정지 법원이 재판관할을 행사하기에 부적절하고 다른 주의 법원에 재판관할을 인정하는 것이 더 편리하며 정의에 합치되는 경우에는 소를 이송 또는 각하할 수 있다고 하였다. 미국법률협회(ALI)의 1971년 제2차 저촉법 Restatement 제84조는 "주(州)는 만일 법정지가 소송심리에 있어서 극히 불편한 경우에는 재판관할권을 행사하지 않는다. 다만 원고에게 더 편리한 법원이 있는 경우에 한한다."고 하여 위 법리를 규정한다.

오늘날 미국에서 통용되는 부적절한 법정지의 법리의 구체적 내용은 연방대법원의 *Gulf Oil* 사건과 1981년 *Piper Aircraft* 사건[173]을 통해서 확립되었다고 할 수 있다.[174] 위 판결들에 따르면 미국에서 부적절한 법정지의 법리의 적용은 사실심 법원의 권한에 속하고, 사실심 법원이 명백

해사법원이 재판관할권의 행사를 자제(abstention)할 수 있는 재량이 있다는 것을 여러 차례 확인하였다. *Mason v Ship Blaireau*, 6 U. S. 240 (1804); *The Maggie Hammond*, 76 U. S. 435 (1869); *The 94 Belgenland*, 114 U. S. 355 (1885). 해사 사건 외의 사건에 대해서도, 특히 뉴욕주를 중심으로 재판관할권 행사의 자제라는 이름으로 부적절한 법정지의 법리와 유사한 처리가 이루어졌다고 한다. 이에 관하여는 Born/Rutledge(주 114), 350 이하 참조.

171) Born/Rutledge(주 114), 352. 그러나 판결문에 '부적절한 법정지의 법리'라는 표현을 사용하지는 않았다. 그러한 예로, 연방대법원의 *Canada Malting Co. v Paterson Steamships Ltd.*, 285 U. S. 413 (1932) 사건 등이 있다.

172) *Gulf Oil Corp. v Gilbert*, 330 U. S. 501 (1947)

173) *Piper Aircraft Co. v Reyno*, 454 U. S. 235 (1981)

174) Born/Rutledge(주 114), 356. 미국에서는 주마다 조금씩 다른 내용으로 부적절한 법정지의 법리를 형성하고 있지만, 부적절한 법정지의 법리를 수용하는 주에서는 *Gulf Oil* 사건과 *Piper Aircraft* 사건에서 선언된 법리를 예외 없이 받아들이고 있다고 한다.

하게 재량권을 남용하여 관련된 요소들의 이익형량이 합리성을 상실하였을 때에만 법률심에 의한 규제의 대상이 된다. 또한 부적절한 법정지의 법리의 요건사실에 대한 증명책임은 기본적으로 이를 주장하는 피고에게 귀속한다.

미국의 부적절한 법정지의 법리는 영국의 그것과 작지 않은 차이가 있다. 우선 영국에서는 부적절한 법정지의 법리가 주로 소송절차를 중지할 근거로 기능하지만, 미국에서는 부적절한 법정지의 법리가 소를 각하할 수 있는 독자적인 근거로 기능한다.[175] 또한 영국에서는 부적절한 법정지의 법리를 적용함에 있어서 '당사자의 사적 이익과 정의'만을 고려하는 반면, 미국에서는 부적절한 법정지의 법리를 적용함에 있어서 공익적 요소와 사익적 요소를 모두 고려한다. 여기서 공익적 요소는 당해 주와 관련 없는 사건을 위하여 그 주의 기관(법원)이 일하는 것이 적절하지 않다는 측면을 말하는 것이고,[176] 사익적 요소는 피고가 그 법원에서 응소하는 것이 더 적절한 법정지에서 응소하는 것보다 더 큰 부담을 지게 된다는 것을 주장·입증할 수 있다는 측면을 말하는 것이다.[177] 미국 연방대법원은 부적절한 법정지의 법리를 적용하여 소를 각하하기

---

175) Fentiman(주 117), para. 13.03. *Sinochen International Co., Ltd. v Malaysia Interantional Shipping Corporation*, 549 U. S. 422 (2007) 판결도 참조.

176) *Gulf Oil* 사건에서 제시한 공익적 요소로는 ① 사건이 집중되어 있는 법원에서 소송절차가 계속되는 경우의 사법행정상 곤란성, ② 사건과 관계없는 사람들에게 배심의 의무를 강요하는 것의 부당성, ③ 지방적 특색을 갖는 분쟁은 그 지방에서 해결하도록 할 필요성, ④ 복잡한 법률 충돌의 문제나 미지의 법률 적용 문제로 법원에 부담을 과하지 않는 이익 등이 있다. 석광현(주 15), 120; 유재풍(주 69), 172 참조. 특히, ①, ④ 요소는 아래 *Piper Aircraft* 사건 판결의 판시에서 두드러지게 나타난다.

177) Lowenfeld(주 119), 301. *Gulf Oil* 사건에서 고려 대상으로 제시한 사익적 요소로는 ① 증거에 대한 접근의 난이도, ② 증인의 출석 가능성과 출석을 위한 비용, ③ 소송을 위하여 검증이 적절한 경우 현장검증의 가능성, ④ 사건 심리를 용이하고, 신속하며, 저렴하게 할 수 있는 그 밖의 현실적인 문제들, ⑤ 재판의 집행가능성 등이 있다. 석광현(주 15), 119; 유재풍(주 69), 173 참조.

위해서는 다음과 같은 4가지 단계의 고려를 할 것을 요구한다.[178] 즉 ①
동일한 당사자 사이의 동일한 사건에 대하여 재판관할권을 가진 대체법
정지가 있는지 여부, ② 대체법정지에서 소송을 진행하는 것이 공정한
심리를 하는데 상대적으로 유리하거나 불리한지 여부 및 그 밖에 당사
자의 사적인 이익과 관계되는 모든 요소, ③ 당사자의 사적 이익이 동일
하거나 유사하다면, 공익을 고려할 때 대체법정지에서 소송을 진행하여
야 할 것인지 여부, ④ 원고가 대체법정지에서 부당한 불편이나 편견 없
이 소송을 계속 진행해 나갈 수 있는지 여부를 순차로 고려한다.

그런데 미국은 부적절한 법정지의 법리를 적용함에 있어서 위 ③항
의 공익적 요소를 특히 중시하는 모습을 보인다. 연방대법원은 *Piper
Aircraft* 사건에서 다음과 같은 판시를 하였는데, 이는 부적절한 법정지의
법리를 적용함에 있어서 '미국의 공익'을 중시하는 태도를 다소 적나
라하게 보여준다.[179]

"부적절한 법정지의 법리는 부분적으로, 법원으로 하여금 복잡한 비교법적

---

178) *Gulf Oil Corp. v Gilbert*, 330 U. S. 501 (1947); *Koster v Lumbermens Mutual
Casualty Co.*, 330 U. S. 518 (1947)
179) 위 사건의 핵심적인 사실관계와 소송경과는 다음과 같다. 펜실베니아주의 항
공기 제조사인 Piper Aircraft Co.(이하 'Piper Aircraft'라고 한다)가 제조한 항공
기가 추락하여 스코틀랜드 탑승객 5명이 사망하자, 위 탑승객의 자산관리인
으로 지정된 Reyno가 펜실베니아주의 연방지방법원에 Piper Aircraft 등을 상대
로 손해배상을 구하는 소를 제기하였다. 연방지방법원(제1심법원)은 Piper
Aircraft의 부적절한 법정지의 법리의 항변을 받아들여 소를 각하하였는데, 연
방항소법원은 '대체법정지인 스코틀랜드의 실질법을 적용하는 경우 원고에게
더 불리한 결과를 초래할 수 있다'는 이유로 제1심법원의 결정을 취소하였다.
연방대법원은 "부적절한 법정지의 법리를 적용할지 여부에 관한 심사에 있어
서, 부적절한 법정지의 법리의 적용에 의해 분쟁 해결에 적용될 실질법이 변
경될 가능성이 있다는 사정은 결정적이거나 중요한 기준이 될 수 없다"는 이
유 등을 들어 연방항소법원의 판단을 파기하고 제1심법원의 판단이 정당하다
고 판단하였다.

심리를 피할 수 있도록 하기 위해 설계된 측면이 있다. 이 법원이 *Gulf Oil* 사건에서 선언한 것처럼, 법원이 '국제사법과 외국법에 대한 복잡한 문제'를 해결할 것을 요구받게 된 경우에, 공익적 요소는 부적절한 법정지의 법리에 의해 그 소를 각하하는 것을 지향하게 만든다. … 외국의 원고가 미국의 제조사를 피고로 하여 소를 제기하는 경우에, 법원이 '(부적절한 법정지의 법리에 의하여 소를 각하하는 것은) 원고에게 불리한 실질법의 변경을 초래할 수 있다'는 이유로 부적절한 법정지의 법리에 기한 항변을 배척하는 경우를 가정해 보자. 이미 외국의 원고들에게 매우 매력적인 법정지인 미국은 한층 더 매력적인 법정지가 될 것이다. 미국으로의 소송 유입은 이미 붐비는 법원에 혼잡을 더하게 될 것이다."

미국 법원은 이러한 논리에 기초하여 외국인이 원고가 된 사건에서 부적절한 법정지의 법리를 적용하여 미국에서의 재판을 거부하는 두드러진 경향을 보인다.[180] 이러한 점에서 미국의 부적절한 법정지의 법리는 '최소한의 접촉' 원칙과 각 주의 관할권확대법에 의한 관할권 확장에 따른 미국 법원과 미국 회사의 부담을 완화하는 역할을 하고 있다고 할 수 있다.[181]

한편 *Gulf Oil* 사건에서 부적절한 법정지의 법리가 도입된 데 대한 입법적 반향으로 1948년 연방이송(聯邦移送, federal transfer)제도가 도입되었다.[182] 부적절한 법정지의 법리에 의해 소가 각하되는 것은 원고에게

---

180) 최공웅(주 67), 17.

181) Junker(주 83), § 5 Rn. 38.

182) 석광현(주 15), 117; 古田, 國際訴訟競合, 信山社, 1997, 14. 28 U. S. Code § 1404
는 법정지의 변경(Change of Venue)이라는 제목 하에 연방 내 사건 이송에 관하여 규율한다. 그중 (a)항은 "연방지방법원은 당사자와 증인의 편의(convenience)를 위하여, 그리고 사법의 이익이라는 관점에서, 민사사건을 그 사건이 제소될 수 있었거나 모든 당사자들이 동의하였을 다른 지방(district) 또는 지역(division)의 법원으로 이송할 수 있다."고 규정한다.

가혹하므로, 덜 가혹한 방법으로 재판관할권의 합리성을 보장하기 위하여 연방이송 제도가 도입된 것이다.[183] 이 제도에 대하여는, 피고가 더 유리한 준거법을 적용받는 등 부당한 이익을 얻기 위한 수단으로 이송 제도를 활용할 수 있다는 우려가 있었다. 이에 연방대법원은 *Van Dusen* 사건[184]에서 연방이송에 의해 사건이 이송되더라도 이송받은 법원은 이송한 법원에서 적용하였을 준거법을 적용하여야 한다는 법리를 선언하였다.[185] 실무상 연방이송을 위하여 고려되는 '당사자와 증인의 편의'(사익적 요소), '사법의 이익'(공익적 요소)은 부적절한 법정지의 법리에서 고려되는 기준과 동일하다.[186] 법원은 사건의 이송에 의해 재판관할권 행사의 합리성을 보장할 수 있으므로, 연방이송 제도의 도입 이후 적어도 국내 맥락에서는 부적절한 법정지의 법리를 둘러싼 다툼이 거의 문제 되지 않게 되었다.[187]

3. 미국의 국제적 소송경합 해결 방법

미국에는 미국과 외국 사이의 국제적 소송경합을 규율하는 연방헌법 또는 연방법률 상의 규정이 없다.[188] 연방대법원 역시 현재까지 국제적

---

183) Springer, "An Inconvenient Truth: How Forum non Conveniens Doctrine Allows Defendants to Escape State Court Jurisdiction", University of Pennsylvania Law Review Vol. 163, 2015, 851. 이는 부적절한 법정지의 법리를 대체하는 것이기 보다는 이를 보완하기 위한 원리로서 도입되었다고 한다.

184) *Van Dusen v Barrack*, 376 U. S. 612 (1964)

185) Springer(주 183), 850. 이처럼 연방이송에서는 분쟁해결의 준거법이 변경되지 않아야 한다는 점이 중요하게 고려되는 반면, 부적절한 법정지의 법리의 적용에서는 준거법의 변경은 중요한 고려요소가 되지 않는다(위 각주 179 참조). 이것이 양자의 가장 중요한 차이 중 하나이다.

186) Springer(주 183), 851.

187) 석광현(주 15), 117; Furuta, "International Parallel Litigation: Disposition of Duplicative Civil Proceedings In the United States and Japan", Pacific Rim Law & Policy Journal Vol. 5 No. 1, 1995, 10.

소송경합에 관하여는 처리 기준을 제시한 바 없다.[188] 이에 미국에서는 국제적 소송경합에 대한 해결방법이 통일되어 있지 않다. '부적절한 법정지의 법리'는 외국의 병행소송이 없는 사건에서 주로 적용되지만, 미국의 법원들은 때때로 외국의 병행소송이 있는 국제적 소송경합이 문제된 사건에서도 '부적절한 법정지의 법리'를 적용하여 소송경합을 해결하기도 한다.[190] 그러나 보다 두드러지는 미국법의 경향은, 이원적 사법체계에서 나타난 병행소송의 문제를 해결하기 위하여 채택된 국내의 기준을 국제적 소송경합의 맥락에도 적용하면서 고유한 판례 법리를 형성해 온 것이다.[191] 그런데 국제적인 소송경합을 다루는 미국의 하급심 판례 법리는 통일되지 않은 두 가지 경향으로 나타난다.[192]

먼저 나타난 판례 법리는 1936년 연방대법원의 *Landis* 사건[193]에서 선언된 법리이다. 이 사건은 서로 다른 두 연방지방법원의 병행소송에 관한 것이었는데, 연방대법원은 "법원이 절차를 중지할 수 있는 권한은, 모든 법원이 소송당사자와 재판부의 시간과 노력의 경제적인 사용을 위

---

188) Born/Rutledge(주 114), 532.
189) Parrish, "Duplicative Foreign Litigation", George Washington Law Review Vol. 78, 2010, 243.
190) Born/Rutledge(주 114), 532. *In re Rolls Royce Corp.*, 775 F.3d 671(5th Cir. 2014); *Abad v Bayer Corp.*, 563 F.3d 663(7th Cir. 2009); *Blanco v Banco Industrial de Venezuela*, SA 997 F.2d 974(2d Cir. 1993) 등 참조.
191) Lüttringhaus/Silberman(주 1), 1162.
192) Born/Rutledge(주 114), 533. 논자에 따라서는 세 가지 경향으로 설명하기도 한다. 즉 아래의 '*Landis* 사건', '*Colorado River* 사건'에 기초한 것 외에 '국제적 자제(international abstention)'라고 하는 절충적인 판례 경향이 그것이다. Parrish (주 189), 247 이하, Bush, "Comment, To Abstain or Not to Abstain?: A New Framework for Application of the Abstention Doctrine in International Parallel Proceedings", American University Law Review Vol. 58, 2008, 145 이하. 이 글에서는 보다 일반적인 논의를 따라 두 경향으로 나누어 설명한다. 국제적 소송경합에 관한 미국 판례의 경향에 관한 소개로는, 이헌묵(주 27), 406 이하도 참조.
193) *Landis v. North American Co.*, 299 U. S. 248 (1936)

해 법정에서 처리할 사건을 통제할 수 있는 고유한 권한에 부수적으로 뒤따르는 것이다(The power to stay proceedings is incidental to the power inherent in every court)"라는 전제에서, 후소가 계속된 연방지방법원이 전소가 계속된 연방지방법원을 위하여 소송절차를 중지한 판단이 옳았다고 수긍하였다.[194] 이 판결에 의하면, 절차의 중지를 구하는 당사자는 해당 절차를 속행하는 경우 겪게 될 곤경이나 불평등을 소명하여야 하고, 법원은 이를 기초로 이익형량(balancing test)을 통해 재량에 의해 소송절차를 중지할 수 있다. 이때 이익형량을 위하여 고려할 요소는 다음과 같다: ① 요청되는 중지의 기간, ② 절차를 속행하는 경우 절차의 중지를 구하는 당사자가 겪게 될 곤경과 불평등, ③ 절차의 중지가 상대방 당사자에게 일으킬 손해, ④ 절차의 중지가 쟁점을 간단하게 하고 사법경제(judicial economy)를 촉진할 것인지 여부. *Landis* 사건의 법리는 먼저 계속된 사건에 강한 우선권을 부여하는 경향을 보이면서 대륙법계의 우선주의에 근접한다고 평가되기도 한다.[195] 그러나 *Landis* 사건의 법리는 그다지 많은 지지를 받지 못하고 있다고 한다.

  오늘날 미국 하급심 판결례의 주류는 1976년 연방대법원이 *Colorado River* 사건[196]에서 선언한 기준을 따라, 외국법원에 계속된 소송절차와 무관하게 국내의 연방법원에 계속된 소송절차에 대한 재판관할권 행사를 긍정한다.[197] 다시 말해 미국에서는 국제적 소송경합에 관하여 '규제소극설'에 가까운 입장이 하급심 판결례의 주류를 차지하고 있다. *Colorado River* 사건에서 미국 연방지방법원은 이미 주(州) 법원에 동일한 사건이 계속되어 있다는 이유로 위 사건에 대한 재판관할권을 행사하지 않았다. 미국 연방대법원은 사실심 법원이 부당하게 재판관할권 행사를 거부하였

---

194) 계속된 두 소송의 당사자와 소송물이 동일할 것이 요구되지도 않는다.
195) Born/Rutledge(주 114), 533; Parrish(주 189), 250.
196) *Colorado River Water Conservation District v United States*, 424 U. S. 800 (1976)
197) Born/Rutledge(주 114), 532.

다고 판단하였다. 즉 연방대법원은 "연방법원은 연방법원에 부여된 재판
관할권을 행사할 사실상 무제한의 의무(virtually unflagging obligation of the
federal courts to exercise the jurisdiction given them)를 부담하기 때문에 연방
법원과 주 법원 사이의 맥락에서 연방법원의 자제(abstention)는 예외적인
상황에서만 나타나야 한다"는 점을 강조하였다. 그러나 연방대법원은 이
사건에서, "사법자원의 보전과 포괄적인 소송의 처리라는 관점에서 지혜로
운 사법제도의 운영이 필요한 경우에는 연방법원이 재판관할권 행사를
자제하는 것이 적절할 것"이라고 판시하였다. 이후 연방대법원은 Colorado
River 사건의 법리에 따라 연방법원이 재판관할권 행사를 자제하기 위해
법원이 고려해야 할 다음의 여섯 가지 요소를 제시하였다.[198] ① 연방법원
과 주법원 모두 재판관할권을 가지는지 여부, ② 연방법원의 재판관할권
행사의 불편함, ③ 단편적인 소송을 회피하는 것의 바람직함, ④ 어느 곳에
소가 먼저 제기되었는지에 대한 고려, ⑤ 준거법이 연방법인지 아니면
주법인지 여부, ⑥ 주법원이 재판관할권을 행사하는 것이 당사자의 권리
보장 측면에서 적합한지 여부. 그러나 법원이 위와 같이 재판관할권 행사
를 자제하는 것은 "예외적인 상황(exceptional circumstances)" 하에서만 가능
하므로, 법원이 재판관할권 행사를 자제하여야 할 사정은 분명히 증명되어
야 한다.[199]

---

198) *Will v Calvert Fire Ins. Co.*, 437 U. S. 655(1978)
199) 연방대법원은 1996년 *Quakenbush v Allstate Insurance Co.*, 517 U. S. 706 (1996)
    사건에서, *Colorado River* 사건에서 선언된 법리를 재확인하였다.

제3절 국제적 규범들

Ⅰ. 유럽의 브뤼셀 체제

유럽연합 회원국을 포함한 다수의 유럽 국가들 사이에는 민사 및 상사사건에 관하여 브뤼셀 체제에 따른 국제재판관할과 재판의 승인·집행에 관한 규칙이 적용된다. 브뤼셀 체제는 '민사 및 상사사건의 재판관할과 재판의 집행에 관한 유럽연합규정(이하 '브뤼셀 Ⅰ 규정'이라 한다)'200)의 변천을 중심으로 살펴보아야 한다.

1. 브뤼셀 협약

우선 브뤼셀 Ⅰ 규정의 모태가 된 1968년 '민사 및 상사사건의 재판관할과 재판의 집행에 관한 유럽공동체협약(이하 '브뤼셀협약'이라 한다)'201)은 제21조 내지 제23조에서 소송경합(*lis pendens*)과 관련 소송(related actions)에 관한 규정을 두고 있었다. 이 협약을 계기로 유럽의 대륙법계 국가들에서 국제적 맥락에서도 소송경합을 규율하는 체계가 확장되기 시작하였음은 앞서 본 바와 같다.202) 브뤼셀협약은 소송경합에 관하여 엄격

---

200) Council Regulation (EC) No 44/2001 of 22 December 2000 on Jurisdiction and the Recognition and Enforcement of Judgments in Civil and Commercial matters. 이에 관한 개관은, 석광현, "민사 및 상사사건의 재판관할과 재판의 집행에 관한 유럽연합규정", 국제사법과 국제소송 제3권, 박영사, 2004, 389 이하 참조.

201) Convention on Jurisdiction and the Enforcement of Judgments in Civil and Commercial Matters. 이에 관한 개관은, 석광현, "민사 및 상사사건의 재판관할과 재판의 집행에 관한 유럽공동체협약", 국제사법과 국제소송 제2권, 박영사, 2002, 321 이하 참조.

한 우선주의를 채택하였다. 즉 먼저 소가 계속된 체약국의 법원에 관할의 존부에 관한 심리의 우선권을 인정한다. 따라서 최초로 소가 계속한 법원 이외의 법원은 최초로 소가 계속한 법원의 관할이 확정될 때까지 직권으로 소송을 중지하여야 하고, 최초로 소가 계속된 법원의 관할이 확정된 때에는 관할 없음을 선고하여야 한다(브뤼셀협약 제21조). 브뤼셀 협약의 체제 하에서 부적절한 법정지의 법리는 적용되지 않는다.[203] 그러므로 후소가 계속된 법원은 최초로 소가 계속된 법원의 판결이 장차 자국에서 승인될지 여부나 어느 체약국의 법원이 당해 사건을 심리하기에 더 적절한지 등에 관하여 고려함이 없이 일단 소송을 중지하여야 하고, 최초로 소가 계속한 법원이 스스로 관할 있음을 확정하면 관할권의 행사를 거부하여야 한다. 따라서 소송계속 시점이 언제인지가 매우 중요한 쟁점이 된다. 그러나 브뤼셀협약은 소송계속 시점에 관한 규정을 따로 두지 않았다. 이에 브뤼셀협약 하에서 소송계속 시점은 각 체약국의 법에 따를 사항으로 이해되었고, 유럽사법재판소도 1984년 *Siegfried Zelger* 사건[204]에서 같은 취지로 판단하였다.

한편 브뤼셀 협약은 관련 소송이 다른 체약국의 법원에 계속된 경우 체약국의 법원이 계속된 소송절차를 재량적으로 중지하거나 다른 체약국 소송절차에의 병합을 전제로 소를 각하하는 규정을 두고 있었다. 유럽사법재판소는 *Tatry* 사건[205]에서 모순·저촉되는 판결의 방지를 위하여 '관련 소송'의 개념은 넓게 해석해야 한다고 판시하였다.

---

202) 제1장-제1절- I 항 '연구의 출발점' 부분 참조.
203) 최초 대륙법계 국가들(네덜란드, 룩셈부르크, 벨기에, 서독, 이탈리아, 프랑스)만에 의하여 체결된 브뤼셀 협약이 부적절한 법정지의 법리를 채택하지 않은 것은 당연한 것이었다. 영국과 아일랜드가 1982년 브뤼셀협약에 가입하면서 이 법리를 도입할 것인가가 논의되었으나 거부되었다. 따라서 어느 체약국의 법원이 관할을 가지는 경우 동 법원은 관할을 행사하여야 하며 부적절한 법정지임을 이유로 관할을 거부하는 것은 허용되지 않는다. 유럽사법재판소는 *Owusu v Jackson*, Case C-281/02 [2005] 사건에서 이를 분명히 하였다. Briggs(주 157), 94 이하 참조.
204) *Siegfried Zelger v Sebastiano salinitri*, Case C-129/83 [1984]
205) *Tatry v Maciej Rataj*, Case C-406/92 [1994]

2. 브뤼셀 I 규정

2002년 발효된 브뤼셀 I 규정은 제27조 내지 제30조에서 소송경합과 관련 소송에 관한 규정을 두고 있었다. 이는 브뤼셀협약 제21조 내지 제23조의 내용을 그대로 수용하되, 다만 제30조에 소송계속 시점을 통일적으로 정하는 규정을 신설한 것이다. 이에 따르면 '절차를 개시하는 서면 또는 그에 상당하는 서면이 법원에 제출된 때' 또는 '서류가 법원에 제출되기 전에 송달되어야 하는 경우에는 송달을 담당하는 기관이 서류를 수령한 때'에 소송이 계속한 것으로 본다(제30조).[206] 절차의 중복과 판결의 상충을 방지하기 위한 규정들의 목적을 달성하고, 소송계속 시점에 관한 각 회원국의 국내법의 차이로부터 비롯되는 문제점을 제거하기 위해서는 소송계속 시점이 자족적으로 정의되어야 한다는 점이 중요하게 고려되었다.[207] 이 규정은 아래에서 보는 브뤼셀 I recast 규정 제32조에 거의 그대로 수용되었다.[208]

3. 브뤼셀 I recast 규정

가. 브뤼셀 I recast 규정 개관

브뤼셀 I 규정은 2012. 12. 12. 개정되어 2015. 1. 10.부터 덴마크를 제외한 회원국 내에서 개정 규정이 발효되었다. 개정된 브뤼셀 I 규정(이

---

206) 다만 원고가 그 후 서류가 피고에게 송달되도록 하기 위하여 취해야 하는 조치(법원에 절차개시 서면이 제출된 경우) 또는 서류가 법원에 제출되도록 하기 위하여 취해야 하는 조치(송달을 담당하는 기관에 서류를 접수한 경우)를 불이행하지 않은 경우에 한한다.

207) 브뤼셀 I 규정 전문(recital) 제15항.

208) 브뤼셀 I recast 규정은 제32조 제2항으로 '각 회원국 법원(또는 송달을 담당하는 기관)의 소송계속 시점에 관한 사실의 기록의무' 규정을 신설하였다.

하 '브뤼셀 Ⅰrecast 규정'이라 한다)209) 중에서 소송경합과 관련 소송에
관한 부분은 국제재판관할합의에 관한 부분, 판결의 집행에 관한 부분
과 더불어 브뤼셀 Ⅰ규정과 비교해 가장 크고 중요한 변화가 있었던 부
분으로 손꼽힌다.210)

　소송경합과 관련 소송에 관하여 보면, 브뤼셀 Ⅰrecast 규정에서도 브
뤼셀협약과 브뤼셀 Ⅰ규정의 우선주의는 기본적으로 유지되었다. 다만
브뤼셀 Ⅰrecast 규정에는 브뤼셀 Ⅰ규정과 비교하여 다음과 같은 두 가
지 중요한 변화가 있었다. 첫째, 당사자 사이에 제25조에 의한 전속적
국제재판관할합의가 있었던 경우에는, 다른 법원에 제26조에 따른 변론
관할(응소관할)이 성립하지 않는 한 그 국제재판관할합의에 의하여 지
정된 회원국의 법원이 관할의 존부에 관한 판단을 함에 있어서 우선권
을 가진다(제31조 제2항, 제3항). 이는 제29조 제1항, 제3항에서 규정하
는 우선주의에 대한 예외를 신설한 것으로서, 전속적 국제재판관할합의
의 효력을 증진시키고 아래에서 보는 '어뢰소송'의 폐해를 극복하기 위
한 규정이다. 둘째, 제33조와 제34조에 회원국과 유럽연합 역외국가 사
이의 소송경합 및 관련소송의 문제를 다루는 규정이 신설되었다. 유럽
연합 회원국과 역외국가의 법원에 소송이 경합하거나 관련 소송이 계속
된 경우에도, 회원국의 법원은 위 규정에 따라 소송절차를 중지하거나
소를 각하함으로써 저촉되는 판결이 내려지는 것을 방지할 수 있다.211)

---

209) Regulation (EU) No 1215/2012 of the European Parliament and of the Council of
　　 12 December 2012 on Jurisdiction and the Recognition and Enforcement of
　　 Judgments in Civil and Commercial Matters(recast).
210) Stone, EU Private International Law(3rd), Edward Elgar, 2014, 7; Kenny/Hennigan,
　　 "Choice-of-Court Agreements, The Italian Torpedo, and the Recast of the Brussels
　　 Ⅰ Regulation", International and Comparative Law Quartely Vol. 64, 2015, 201. 국제
　　 적 소송경합과 관련된 브뤼셀 Ⅰrecast 규정의 국문번역(발췌)은 별지 [부록 6]
　　 참조.
211) EU집행위원회의 최종제안[The EU Commission Proposal of 14th December 2010,
　　 COM(2010) 748 final.]에는 최초로 소송이 계속한 법원이 신속하게 관할을 확정

나. 전속적 국제재판관할합의에 대한 우선주의의 예외

국제소송에서 원고의 법정지 선택은 그것이 상대방에게 가해적이거나 소권을 남용하는 것이 아닌 한 원고의 자유 영역 내에 있는 것으로 수긍된다. 그런데 특히 이행의 소의 잠재적인 피고가 될 당사자가 소송을 지연시킬 전략적인 목적으로 스스로 원고가 되어 절차 진행 속도가 느린 법정지에 소극적 확인의 소를 제기하는 경우가 있다. 이처럼 절차 지연을 목적으로 예컨대 이탈리아나 벨기에, 그리스와 같이 절차 진행 속도가 매우 느린 법정지[212]에 제기되는 소극적 확인의 소를 '어뢰소송(Torpedo)'이라고 한다.[213] 어뢰소송은 이를 통해 판결을 받겠다는 것보

하는 것을 촉진하기 위하여 '최초로 소송이 계속한 법원은 그것을 불가능하게 하는 예외적인 사정이 없는 한 6개월 이내에 관할을 확정하여야 한다'는 기간 제한 규정이 포함되어 있었으나(제29조 제2항 전문), 채택되지는 않았다. 위 제안에 관한 비판적 검토는, Heinze, "Choice of Court Agreements, Coordination of Proceedings and Provisional Measures in the Reform of the Brussels I Regulation", The Rabel Journal of Comparative and International Private Law Vol. 75, no. 3, 2011, 597 이하 참조.

212) *Trasporti Castelletti v Hugo Trumpy*, (C-159/97)[1999] ECR Ⅰ-1597 사건은 그러한 예를 보여준다. 이탈리아 수입업자인 Castelletti는 1987. 3. 도착지의 선박대리인(운송인의 대리인)인 Trumpy를 상대로 이탈리아 제노아 법원에 아르헨티나에서 이탈리아로 운송된 물품이 하역 과정에서 손상되었음을 이유로 한 손해배상을 구하는 소를 제기하였다. Trumpy는 이에 대하여 '영국 High Court'에 소를 제기하기로 하는 선하증권 이면의 관할합의 규정이 있음을 주장하며 관할을 다투었는데, 관할합의의 성립 여부 및 유효성 등에 관한 항소심 판단은 1994. 12.에야 내려졌고, 이탈리아 대법원은 1997년 유럽사법재판소에 관할합의에 관한 브뤼셀협약의 해석에 관한 심판을 의뢰하였다.

213) 어뢰소송은 엄격한 우선주의를 취하는 브뤼셀 체제에서 나타난 독창적인 소송지연 전략으로서, 특히 지식재산권 관련 소송에서 빈번하게 나타난다고 한다. Beenders/Hofstee, "The First Blow is Half the Battle; the 'Torpedo' in (International) Legal Proceedings", Maandblad voor Vermogensrecht(M v V), 2015, 1. 위 개념은 1997년 Mario Franzosi에 의해 처음 제시되었다. Franzosi, "Worldwide Patent Litigation and the Italian Torpedo", European Intellectual Property Review

다도 상대방에게 부담을 주어 타협을 강요하기 위한 수단으로 사용되고
있다.[214] 유럽사법재판소는 *Tatry* 사건[215]에서, 손해배상금의 지급을 구
하는 소와 그 부존재의 확인을 구하는 소는 모두 동일한 청구원인에 기
초해 있고 동일한 대상에 관한 소라고 판단하여 이행의 소와 소극적 확
인의 소(채무부존재확인의 소) 사이에서도 우선주의가 적용된다고 선언
하였다.[216] 이를 기초로 어뢰소송은 엄격한 우선주의를 채택한 브뤼셀
체제하에서 잠재적인 피고가 사용할 수 있는 방어적인 소송전략으로 통
용되었다. 브뤼셀 Ⅰ규정 하에서 어뢰소송의 상대방 당사자(피고)가 원
고가 되어 다른 법정지에 소를 제기하더라도 어뢰소송의 관할이 확정될
때까지 그 소송은 중지되는데(브뤼셀 Ⅰ규정 제27조), 그 관할의 확정에
만 수년씩 소요되므로 그 상대방 당사자는 소송을 통한 권리구제에 상
당한 곤란을 겪게 된다.[217] 특히 당사자들이 전속적 국제재판관할합의
를 하였고 일방 당사자가 그 국제재판관할합의를 위반하여 다른 법정지
에 어뢰소송을 제기한 경우에도, 그 어뢰소송 절차에서 위 관할합의의
유효성 등을 심사하여 관할을 확정할 때까지 합의된 법정지의 소송이
중지되어야만 했으므로 그로 인한 절차적 불공정이 극심하다는 지적이
있었다.[218] 그러나 유럽사법재판소는 2003년 *Gasser* 사건[219]에서, 브뤼셀

Vol. 19 No. 7, 1997, 384. 이규호, "선제타격형 국제소송에 대한 연구", 민사소
송 제14권 제2호, 2010, 115 이하는 어뢰소송을 '선제타격형 소송'이라고 한다.

214) 석광현, "2018년 국제사법 개정안에 따른 국제재판관할규칙", 국제사법과 국
제소송 제6권, 박영사, 2019, 469; Dickinson/Lein, The Brussels Ⅰ Regulation
Recast, Oxford, 2015, para. 11.11.

215) *Tatry v Maciej Rataj*, Case C-406/92 [1994]

216) 같은 쟁점에 관한 보다 최근의 결정으로 *Folien Fischer AG v Ritrama SpA*, Case
C-133/11 [2012]도 참조.

217) 자신의 권리를 실현하기 위해 몇 년을 기다려야 하는 채권자는 권리 실현을
포기하거나 사실상 화해를 강요받게 된다. 석광현(주 214), 470

218) Hartley, Choice of Court Agreements Under the European and International
Instruments, Oxford, 2013, para. 11.12.

219) *Erich Gasser GmbH v MISAT Srl*, Case C-116/02 [2003]. 이 사건은 오스트리아의

협약의 소송경합에 관한 규정은 다른 체약국에 계속된 어떠한 소송도 포함하는 것으로 광범위하게 해석되어야 하므로, 최초로 소가 계속한 법원 이외의 법원은 설령 전속적 관할합의에 의해 스스로 관할권을 가지는 것으로 판단되는 경우—또한 심지어 그 최초로 소가 계속된 법원의 소송절차가 매우 지연되는 경우—에도 그 사건을 심리할 수 없다고 판단하였다.[220] 이러한 법리에 따르면 어뢰소송은 소권의 남용이 아니라 브뤼셀협약과 브뤼셀 I규정의 규율체계를 적법하게 활용한 소송전략으로 이해되고,[221] 그에 따라 국제재판관할합의의 실효성은 현저하게 약화된다.[222]

브뤼셀 I recast 규정은 위와 같은 유럽사법재판소의 결정을 입법으로 뒤집었다. 브뤼셀 I recast 규정은 '전속적 국제재판관할합의의 효력을 증진시키고 남용적인 소송 전략을 회피하기 위하여' 우선주의에 대한 예외 규정을 마련하였다.[223] 브뤼셀 I recast 규정 제31조 제2항, 제3항에 의하면 당사자 사이에 제25조에 의한 전속적 국제재판관할합의가 있었

매도인인 Gasser가 이탈리아의 매수인인 MISAT를 상대로 매매계약에 기한 손해배상청구를 하려고 하자 MISAT가 당사자 사이에 오스트리아 법원을 관할법원으로 하는 전속적 관할합의 조항을 위반하여 이탈리아 법원에 채무부존재확인의 소를 제기한 사안에 관한 것이다.

220) 다만 유럽사법재판소는 위 결정에서 방론으로 브뤼셀 I규정 제22조의 규정에 따라서 소송물(예를 들어 토지에 대한 물권)로 인한 전속관할이 있는지 여부가 문제되는 경우에는 예외가 인정될 가능성이 있다고 판시한 바 있다. 2014년의 *Cartier v Ziegler* 사건(Case C-1/13)에서도 마찬가지였다. 이후 유럽사법재판소의 *Weber v Weber* 사건(Case C-438/12)에서 토지에 대한 물권에 대하여는 브뤼셀 I규정 제22조 제1항이 적용된다는 점을 들어 위와 같은 예외를 인정하였다.

221) Kenny/Hennigan(주 210), 200.

222) Briggs(주 157), 69; 이규호(주 213), 127.

223) 브뤼셀 I recast 규정 전문(recital) 제22조 참조. Hartley(주 218), para. 11.21; Wieczorek/Schütze, Zivilprozessordnung und Nebengesetze(4. Auflage) Band 13/2, De Gruyter, 2019, 455.

던 경우에는, 다른 법원에 제26조의 변론관할(응소관할)이 성립하지 않는 한 그 국제재판관할합의에 의하여 지정된 회원국의 법원이 관할의 존부에 관한 판단을 함에 있어서 우선권을 가진다. 즉 설령 합의된 법정지의 법원에 뒤늦게 소가 계속되더라도 그 법원이 우선하여 관할합의의 유효성 등을 심리하여 관할을 확정한다. 최초로 소가 계속된 법원을 포함한 다른 법원은 그때까지 소송을 중지하며, 합의된 법정지의 법원이 관할을 확정하는 경우에는 다른 법원은 그 법원을 위하여 관할권의 행사를 거부하여야 한다.[224] 이에 대하여, 위 개정 규정은 주장되는 관할합의의 존재, 유효성, 적용범위 및 그 전속성에 대한 추정과 합의된 법정지 법원의 그에 대한 심판권한의 우선권을 전제로 하고 있으나 그러한 추정이나 우선권을 인정할 근거를 인정하기 어렵다는 비판적 견해도 존재한다.[225] 그러나 앞서 본 것과 같은 문제점을 극복하기 위하여 소송경합의 맥락에서 전속적 국제재판관할합의에 의해 합의된 법정지의 우선권을 인정하는 것은 합리적이라고 생각된다.[226] 헤이그 관할합의협약은 국제적 소송경합에 관한 명문의 규정을 포함하고 있지 않으나, 그 해석상 전속적 국제재판관할합의에 의해 합의된 법정지의 법원에 그 관할

---

224) 다만 당사자들 사이에 상충하는 전속적 관할합의가 있는 경우 또는 합의된 법정지의 법원에 최초로 소가 계속된 경우에는 위 예외조항이 적용되지 않고, 우선주의에 따른다(브뤼셀 I recast 전문 제22조 참조). 한편 이러한 규칙을 위반하여 합의된 법정지 외의 법원이 판결을 내린 경우 그 효과가 어떠한지 불분명하다. Briggs(주 157), 88. 이와 관련하여 유럽사법재판소는 소송경합에 관한 규칙 위반이 그 자체만으로는 공서 위반으로서 승인·집행의 거부 사유를 구성하지 않는다고 본다. *Stefano Liberto v Luminita Luisa Grigorescu*, Case C-386/17 [2019] 참조.

225) Stone(주 210), 199.

226) Dickinson/Lein(주 214), para. 11.48은 이 규정이 국제재판관할합의의 대상인 법원의 자기권한심사(competence-competence)를 도입한 것은 아니고, 단지 우선주의의 전략적 이용을 방지하기 위하여 '우선주의의 예외'를 규정한 것임을 분명히 하고 있다.

심사의 우선권이 인정된다.[227] 유럽연합이 헤이그 관할합의협약을 비준하였으므로 위 협약으로부터 도출되는 국제적 소송경합의 해결방안을 반영할 필요성 역시 위와 같은 개정에 있어서 중요한 고려사항이 되었다고 한다.

다. 역내소송과 역외소송에 관한 규율

브뤼셀 체제는 회원국 사이의 고양된 신뢰와 상호주의에 기초하고 있다. 따라서 브뤼셀 체제하의 소송경합과 관련소송에 관한 규율을 검토함에 있어서는 그러한 특수성을 주의할 필요가 있다. '국가 대 국가'의 일반적인 소송경합과 관련소송에 관한 규율은 브뤼셀 I recast 규정에서 새로 도입된 역내소송과 역외소송 사이의 소송경합과 관련소송에 관한 규정에서 찾아볼 수 있다. 이러한 점에서 브뤼셀 I recast 규정 제33조, 제34조는 우리가 참고할 수 있는 입법례로서 유용한 자료가 될 수 있다.

역내소송과 역외소송의 경합에 관한 규율은 유럽연합 역내의 소송경합과 관련소송에 관한 규율보다 더 유연하다.[228] 소송경합에 관한 제33조 제1항은 회원국의 법원에 제기된 소가 역외법원에 제기된 소보다 후소인 경우에 ① 역외법원에서 선고한 판결이 회원국에서 승인·집행될 것으로 예측되고, ② 회원국의 법원이 사법권의 적절한 실현을 위하여 소송의 중지가 필요하다고 인정될 것을 요건으로 회원국의 법원이 소송을 중지할 수 있다고 규정한다. 이는 요건과 효과 양 측면에서 회원국 법원의 재량을 인정하는 것이다. 특히 '사법의 적절한 운영을 위하여 소송의 중지가 필요하다고 인정될 것'이라는 요건은 회원국 법원의 재량 판단 가능성을 열어두는 것으로서 부적절한 법정지의 법리와 유사성이 있다. 브뤼셀 I recast 규정 전문 제24조에 의하면 회원국의 법원은 '사법

---

227) 이규호(주 213), 134; Hartley(주 218), para. 11.26.
228) 브뤼셀 I recast 전문 제23항.

의 적절한 운영'을 고려함에 있어서 '해당 사건과 관련된 모든 사정'을 고려하여야 한다. 위 전문 제24조는 그러한 사정으로, 당해 사건의 사실 관계 및 당사자와 역외국가 사이의 관련성, 역내법원에 소가 계속될 당시 역외법원의 소송 진행 정도, 역외법원이 합리적인 기간 내에 판결을 선고할 수 있을 것으로 기대되는지 여부, 회원국 법원에서라면 전속적 국제재판관할이 인정되었을 사안에서 역외법원 역시 전속적 국제재판관할권을 가지는지 여부 등을 예시한다. 회원국의 법원은 ① 역외법원의 절차가 중지되거나 취하된 경우, ② 역외법원의 절차가 합리적인 기간 내에 종결될 수 없을 것으로 인정되는 경우, ③ 사법권의 적절한 실현을 위하여 절차의 진행이 필요한 경우에는 중지하였던 소송절차를 다시 진행할 수 있다(제33조 제2항). 다만 회원국의 법원은 역외법원의 절차가 종결되고 그 회원국에서 승인·집행이 가능한 판결이 확정된 경우에는 소를 각하하여야 한다(제33조 제3항).

관련 소송의 경우에는 소송을 중지하기 위하여 소송경합에서 열거된 요건 외에 '절차를 분리할 경우 저촉되는 판결이 선고될 위험을 피하기 위하여 관련 소송을 병합하여 심리, 재판할 필요가 있을 것'이 추가로 인정되어야 하고(제34조 제1항), '저촉되는 판결이 선고될 위험이 더이상 없다고 인정되는 경우'에도 소송절차를 진행할 수 있다(제34조 제2항). 역외법원의 관련 소송 절차가 종결되고 그 회원국에서 승인·집행이 가능한 판결이 확정된 경우, 회원국의 법원은 소를 각하할 수 있다(제34조 제3항).

II. ALI/UNIDROIT 원칙

1. ALI/UNIDROIT 원칙의 목표

미국법률협회(ALI)와 UNIDROIT는 2006년 국제민사소송에 관한 원칙

(Principles of Transnational Civil Procedure, 이하 'ALI/UNIDROIT 원칙'이라 한다)을 채택하였다.[229] 위 원칙은 주석과 함께 총 31개 조항으로 구성되어 있는데, 국제적인 상사분쟁에 관하여 당사자에게 공정하고 효율적인 국제소송절차를 설계할 수 있도록 하는 입법의 지침(guidelines) 또는 기초자료(basis)를 세계 각국에 제공하는 것을 목표로 한다.[230] ALI/UNIDROIT 원칙은 대륙법계와 보통법계의 구별을 중심으로 한 각 나라의 소송법 차이가 당사자에게 상당한 비용과 노력의 부담을 안겨주고 때로는 당사자들 사이에 불공정을 초래하기도 한다는 관점에서, 법계와 국가에 따른 소송법의 차이를 완화하기 위한 소송법의 '조화(harmonization)'를 추구하였다고 한다.[231] 아래에서 보는 것처럼 국제적 소송경합에 관한 내용 역시 그러한 특색을 보여주고 있다.

앞서 본 것처럼 미국에서는 국제적 소송경합의 해결에 관한 연방법이나 확립된 연방대법원의 판례가 없다. 국제적 소송경합을 규율하는 미국법의 내용이 무엇인지 불분명한 가운데 연방대법원의 *Colorado River* 사건 판결을 따르는, 규제소극설에 가까운 입장이 우세한 것으로 이해될 뿐이다. ALI/UNIDROIT 원칙에 포함된 국제적 소송경합에 관한 내용은 이러한 상황을 극복하기 위한, 특히 미국 법률가들을 중심으로

---

229) https://www.unidroit.org/instruments/transnational-civil-procedure(이하, 'UNIDROIT 공식 사이트'라 한다)에서 위 원칙의 본문 및 각 조항에 대한 간략한 해설 (comment)을 볼 수 있다. ALI/UNIDROIT 원칙에 관한 개략적인 소개는 한충수 (주 142), 363 이하 참조. ALI/UNIDROIT 원칙 중 국제적 소송경합과 관련한 규정의 국문번역(발췌)은 별지 [부록 7] 참조.

230) ALI/UNIDROIT 원칙은 국제상사중재 절차에 관하여도 유추적용될 수 있음을 예정하고 있다. 한편 ALI 또는 UNIDROIT에 의하여 공식적으로 채택되지는 않았지만, 원칙보다 더 상세하고 원칙의 구체적인 이행에 관한 문서인 규칙 (Rule)도 유력한 입법의 지침 또는 기초자료가 될 수 있다. 이 책에서는 원칙 (Principle)만을 논의의 대상으로 한다.

231) ALI/UNIDROIT, Principles of Transnational Civil Procedure, Cambridge University Press, 2006, 11.

한 노력의 산물이라고도 평가할 수 있다.[232]

2. 우선주의와 부적절한 법정지의 법리의 조화

ALI/UNIDROIT 원칙 제28조는 동시의 것이든(소송경합, *lis pendens*) 또는 순차의 것이든(기판력, *res judicata*) 중복된 소송과 모순되는 재판을 회피하기 위한 원칙을 규정한다.[233] 이처럼 기판력과 소송경합을 나란히 규정하고, 논의의 전제로서 기판력의 범위 확정 기준을 제시한 것은 기판력과 소송경합 사이의 밀접한 관련성을 상기시킨다.

ALI/UNIDROIT 원칙 제2조 제5항이 규정하는 내용은 보통법계의 부적절한 법정지의 법리와 유사하다.[234] '더 적절한 법정지'의 존재는 제2조 제5항의 법리를 적용하기 위한 필수 전제이다. 이 법리는 국적이나 상거소에 의한 어떠한 차별도 금지한다는 당사자의 절차적 평등 원칙에 기초하여 적용되어야 한다.[235]

ALI/UNIDROIT 원칙 제2조 제6항은 국제적 소송경합에 관한 대륙법계의 우선주의를 원칙으로 규정한 것이다. 외국의 법원에 동일한 사건에 대한 소가 먼저 제기된 때에 법원은 관할권의 행사를 거부하거나 절차를 중지하여야 한다. 여기에는 원칙적으로 법원의 재량이 없다. 다만 먼저 소가 제기된 법원이 당해 분쟁을 공정하고, 효과적이고, 신속하게 해결할 것으로 보이지 않는 때에는 예외적으로 후소 법원이 심리를 속행할 수 있다. 이는 당사자 재판청구권의 실질적 보장을 위하여 우선주의의 엄격함을 완화한 것이다.[236] 우선주의 적용의 기준이 되는 소의 계속

---

232) ALI/UNIDROIT 원칙 중 국제적 소송경합과 관련된 부분의 국문번역(발췌)은 별지 [부록 7] 참조.

233) ALI/UNIDROIT(주 231), 48. 규칙 제4조 제6항 제2호 역시 보통법의 부적절한 법정지의 법리에 부합한다. ALI/UNIDROIT(주 388), 105.

234) UNIDROIT 공식 사이트, Comment P-2F.

235) UNIDROIT 공식 사이트, Comment P-2F.

시점은 제10조 제2항에서 정하고 있고(법원에 소장이 제출되는 시점에 소가 계속된다고 본다), 청구의 범위는 제28조 제1항에서 그 결정 기준을 두고 있다.[237]

이처럼 ALI/UNIDROIT 원칙은 대륙법계의 우선주의와 보통법계의 부적절한 법정지의 법리를 조화시키고 있다. 국제적 소송경합의 국면에서는 앞서와 같이 '완화된 우선주의'가 우선적으로 적용된다.[238] 제2조 제5항이 규정하고 있는 부적절한 법정지의 법리는 국제적 소송경합 상황에 있으나 당해 소송절차가 전소(前訴) 소송절차인 경우에 보충적으로 적용될 수 있을 것이다. ALI/UNIDROIT 원칙은 이처럼 양 법계에서 유래한 법리를 조화시킴으로써 사려 깊게 설계되었으면서도 유연한 해결방식을 제공하고 있다.[239]

한편 제2조 제4항은 다른 법원에 대한 전속적 국제재판관할합의가 있을 때에 당해 법원은 통상적으로(ordinarily) 재판관할권을 행사할 수 없음을 명시한다.[240] 여기서 '통상적으로'의 의미가 다소 불분명하기는 하나, 유효하고 이행 가능한 전속적 국제재판관할합의가 존재하는 경우에는 국제적 소송경합의 상황에서도 제2조 제6항에서 정한 우선주의가 적용될 여지가 없고, 국제재판관할합의로 지정된 법원만이 국제재판관할권을 가진다고 해석된다.

---

236) 한충수(주 142), 387.
237) UNIDROIT 공식 사이트, Comment P-2G.
238) 제2조 제6항은 국제적 소송경합 상황에서 후소가 계속된 법원의 의무를 규정하고 있는 반면, 제2조 제5항은 국제재판관할권 행사에 관한 법원의 일반적인 재량을 규정하고 있다. 이러한 규정의 문언과 체계에 비추어 보면 제2조 제6항이 제5항에 우선하여 적용된다고 이해된다.
239) Burbank(주 167), 401.
240) 여기서의 '법정(tribunal)'은 중재판정부도 포함하는 것으로 이해된다. UNIDROIT 공식 사이트, Comment P-2E.

III. 헤이그 재판협약

1. 헤이그 재판협약의 규정

헤이그국제사법회의는 약 30년에 가까운 시도 끝에 마침내 2019년 7월, 민사 또는 상사에 관한 외국재판의 승인·집행에 관한 통일된 규칙을 포함하는 헤이그 재판협약을 체결하였다.[241)242)]

헤이그 재판협약은 국제적 소송경합이 발생한 때에 체약국의 법원이 어떠한 조치를 하여야 하는가에 관하여는 규율하지 않는다. 국제적 소송경합을 처리할 일반적인 규칙에 관하여는 합의에 이르지 못하였기 때문이다. 대신 제7조 제1항 e호, f호와 제7조 제2항에서는 외국판결의 승인·집행의 맥락에서 국제적 소송경합이 있었던 경우의 취급에 관하여 정하고 있다. 제7조 제1항 e호, f호는 승인·집행이 요청될 당시 승인·집

---

241) 헤이그 재판협약의 채택 경과에 관하여는 이동진/서경민/이필복, "헤이그국제사법회의(HCCH) 외국판결의 승인과 집행에 관한 협약의 채택을 위한 제22차 외교회의 참가보고서", 국제규범의 현황과 전망(2019), 법원행정처, 2020, 773 이하 및 장준혁, "2019년 헤이그 재판협약의 우리나라 입법, 해석, 실무에 대한 시사점과 가입방안", 국제사법연구 제26권 제2호, 2020, 141 이하 참조. 헤이그 재판협약에 관하여 개관한 국내 문헌으로는 우선 김효정/장지용, 외국재판의 승인과 집행에 관한 연구, 사법정책연구원, 2020, 155 이하; 장준혁, "2019년 헤이그 외국판결 승인집행협약", 국제사법연구 제25권 제2호, 2019, 437 이하; 석광현, "2019년 헤이그 재판협약의 주요 내용과 간접관할규정", 국제사법연구 제26권 제2호, 2020, 3 이하 및 장지용, "헤이그 재판협약상 승인 및 집행의 요건과 절차", 국제사법연구 제27권 제1호, 2021, 399 이하 참조. 김효정/장지용(위 논문), 219 이하에는 헤이그 재판협약의 국문번역이 첨부되어 있다. 헤이그 재판협약 중 국제적 소송경합과 관련된 규정의 국문번역(발췌)은 별지 [부록 8] 참조.

242) 스페인의 Garcimartín 교수와 캐나다의 Saumier 교수는 2020년 작성한 헤이그 재판협약에 대한 공식 해설 보고서(Explanatory Report)를 발표하였다. 이하에서는 위 해설 보고서를 'Garcimartín/Saumier'라고 표기한다.

행을 요청받은 국가에서 이미 본안의 실체에 관한 재판이 내려진 경우에 관하여,[243] 제7조 제2항은 승인·집행이 요청될 당시까지 승인·집행을 요청받은 국가에서 아직 소송이 계속 중인 경우에 관하여 정한다. 비록 위 규정들은 국제적 소송경합이 현존하는 상태에 관한 것은 아니지만, 국제적 소송경합을 어떻게 해결할 것인지에 관한 유의미한 시사점을 제공한다.

2. 외국판결 승인·집행 국면의 국제적 소송경합 규율

먼저 승인·집행을 요청받은 국가에서 소송절차가 아직 진행 중인 경우를 다룬 제7조 제2항에 관하여 본다. 제7조 제2항은 그러한 경우 (a)와 (b) 요건을 갖출 것을 전제로 외국판결의 승인 또는 집행이 연기 또는 거부될 수 있다고 규정한다. 헤이그 재판협약은 승인·집행을 요청받은 국가의 소송계속이 먼저 발생한 때에는 그 후에 계속된 동일한 당사자 사이의 동일한 청구원인에 관한 외국 소송은 그 우선권에 복종하여 절차를 중지하거나 관할권 행사가 거부되었어야 한다는 전제에서 (a) 요건을 두었다.[244] 헤이그 재판협약은 소송계속의 발생 시점에 관하여 명시적으로 규정하지 않지만, 해설 보고서는 소송계속의 발생시점을 '소송절차를 개시하도록 하는 첫 절차적 행위가 이루어진 때', 즉 법원에 절차 개시를 신청하는 문서(예: 소장)를 제출한 때 또는 그 문서가 제출에 앞서 송달이 되어야 하는 때에는 송달에 관한 책임 있는 당국이 이를 수령한 때라고 서술한다.[245] 한편 (b) 요건은 승인·집행을 요청받은 국가의

---

243) 이는 헤이그 관할합의협약 제9조 f호, g호에 대응한다.

244) Garcimartín/Saumier(주 242), para. 274. 석광현(주 241), 49는 이 요건이 우선주의에 입각한 것이라고 한다.

245) Garcimartín/Saumier(주 242), para. 41. 이는 브뤼셀 I recast 규정 제32조가 규정하는 내용과 유사하다. 장준혁(주 241), 473은 위와 같이 헤이그 재판협약에서 소송계속의 의미를 독자적으로 해석하는 방법과 각 체약국(피요청국)의 국내법

소송을 전략적으로 사용하는 것을 방지하기 위한 것이다. 잠재적인 피
고(예: 채권자로부터 이행의 최고를 받은 채무자)가 장래에 있을 외국판
결의 승인·집행을 막을 전략적 목적으로 과잉관할에 기초하여 승인·집
행을 요청받을 국가에서 '소극적 확인의 소'를 제기하는 경우가 있을 수
있다. 이러한 소는 앞서 브뤼셀 체제와 관련하여 본 어뢰소송과 같은 속
성을 가진다. 이러한 행위를 막기 위하여 '밀접한 관련(close connection)'
요건을 추가한 것이다.[246] 헤이그 재판협약은 '밀접한 관련'이 무엇을 기
초로 인정되는지는 정하고 있지 않은데, 원칙적으로 승인·집행을 요청
받은 국가에서 제기된 소가 제5조에서 열거한 관할을 충족하고 있는 때
에는 '밀접한 관련'이 있는 것으로 이해된다.[247] 제7조 제2항에 의한 승
인·집행의 거부는 승인 또는 집행을 위한 후속 신청(subsequent appli-
cation)을 금지하지 아니한다. 이 규정은 승인·집행을 요청받은 국가의
소송절차가 본안에 관한 판단 없이 종결되거나, 그 본안에 관한 판단의
내용이 판결과 상충하지 아니하는 경우에 대비한 규정이다.

　　제7조 제1항은 승인·집행의 대상인 판결과 피요청국·제3국의 법원에
서 이미 내려진 판결이 상충하는 경우의 승인·집행 거부를 규율한다. 여
기서 '상충하는(inconsistent)'이란 두 판결의 기초를 이루는 동일한 논점
에 관한 사실판단이나 법률적 판단이 상호 배타적인 것을 말한다.[248] e

에 맡겨져 있다고 해석하는 방법의 두 가지 가능성이 열려 있다고 설명한다.

246) Garcimartín/Saumier(주 242), para. 275.

247) Garcimartín/Saumier(주 242), para. 275. 결국 이 요건은 과잉관할(過剩管轄,
exorbitant jurisdictional ground)에 기초한 소를 방지하기 위한 것이다. 해설 보
고서는 원고가 승인·집행을 요청받은 국가에 단순히 국적(nationality)이나 상
거소(domicile)를 가진 것만으로는 밀접한 관련이 인정되지 않는다고 예시한
다. 피요청국이 판결국보다 더 적절한 법정지일 필요도 없다. 장준혁(주 241),
472 참조.

248) 석광현(주 241), 48; 장준혁(주 241), 471. Garcimartín/Saumier(주 242), para. 271
은 종래 해설 보고서 초안에서는 이와 같이 설명하고 있었으나, 최종 발표된
공식 해설 보고서에서는 '다른 재판의 전부 또는 일부를 어기지 않고는 하나

호가 정한 '승인·집행을 요청받은 국가의 판결'은 승인·집행의 대상이
된 외국판결과 '동일한 소송물(subject matter)에 관한 것'이거나 '선행판
결'일 것을 요하지 않는다는 점에서 f호가 정한 '승인·집행을 요청받은
국가에서 승인요건을 갖춘 다른 국가의 판결'보다 그 범위가 넓다.[249]
한편 헤이그 재판협약에서 '소송물의 동일성'은 사건의 '핵심적인 또는
본질적인 쟁점(central or essential issue; Kernpunkt)'이 동일하다는 것을
의미한다.[250] 이는 헤이그 관할합의협약에서 사건의 동일성 기준을 '청
구원인(cause of action)'의 동일성으로 파악하였던 것보다는 완화된 기준
에 의해 사건의 동일성을 파악하는 것이다.[251]

　헤이그 재판협약은 국제적 소송경합에 관하여 아래와 같은 두 가지
점을 시사한다. 첫째, 국제적 소송경합을 외국판결의 승인·집행 단계에
서 사후적으로 규율하는 것은 한계가 있다. 여러 국가에서 이미 상충·모
순되는 두 개 또는 그 이상의 판결이 난 뒤에는 위 판결들이 상호간에
승인·집행되지 않을 수 있음과는 별개로 그처럼 상충·모순되는 판결들
이 존재함으로써 생기는 문제점들을 완전히 제거하지는 못한다. 헤이그
재판협약은 외국판결의 승인·집행 단계에서 국제적 소송경합과 관련된
문제가 있을 때 어떤 기준에 의할지를 제공한다는 점에서 의미가 있으
나, 이러한 규율은 근본적인 한계가 있다. 둘째, 동일한 당사자 사이의

　의 재판을 따르는 것이 불가능한 경우'라고 설명한다. 이러한 설명 사이에 근
　본적인 차이가 있는 것은 아니라고 생각된다.
249) Garcimartín/Saumier(주 242), paras. 271, 272. 다만 소송계속의 선후를 문제 삼지
　않는다는 점은 양자가 동일하다. 석광현(주 241), 48; 장지용(주 241), 416, 417.
250) Garcimartín/Saumier(주 242), para. 272. 소송물의 동일성에 관한 위와 같은 개념
　은 유럽사법재판소의 *Tatry v Maciej Rataj*, Case C-406/92 [1994] 사건 결정에서
　제시한 법리를 따른 것이라고 한다. 석광현(주 241), 49 참조.
251) 각국에서 청구원인을 관념하는 방식이 다양하다는 점을 고려할 때, '청구원
　인'을 기준으로 사건의 동일성을 파악하는 것은 지나치게 엄격하다는 측면
　을 고려한 것이다. Garcimartín/Saumier(주 242), para. 272. 장지용(주 241), 418
　참조.

동일한 소송물에 관한 소송절차에 관하여는, 먼저 소가 제기된 국가에 우선권을 주어야 한다는 인식에 대한 나름의 국제적인 합의를 보여주었다는 것이다. 헤이그 재판협약은 비록 국제적 소송경합 맥락에서 우선주의의 도입에는 이르지 못하였지만, 제7조 제2항에서 간접적으로나마 이에 대한 나름의 합의를 보여주었다는 점에서 의미가 있다.

한편 헤이그 재판협약 제13조 제2항은 "승인 또는 집행을 요청받은 국가의 법원은 승인 또는 집행이 다른 국가에서 신청되어야 한다는 이유로 이 협약에 의한 승인 또는 집행을 거부하여서는 안 된다."고 규정한다. 대부분의 법역은 집행에 관하여는 독자적인 관할원인(연결점)을 요구하지 아니하고, 단지 판결에 따른 집행을 할 채권자의 이익이 있으면 충분한 것으로 취급한다.[252] 사안에 따라서는 채권자가 여러 국가에서 동시에 또는 순차로 재판에 따른 집행을 구해야 할 수도 있다.[253] 그러므로 집행에 대한 관할의 맥락에 있어서는 법원이 예컨대 그에 관하여 더 적절하거나 편리한 대체 법정지가 있다는 사유만을 들어 승인·집행을 거부할 수 없다.[254] 요컨대 집행 자체에 대한 관할의 맥락에서는 구체적·개별적 관할원인에 기초한 관할의 연결이나 특히 부적절한 법정지의 법리에 의한 관할권 행사의 거부 시스템이 작동한다고 보기 어려운데, 헤이그 재판협약 제13조 제2항은 이를 분명히 한 것이다.[255]

3. '관할 프로젝트(Jurisdiction Project)'의 개시

헤이그국제사법회의는 1992년 민사·상사에 관한 '직접적 국제재판관할'과 '외국판결의 승인·집행'에 관하여 통일적이고 조화로운 국제규범

---

252) Garcimartín/Saumier(주 242), para. 318.
253) Garcimartín/Saumier(주 242), para. 317.
254) Garcimartín/Saumier(주 242), para. 316.
255) 석광현(주 241), 59.

을 도출하기 위한 이른바 '재판 프로젝트(Judgment Project)'를 개시하였다. 당초 헤이그 국제사법회의가 상정한 협약의 구조와 성질은, 기본적으로는 직접적 국제재판관할과 외국판결의 승인·집행을 모두 규율하는 '이중협약(二重協約, *convention double*)'이되, 체약국으로 하여금 자국법의 관할규칙을 근거로 직접적 국제재판관할을 인정할 수 있도록 허용하는 이른바 '혼합협약(混合協約, *convention mixte*)'이었다.256) 헤이그 국제사법회의는 2001년경까지 계속된 노력을 통하여 직접적 국제재판관할과 외국판결의 승인·집행을 아우르는 1999년 예비초안(preliminary draft, 이하 '예비초안'이라 한다), 2001년 잠정 문안(interim text, 이하 '잠정 문안'이라 한다)257)을 도출하는 진전을 이루었다.

그러나 직접적 국제재판관할의 관할 원인과 국제적 소송경합을 규율하는 대륙법계와 보통법계의 근본적인 접근 방식의 차이라는 배경 속에서 몇몇 중요 쟁점들에 관하여 합의가 이루어지지 않아 결국 협약이 완성되지 못하였다.258) 다만 헤이그 국제사법회의는 재판 프로젝트의 대상이 되었던 주제들 중 회원국 간의 합의에 도달하기 비교적 쉬운 부분들을 분리하여 작업을 계속 진행하여 2005년에는 헤이그 관할합의협약을,

---

256) 이중협약의 경우 협약에 열거된 관할근거는 망라적이므로 체약국의 법원은 협약에 따라서만 국제재판관할을 가질 수 있고, 국내법에 근거하여 국제재판관할을 인정할 수 없다. 유영일, "국제재판관할의 실무운영에 관한 소고 –개정 국제사법과 헤이그신협약의 논의를 중심으로–", 법조 제51권 제11호(통권 제554호), 2002, 70; 석광현, "헤이그국제사법회의의 '민사 및 상사사건의 국제재판관할과 외국재판에 관한 협약' 2001년 초안", 국제사법과 국제소송(제3권), 박영사, 2004, 435.

257) 2001년 잠정 문안(interim text)은 그 명칭에서 알 수 있듯이 협약 초안의 형식을 취한 것은 아니고 예비초안을 기초로 그때까지 논의 결과를 요약한 것이며, 다만 각 조문에 주를 달아 간단한 설명을 하는 형식을 취하고 있다. 헤이그 국제사법회의에서는 '예비초안'과 '잠정 문안'을 엄격히 구별하여 칭하고 있다. 잠정 문안에 관한 소개는 석광현(주 256), 429 이하 참조.

258) Garcimartín/Saumier(주 242), para. 3.

2019년에는 헤이그 재판협약을 각 체결하였다. 그리고 마침내 헤이그 국제사법회의는 2020년, 법계 간 합의에 도달하기 가장 어려웠던, 직접적 국제재판관할과 국제적 소송경합에 관하여 규율하는 외교문서를 만들기 위한 이른바 '관할 프로젝트(Jurisdiction Project)'를 개시하였다.[259]

관할 프로젝트는 '직접적 국제재판관할'에 관한 규칙과 '병행절차'[260]에 관한 규칙을 마련하는 것을 잠정적 목표로 한다. 그런데 관할 프로젝트에서 마련하는 문서에서 직접적 국제재판관할을 통일적으로 규율할 필요성(desirability/necessity)과 그 실현가능성(feasibility)에 대해서는 회원국 간에 상당한 이견이 나타나고 있고, 특히 보통법계의 선두에 있는 미국을 중심으로 회의적인 시각이 제시되고 있다.[261] 이와 달리 병행절차에 관한 규칙을 마련할 필요성과 실현가능성에 관하여는 회원국 간에 공감대가 형성되어 이에 관한 작업을 이어가기로 합의하였다. 따라서 향후 '관할 프로젝트'는 그 명칭에도 불구하고 직접적 국제재판관할보다는 병행절차를 규율하는 규칙을 마련하는 데 더 주안점을 두고 진행될 것으로 예상된다.[262] 다만 관할프로젝트에 관한 문서를 마련하는데 있

---

[259] 헤이그국제사법회의 일반사무정책이사회(CGAP)는 2011년 재판 프로젝트의 재개 이익을 검토하기 위한 전문가회의 설립을 결정하였고, 그렇게 설립되어 진행된 전문가회의(제1차, 제2차)는 2013년 외국판결의 승인·집행에 관한 협약을 단일협약(單一協約, convention simple)으로 추진하되, 외국판결의 승인·집행에 관합 협약에 대한 작업이 종료되면 직접적 국제재판관할에 관한 문서(instrument) 작성을 위한 작업을 재개하여야 한다고 결정하였다. 이에 따라 2020년 2월 직접적 국제재판관할에 관한 문서 작성을 위한 제3차 전문가그룹 제3차 회의가 개최되었는데, 이로써 '관할 프로젝트'가 개시되었다.

[260] '병행절차(concurrent proceedings)'는 당사자와 소송물이 동일한, 엄격한 의미의 소송경합(parallel proceedings)과 관련 소송 또는 청구(related actions or claims)을 통틀어 의미하는 것으로서 전문가그룹에서는 이 용어를 사용한다.

[261] Herrup/Brand, "A Hague Convention on Parallel Proceedings", University of Pittsburgh Legal Studies Research Paper No. 2021-23, 2021, 4 이하 참조.

[262] 헤이그국제사법회의는 2021년 일반사무정책이사회에서 향후 관할 프로젝트에 기한 문서의 초안 작성을 위한 작업반(Working Group, WG)을 구성하여 절

어서 문서에 직접적 국제재판관할에 관한 규칙을 둘지 여부나 만약 그
렇다면 어떠한 유형의 관할원인이 포함될 것인지 여부는 문서에 포함될
국제적 소송경합에 관한 규율 형식과 상호 긴밀한 영향을 미치는 관계
에 있으므로, 위 두 가지 주제에 관한 총체적인 검토가 필요하다.[263]

차를 진행하기로 결정하였다. 필자는 위 전문가그룹과 작업반의 구성원으로
　　서 위 프로젝트에 참여하고 있다.
263) 잠정 문안은 국제적 소송경합(제21조)에 관하여 우선주의를 채택하면서도 소
　　송절차를 중지할 수 있는 예외적인 상황(제22조)에 관한 규정을 두어 부적절
　　한 법정지의 법리에 의한 국제재판관할의 조정 내지 합리적 배분 수단을 가
　　미하고 있었다. 석광현(주 256), 457 이하 및 유영일, "국제재판관할의 실무운
　　영에 관한 소고 –개정 국제사법과 헤이그신협약의 논의를 중심으로–", 법조
　　제51권 제12호(통권 제555호), 2002, 202 이하 참조. 전문가그룹 회의에서 대륙
　　법계 국가들은 주로 잠정 문안에 의한 규율 체계를 출발점으로 삼는 접근을
　　지지하였으나, 보통법계 국가들은 부적절한 법정지의 법리를 중심으로 한 새
　　로운 접근법을 주장하였다. 관할 프로젝트에 관한 상세는 사법정책연구원에
　　서 2021년 발간한 "2020 국제규범의 현황과 전망"에 수록된 필자의 전문가그
　　룹 제3차 내지 제5차 회의 참가 보고서 참조. 이필복, "헤이그국제사법회의
　　관할 프로젝트(Jurisdiction Project)의 주요 쟁점 및 교섭상의 고려 사항", 석광
　　현교수정년기념헌정논문집: 국제거래법과 국제사법의 현상과 과제, 박영사,
　　2022, 417 이하 참조.

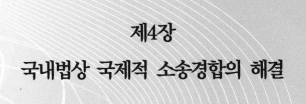

제4장

국내법상 국제적 소송경합의 해결

제1절 현행법상 국제적 소송경합의 해결

Ⅰ. 국제적 소송경합 이론의 정립

1. 학설의 논의

우리 민사소송법 제259조는 '중복된 소제기의 금지'라는 표제 하에 "법원에 계속되어 있는 사건에 대하여 당사자는 다시 소를 제기하지 못한다."고 규정한다. 민사소송법에서 쓰이는 "법원"은 기본적으로 우리나라 법원을 의미한다고 해석되므로, 현행법상 국제적 소송경합의 취급을 규율하는 법률규정은 없다고 말할 수 있다.[1] 이에 우리 학계는 국제적 소송경합의 해결 방법에 관한 문제를 민사소송법 제259조를 국제적 소송경합의 경우에도 (유추)적용[2]하여야 하는지 여부의 문제로 논의해 왔다.[3]

---

[1] 석광현, 국제민사소송법, 박영사, 2012, 191. 선박소유자 등의 책임제한에 관한 법률(이하 '선박소유자책임법'이라고 한다) 제61조 제1항은 "책임제한절차에 참가한 제한채권자와 신청인 또는 수익채무자 간에 그 채권에 관한 소송(이하 '절차외소송'이라 한다)이 계속 중일 때에는 법원은 원고의 신청에 의하여 그 소송절차의 중지를 명할 수 있다."고 규정하여 책임제한절차와 절차외소송이 경합하는 경우 법원이 원고의 신청에 의해 절차외소송의 중지를 명할 수 있음을 정하고 있다. 이는 제한채권자들에 대한 집단적인 채권의 확정 및 분배 절차인 책임제한절차와 절차외소송 사이의 관계에 관한 규율로서 일반 소송사건 사이의 경합에 관한 규정은 아니다. 책임제한절차의 중복과 관련한 문제해결에 관하여는 김창준, "중복적 책임제한절차의 법률관계", 한국해법학회지 제35권 제1호, 2013, 53 이하 참조.

[2] 기본적으로 민사소송법에서 쓰이는 "법원"은 우리나라 법원을 의미하는 것이지만 민사소송법 제259조의 "법원"에는 해석상 외국 법원이 포함될 수 있다는 전제로 접근하는 때에는 '적용' 여부를, 이와 달리 위 "법원"에는 외국 법원이 포함되지 않지만 국제적 소송경합의 경우에 중복제소금지 원칙을 유추할 수

가. 규제소극설

국제소송에 대하여는 민사소송법 제259조가 정한 중복소제기금지 원칙을 (유추)적용할 수 없다는 견해이다.[4] 이에 따르면 외국소송과 내국소송은 독립하여 진행되고, 먼저 확정된 판결의 기판력이 다른 사건에 어떻게 작용하는가의 문제로 양자의 관계를 해결하게 된다.[5] 이 견해는 국가주의의 사상과 속지주의 원칙에 기초하여, 소송은 국가 재판권의 발현이므로 소송계속과 판결의 효력은 원칙적으로 재판권을 행사하는 국가의 영토 내에 제한되어야 한다고 본다. 따라서 소송계속의 효력을 한 국가의 범위 외로 확대하기 위해서는 소송이 계속된 국가간에 협약이 있거나 외국에서의 소송계속 효력을 받아들이는 국가의 특별한 입법적 결단이 있어야 한다. 국내의 규제소극설은 ① 협약을 포함하여, 실정법상 국제적 소송경합을 규율하고 있는 마땅한 근거가 없다는 점,[6] ② '승인예측설'에 의할 때 외국소송과 내국소송 사이에 소송물의 동일성 판단이 어렵고 외국판결의 승인가능성을 예측하기도 곤란하다는 점[7] 등을 주된 이유로 든다.

있다는 전제로 접근하는 때에는 '유추적용' 여부를 검토하게 된다. 강현중, 민사소송법(제7판), 박영사, 2018, 143 이하는 전자의 접근방법을, 석광현(주 1), 191 이하는 후자의 접근방법을 취하고 있다.

3) 전병서, 강의 민사소송법, 박영사, 2018, 271. 다만 한충수, "국제적 소송경합(Lis Pendens) –서울중앙지방법원 2002. 12. 13. 선고 2000가합90940 판결을 중심으로 –", 민사소송 제8권 제2호, 2004, 66은 국제적 소송경합 문제는 중복제소의 논리 범주에서 분리되어야 하고, 재소금지의 법리가 유추적용되어야 하는 영역이라고 본다.

4) 홍지욱, "한국 민사소송법 체제하에서 국제적 중복소송의 처리방안", 인천법학 논총 제12집, 2009, 57; 김홍엽, 민사소송법(제8판), 박영사, 2019, 77; 정동윤 외, 민사소송법(제7판), 법문사, 2019, 312.

5) 제2장-제2절-제Ⅱ의 2.항 참조.

6) 홍지욱(주 4), 79.

7) 정동윤 외(주 4), 311.

나. 승인예측설

내국소송보다 먼저 계속된 외국소송절차에서 내려질 판결에 대한 승
인이 예측되는 경우에는 중복된 소제기의 금지를 정한 민사소송법 제
259조를 (유추)적용하여 내국법원에 제기된 후소를 각하하여야 한다는
견해이다.[8] 이 견해는 국제화된 오늘날의 현실에 부합하고, 객관적이고
명확한 기준을 제공한다는 점[9] 등을 이유로 폭넓은 지지를 받고 있다.
다만 이 견해에 대하여는 ① 소 제기 단계에서 외국판결의 승인예측이
곤란하거나 불가능하다는 점과, ② 전소(前訴)가 전략적 목적으로 행해
진 법정지 쇼핑의 결과물인 경우에는 부당한 결과에 이를 수 있다는 점
등이 한계로 지적된다.[10]

다. 비교형량설

이 견해는 국제적 소송경합의 문제를 국제소송에 있어서의 관할 배
분 문제로 취급하여, 국제재판관할권 행사에 관련된 여러 요소를 종합
적이고 구체적으로 비교형량(比較衡量)하여 내국법원에서 당해 사건에
대하여 국제재판관할권을 행사하는 것이 국제민사소송법의 이념에 부합
하는지 여부를 결정하여야 한다고 본다.[11] 이는 보통법계가 취하는 부
적절한 법정지의 법리를 채용하는 입장이라고도 설명할 수 있다.[12]

---

8) 김홍엽(주 4), 370; 김홍규/강태원, 민사소송법 제4판, 삼영사, 2017, 302; 이헌묵,
　　"현행법에 따른 국제적 소송경합의 처리", 민사소송 제23권 제2호, 2019, 105.
9) 김홍엽(주 4), 369.
10) 피정현, "국제적 중복제소의 금지 여부", 현대사회와 법의 발달: 균제 양승두
　　교수 화갑기념논문집, 1994, 614. 이는 앞서 본 '어뢰소송(torpedo)'의 예를 지적
　　하는 것이다.
11) 피정현(주 10), 621; 유재풍, "국제소송의 재판관할에 관한 연구", 청주대학교 법
　　학박사 학위논문, 1994, 183. 가사소송의 맥락에서, 김원태, "가사소송의 국제적
　　경합", 비교사법 제16권 제3호(통권 제46호), 2009, 621도 비교형량설을 지지한다.

라. 절충설

기본적으로 승인예측설을 따르면서도 우선주의를 엄격하게 관철하는 경우 나타나는 불합리를 제거하기 위한 절충설들도 제시된다. 내국소송이 먼저 계속된 때에도 부적절한 법정지의 법리에 관한 요건과 외국법원에서의 절차의 진행상황 등을 고려하여 외국법원이 분쟁을 해결하기에 명백히 더 적절한 법정지인 경우에는 당사자의 신청에 의해 소송절차를 중지하고 후소가 계속된 외국법원으로 하여금 재판하도록 할 것이라는 견해,[13] 외국에서 내려진 확정판결의 승인을 예측하기 어려운 경우에는 기일의 추후지정 등으로 내국소송절차를 사실상 중지시킬 수도 있고, 외국소송이 지나치게 지연될 때에는 외국법원의 소송계속을 무시하고 합리적인 소송진행을 꾀할 것이라는 견해,[14] 외국의 소송이 복잡·혼란하고, 지연되며, 내국소송이 소멸시효의 중단을 위하여 필요하거나 당사자의 신속한 권리구제를 위하여 필요한 경우, 또는 원피고역전형의 국제적 소송경합에서 외국에서의 소송제기가 법정지 쇼핑의 성격을 가지는 경우에는 후소인 내국소송을 우선하여도 좋을 것이라는 견해[15] 등이 절충설로 제시된다. 이 견해들은 승인예측설을 엄격하게 적용하였을 때 나타날 수 있는 부당한 결과들을 극복하기 위한 것이다.

---

12) 다만 유재풍(주 11), 186은 내국법원이 당해 사건을 심판하는 것이 부적절한 경우에 국제재판관할권의 행사를 거부하는 것이 아니라 국제재판관할권 자체를 부정하는 것이라고 하여 다소 다른 논리 구성을 한다.

13) 석광현(주 1), 196.

14) 강현중(주 2), 144.

15) 이시윤, 신민사소송법(제15판), 박영사, 2021, 295; 전병서, "국제적 소송경합", 서울제일변호사회 변호사 회원연구논문집, 1996, 313.

2. 판례

아직 우리나라에서 국제적 소송경합에 관한 법리를 명확하게 선언한 대법원 판결은 나오지 않았다. 그러나 하급심 판결 중에는 승인예측설에 기초하여 국제적 소송경합을 해결한 것들이 여럿 있다.[16] 따라서 국제적 소송경합에 관하여 우리 판례의 입장이 있다고 말하기는 어렵지만, 법원의 실무는 기본적으로 승인예측설을 따르고 있다고 할 수 있다.[17]

필자는 여기에서 의미 있는 두 건의 하급심 판결례만을 소개한다.

우선 서울고등법원 2013. 1. 17. 선고 2012나27850 판결(확정)은 내국 법원에 채무부존재확인의 소(소극적 확인의 소)가 제기된 사안에서 승인예측설을 적용하여 판단한 사례로서 의미가 있다. 소송경합과 관련된 부분에 한정하여 위 사건의 사실관계를 간략히 요약하면 다음과 같다.

원고는 식료품 제조업을 영위하는 대한민국 법인이고, 피고는 커피원료 등의 수출입업을 영위하는 미합중국 캘리포니아주 법인이다. 원고는 2008. 3.경 피고와 사이에 피고가 원고에게 분무건조 커피 10.5톤을 미화 661,500달러에 매

---

16) 서울중앙지방법원 2002. 12. 13. 선고 2000가합90940 판결, 서울중앙지방법원 2005. 10. 14. 선고 2005가합43314 판결 등 참조. 이들 하급심 판결례의 소개에 관하여는 석광현(주 1), 207 이하 및 강희철, "국제적 중복소송", 국제사법연구 제9권, 2003, 10 이하 참조.

17) 법원에서 사용하는 '국제거래재판 실무편람(2015년 개정판)'은 우선주의에 기초한 승인예측설을 원칙적인 입장으로 삼아 국제적 소송경합의 문제를 처리할 것이라고 설명한다. 다만 채무부존재확인소송은 적극적 이행소송과는 달리 자신에게 유리한 판결을 받아내기 위한 전략적 무기로 활용되는 경향이 있으므로, 그러한 경우 등과 같이 구체적 타당성을 고려하여 예외적으로 전소가 우리 법원에 계속되었더라도 외국 법원에 계속된 후소를 존중하여 우리 법원의 관할권 행사를 자제하는 것이 바람직한 경우가 있을 수 있다고 한다. 이는 승인예측설을 원칙으로 하면서 비교형량설을 가미한 절충적인 입장이라고 평가할 수 있다.

도(수출) 하기로 하는 내용의 매매계약(이하 '이 사건 매매계약'이라고 한다)을 체결하였다. 원고는 2009. 8. 5. 피고를 상대로 대한민국의 서울북부지방법원에 이 사건 매매계약이 기간의 경과 또는 원고의 해제로 인하여 종료되었으므로 원고의 피고에 대한 이 사건 매매계약에 따른 물품구매의무나 위약금지급의무가 존재하지 아니한다는 확인을 구하는 소를 제기하였다(이하 '이 사건 대한민국 소송'이라고 한다). 이 사건 대한민국 소송의 소장 부본은 당사자 표시정정 절차 등을 거쳐 해외송달절차를 통하여 2011. 11. 10. 피고에게 송달되었다. 한편, 피고는 2010. 2. 16. 원고를 상대로 미합중국 캘리포니아주 지방법원(이하 '캘리포니아 법원'이라고 한다)에 원고가 계획적으로 검사에서 제품을 불합격 시키고 제품을 수령하는 것을 거부하였는바, 이는 사업 및 직업에 관한 법률 (the Business and Profession Code) 제17200조 위반으로 불법·불공정 및 사기적인 사업행위를 구성하고, 원고의 행위로 인하여 피고는 실질적·잠재적 거래처들의 후원을 박탈당하기도 하였다고 주장하면서 그로 인한 손해배상을 구하는 소를 제기하였다(이하 '이 사건 미국 소송'이라고 한다). 이 사건 미국 소송의 소장 부본은 2020. 4. 5. 원고에게 송달되었다. 피고는 이 사건 대한민국 소송에서, 피고가 원고의 이 사건 매매계약상 의무불이행을 이유로 이 사건 미국 소송을 진행 중이므로 이 사건 대한민국 소송은 확인의 이익이 없거나 소의 이익이 없어 부적법하다고 본안 전 항변을 하였다.

이 사건에서는 형식적으로는 원고가 제기한 채무부존재확인의 소의 확인의 이익이 쟁점이 되었다. 그러나 이 사건은 실질적으로 소극적 확인의 소에 대한 국제적 소송경합을 어떻게 해결할 것인가에 관한 모델이 되는 사건이었다.[18] 제1심법원과 항소심 법원은 동일한 법리를 전제

---

18) 국내의 다수설은 소극적 확인의 소와 이행청구의 소가 경합하는 경우 이를 소송경합(내지 중복제소금지 원칙)의 문제로 접근하지만, 판례는 양 소의 청구취지와 청구원인이 달라 소송물이 다르다는 전제 아래 확인의 이익의 문제로 접근한다(대법원 1999. 6. 8. 선고 99다17401 판결, 대법원 2001. 7. 24. 선고 2001다

로 피고의 본안 전 항변에 관하여 심판하였다. 항소심 법원이 이 문제에
관하여 준거법과 실질법에 관하여 판시한 사항은 다음과 같다.

채권자가 채무자를 상대로 이행의 소를 제기하여 그 소송 계속 중에 채무자
가 채권자를 상대로 채무부존재확인의 후소를 제기하는 경우에는 양 소송은
그 청구취지가 다르다고 하더라도 채무자는 그 이행소송에서 청구기각의 판결
을 구함으로써 채권자가 채무자에 대하여 채권을 가지고 있지 아니함을 다툴
수 있으므로, 이와는 별도로 채권자를 상대로 채무가 존재하지 아니한다는 확
인을 구할 이익은 없다(대법원 2001. 7. 24. 선고 2001다22246 판결 참조). 그리
고 민사소송법 제217조에 의하면 외국법원의 확정판결은 … 4가지 요건을 모두
충족하면 대한민국에서 그 효력이 인정되고, 외국법원의 확정판결이 위 승인요
건을 구비하는 경우에는 이와 동일한 소송을 우리나라 법원에 다시 제기하는
것은 외국법원의 확정판결의 기판력에 저촉되어 허용되지 않으므로(대법원
1989. 3. 14. 선고 88므184, 88므191 판결 등 참조), 그 외국법원의 판결이 장차
민사소송법 제217조에 의하여 승인받을 가능성이 예측되는 때에는 외국법원에
채무이행의 전소가 제기되어 있음에도 대한민국 법원에 채무부존재확인의 후
소를 제기하는 것 역시 위 법리에 따라 확인의 이익을 인정하기 어렵다.

그러나 이러한 법리는 전소와 후소가 서로 모순·저촉관계에 있어 채권자가
채무이행의 전소에서 패소하는 경우 기판력에 의하여 다시 채무자를 상대로
그 채권관계가 존재한다고 주장할 수 없는 경우에 한한다고 보아야 하고, 채권
자가 전소에서 패소하더라도 기판력이 미치지 아니하는 다른 형태의 소송을
제기할 수 있어 채무자의 권리 또는 법률상 지위에 대한 불안·위험이 완전히
제거되지 아니하는 경우에까지 확장하여 적용할 수는 없고, 여전히 확인판결을

22246 판결). 아래 II-1-나의 2)항 참조. 소극적 확인의 소와 이행청구의 소의
소송물이 같다고 본다면 이 사건은 확인의 이익이 아닌 소송경합의 문제로 접
근할 수 있다. 이 사건에서 적어도 항소심 법원은 그와 같은 전제에서 피고의
본안 전 항변을 심판하였던 것으로 보인다.

받는 것이 그 분쟁을 근본적으로 해결하는 가장 유효적절한 수단인 경우에는 확인의 이익을 인정하여야 한다.

제1심법원은 캘리포니아 법원의 확정판결이 대한민국에서 승인받을 가능성이 예측됨을 이유로 이 사건 대한민국 소송에 확인의 이익이 없다고 판단하여 이를 각하하였다. 이와 달리 항소심 법원은, 이 사건 대한민국 소송에서 원고는 이 사건 매매계약이 종료되었음을 전제로 위 매매계약과 관련한 원고의 물품구매의무 및 위약금지급의무의 부존재확인을 구함에 반하여, 피고는 이 사건 매매계약의 종료와 무관하게 원고가 이 사건 매매계약을 위반하여 손해를 입었다고 주장하면서 그 손해배상을 구하는 것으로서 양 소송의 소송물이 모순관계에 있지 아니하다고 보아 이 사건 미국 소송에서 내려진 판결의 승인 가능성에 관한 본격적인 검토를 하지 않은 채 피고의 본안 전 항변을 배척하였다. 제1심판결과 항소심 판결 모두 표면적으로는 이 사건 대한민국 소송의 확인의 이익에 관하여 검토하였으나, 그 이면에는 국제적 소송경합에 관한 승인예측설에 기초한 분석이 자리 잡고 있다. 그리고 소극적 확인의 소와 이행청구소송 사이에 국제적 소송경합 관계가 성립할 수 있다는 인식도 전제되어 있다. 다만 구체적인 사실관계상 양 소의 소송물이 상호 모순관계에 있지 않았던 사안이다.

한편 일제의 강제징용에 대한 배상이 문제되었던 부산지방법원 2007. 2. 2. 선고 2000가합7960 판결은, 원고들이 이미 일본에서 미쓰비시를 상대로 제기한 전소(前訴)가 계속 중이므로 후소(後訴)인 우리나라 소송은 부적법하다는 피고의 본안 전 항변에 대하여, 승인예측설을 적용하면서도 일본의 판결의 승인이 예측되지 않음을 이유로 피고의 본안 전 항변을 배척하였다.[19] 이후 우리나라 소송의 항소심 단계에 이르러 원고들

---

19) 이에 관한 상세는 장준혁, "일본 치하의 징용근로자의 대사인적 소송의 법률문제들", 판례실무연구 XI(상), 2014, 596 이하 참조.

의 청구를 기각한 일본 법원의 판결이 확정됨에 따라, 국제적 소송경합의 문제에서 외국판결의 승인 문제로 그 쟁점이 전환되었다.[20]

3. 검토

국제적 소송경합의 해결 방법으로서 이론적으로 가능한 방법으로는 다음의 네 가지가 논의된다.[21]

① 법원은 해당 사건에 대한 관할권의 행사를 거부(decline jurisdiction)하거나 절차를 중지할 수 있다.

② 법원은 외국의 소송절차를 제한하는 방법을 추구할 수 있다.

③ 각 소송절차를 속행한다. 다만 기판력(res judicata)이 모순·저촉되는 판결이 내려지는 것을 방지할 수 있다. 즉 만약 두 개의 모순·저촉되는 판결이 내려지면, 외국판결의 승인·집행 제도가 두 판결 중 우위(priority)를 가지는 판결을 정하는 데 사용될 수 있다.

④ 당사자들로 하여금 더 적절한 법정지 하나를 선택하도록 하는 매커니즘이 채택될 수 있다.

앞서 제3장에서 본 것처럼 오늘날 대부분의 나라는 국제적 소송경합

---

20) 박선아, "일본 전범기업을 상대로 한 민사소송의 의의와 과제", 법조 통권 제684호, 2013, 269; 석광현, "강제징용사건에 관한 일본판결의 승인 가부", 국제사법과 국제소송 제6권, 박영사, 2019, 628. 위 사건에 관한 평석으로서 외국판결의 승인 요건과 그 심판 대상에 관한 분석을 상세히 다룬 것으로는 호문혁, "외국판결의 공서 위반 판단의 대상에 관한 연구 – 강제징용 사건 관련 대법원 판결에 대한 검토를 중심으로", 법학평론 6권, 2016, 60 이하 및 이필복, "외국판결의 승인에서의 공서 위반 심사의 대상", 사법 제44호, 2018, 271 이하 참조.

21) 이하의 분류는 Fawcett, Declining Jurisdiction in Private International Law, Oxford, 1995, 28 참조.

의 경우에 국내의 소송절차를 규율하는 ①의 방법을 취하고 있다.[22] 우리나라에서도 이러한 접근방법을 취하고 있다. ②의 방법을 실현하는 것으로 '소송유지명령'이 대표적이다. 보통법계에서는 ②의 방법이 때로 ①의 방법보다 우선적으로 사용되기도 한다. ③의 방법, 이른바 규제소극설은 속지주의가 지배했던 과거에 가능했던 이론으로 오늘날의 국제화된 환경에 비추어 받아들이기 어렵다.[23] 대표적으로 규제소극설을 취하고 있던 프랑스, 이탈리아와 같은 나라들은 이제 국제적 소송경합에 기초한 규율을 하고 있고, 중국은 원칙적으로 국제적 소송경합에 대하여 규율하지 않으면서도 보통법계의 '부적절한 법정지의 법리'를 변형·수용하여 일정한 경우 내국법원의 국제재판관할권을 부정하고 있다. ④의 방법은 법정지에 관한 당사자들의 합의를 전제로 하는 것으로, 법적 규율의 밖의 문제에 가깝다.

비록 우리 법상 국제적 소송경합을 규율하는 명문의 규정은 없지만 이를 어떤 방식으로든 규율하는 것이 타당하다. 문제는 어떤 규율 방법을 택하는가이다. 필자는 현행법하에서 다음과 같은 논리적 구조에 의해 국제적 소송경합을 규율하는 것이 바람직하다고 본다.

① 승인예측설에 기초한 국제적 소송경합의 해결(원칙)

외국판결이 국내에서 승인되는 경우에는 내국법원에서 내려진 판결과 같이 기판력을 가진다.[24] 따라서 그 절차에서 내려진 판결이 우리나라에서 승인될 것으로 예측되는 소송절차에 대해서는 내국소송절차에 준하여 취급하여야만 중복소송으로부터 발생하는 문제들을 해결할 수

---

22) Fawcett(주 21), 28.
23) 한충수, 민사소송법(제2판), 박영사, 2018, 899.
24) 다만 그 기판력의 범위는 외국판결 승인의 본질 내지 효력에 관한 견해에 따라 내국법원에서 내려진 판결의 기판력 범위와 다를 수 있다. 제2장-제1절-III-2의 다.항 참조.

있다. 이와 반대로 그 절차에서 내려진 판결이 우리나라에서 승인될 것으로 예측되지 않는 소송절차에 대해서는 기판력의 모순·저촉이 발생할 여지가 없으므로 이에 관한 규율을 할 필요가 없다.[25] 승인예측설에 기초한 해결방법은 국내의 중복소송에 대하여 우선주의를 채택하고 있는 우리나라의 법체계에서 자연스럽고 논리적인 국제적 소송경합의 해결방법이다. 따라서 외국에 이미 소가 계속 중이고 그 소송절차에서 내려질 판결이 우리나라에서 승인될 것으로 예측되는 때에는, 중복제소 금지의 원칙을 (유추)적용하여 우리나라에 제기된 후소를 각하하거나 절차를 중지(기일추정에 의한 사실상의 중지를 말함)[26]하여야 할 것이다.

② **유효한 국제재판관할합의가 있는 경우**[27]

우리 판례상 당사자와 소송물, 그리고 청구원인이 동일한 소송이 중복하여 제기된 경우 전소(前訴)가 소송요건을 갖추지 못한 부적법한 소라고 하더라도 후소(後訴)의 변론종결 시까지 취하·각하 등에 의하여 소송계속이 소멸되지 않으면 원칙적으로 후소는 중복제소금지 원칙에 위반하여 제기된 소송으로서 부적법하다.[28] 그런데 예컨대 당사자 사이에 우리나라를 법정지로 하는 유효한 전속적 국제재판관할합의가 있었음에도 일방 당사자가 이를 위반하여 외국에서 먼저 소를 제기한 경우, 우리나라에서 제기된 소의 변론종결 시까지 외국에서 제기된 소가 국제재판관할합의 위반을 이유로 각하되지 않으면 우리나라에서 제기된 소를 중복제소금지 원칙에 위반하여 제기된 소송으로 각하하여야 하는가? 이는 앞서 브뤼셀 체제에서 다루었던 '어뢰소송'과 같은 국면의 문제이다.[29]

---

25) 이러한 점에서 외국 소송절차에 대한 우선주의의 적용은 그 절차에서 내려질 외국판결의 승인에 대한 예측을 전제로 한다. 제2장-제2절-Ⅲ의 2.항 참조.
26) 기일추정에 의한 사실상의 절차 중지에 관하여는 아래의 ⑤항 참조.
27) 이에 관하여는 우선 제2장-제2절-Ⅰ의 2.항 참조.
28) 대법원 2017. 11. 14. 선고 2017다23066 판결 등 참조.
29) 제3장-제3절-Ⅰ-3의 나.항 참조.

일단 우리나라를 법정지로 하는 전속적 국제재판관할합의가 있는 경우
그 존재, 유효성 및 이행가능성 등에 관하여는 우리나라 법원이 심판의
우선권을 가진다고 할 것이다. 그리고 우리 법원의 판단에 의할 때 그
전속적 국제재판관할합의가 유효하고 이행 가능한 경우, 그에 위반하여
제기된 외국소송에서 어떠한 본안판결이 내려진다고 하더라도 그 판결
은 ⅰ) 국제재판관할권 없는 법원에서 내려진 것일 뿐만 아니라 ⅱ) 우
리나라의 절차적 공서에 명백히 반하는 것으로서 우리나라에서 승인될
수 없다. 결국 외국소송이 유효하고 이행 가능한 전속적 국제재판관할
합의를 위반하여 제기된 경우에는 우선주의가 적용될 여지가 없고, 우
리 법원에서 절차를 속행하여야 할 것이다.[30] 입법론적으로는 이를 분
명히 하는 규정을 두는 것이 바람직하다.[31]

　이와 달리 비전속적 국제재판관할합의(부가적 국제재판관할합의)가
있는 경우에는 국제재판관할합의의 내용과 소제기의 태양을 살펴보아야
한다. 만약 소가 제기된 외국이 국제재판관할합의에서 지정된 국가가
아니고 우리나라가 국제재판관할합의에서 지정된 국가인 경우에는, 우

---

30) 따라서 적어도 우리나라를 법정지로 하는 유효하고 이행 가능한 전속적 국제
　　재판관할합의가 있는 경우에는 '어뢰소송'의 부작용이 나타나지 않는다. 전속
　　적 국제재판관할합의의 존재, 유효성 및 이행가능성은 법원의 직권조사사항
　　이다.

31) 석광현, "2018년 국제사법 개정안에 따른 국제재판관할규칙", 국제사법과 국제
　　소송 제6권, 박영사, 2019, 469; 이헌묵, "국제적 소송경합에 관한 입법적 제안",
　　민사소송 제23권 제3호, 2019, 403은 전속적 국제재판관할합의가 있는 경우 외
　　국법원에 국제재판관할권이 없음이 당연하므로 이러한 규정을 두는 것은 불필
　　요하다고 주장한다. 그러나 국제재판관할합의의 존재, 유효성, 이행 가능성 등
　　에 대하여 어느 법원이 판단의 우선권을 가지는가와 관련하여 국제적으로는
　　우선주의(전소가 제기된 법원을 우선시하는 견해)와 당사자자치(합의된 법정
　　지의 법원을 우선시하는 견해) 중 어느 것을 우선시할 것인가에 관한 논의가
　　이어지고 있으므로, 우리나라를 법정지로 하는 전속적 국제재판관할합의가 있
　　는 경우 우리나라 법원이 그에 관한 심판의 우선권을 가진다는 것을 분명히
　　하는 차원에서라도 이를 명시하는 규정이 필요하다.

리나라를 법정지로 하는 전속적 국제재판관할합의가 있는 경우처럼 설령 외국소송이 전소(前訴)라 하더라도 우리 법원에서 절차를 속행하여야 할 것이다. 소가 제기된 외국과 우리나라가 모두 국제재판관할합의에서 지정된 국가인 경우에는, 원칙으로 돌아가 승인예측설의 원칙에 따라 소송경합을 해결할 것이다.

③ 외국의 소송절차가 지연되는 경우

조금 더 문제가 있는 상황은, 국제재판관할합의가 없는 상태에서, 일방 당사자가 절차를 지연시킬 목적으로 절차의 진행 속도가 느린 국가에 먼저 소극적 확인의 소를 제기하는 상황이다. 아래에서 보는 것처럼 원고피고 대향형의 소극적 확인의 소와 이행의 소 사이에 소송물의 동일성을 인정할 수 있으므로, 이 경우 외국의 소송절차에서 내려진 판결이 우리나라에서 승인될 것으로 예측된다면 외국의 소송절차가 우선한다. 그러나 이처럼 외국의 소에 우선권을 인정하면 우선주의를 전략적으로 악용하는 당사자에게 혜택을 주는 것으로서 부당하다. 따라서 일방 당사자가 오로지 절차를 지연시킬 목적으로 절차의 진행 속도가 느린 국가에 먼저 소극적 확인의 소를 제기하였음이 증명된 경우에는 그 소송절차에서 내려질 외국판결이 '소권을 남용한 절차에서 내려진 판결'로서 절차적 공서에 위반하여 승인요건을 갖추지 못한 것으로 평가할 수 있을 것이다.[32] 다만 당사자의 위와 같은 의사와 목적을 증명하는 것은 쉽지 않을 것으로 생각된다.

---

32) 외국판결이 우리 공서에 위반한다는 것은 '외국판결을 승인한 결과'가 대한민국의 선량한 풍속이나 그 밖의 사회질서에 어긋난다는 것으로서, 이때 그 외국판결의 주문뿐 아니라 이유 및 외국판결을 승인할 경우 발생할 결과까지 종합하여 검토하여야 한다(대법원 2012. 5. 24. 선고 2009다68620 판결 등 참조). 이때 외국의 소송절차에서 내려진 외국판결을 승인하게 되면 국내에서 소를 제기한 당사자가 정당하게 행사하고자 하였던 재판청구권을 행사하지 못하게 되는 결과를 초래하게 되는바, 이는 국내의 절차적 공서에 반한다.

한편 일방 당사자가 위와 같은 의사와 목적 없이 단지 자신에게 유리한 외국법원을 선택하여 소를 제기하였는데 그 소송절차가 지연되는 경우도 나타날 수 있다. 외국법원에의 제소가 실제적으로 절차를 지연하는 결과를 초래하더라도, 그 절차에서 내려진 판결에 대한 승인이 예측된다면 외국의 소송절차에 우선권을 인정할 수밖에 없다. 따라서 원칙적으로는 내국소송을 각하하거나 그 절차를 중지할 것이다. 다만 예외적으로 외국소송 절차가 지나치게 지연되어 당사자의 재판청구권이 침해되는 정도에 이를 때에는 외국법원의 소송계속을 무시하고 내국 소송절차를 진행하는 것이 필요할 수 있다.[33] 이러한 경우에는 내국법원에 제기된 소에 특별한 권리보호의 이익이 있다고 할 수 있기 때문이다.[34] 예컨대 외국에서의 소송절차가 지나치게 지연되어서 일방 당사자가 권리구제를 받기 위해 내국법원에 제소한 경우나 우리 법원이 외국에서의 소송 경과를 보기 위하여 기일을 추정해 두었는데 상당히 장기간 외국에서의 소송절차가 지연되고 있는 경우에는, 당사자 재판청구권의 실질적 보장을 위하여 내국 소송절차를 진행하는 것이 불가피할 수 있다. 그러나 이러한 예외는 외국에서의 소송지연이 매우 심각하여 당사자의 재판청구권이 침해되는 정도의 제한적인 경우에만 인정함이 타당하다.[35]

요컨대 외국의 소송절차가 지연되는 경우라고 하더라도 외국에서 소가 먼저 제기되었다면 원칙적으로 우리나라에서 제기된 후소는 각하 또

---

33) 강현중(주 2), 144; 이시윤(주 15), 295; 민일영 외, 주석 민사소송법(IV), 한국사법행정학회, 2018, 250은 '외국소송이 지나치게 지연될 때에는 외국법원의 소송계속을 무시하고 내국소송절차를 진행할 수 있다'고 설명하나, 당사자의 재판청구권이 침해되는 정도에 이를 것을 요구하지는 않는다.

34) 아래 II-1의 마.항 참조.

35) 한충수(주 3), 48은 외국법원에 제기된 전소의 진행이 지나치게 지연되는 경우에는 외국소송을 고려하지 않을 수 있다는 데에는 기본적으로 동의하면서도, 절차의 진행이 어느 정도 지연되어야만 무시할 수 있는 외국소송인지 여부에 대한 판단기준이 제시되지 못하고 있음을 지적한다.

는 중지되어야 한다. 다만 국내 소송의 원고가 ⅰ) 전소(前訴)가 오로지 절차를 지연시킬 목적으로 제기된 것으로서 소권을 남용한 것이거나 ⅱ) 외국에서의 소송지연이 매우 심각하여 원고의 재판청구권이 침해되는 정도의 상황임을 증명한다면 법원은 내국 소송절차를 진행할 수 있을 것이다.

④ 법원의 재량에 의한 국제적 소송경합의 해결 방법 수용 여부

법원의 재량에 의하여 내국소송을 각하하거나 그 절차를 중지하는 해결방법은 일반적으로 대륙법의 법체계와는 조화되지 않는 것으로 받아들여져 왔다. 대륙법계에서는 사건을 접수한 법원은 원칙적으로 그 사건을 심리하여야 하고, 법원이 관할권 행사를 거부할 재량은 없다는 관념이 이어져 내려왔기 때문이다.[36] 대륙법계의 전통에 의하면 법률상 관할원인이 존재하는 경우에는 법원이 그 국제재판관할권을 행사하여야 하고, 다만 동일한 당사자 사이의 동일한 사건이 다른 국가의 법원에 먼저 계속되고 그 외국절차에서 내려질 판결에 대한 승인이 예측되는 때에는 '우선주의'에 의해 소를 각하·중지할 여지가 있을 뿐이다. 이처럼 당사자들은 명확한 기준에 의하여 작동하고, 법관의 재량 행사를 최소화하는 제도 아래에서 높은 예측가능성을 확보할 수 있다. 그러나 그 반대로 경직성에 따른 문제도 제기된다. 당사자들에게 '법정으로의 경주(race to the courthouse)'가 실제로 중요한 소송전략이 되었고,[37] 당사자들은 '어뢰소송'과 같이 소권 남용적인 법정지 쇼핑을 통해 전략적 우위를 확보하는 시도를 보여준다. 또한 설령 당사자가 그런 전략적 고려를 하지 않더라도 만약 먼저 소가 제기된 법정지의 법원이 절차를 신속하고 효율적으로 진행할 역량이 없는 때에는 실질적으로 당사자의 재판청구권 행사가 좌절되는 결과에 이를 수 있다. 특히 우리나라는 탁월한 능

---

36) 제2장-제1절- Ⅰ의 2.항 참조.
37) McCaffery/Main(주 269), 175.

력을 가진 법관들에 의한 신속하고 공정한 재판이 매우 높은 수준으로 보장되는 나라이다. 그러므로 외국 당사자가 우리나라보다 상대적으로 사법제도의 신속성과 효율성이 뒤진 자국 법원에서 먼저 소를 제기하는 경우 우리나라 당사자로서는 뜻밖에도 우리나라에서 보장되는 것과 같은 수준의 재판을 받을 기회를 보장받지 못하는 결과가 나타날 수 있다.

보통법계의 부적절한 법정지의 법리를 받아들여 법원의 재량에 의해 소의 각하 또는 소송절차의 중지를 할 수 있다고 보는 경우, 승인예측설을 기초로 우선주의를 적용하는 것보다 유연한 해결을 하는 것이 가능하다. 그런데 부적절한 법정지의 법리를 받아들이는 문제는 ⅰ) '비교형량설'을 채택하여 법원의 재량에 의한 국제적 소송경합 해결 방법을 우선주의에 갈음하는 전면적 해결 방법으로 도입하는 방안, ⅱ) 승인예측설에 대하여 보충적으로, 즉 우리나라에 제기된 소가 전소(前訴)인 경우나 우리나라에만 소가 제기된 경우에 재판관할권 행사의 적정성 보장을 위한 제한적인 수단으로 도입하는 방안으로 나누어 생각해 보아야 한다.

우선 필자는 현행법 하에서 국제적 소송경합 해결 방법으로서 법원의 재량에 의한 해결 방법을 전면적으로 채택하는 것은 곤란할 뿐만 아니라 바람직하지도 않다고 본다. 첫째, 우리 민사소송법이 대륙법의 체계에 기초하여 우선주의를 중요한 법원리로 분명하게 채택하고 있으므로, 규제소극설을 택하지 않는 한 승인예측설에 의한 해결이 논리적으로 자연스러운 귀결이다. 둘째, 법원의 재량에 의한 국제적 소송경합 해결 방법은 당사자들로 하여금 소송의 향배를 예측하기 어렵게 만든다는 단점이 있다. 셋째, 재량에 의한 국제적 소송경합 해결 방법 아래에서 당사자들은 관할 경쟁에서 우위를 점하기 위해 소송절차의 진행 경과를 높이고 기판력 있는 확정판결을 받기 위해 서두르는 '판결을 위한 경주(race to the judgment)'를 소송전략으로 삼게 되는데, 이는 자칫 심리의 부실을 초래할 우려가 있다. 요컨대 법원의 재량에 의한 국제적 소송경합 해결 방법을 전면적으로 채택하는 것은 우리 법체계와 호환되지 않

고, 그 역시 일정한 한계를 가지고 있다는 점에서 승인예측설에 기초한
우선주의를 대체하는 원리로 채택하기는 어렵다.

승인예측설을 기초로 하되, 우리나라에 제기된 소가 전소(前訴)인 경
우나 우리나라에만 소가 제기된 경우에 보충적으로 부적절한 법정지의
법리를 적용하는 방안은, 입법론적으로는 긍정적으로 고려해볼 수 있다.
이를 통해 원고의 법정지 쇼핑을 적절히 통제하고, 법원의 국제재판관
할권 행사의 적정성을 높일 수 있기 때문이다. ALI/UNIDROIT 원칙과 규
칙은 분명하게 이러한 제도를 채택하고 있고, 일본의 개정 민사소송법
과 인사소송법 하에서 이러한 해석이 가능할 것으로 생각된다. 그러나
이 방법 역시 명시적인 법률상 근거가 없는 이상 현행법의 해석으로는
받아들이기 곤란하다. 소를 각하하거나 소송절차를 중지하는 것은 원고
의 재판받을 권리를 제한하는 것이므로 헌법이 정한 법률유보 원칙에
의해 명확한 법률상 근거가 있어야 한다. 그러나 현행법상 법원이 일반
적으로 재량에 의해 소를 각하하거나 소송절차를 중지하는 것을 허용하
는 법률상 근거가 없다.[38] 아래 제2절에서 보는 것처럼, 개정 국제사법
제12조의 해석상으로는 이러한 법적 규율이 가능할 것으로 해석된다.

한편 보통법계에서 유래한 국제적 소송경합의 회피·억지 방법으로
서, 상대방 당사자가 외국법원에서 자신을 상대로 소를 제기할 것이 높
은 정도로 예측되는 경우에 일방 당사자가 내국법원으로부터 그 외국소
송에 대한 소송유지명령을 받는 방법을 고려해 볼 수 있다. 우리 법원에
서 소송유지명령이 확정되면, 설령 상대방 당사자가 이를 무시하고 외
국법원에서 본안에 대한 종국판결을 받아 그 판결이 확정된다고 하더라
도, 우리나라에서는 그 판결이 승인될 수 없다. 아래 제6장에서 보는 것

---

38) 앞서 본 것처럼 선박소유자책임법 제61조는 책임제한절차와 책임제한 채권의
   존부 및 범위에 관한 절차외소송이 함께 진행되는 경우 법원이 절차외소송을
   중지할 수 있음을 규정하고 있으나, 이는 선박소유자 책임제한절차가 관련된
   특별한 경우에 한하여 적용될 뿐이다.

처럼, 필자는 현행법 하에서도 당사자 사이에 전속적 분쟁해결합의(전속적 국제재판관할합의 또는 중재합의)가 존재하는 경우 제한적으로나마 원고가 소송유지명령을 통해서 외국의 소제기 또는 소송수행을 제한할 수 있다고 본다.

요컨대 현행법상 상정 가능한 법원의 재량에 의한 국제적 소송경합의 해결 방안에 대한 필자의 견해를 도표로 정리하면 다음과 같다.

	논리적 타당성 및 적정성	현행법상 실현 가능성	비고
부적절한 법정지의 법리 전면 도입	×	×	국내의 학설 중 '비교형량설' 채택 불가
부적절한 법정지의 법리 보충적 도입	○	×	ALI/UNIDROIT 원칙 및 개정 국제사법 채택
소송유지명령의 활용	○	△39)	제6장 참조

⑤ 승인예측설에 기초한 소송절차의 '중지'가 가능한지 여부

승인예측설에 의할 때 실무적인 쟁점으로서, 먼저 계속된 외국 소송절차에서 내려질 판결의 승인이 예측되는 경우 내국소송을 각하하지 아니하고 소송절차를 중지(中止, Stay)하는 방안이 가능한지가 문제된다. 국내에서 국제적 소송경합의 효과로서 즉시 내국소송을 각하하기보다는 소송절차를 중지하는 방안이 바람직하다는 견해들이 제시된다.40) 이는 만약 내국법원이 국제적 소송경합을 이유로 국내의 소를 각하한 후 외국법원이 자국에 관할권이 없다고 판단하거나 그 관할권의 행사를 거부하는 경우에는 원고는 불필요한 절차의 중복을 피할 수 없게 되고, 특히 소가 각하되는 경우 소멸시효의 중단이나 제소기간의 준수 등의 효과가

---

39) 원칙적으로 당사자 사이에 전속적 분쟁해결합의(전속적 국제재판관할합의 또는 중재합의)가 존재하는 경우에 한한다.
40) 피정현(주 10), 614; 한충수(주 23), 901; 전병서(주 15), 317.

인정되지 아니하여 원고에게 예측하지 못한 불이익을 안겨줄 수 있다는 점 등을 근거로 한다.[41]

그러나 필자는 실무적으로 법원이 이른바 '변론기일 추후지정(추정)'의 방법으로 사실상 심리를 멈추는 것은 가능할지 몰라도, 법정의 제도인 '중지'를 하는 것은 어렵다고 본다.[42] 우리 민사소송법상 소송절차의 '중지'는 '중단'과 더불어 소송절차의 '정지' 제도를 구성한다. 우리 민사소송법은 '천재지변, 그 밖의 사고로 법원이 직무를 수행할 수 없을 경우(법원의 직무집행 불가능으로 말미암은 중지, 제245조)'와 '당사자가 일정하지 아니한 기간 동안 소송행위를 할 수 없는 장애사유가 생긴 경우(당사자의 장애로 말미암은 중지, 제246조 제1항)'를 법정의 중지 사유로 명시하고 있다. 외국에 동일한 당사자 사이의 동일한 사건에 대한 소가 먼저 제기된 경우가 위 두 경우에 포섭될 수 없음은 법문상 명백하고, 유추적용될 만한 사항적 유사성이 있다고 할 수도 없다.[43] 소송절차의 중지는 기간의 진행을 정지시키는 효과가 있다(민사소송법 제247조 제2항). 이처럼 소송절차의 중지 제도는 독립한 요건과 효과를 가진 절차적 제도이기 때문에, 현행법상 국제적 소송경합을 이유로 소송절차를 중지할 법률상 근거가 있다고 할 수 없다.[44]

---

41) 전병서(주 15), 317.
42) 강현중(주 2), 144; 이시윤(주 15), 295; 민일영 외(주 33), 250는 외국의 처리상황을 주시하면서 기일의 추후지정으로 사실상 변론을 중지시키는 방법을 중요한 선택지로 제시하고 있다. 이헌묵(주 8), 128은 변론기일 추후지정의 근거로 민사소송법 제165조 제1항을 든다.
43) 이와 달리 민사소송법이 명시적으로 정한 소송절차의 중지사유에 해당하지 않더라도 소송절차의 중지가 가능하다는 견해로 한충수(주 3), 70; 피정현(주 10), 622; 김원태(주 11), 623; 강희철(주 16), 24. 이는 소송절차의 중지는 법원이나 당사자의 재판진행의 장애사유가 존재하는 경우에만 적용될 수 있는 한정된 목적을 가진 제도가 아니라 단순히 소송기술적인 제도로서, 재판장의 소송지휘권(기일의 지정과 변경에 관한 민사소송법 제165조 참조)의 범위 내에서 행사할 수 있는 것임을 근거로 한다.
44) 유재풍(주 11), 196도 동지.

⑥ 소결론

앞서 기술한 내용을 토대로 현행법상 국제적 소송경합의 해결 방법에 대한 필자의 견해를 정리하자면 다음과 같다.

- 규제소극설은 채택할 수 없다. 규제소극설을 채택하지 않는 한, 승인예측설과 우선주의에 의한 해결은 우리 법의 체계상 자연스러운 논리적 귀결이다.
- 외국의 소가 유효한 전속적 국제재판관할합의를 위반하여 제기된 경우, 그 소는 국내에서 승인될 수 없으므로 그 소 제기 사실을 무시할 수 있다. 비전속적 국제재판관할합의의 경우에는 그 내용과 구체적인 소 제기의 태양을 살펴보아야 한다.
- 현행법상 단순히 외국의 소송절차가 지연되거나 심리가 효율적이지 못하다는 사정만으로는 우선주의에 대한 예외를 인정할 수 없다.
- 국제적 소송경합을 해결하는 방법으로서 부적절한 법정지의 법리를 승인예측설에 기초한 해결을 대체하는 방법으로 전면 수용하는 것은 현행법상 허용되지 않고, 바람직하지도 않다. 승인예측설을 기초로 하되, 부적절한 법정지의 법리를 보충적으로 활용하는 것은 입법론적으로 정당성을 수긍할 수 있지만, 이 역시 현행법상 허용된다고 할 수 없다. 원고는 국제적 소송경합 상태에 대한 보다 적극적인 수단으로서 소송유지명령을 활용할 수 있다.
- 현행법상 국제적 소송경합을 이유로 한 소송절차의 중지는 허용되지 않는 것으로 해석된다.

입법론적으로는 전속적 국제재판관할합의가 있는 경우 또는 외국의 소송절차가 지연되거나 심리가 효율적이지 못한 경우에 우선주의에 대한 예외를 인정하는 것, 부적절한 법정지의 법리를 보충적으로 활용하는 것, 그리고 국제적 소송경합을 이유로 한 소송절차의 중지에 관한 근거 규정을 두는 것 등이 현행법 하에서의 규율을 개선하는 방안으로 고려될 수 있다. 그리고 이러한 사항들은 모두 제2절에서 보는 것처럼 개정 국제사법에 반영되어 있다.

II. 현행법상 국제적 소송경합의 요건과 효과

이하에서는 앞선 논의를 토대로 현행법상 국제적 소송경합의 요건과 효과를 어떻게 구성해야 하는가를 분석한다. 이하의 논의는 현행법과 개정 국제사법의 해석론상 국제적 소송경합 해결의 방법에 대한 비교적 상세한 지침을 제공하는 것이기도 하다.

1. 국제적 소송경합의 요건

가. 동일한 당사자

국내의 중복제소 금지 원칙에 관한 학설에 의하면, 당사자의 동일성 여부는 기판력이 당사자에게 미치는 범위와 관련하여 살펴보아야 한다. 중복제소 금지 원칙은 기본적으로 기판력의 모순·저촉을 방지하는 데에 그 취지가 있기 때문이다.[45] 따라서 전·후 양쪽 소송의 당사자가 형식상 다르더라도 실질적으로 어느 한쪽 소송의 당사자가 다른 소송의 당사자가 받는 판결의 기판력이 확장되어 그 효력을 받는 민사소송법 제218조 제3항과 같은 경우(예: 선정당사자와 선정자, 채권자대위소송을 제기한 채권자와 그 채무자 등)에는 같은 당사자로 된다.[46] 이는 국제적 소송경합의 경우에도 기본적으로 타당하다. 또한 우리 민사소송법상 변론종결 후의 승계인(제218조 제1항)과 같이 후소의 당사자가 기판력의 확장으로 전소의 판결의 효력을 받게 될 경우에는 동일한 사건에 해당하나, 전소

---

45) 강현중(주 2), 351.
46) 김홍규/강태원(주 8), 303.

의 변론종결 전에 소송물을 양수한 자는 그가 전소의 소송에 참가하였다는 등의 특별한 사정이 없는 한 전소의 기판력에 구속되지 않으므로 그가 제기한 후소는 중복소송이라고 할 수 없다.[47] 국제적 소송경합에서 당사자의 동일성(= 기판력의 주관적 범위) 여부는 기본적으로 판결이 내려질 각 나라의 소송법에 따른 기판력의 내용을 기초로 평가하되, 외국소송의 경우에는 그 소송절차에서 내려질 외국판결이 국내에서 승인되는 경우 우리나라서 인정될 기판력의 내용을 평가의 대상으로 삼아야 한다.[48]

나. 동일한 사건

1) 청구(소송물)의 동일

엄격한 의미의 소송경합(중복소송)은 청구, 즉 소송물이 동일한 사건 사이에 성립된다. 아래 Ⅲ항에서 보듯 청구(소송물)의 동일성을 완화하여 이른바 '관련 소송'에 대하여도 소송경합에 유사한 규율을 할 여지가 있음과는 별개로, '소송경합'은 소송물이 동일한 사건 사이의 문제를 다루는 것이다. 다만 소송물이 동일한가 그렇지 않은가는 소송물이론에 따르므로, 어떠한 소송물이론을 취하는가에 따라 소송경합을 인정하는 범위가 달라지게 된다.[49] 우리 판례는 기본적으로 '실체법설(實體法說)'을 채택하여 청구취지와 청구원인에 의하여 특정되는 실체법상의 권리 또는 법률관계의 주장을 소송물로 파악하고 있다.[50]

---

47) 대법원 2018. 9. 13. 선고 2017다219188 판결
48) 제2장-제1절-Ⅲ-2의 다.항 참조.
49) 정동윤 외(주 4), 306.
50) 따라서 청구취지와 이를 뒷받침하는 사실관계가 동일하더라도 실체법상의 권리관계를 구성하는 법률상 원인이 다른 때에는 다른 청구(소송물)에 해당한다. 실체법설에 기초한 판례의 상세는 강현중(주 2), 699 이하 및 전원열, 민사소송법 강의, 박영사, 2020, 226 이하 참조.

청구의 동일성에 관한 이론은 국제적 소송경합의 맥락에서도 국내의 중복제소금지 원칙의 맥락에서와 동일하게 적용된다. 이와 달리 국제적 소송경합의 맥락에서는 엄밀한 의미의 소송물 개념보다는 그보다 넓은 '청구를 실체법적으로 기초 지우는 데 필요한 사실'을 기준으로 하여야 한다는 견해도 있다. 이는 국내의 중복제소금지 원칙과 관련하여 사건의 동일성을 완화하는 것이 타당하다는 학설들의 연장선상에서 이루어지는 주장으로 보인다.51) 그러나 국제적 소송경합의 경우에만 사건의 동일성 개념을 달리 파악할 근거가 부족하고, 남용적인 중복소송은 관련 소송에 대한 규율로써 이를 규제할 목적을 합리적으로 달성할 수 있으므로 그와 같이 볼 것은 아니다.

이 책에서는 소송물이 문제되는 경우 기본적으로 우리 판례가 취하는 실체법설을 전제로 소송물의 동일성에 관하여 논한다. 다만 국제적 소송경합에서 청구의 동일성(= 기판력의 객관적 범위) 여부는 기본적으로 판결이 내려질 각 나라의 소송법에 따른 기판력의 내용을 기초로 평가하되, 외국소송의 경우에는 그 소송절차에서 내려질 외국판결이 국내에서 승인되는 경우 우리나라서 인정될 기판력의 내용을 평가의 대상으로 삼아야 함에 주의할 필요가 있다.52) 이하에서는 국제적 소송경합에서 중요하게 문제 되는 소극적 확인의 소와 이행의 소 사이의 소송물 동일성에 관하여 항을 바꾸어 살펴본다.

2) 소극적 확인의 소와 이행의 소의 소송물 동일성

다양한 소송물이론 중 어느 것에 의하더라도 청구취지가 다르면 원

---

51) 원고가 기본적 사실관계가 동일한 사건임에도 청구취지만을 달리하거나 법률적 구성을 달리하여 여러 소를 제기하는 것은 소권의 남용에 해당할 수 있으므로 이를 규율할 필요성이 있다는 것을 근거로 한다. 상세는 아래 III의 1.항 참조.
52) 제2장-제1절-III-2의 다.항 참조.

칙적으로 다른 소송물에 해당한다. 다만 청구취지가 다르지만 동일한 법률관계에 대하여 다투는 청구인 경우에는 예외적으로 그 소송물의 동일성을 인정하는 경우가 있다. 그러한 예외의 대표적인 유형이자 국제적 소송경합의 맥락에서 빈번하게 문제되는 것이 소극적 확인의 소와 이행의 소의 소송물이다.[53] 특히 채권자로부터 이행의 최고를 받은 채무자가 선제적으로 채권자를 상대로 채무부존재확인의 소를 제기하고, 채권자가 채무자를 상대로 이행청구의 소를 하는 원고피고역전형 국제적 소송경합의 경우 양 소송의 소송물 동일성 여부가 첨예하게 문제된다. 승인예측설을 전제할 때, 양자의 소송물 동일성을 인정하면 우선주의의 적용을 받게 되지만 이를 부정하면 우선주의의 적용을 받지 않기 때문이다. 이에 관하여 ① 양자는 청구취지가 다르고 이행의 소에 대한 청구기각은 반드시 그 청구권의 부존재에 기한 경우에만 한정되는 것이 아니므로[54] 동일한 소송물이 아니라는 견해(부정설),[55] ② 이행의 소가 먼저 제기되고 후소로 소극적 확인의 소가 제기되는 경우에는 양자의 소송물이 동일하고, 그 반대의 경우에는 동일한 사건이 아니라는 견해 등이 있지만(제한적 긍정설),[56] ③ 국내의 통설은 기초를 이루는 법률관계(채권자의 채무자에 대한 이행청구권의 존부)가 동일한 경우에는 비록 분쟁해결 형식이 상이하더라도 심리의 중복과 판결의 모순이 발생할

---

53) 김홍엽(주 4), 361 이하는 이 문제를 중복제소금지 원칙의 '유추적용'이라는 관점으로 설명한다.

54) 예컨대 채권의 존재는 인정되지만 기한의 미도래를 이유로 이행청구가 기각될 수 있다.

55) 이헌묵(주 8), 122; 한충수(주 23), 239; 호문혁, 민사소송법(제13판), 법문사, 2016, 153. 이 견해는 확인의 이익이라는 관점에서 확인의 소의 적법성을 검토할 뿐이다. 따라서 이 견해는 원고가 채무부존재확인의 소를 제기한 뒤에 피고가 원고를 상대로 이행의 소를 제기한 경우에는 확인의 소의 보충성 문제도 아니고 중복소제기의 문제도 아니라고 본다(대법원 2010. 7. 15. 선고 2010다 2428, 2435 판결 등 참조).

56) 김홍엽(주 4), 362, 364.

위험을 배제하지 못한다는 점을 들어 그 선후를 불문하고 양자 간 소송물의 동일성을 인정한다(긍정설).57) 우리 판례는 국제소송의 맥락에서는 판단한 예가 없으나, 순수한 국내 소송사건에서 '채권자가 채무인수자를 상대로 제기한 채무이행청구소송(전소)과 채무인수자가 채권자를 상대로 제기한 원래 채무자의 채권자에 대한 채무부존재확인소송(후소)은 그 청구취지와 청구원인이 서로 다르므로 중복제소에 해당하지 않는다'는 취지로 판시한 바 있다.58) 이는 일응 부정설의 입장에 기초한 것으로 이해된다. 오늘날 국제소송의 맥락에서 소극적 확인의 소와 이행의 소 사이의 소송물 동일성을 긍정하는 것이 국제적 대세이고,59) 국제적 소송경합의 규율 목적을 달성한다는 차원에서도 이를 긍정하는 것이 타당하다.

다. 전소 계속 중의 후소 제기

우선주의를 적용함에 있어서 각 소의 소송계속 시점을 확정하는 것은 매우 중요한 문제이다. 그리고 '절차는 법정지법에 따른다(*forum regit processum*)'는 원칙에 따라서, 소송계속 시점은 각 소가 제기된 국가의 법에 따라 결정한다는 것이 전통적인 견해이다.60) 우리 민사소송법은 소송계속의 발생 시점에 관하여 명문의 규정을 두고 있지 않으나, 통설61)과 판례62)는 '소장 부본이 피고에게 송달된 때'에 소송계속 상태에

---

57) 강현중(주 2), 354; 김홍규/강태원(주 8), 309; 전병서(주 15), 264; 강희철(주 16), 22. 다만 원고피고역전형 소송경합의 경우에는 각 당사자의 이익 상황이 다르므로 각 소를 동일하지 않은 것으로 취급하여야 한다는 견해도 있다. 피정현(주 10), 610 참조.
58) 대법원 2001. 7. 24. 선고 2001다22246 판결. 국제적 소송경합 맥락에 관한 하급심 판결로는 서울고등법원 2013. 1. 17. 선고 2012나27850 판결이 있다(그 구체적인 분석은 위 Ⅰ의 2항 참조).
59) 유럽사법재판소는 앞서 본 *Tatry* 사건에서 이를 긍정한 바 있다.
60) 피정현(주 4), 609; 한충수(주 74), 901. 제2장-제1절-Ⅲ-2의 나.항 참조.

이른다고 본다. 따라서 예컨대 우리나라와 스위스에 제기된 소 사이의
경합이 문제되는 경우, 우리나라의 소송계속 시점은 우리 법에 따라 '소
장 부본이 피고에게 송달된 때'로 확정하고, 스위스의 소송계속 시점은
'절차의 개시를 위한 첫 번째 행위가 행해진 때(예: 소장이 법원에 접수
된 때)'로 확정하여 양자의 선후를 비교하여야 한다.[63]

　'전소 계속 중의 후소 제기'라는 요건을 충족하기 위해서는 내국소송
의 변론종결시까지 외국소송이 계속 중이어야 한다. 즉 국내와 외국의
양 소(訴)가 동시에 계속하여야 하며, 만약 일방의 확정판결이 성립된
경우라면 이는 국제적 소송경합의 문제가 아니라 외국판결의 승인 문제
로 전환된다.

라. 적극적 승인예측

　승인예측설의 결정적인 약점은 승인예측을 어느 시점을 기준으로 할
것인지 등에 관한 기준이 불분명하고, 그러한 기준이 세워진다 하더라
도 장래 내려질 외국판결의 승인 여부를 판단하는 것이 쉽지 않으며, 그
정확성이 담보되지도 않는다는 것이다. 승인예측설에 의하면 어느 특정
한 시점을 기준으로 승인 예측 여부를 판단하여야 하는데, 그 과정에서
소송의 동태적 속성이 간과될 수 있다.[64] 이를 고려하여 독일에서는 '승

---

61) 이는 소장 부본이 피고에게 송달된 때에 비로소 법원, 원고, 피고 사이의 삼면
　　적 법률관계(三面的 法律關係)가 성립되어 당사자들이 소송목적에 관하여 공
　　격 또는 방어를 할 수 있다고 보기 때문이다. 이시윤(주 15), 286; 전원열(주
　　50), 82.
62) 대법원 1989. 4. 11. 선고 87다카3155 판결 등 참조.
63) 소송계속 시점 결정에 관한 어려움을 해결하기 위하여, 우리 개정 국제사법은
　　국제적 소송경합에 한하여 '소의 선후(先後)는 소를 제기한 때를 기준으로 한
　　다'고 규정하는 특칙을 두고 있다(제11조 제5항).
64) 한충수(주 3), 50. 특히 장차 내려질 외국판결을 승인한 결과가 우리나라의 공
　　서에 반하는지 여부를 판단하는 것은 어려운 문제일 것이다. 이헌묵(주 8), 107

인예측'이란 적극적인 승인예측(*positive Anerkennungsprognose*)을 의미한다고 본다.[65] 즉 법원은 장래의 외국판결의 승인가능성이 높은 정도로 수긍되면 승인예측을 인정할 수 있다. 이러한 기준은 우리나라에서도 타당하다고 보인다.[66] 비록 외국에서 내려질 판결의 승인 가능성에 관한 예측이 쉽지는 않지만, 법원으로서는 변론종결 시점을 기준으로 외국에서 내려질 판결의 승인 가능성을 민사소송법 제217조가 규정한 요건의 심사를 통해 판단하여야 할 것이다.

마. 권리보호의 이익

예컨대 외국에서 먼저 제기된 소가 지나치게 지연되거나, 그 소 제기 자체가 소권 남용적인 것이거나,[67] 그 밖에 외국에서의 소송계속에도 불구하고 우리나라에서 별도로 소송절차를 계속할 이익이 있는 경우[68]에는 국제적 소송경합에도 불구하고 후소(後訴)인 내국 소송절차를 진행할 이익이 있을 것이다. 국내의 중복제소금지 원칙에 대해서는 이러한 예외가 인정되지 않지만,[69] 국제적 소송경합 맥락에서는 이처럼 소송경

참조.

[65] Stein/Jonas, Kommentar zur Zivilprozessordnung(23. Auflage), Mohr Siebeck, 2014, § 261 para. 61.

[66] 강희철(주 16), 23은 '승인될 개연성이 상당히 높으며 승인에 대하여 중대한 의문을 제기할 만한 특별한 사유의 존재가 없는 정도의 예측가능성'이면 충분하다고 설명한다.

[67] 외국의 소 제기 자체가 소권 남용적인 경우에는 공서위반으로 인해 외국에서 내려질 판결에 대한 승인 가능성이 부정될 여지가 있다.

[68] 국내에서의 시효중단, 제소기간의 준수 등을 위해 소제기가 필요한 경우가 그러하다. 한충수(주 23), 900; 호문혁(주 55), 159.

[69] 이와 달리 우리 민사소송법 제267조 제2항의 재소금지원칙이 적용되기 위하여는 소송물이 동일한 외에 권리보호의 이익도 동일하여야 하므로, 종전 소송과 다른 권리보호의 이익이 인정되는 경우에는 재소금지의 원칙이 적용되지 아니한다(대법원 1997. 12. 23. 선고 97다45341 판결 등 참조). 한충수(주 3), 65 이하

합에도 불구하고 권리보호의 이익이 있는 경우에는 내국소송을 진행하
도록 하는 예외를 인정할 여지가 크다.[70] 독일에서도 외국의 전소(前訴)
가 지나치게 지연되어 당사자에게 권리보호의 참을 수 없는 침해가 발
생하는 경우에는 외국의 전소(前訴)가 고려되지 않을 수 있다는 예외가
인정되고 있음은 앞서 본 바와 같다. 따라서 특별한 권리보호의 이익이
인정되는 예외적인 경우에는 내국소송이 허용될 것이다.

바. 법원의 직권조사

국내의 중복제소금지 원칙[71]과 달리 국제적 소송경합은 법원의 직권
조사사항인지 여부가 문제될 수 있다. 민사소송법 제259조를 (유추)적용
한다는 관점에서 보면, 전소(前訴)인 외국소송이 계속되어 있고 그 소송
절차에서 내려질 판결이 우리나라에서 승인될 것으로 예측된다는 사실
은 소극적 소송요건으로서 법원의 직권조사사항이라 할 것이다.[72] 중재
절차와 소송절차가 경합하는 경우 이른바 '방소항변(妨訴抗辯)'이 항변사
항인 것을 보면 언뜻 외국소송의 계속 사실 자체는 당사자의 항변사항
이라고 생각할 여지도 있을 것이나, 국제적 소송경합은 중재와 달리 국
가의 재판권 행사라는 공적 이익과의 관련성이 더 크므로 외국소송의
계속 사실 자체도 직권조사사항이라고 함이 타당하다. 따라서 소송기록
상 전소인 외국소송이 계속한 사실이 드러남에도 법원이 그 소송절차에
서 내려질 판결의 '적극적 승인예측' 여부에 관하여 심리하지 않는 것은

는 국제적 소송경합에 대하여 중복제소금지의 원칙이 아니라 재소금지의 법리
를 유추적용함이 타당하다고 주장하면서 여기서 논하는 권리보호의 이익의 근
거를 위 재소금지원칙에서 찾는다. 그러나 이러한 주장은 받아들이기 어렵다.
70) 호문혁(주 478), 159.
71) 소가 중복제소에 해당하지 아니한다는 것은 소극적 소송요건으로서 법원의 직
권조사 사항이다(대법원 1990. 4. 27. 선고 88다카25274, 25281 판결 등 참조).
72) 피정현(주 10), 611.

위법하다.

다만 승인예측설의 적용요건이 까다로우므로 실제 소송에서는 당사자들이 사실상 주장·증명에 대한 부담을 지게 되는 경우가 많을 것이다.[73] 외국소송 계속 사실과 적극적 승인예측을 뒷받침하는 사실에 관하여는 내국소송의 위법을 주장하는 피고에게, 외국판결의 공서위반 또는 내국소송에 인정되는 특별한 권리보호 이익에 관하여는 내국소송의 적법을 주장하는 원고에게 주장·증명에 대한 부담이 귀속된다 할 것이다.

2. 국제적 소송경합의 효과

가. 소송법상의 효과

앞서 본 것처럼 국제적 소송경합 상황에서 우리 법원에 제기된 소가 후소에 해당하고 외국법원에서 내려질 판결이 국내에서 승인될 것으로 예측되는 경우에는 원칙적으로 우리 법원에 제기된 후소를 각하하여야 한다. 다만 외국판결이 국내에서 승인될지 여부가 불분명한 때에는 변론기일을 추후지정하는 방법으로 사실상 절차를 중지할 수 있을 것이다. 외국소송이 전속적 국제재판관할합의를 위반하거나 소권을 남용한 것으로서 우리나라에서 승인될 수 없음이 인정되거나 외국에서의 소송지연이 심각하여 원고의 재판청구권을 침해하는 정도에 이른다고 인정될 때에는 소송경합에도 불구하고 국내의 소송절차를 계속 진행할 수 있다.

한편 우리 법원에 제기된 소가 전소(前訴)에 해당하는 경우라도 외국법원이 당해 사건을 심판하기에 더 적절한 법정지임이 인정되는 때에는 내국소송을 각하하거나 중지할 수 있다는 이른바 '부적절한 법정지의

---

73) 피정현(주 10), 612.

법리'에 의한 해결은, 현행법 하에서는 가능하다고 보이지 않는다.

나. 실체법상의 효과

1) 내국법원에 계속되었던 소가 국제적 소송경합을 이유로 각하되는 경우에, 외국법원에 제기된 소에 의하여 시효중단의 효과를 인정할 수 있는가의 문제가 제기된다.[74] 외국법원에 제기된 소에 관하여 승인예측 여부에 따라 시효중단의 효과를 인정하자는 견해,[75] 시효의 중단을 승인예측 여부라는 불확실한 요소에 맡기는 것은 법적 안정에 지장을 준다는 점 등을 들어 시효를 중단하고자 하는 사람은 민법 등 채권의 준거법에서 정한 절차를 밟아 시효의 진행을 중단시켜야 할 것이라는 견해[76] 등이 제시된다. 생각건대 외국법원에 제기된 소가 적법하고, 그 소송절차에서 내려진 판결이 우리나라에서 승인될 것으로 예측되는 때에는 우리나라에서도 시효중단의 효과를 인정할 수 있을 것이다. 다만 외국법원에 제기된 소로써 시효중단의 효과를 인정받을지 여부가 불분명한 경우에는 국내에 소재한 채무자의 책임재산에 가압류·가처분을 하는 등보다 적극적인 시효중단 조치를 취할 필요가 있다.[77]

2) 소제기에 따른 소장부본 송달로써 하는 최고, 계약의 취소·해제·해지 등의 의사표시는 사법상의 의사표시에 불과하므로 소의 각하 등의 경우에도 아무런 영향을 받지 않는다.[78]

---

74) 소멸시효가 절차의 문제인지 실체의 문제인지가 논란되나, 우리나라에서 소멸시효는 실체의 문제로 성질결정 된다. 석광현, 국제사법 해설, 박영사, 2013, 25.
75) 김홍엽(주 4), 361; 이시윤(주 15), 290.
76) 강현중(주 2), 144.
77) 다만 앞서 본 것처럼 이러한 경우 내국소송에 대하여도 특별한 권리보호의 이익이 있다고 할 수 있으므로, 내국소송이 각하되기 전에 소멸시효 중단을 위한 소송으로서 특별한 권리보호이익이 있는 경우임을 주장, 증명할 수도 있을 것이다.
78) 김홍엽(주 4), 362.

III. 국제적 관련 소송의 취급

1. 국제적 관련 소송에 관한 규율의 필요성

국내의 중복제소금지 원칙의 해석과 관련하여, 사건의 동일성을 엄격하게 요구하는 경우에는 '모순·저촉되는 재판을 방지한다'는 목적은 달성할 수 있어도 중복제소금지 원칙의 다른 목적인 '소송경제를 도모하고 피고의 이중의 소송수행을 방지한다'는 목적은 달성하기 어렵게 된다는 지적이 이어져 왔다. 원고로서는 실질적으로 동일한 사건을 청구취지만 달리하여 여러 번 제소할 수 있기 때문이다. 기판력은 이미 법원의 판단을 거친 확정판결의 효력에 관한 것이지만, 중복제소금지 원칙은 원고가 구성한 사실적·법률적 구성에 기초한 기판력에 대한 예측을 근거로 판단이 이루어지므로 중복제소금지 원칙에서의 사건의 동일성을 기판력에서의 그것과 동등하게 적용하는 것이 타당한가라는 근본적 의문이 제기되는 것이다.[79] 이러한 점에서 중복제소금지 원칙을 적용할 때에는 사건의 동일성을 '소송물이 동일한 사건'에 한정하지 않고 이를 완화하려는 경향이 나타났다.

우리나라와 일본 등지에서 논의되는 사건의 동일성을 완화하는 견해들로는 ① '실질적으로 동일 사건으로 볼 수 있는 경우'에는 제한적으로 중복소송금지원칙의 유추적용을 할 수 있다는 견해,[80] ② 청구의 기초 또는 주요쟁점이 동일한 때에는 사건의 동일성을 인정하여야 한다는 견해,[81] ③ 핵심적 사실관계가 동일한 때에는 사건의 동일성을 인정할 것이라는 견해,[82] ④ 소송물을 이루는 권리관계의 기초와 사회생활관계가

---

79) McLachlan, Lis Pendens in International Litigation, Brill, 2009, 112.
80) 김홍엽(주 4), 360.
81) 김홍규/강태원(주 8), 304.
82) 정동윤 외(주 4), 309; 피정현(주 10), 610.

동일하고, 주요한 법률요건사실을 공통으로 하는 경우에는 사건의 동일
성이 인정된다는 견해[83] 등이 있다. 사건의 동일성을 파악하는 구체적
인 기준에 대해서는 견해의 차이가 나타나고 있지만 중복제소금지 원칙
을 적용함에 있어서 사건의 동일성 개념을 완화할 필요가 있다는 문제
의식은 공통됨을 알 수 있다.

다만 국내에서는 이러한 주장이 강한 지지를 받지는 못하는 것으로
보인다. 중복제소금지 원칙의 효과가 엄격하기 때문이다. 사건의 동일
성이 인정되어 중복제소금지 원칙을 적용받게 되면 원고는 해당 청구를
소구할 수 없는 제약을 받게 되므로 재판청구권에 대한 중대한 제한을
받게 된다. 따라서 중복제소금지 원칙에 있어서 사건의 동일성 개념을
확장하는 데 주저할 수밖에 없다.

그러나 보통법계뿐만 아니라 대륙법계에서도 이른바 '관련 소송(關聯
訴訟, related actions 또는 related proceedings)'이라는 개념으로 청구의 사
실적, 법률적 기초가 같은 사건들이 여러 법원에 제소되는 경우 이를 규
율하기 위한 시도들이 이루어져 왔다. 우선 보통법계에서 활용되어 온
'부적절한 법정지의 법리'는 그 적용을 위하여 엄격한 사건의 동일성 개
념을 요구하지 않고, 전체 분쟁이 일거에 해결될 수 있도록 밀접하게 관
련된 청구(closely related claims)들이 함께 심판될 이익을 중요하게 고려
한다.[84] 대륙법계에서도 관련 소송이 계속된 다른 법원을 위하여 소송
절차를 중지하는 것을 허용하는 입법례가 나름대로 발달해 온 것이다.

브뤼셀 I recast 규정이 제30조 제1항에서 "관련 소송이 상이한 회원
국들의 법원에 계속한 때에는, 최초에 소송이 계속한 법원 이외의 법원
은 소송절차를 중지할 수 있다."고 규정하여 국제적 관련 소송에 관하여
명시적으로 규율하고 있음은 앞서 본 바와 같다.[85] 헤이그국제사법회의

---

83) 伊藤, 民事訴訟法(第5版), 有斐閣, 2016, 226.
84) McLachlan(주 79), 112.
85) 브뤼셀 I recast 규정에 관한 상세는 제3장-제3절-I 의 3.항 참조.

역시 '관할 프로젝트'를 진행하면서 국제적 관련 소송에 관한 규율을 새
로운 문서에 포함하는 것을 적극적으로 고려하고 있다.

2. 국제적 관련 소송의 규율 방법

가. '관련 소송'의 범위

관련 소송에 관한 규율을 논하기에 앞서 우선 관련 소송의 범위를 정
할 필요가 있다. 이는 중요한 문제이다. 우선 브뤼셀 I recast 규정 제30
조 제3항은 "서로 매우 밀접하게 관련되어 있어서 절차를 분리하는 경우
저촉되는 판결이 선고될 위험을 피하기 위하여 이를 병합하여 심리, 재
판할 필요가 있는 경우에는 소송은 본 조의 목적상 관련된 것으로 본
다."는 규정을 두고 있다. 이는 '관련소송'의 개념을 파악함에 있어서 '저
촉되는 판결이 선고될 위험'과 '병합하여 심리, 재판할 필요'를 고려하여
야 함을 보여준다. 그러나 위 고려사항들은 법원의 상당한 재량적 판단
앞에 놓여 있으므로 위와 같은 간주 규정이 명확한 지침을 제공해주지
는 못한다.[86] 오히려 유럽에서 통용되는 '관련 소송' 개념은 *Tatry* 사건
에서 더 의미 있는 시사점을 발견할 수 있다. 유럽사법재판소는 *Tatry* 사
건에서 '어느 소송이 기초하고 있는 사실과 법의 규칙'이 동일한 경우에
관련 소송의 성격을 인정한 바 있다. 한편 영국 귀족원은 브뤼셀 협약
제22조(브뤼셀 I recast 규정 제30조)가 규정한 '관련 소송'의 개념을 적
용하여 소송절차의 중지를 함에 있어서 법원은 청구원인과 개별 쟁점 사
이의 동일성을 비교하기보다는 '광범위한 상식적 접근(broad commonsense
approach)'을 하여야 한다고 판시하였다.[87]

국제중재의 맥락에서는 관련 사건을 수평적 관련 사건과 수직적 관

---

86) McLachlan(주 79), 156.
87) *Sarrio S. A. v Kuwait Investment Authority*, [1999] 1 AC 32 (HL)

련 사건의 유형으로 나누어 설명하기도 한다. 예컨대 석유시추사업장에서 사고가 발생하여 석유시추사업 주체와 그 사업장에서 각각의 임무를 수행하던 여러 수급인들 사이에 책임소재에 관한 분쟁이 발생한 경우에는 수평적 관련 사건, 선박소유자가 정기용선자를 상대로 선박의 손상에 관한 책임을 묻고 정기용선자는 다시 하위의 항해용선자를 상대로 그에 관한 책임을 묻는 경우에는 수직적 관련 사건으로 분류한다. 이때 관련 사건은 사실적·법률적 쟁점과 당사자가 부분적으로 중첩되는 사건들을 의미한다.[88]

완화된 사건의 동일성에 관하여 여러 학설이 나뉘는 것처럼 관련 소송의 개념 내지 범위를 어떤 기준으로 정할지는 쉽지 않다. 필자는 '판결의 결론에 이르기 위하여 심판이 필요한 핵심적인 사실적 또는 법률적 쟁점이 동일한 사건'이 계속된 경우에 이를 관련 소송으로 보고자 한다. 관련소송의 범주를 이른바 '쟁점차단효(爭點遮斷效, issue preclusion)'가 미치는 범위와 같게 보는 것이 일응 유력한 기준이 될 것이다.

나. 국제적 관련 소송에 관한 법적 규율 방식

국제적 소송경합은 국내의 중복제소 문제와는 다른 성질을 가지므로 하므로 소송물 개념을 넓은 의미로 해석하여야 한다는 견해도 제시된다.[89] 이는 앞서 1.항에서 본 사건의 동일성을 완화하여 보는 견해와 상통한다. 이 견해는 아마도 관련 사건의 이송이나 병합이 용이하지 않은 국제소송의 특성을 고려한 것으로 생각된다.

그러나 관련 소송에 대하여 엄격한 우선주의를 그대로 적용하면 원고의 재판청구권을 지나치게 제한하는 결과를 초래할 수 있다. 관련 소송의 유형이 다양하고, 다른 법원에 관련 소송이 먼저 제기되는 상황이

---

88) Hobér, "Res Judicata and Lis Pendens", Recueil Des Cours Vol. 366, 2013, 246.
89) 한충수(주 74), 900.

나 그 이유도 다양할 것이다. 그럼에도 불구하고 일률적으로 우선주의
를 적용하여 소를 각하할 수 있도록 하는 것은 어떠한 분쟁을 해결하고
자 하는 당사자들의 재판청구권에 대한 지나친 제약이 될 수 있다. 따라
서 국제적 관련 소송에 대하여 국제적 소송경합에 관한 법적 규율을 유
추적용하는 것은 타당하지 않다. 그보다는 이른바 '사건 관리(事件 管理,
case management)' 차원의 재량적이고 유연한 규율을 하는 것이 바람직
하다. 현재로서는 국제적 관련 소송이 있는 경우에는 법원이 변론기일
추정 등의 방법으로 합리적이고 탄력적인 기일 운영을 하는 방법이 최
선일 것으로 보인다. 입법론적으로는 관련 소송에 관한 규율을 두는 것
이 바람직하다.

한편 브뤼셀 Ⅰrecast 규정 제30조 제2항은 최초로 소송이 계속된 법
원에 관련 사건을 병합하기 위하여 각 회원국의 법원이 당사자 일방의
신청에 의하여 관할권의 행사를 거부할 수 있다고 정하고 있다. 사건의
이송과 병합은 관련소송에 대한 현실적이고 효과적인 해결책이 될 수
있다. 그러나 국제소송의 맥락에서는 위와 같이 한 국가의 법체계에 대
한 상위규범이 있어야만 가능하다. 헤이그 국제사법회의는 '관할 프로젝
트'에서 사건의 역외 이송을 포함한 사법체계 간 공조 방안을 도입하는
방안을 논의 중인데, 이는 야심찬 도전이라 할 수 있다.

제2절 개정 국제사법 해설 및 개선사항 검토

I. 개정 국제사법 제11조

1. 승인예측설과 부적절한 법정지 법리의 결합

가. 개정 국제사법 제11조와 제12조의 관계

개정 국제사법 제11조는 우선주의와 승인예측설에 기초한 국제적 소송경합에 관한 규칙을, 제12조는 예외적인 사정에 의한 국제재판관할권의 불행사에 관한 규칙을 정한다. 제12조는 보통법계에서 유래한 부적절한 법정지의 법리를 제한적인 요건 아래 채용한 것으로 이해된다.[90] 국제적 소송경합 해결이라는 관점에서 보면, 개정 국제사법은 대륙법계와 보통법계의 접근방식을 동시에 채택하고 있으므로 양자의 관계를 어떻게 설정해야 하는지가 문제된다.

일본의 민사소송법과 인사소송법은 국제적 소송경합에 관한 명확한 규칙을 두고 있지 않으면서 '특별한 사정에 의한 소의 각하'에 관한 규정(민사소송법 제3조의9, 인사소송법 제3조의5)만을 두고 있다. 따라서 여전히 국제적 소송경합을 어떻게 해결하여야 할지에 관한 불확실성이 남아 있다. 이와 달리 우리 개정 국제사법은 국제적 소송경합을 규율하는 명시적인 규정을 포함하고 있다. 외국법원에 동일한 당사자 사이의 동일한 사건에 관한 전소가 계속한 때에는 내국법원에 계속한 후소에 대해서는 제11조 제1항 단서의 각 호가 정한 예외사유에 해당하지 않는

---

90) 석광현(주 31), 471.

한 승인예측설에 기초한 우선주의가 적용된다. 이처럼 명시적 규정을 두고 있으므로, 외국법원에 전소가 계속한 국제적 소송경합 상황에 대하여는 개정 국제사법 제11조가 제12조에 우선하여 적용된다. 따라서 제12조의 부적절한 법정지의 법리가 적용되는 경우는 원칙적으로, ① 현실적으로 소송경합이 발생하지 않았으나 당해 사건을 심리하기에 더 적절한 외국법원이 있는 경우, ② 현실적으로 소송경합이 발생하였으나 내국소송이 전소여서 제11조가 적용되지 않는 경우로 한정된다.[91] 다만 제11조 제1항 단서 제2호가 '법원에서 해당 사건을 재판하는 것이 외국법원에서 재판하는 것보다 더 적절함이 명백한 경우'에는 우선주의가 적용되지 아니함을 명시하고 있으므로, 실질적으로는 우리나라에 제기된 소가 후소인 국제적 소송경합 상황에서도 부적절한 법정지의 법리가 간접적으로 작동한다.[92] 이는 전소가 계속된 외국이 더 적절한 법정지인지 여부를 고려하지 않는 대륙법계의 전통에 수정을 가한 것이다.

요컨대 개정 국제사법은 국제적 소송경합이 현존하는 경우 제11조에 정한 승인예측설에 기초한 우선주의에 의하여 해결할 것을 원칙으로 하지만, 부적절한 법정지의 법리에 기초한 재량적 판단을 가미하여 구체적인 국제재판관할권 행사의 적합성 보장을 도모하고 있다. 제12조의 부적절한 법정지의 법리에 관한 규칙은 제11조의 국제적 소송경합에 관한 규칙보다 더 일반적으로 적용되는데, 국제적 소송경합의 맥락에서는 외국법원보다 내국법원에 먼저 소송이 계속한 경우에 의미가 있다.

---

91) 이헌묵(주 8), 145는 개정 국제사법 제12조를 '전소 법원에 재량권을 주는 경우'로 설명하고 있다.

92) 다만 제12조의 부적절한 법정지의 법리가 우리 법원의 관할권 행사를 배제하는 방향으로 작용한다면, 제11조 제1항 제2호 단서의 부적절한 법정지의 법리는 우리나라 법원의 관할권 행사를 강화하는 방향으로 작용한다는 점에서 차이가 있다.

나. 우선주의 적용의 요건

당사자의 동일성과 사건의 동일성, 전소인 외국소송절차에서 내려질 외국판결에 대한 적극적 승인예측 등 우선주의를 적용하기 위한 요건은 기본적으로 현행법의 해석론과 동일하다.[93] 다만 개정 국제사법은 우선주의 적용에 관한 두 가지 예외를 명시한다(제11조 제1항 단서). 첫째, 전속적 국제재판관할의 합의에 따라 대한민국 법원에 국제재판관할이 있는 경우(제1호). 이는 오늘날 헤이그 관할합의협약, 브뤼셀 I recast 규정, ALI/UNIDROIT 원칙 등에 의해서 광범위하게 승인되고 있는 전속적 국제재판관할합의의 효력을 고려하여 그와 같이 합의된 관할법원에 우선권을 부여하는 것이다. 둘째, 대한민국 법원에서 해당 사건을 재판하는 것이 외국법원에서 재판하는 것보다 더 적절함이 명백한 경우(제2호). 이는 부적절한 법정지의 법리 적용의 결과를 우선주의의 예외 요건으로 둔 것으로서, 이 규정을 통해 우선주의 적용 여부에 관한 법원의 재량이 크게 확대된다.

2. 임의적인 소송절차의 중지

개정 국제사법은 국제적 소송경합에 따른 법률효과에 관하여 '임의적인 소송절차의 중지'를 규정하고 있다(제11조 제1항). 승인예측설에 기초한 우선주의 적용의 효과라는 측면에서 보면, 독일은 후소인 내국소송의 각하를 원칙으로 하고 있으면서도 실무상으로는 소송절차의 중지가 지배적으로 활용되고 있고, 프랑스, 스위스와 브뤼셀 I recast 규정은 모두 후소인 내국소송의 소송절차를 중지하는 것으로 정하고 있음은 앞서 본 바와 같다.[94] 이처럼 우선주의를 적용한 효과로서 소의 각하보

---

93) 석광현(주 80), 469.
94) 다만 프랑스에서는 이러한 효과가 법률규정이 아니라 판례에 의해 인정된다.

다는 소송절차의 중지를 채택한 입법례가 우세하게 나타나는데, 이는 '외국판결의 승인예측'이라는 요건이 본질적으로 높은 불확실성을 수반하기 때문이다. 섣부른 소의 각하는 당사자에게 불필요한 비용과 노력의 부담, 그리고 무거운 법률상 위험(예: 소멸시효의 완성)을 안겨줄 수 있다. 따라서 입법정책으로는 승인예측설에 기초한 우선주의 적용의 효과로서 후소의 소송절차를 중지하는 방법이 후소를 각하하는 방법보다 더 효율적이고 안전하다. 현행법의 해석론상 후소인 내국소송의 소송절차를 중지할 수 있는지에 관한 불분명함이 있는데, 개정 국제사법은 이를 입법적으로 해소한 것이다.

소송절차의 중지는 임의적이다. 개정 국제사법은 설령 내국소송이 후소인 경우에도 법원이 사안에 따라 소송절차를 중지하지 않을 수 있는 여지를 열어두고 있다. 독일과 스위스, 그리고 브뤼셀 I recast 규정에서는 승인예측설에 기초한 우선주의의 효과로서 법원이 필요적으로 소의 각하 또는 중지와 같은 조치를 하도록 정하고 있다. 다만 독일과 스위스에서는 외국의 소송절차가 지나치게 지연되는 경우에는 그 절차에서 내려질 외국판결의 승인이 예측되더라도 법원이 외국 소송절차를 고려하지 않을 여지가 열려 있다. 이는 승인예측설에 기초한 우선주의 적용에 있어서 허용되는 법원의 재량을 의미한다. 프랑스의 판례에 의하면, 국제적 소송경합의 경우에 후소인 내국 소송절차의 중지 여부는 법원의 재량에 맡겨져 있다. 이처럼 각국의 입법례가 승인예측설에 기초한 우선주의를 적용함에 있어서 후소에 대한 법원의 조치에 재량의 여지를 허용하는 것은 국제적 소송경합에서는 우선주의에 따른 효과를 엄격하게 적용하였을 때 구체적 사안에 따라 소송경제와 공정의 실현, 당사자의 권익보호 측면에서 부당한 경우가 있기 때문이다. 이러한 점에서 보면 법원의 재량을 허용하지 않는 엄격한 우선주의를 관철하는 브뤼셀 I recast 규정은 실질적으로 단일한 법체계를 지향하는 유럽연합의 이상(理想)이 반영된 것으로서 오히려 예외적인 규율이라고도 할 수 있다. 앞서 본 것처럼 우리 현행법의 해석론으로도 특별한 권리보호의 이익이 인정되는 예외적인 경우에는 후소인 내국소송에 대하여 법원이 어떠한 조치를 하지 않을 수 있음이 인정된다. 개정 국제사법이 승인예측설에 기초한 우선주의 적용의 효과로서 소송절차의 중지를 임의적인 것으로 정한 것은 특별한 권리보호의 이익이 인정되는 예외적인 경우에 법원이 재량을 행사할 수 있다는 취지를 규정한 것으로 이해된다. 여기서 허용되는 법원의 재량은 부적절한 법정지의 법리의 적용에서 허용되는 것과 같은 광범위한 재량이 아니라, 구체적 사안에서 부당한 결과를 회피하기 위하여 행사되는 제한적인 재량이라고 해석하는 것이 입법취지에 부합하는 해석일 것이다.

법원은 소송절차를 일단 중지하였더라도 외국법원이 본안에 대한 재판을 하기 위하여 필요한 조치를 하지 아니하는 경우 또는 외국법원이 합리적인 기간 내에 본안에 관하여 재판을 선고하지 아니하거나 선고하지 아니할 것으로 예상되는 경우에 당사자의 신청이 있으면 중지된 사건의 심리를 계속할 수 있다(제11조 제4항). 이는 법원이 일단 내국 소송절차를 중지하였더라도 당사자의 재판청구권 또는 권리실현의 보장을 위하여 사후적으로 이를 교정할 수 있도록 한 것이다.

한편 법원은 대한민국 법령 또는 조약에 따른 승인 요건을 갖춘 외국의 재판이 있는 경우에는 동일한 당사자 사이에 동일한 사건으로 대한민국 법원에 제기된 소를 각하하여야 한다(제11조 제3항). 이는 엄밀히 말하면 소송경합 상황에 관한 것이 아니라 외국판결의 승인에 따른 내국소송의 취급에 관한 문제이다.[95] 이 조항은 외국판결이 승인 요건을 갖추었을 때 우리 법원이 취해야 할 조치를 '소의 각하'로 명확히 하였다는 의미가 있다.

---

95) 오정후, "국제사법 개정안의 국제재판관할 ―개정안의 편제와 총칙의 검토―", 민사소송 제22권 제2호, 2018, 83.

3. 소의 선후에 대한 특례

개정 국제사법 제11조 제5항은 "제1항에 따라 소송절차의 중지 여부를 결정하는 경우 소의 선후(先後)는 소를 제기한 때를 기준으로 한다."고 규정한다. 이는 국제적 소송경합이 쟁점이 된 경우에 한하여 적용되는 소송계속 시점에 관한 특칙이다. 국제적 소송경합이 쟁점이 된 경우, 현행법하에서는 각국의 소송계속 시점에 관하여 '절차는 법정지법에 따른다'는 국제사법 규칙을 매개로 하여 각국의 국내법이 정한 소송계속 시점에 의해 그 선후를 정하게 된다. 그러나 이러한 방법에 의할 때 법원에 심리의 부담을 안겨줄 뿐만 아니라 당사자들도 소송계속의 선후를 쉽게 파악하기 어렵다는 문제가 있다. 이에 국제적 소송경합에서 '소송계속 시점'에 관하여는 입법적 해결이 요구된다는 견해가 있었다.[96] 개정 국제사법 제11조 제5항은 그와 같은 입법적 요청을 수용하여 '소의 선후(先後)'에 관한 통일된 실질법 규범을 마련한 것이다. 따라서 적어도 우리나라에서 국제적 소송경합이 문제되는 경우에는, 외국의 소가 어느 나라에서 제기되었는지 여부를 불문하고 '소를 제기한 때'를 기준으로 소송의 선후를 결정하게 된다.[97] 여기서 '소를 제기한 때'는 원칙적으로 원고가 소장을 법원에 제출한 시점을 의미한다.[98] 우리나라에서 소송경

---

96) 한충수(주 23), 901.

97) 스위스 역시 소송계속 시점에 관한 특칙을 두고 있다(국제사법 제9조 제2항). 그러나 해당 규정은 스위스에서의 소송계속에 관하여만 규율하는 것으로 이해된다. 이와 달리 개정 국제사법 제11조 제5항은 소송계속의 시점에 관한 자족적인 실질법 규정이라고 이해함이 타당하다.

98) 우리나라 민사소송법 제248조는 '소제기의 방식'이라는 제목 아래 "소는 법원에 소장을 제출함으로써 제기한다."고 규정한다. 한편 제소전화해(提訴前和解) 절차에서 화해가 성립되지 아니하여 당사자가 소제기 신청을 한 경우(민사소송법 제388조), 독촉절차에 의한 법원의 지급명령에 대하여 채무자가 이의한 경우(민사소송법 제472조), 민사조정 사건에서 조정이 성립하지 아니하거나 조정에 갈음하는 결정에 대한 이의신청이 있는 경우(민사조정법 제36조)에는 지

합은 전통적으로 '소송계속'을 전제로 한 개념이라는 점에서 이러한 규율이 논리적으로 어색한 측면은 없지 않다.[99] 그러나 이는 법원의 심리부담을 덜고 당사자의 예측가능성을 보장할 수 있는 실질법 규범을 마련하기 위한 입법적 결단이었다고 이해할 수 있을 것이다. 그런데 여기서 다시 외국법원이 '소제기'의 개념 또는 시점을 우리나라와 달리 파악하는 경우에는 그 '소제기'의 개념·시점을 우리 민사소송법에 의해 파악할 것인가 아니면 당해 외국 민사소송법에 의해 파악할 것인가라는 문제가 발생한다.[100] 우리 민사소송법의 '소제기(= 원고가 소장을 법원에 제출하는 행위)'에 상응하는 행위가 이루어진 때를 기준으로 하는 것이 개정 국제사법의 입법취지에 부합하는 해석이라고 생각된다.[101]

한편 개정 국제사법 부칙 제2조는 "이 법 시행 당시 법원에 계속(係屬) 중인 사건의 관할에 관해서는 종전의 규정에 따른다."고 규정하는데, 소의 선후 결정에 관하여도 위 규정이 적용된다. 따라서 내국소송의 소송계속 시점이 개정 국제사법 시행 전인 경우에는 종전의 법리에 따라 '소가 계속된 각국의 국내법이 정한 소송계속 시점'을 기준으로 소의 선후를 정하고, 내국소송의 소송계속 시점이 개정 국제사법 시행 이후인 경우에는 법률규정을 따라 '각국 법원에 우리 민사소송법의 소제기에 상응하는 행위가 이루어진 때'를 기준으로 소의 선후를 정하게 된다. 개

급명령신청이나 화해·조정신청을 한 때에 소가 제기된 것으로 간주된다.

99) 오정후(주 95), 84.

100) 예컨대 독일 민사소송법은 법원에 대한 소장의 제출이 아니라 피고에 대한 소장의 송달로써 '소제기'가 이루어지고(제253조 제1항), 그러한 '소제기'에 의해 소송계속이 생긴다고 분명히 규정한다(제261조 제1항). 우리 민사소송법학에서도 '소제기'의 소송법적 효과로서 소송계속이 발생한다고 설명하나, 소제기 시점과 소송계속 시점에 차이가 있어 논리적인 어색함이 있다. 이는 우리나라가 독일 민사소송법을 계수하면서 '소제기'를 독일법과 달리 정하여 생긴 오류라고 설명된다. 상세는 오정후, "소송계속에 관하여", 서울대학교 법학 제54권 제1호, 2013, 161 이하 참조.

101) 다만 석광현(주 80), 470은 이러한 취지가 명확한지는 의문이라고 한다.

정 국제사법 제11조 제5항의 적용 여부를 내국소송의 소송계속 시점에 의해서 결정하는 것이 다소 어색하지만, 현재 개정 국제사법이 채택한 경과규정의 내용상 이러한 해석이 합리적이다.

II. 개정 국제사법 제12조

1. 부적절한 법정지의 법리의 수용

국제재판관할권의 불행사에 관한 개정 국제사법 제12조는 비단 국제적 소송경합이 있는 경우에 그 적용범위가 한정되지 않는다. 개정 국제사법 제12조는 보다 일반적인 의미에서 우리 법원이 국제재판관할권을 가지고 있음에도 재량적으로 이를 행사하지 않을 근거를 마련한 규정이다. 따라서 국제적 소송경합이 발생하지 않은 경우에도 우리 법원이 제12조를 근거로 국제재판관할권을 행사하지 않고 소송절차를 중지하거나 소를 각하할 수 있다.[102]

법원은 직권에 의해서는 국제재판관할권을 행사하지 않을 권한을 가지지 못하고, 본안에 관한 최초의 변론 전에 이루어진 '피고의 신청에 의하여' 만 국제재판관할권 불행사 여부를 판단할 수 있다(제12조 제1항). 이 경우 법원은 소를 각하하거나 소송절차를 중지하는 조치를 하기 전에 원고에게 의견을 진술할 기회를 주어야 한다(제12조 제2항). 당사자(원고)는 법원의 소송절차 중지 결정에 대해서 즉시항고를 할 수 있다(제12조 제3항). 원고는 소를 각하하는 판결에 대해서는 항소할 수 있을 것이다. 이처럼 개정 국제사법 제12조는 법원의 재판관할권 불행사에 대한 당사자(특히 원고)의 청문권 보장을 중요하게 고려한다. 어쨌든 개

---

102) 이헌묵(주 31), 420 이하는 개정 국제사법 제12조의 규정을 두는 데 부정적인 의견과 그 근거를 밝히고 있다.

정 국제사법 제12조는 피고가 국제재판관할권이 있는 외국법원에서 당
해 사건을 심리하여야 함을 적극적으로 주장할 것을 요건으로 하므로,
대개는 외국법원에 다른 소가 제기되어 있거나, 적어도 그 법원에 다른
소가 제기될 것이 요청되는 상황을 전제로 한다. 그러나 국제적 소송경
합의 맥락에서 제12조는 내국소송이 전소인 경우에 한하여 적용된다고
해석됨은 앞서 본 바와 같다.[103]

2. '예외적인 사정이 명백히 존재할 때'

가. 외국 법정지의 적절성의 정도

외국법원이 분쟁을 해결하기에 내국법원보다 미세한 비교 우위에 있
다고 우리 법원이 국제재판관할권을 불행사할 수 있는 것이 아니다. 우
리 법원이 당해 사건을 심판하기에 부적절하고 국제재판관할을 가지는
외국법원이 더 적절하다는 사정이 명백한 때에 한하여 예외적으로 국제
재판관할권을 행사하지 않을 수 있다. 외국법원이 당해 분쟁을 해결하
기에 더 적절함이 명백하다는 것에 대한 증명책임은 절차의 중지를 신
청하는 피고에게 귀속한다.

나. 적절성 판단의 기준

외국법원과 내국법원 사이의 '적절성' 여부를 판단함에 있어서 어떠
한 요소들을 고려하여야 하는지에 관하여 개정 국제사법은 별도의 규율
을 하고 있지 않다. 어차피 법원이 이를 판단함에 있어서 당해 소송을
둘러싼 제반 요소들을 고려하여야 할 것이기 때문에 이를 예시하는 것

---

103) 이헌묵(주 31), 415도 동지.

은 큰 의미가 없다는 측면이 고려된 것이다.[104] 그러나 법원이 특히 중
요하게 고려하여야 할 몇 가지 사항을 가려내면 법원 판단의 합리성과
예측가능성을 높일 수 있을 것이다.

　적절성 판단의 고려사항은 앞서 본 일본, 중국, 영국, 미국의 예를 참
고하여 정할 수 있다. 특히 일본 민사소송법 제3조의9는 "사안의 성질,
응소에 의한 피고의 부담 정도, 증거의 소재지 그 밖의 사정"을 고려의
대상으로 명시하는데, 이는 특히 유력한 참고자료가 될 수 있다고 본다.
또한 일본 민사소송법은 관할권 행사 여부 판단에 직접적으로 영향을
미치는 요소가 '당사자 사이의 형평'과 '적정하고 신속한 심리'임을 명시
하는데, 이는 개정 국제사법의 해석론으로도 유의미하게 고려할 수 있
다. 즉 피고의 방어권 보장과 응소의 부담, 외국에서 소송을 제기하는
것에 대한 원고의 부담, 법원의 편향성에 관한 우려 등과 같이 당사자의
공평(형평)에 영향을 미치는 요소와 증인과 증거의 소재, 국제사법공조
의 가능성, 다수당사자소송에 관한 고려, 준거법, 승소판결의 집행 가능
성 등과 같이 재판의 적정·효율에 영향을 미치는 요소를 종합적으로 고
려할 것이다.[105] 필자는 이른바 '공익적 요소(public interest factor)'는 고
려요소가 되지 않는다고 본다.[106] 미국과 중국이 부적절한 법정지의 법
리를 적용함에 있어서 공익적 요소를 고려하는 것은 미국과 중국의 사
법체계의 특수성이 반영된 것으로 생각된다. 다만 우리나라와 당해 사
건 사이에 밀접한 관련성이 있는지는 고려될 필요가 있다. 이는 공익적
요소를 고려하는 것이라기보다는 원고의 남용적인 법정지 쇼핑을 통제
하기 위한 것이다.[107]

---

104) 석광현(주 31), 472.
105) 유재풍(주 11), 189 이하 참조.
106) 한충수, "국제재판관할과 관련된 우리 판례의 현주소 -ALI/UNIDROIT의 국제
　　민사소송원칙과의 비교를 중심으로-", 변호사 제37집, 2007, 389. 이와 달리 석
　　광현(주 31), 472는 미국 연방대법원이 판시한 공익적 요소와 사익적 요소를
　　모두 고려하여야 한다고 한다.

3. 국재재판관할합의가 있는 경우의 예외

만약 당사자 사이에 대한민국 법원에 대한 국제재판관할합의가 있는 경우에는 법원이 부적절한 법정지의 법리를 적용할 수 없다(제12조 제1항 단서). 국제재판관할합의는 전속적일 것을 필요로 하지 않는다.[108] 우리나라 법원이 당사자의 합의에 의하여 국제재판관할을 가지는 경우에는, 당사자의 예측가능성과 법적안정성을 보장하기 위하여 법원의 재량에 의한 국제재판관할권의 불행사의 가능성을 제한할 필요성을 고려한 규정이다.[109]

III. 개정 국제사법에 대한 개선사항 검토

1. 개정 국제사법에 대한 평가

개정 국제사법이 제11조에 국제적 소송경합을 규율하는 명시적인 규정을 둠으로써 국제적 소송경합의 해결과 관련한 당사자들의 예측가능성을 높은 수준으로 보장할 수 있게 되었다. 필자는 개정 국제사법이 국제적 소송경합에 관한 명시적인 규정을 포함하고 있는 것 그 자체로서 커다란 진보를 이룬 것이라고 본다. 구체적으로 보면, ① 종래의 다수설과 하급심 판결례를 따라 승인예측설에 기초한 우선주의를 원칙으로 명확히 채택한 점, ② 우선주의 적용의 예외로서 대한민국 법원을 법정지로 하는 전속적 국제재판관할합의가 있는 경우를 명시한 점, ③ 우선주의 적용의 효과로 법원이 할 조치로서 '소송절차의 중지'를 명확히 채택

---

107) 헤이그 재판협약 제7조 제2항 참조.
108) 석광현(주 31), 473은 위 예외 문구는 당사자들이 대한민국 법원에 대한 전속적 관할합의가 아닌 부가적 관할합의를 한 경우에 실익이 있다고 설명한다.
109) 석광현(주 31), 473.

하고, 소송절차의 중지에 대하여 당사자(원고)가 다툴 수 있는 절차를 마련한 점,110) ④ 우선주의 적용에 따른 법원의 조치를 임의적인 것으로 함으로써(임의적인 소송절차의 중지) 우선주의를 적용함에 있어서 구체적인 타당성을 도모할 수 있도록 한 점, ⑤ 외국의 소송절차가 지나치게 지연되는 경우 내국소송을 계속 진행할 수 있는 근거를 명확히 한 점은 현행법의 해석론상 개선이 필요하였거나 입법을 통해 분명히 할 필요가 있던 부분을 적절히 정리한 것으로서 그 타당성을 수긍할 수 있다.

개정 국제사법 제12조는 부적절한 법정지의 법리를 엄격한 요건 아래 제한적으로 도입한 것으로서, 대륙법계를 계수한 우리나라에 법제에서는 참신한 규정이다. 그러나 이웃 나라인 일본과 중국에서는 이미 부적절한 법정지의 법리를 변형하여 수용한 바 있다. 이는 사안 또는 당사자와의 관련성을 기준으로 삼아 연결소(連結素, connecting factor)를 추출하고, 그 연결소를 관할원인으로 삼아 국제재판관할권을 인정하는 대륙법계의 전통적인 국제재판관할규칙이 때로는 그 경직성으로 말미암아 구체적 타당성을 결여하게 된다는 문제점에 대한 인식이 반영된 것으로 볼 수 있다. 개정 국제사법 제12조 역시 법원에 일정한 재량을 부여함으로써 국제재판관할규칙의 경직성을 완화하고 구체적인 사건에서 합리적으로 국제재판관할을 배분하기 위한 규정이다. 필자는 현행법의 해석론으로서는 부적절한 법정지의 법리를 적용할 수 없지만, 법률로써 법원의 국제재판관할권 불행사의 근거와 그에 관한 절차가 마련된다면 부적

---

110) 현행법의 해석론으로는 소송절차를 중지할 수 있는지 자체가 분명하지 않을 뿐만 아니라, 국제적 소송경합을 이유로 한 소송절차의 중지가 허용되지 않으므로 '변론기일의 추후지정'을 통해서 사실상 소송절차의 중지 효과를 실현할 수 있다는 견해도 유력하게 제시된다(필자도 같은 견해이다). 이러한 해석론에 의할 때에는 당사자가 변론기일의 지정신청을 하는 외에 법원의 위와 같은 조치에 대해서 정식으로 다툴 기회가 보장되지 않는다. 개정 국제사법 제11조는 소송절차의 중지라는 해결방법을 명확히 한 것뿐 아니라 그에 대해서 다툴 수 있는 기회를 보장한다는 점에서도 긍정적으로 평가할 수 있다.

절한 법정지의 법리의 제한적 도입의 타당성을 수긍할 수 있다고 본다. 개정 국제사법 제12조를 적용함으로써 법적안정성이나 당사자들의 예측 가능성이 훼손될 수 있다는 우려는 피할 수 없지만, 법원이 국제사법 제12조를 합리적으로 적용한다면 당사자들에게 보다 적절한 법정지를 제공하는 수단이 될 수 있을 것이다. 국제사법 제12조 도입의 성패는 궁극적으로 법원의 역할에 달려 있다고 말할 수 있다.[111]

2. 개정 국제사법의 개선사항

앞서 본 것처럼 필자는 대체로 개정 국제사법에 포함된 국제적 소송 경합에 관한 규정(제11조), 부적절한 법정지의 법리에 관한 규정(제12조)의 타당성을 수긍한다. 다만 다음의 사항은 향후 개선이 필요하다는 의견을 조심스럽게 제안한다.

가. 제11조 제1항 단서 제2호의 예외

개정 국제사법 제11조 제1항 본문은 승인예측설에 기초한 우선주의를 원칙으로 규정한다. 그리고 단서에서는 그에 대한 두 가지 예외를 규정한다. 그중 '전속적 국제재판관할합의에 따라 대한민국 법원에 국제재판관할이 있는 경우'(제1호)를 예외로 둔 것이 타당함에는 별다른 의문이 없다. 문제는 '법원에서 해당 사건을 재판하는 것이 외국법원에서 재판하는 것보다 더 적절함이 명백한 경우'(제2호)이다.

개정 국제사법 제11조 제1항 본문은 승인예측설에 기한 우선주의 적용에 따른 법원의 조치(소송절차의 중지)를 임의적인 것으로 정함으로써 법원에 이미 구체적 타당성 실현을 위한 재량 영역을 열어두고 있다.

---

111) 석광현(주 31), 473 이하 참조.

필자는 우선주의를 원칙으로 할 때 법원에 허용되는 재량 영역은 위와 같이 법원의 조치를 임의적인 것으로 하는 정도로 충분하다고 본다. 추가적인 재량 영역을 허용하는 제11조 제1항 단서 제2호로 인하여 우리 개정 국제사법이 국제적 소송경합에 관하여 어떠한 정책을 채택하고 있는지 그 정체성이 모호해진다.[112] 위 조항으로 인하여 실무상 외국소송이 제기된 법정지의 적절성이 빈번히 다투어질 것이고, 법원으로서는 내국법원과 외국법원 사이에 법정지의 적절성을 심판하여야 할 것이다. 결국 국제적 소송경합에 관한 심리의 중점이 우선주의의 적용이 아니라 부적절한 법정지의 법리의 적용으로 옮겨질 가능성이 적지 않다.

그러나 대륙법계의 법 전통을 계수한 우리나라에서는 승인예측설에 기초한 우선주의에 의해 국제적 소송경합을 해결하는 것이 논리적으로 자연스럽고, 당사자의 예측가능성 보장이라는 관점에서도 바람직하다. 제11조 제1항 본문이 이를 규정함으로써 원칙으로 채택하고 있다. 제12조에서 일반적인 관할원칙으로서 부적절한 법정지의 법리에 기초한 국제재판관할권의 불행사를 규정하고 있는바, 법원의 재량에 의한 관할배분의 적절성을 보장하기 위한 조치는 그것으로 충분하다. 그리고 국제적 소송경합의 맥락에서, 내국소송이 후소인 경우에는 제11조 제1항 본문이 정한, 승인예측설에 기초한 우선주의가 제12조 제1항이 정한 부적절한 법정지의 법리에 우선한다고 해석하는 것이 타당하다.[113] 그런데 제11조 제1항 단서 제2호는 우선주의를 적용함에 있어서 다시 전소가 제기된 외국법원이 적절한 법정지인지에 대한 심리를 예정하고 있으므로, 위와 같은 법체계의 일관성과 균형을 깨뜨리는 효과를 낸다.[114]

---

112) 독일, 프랑스, 스위스 등 대륙법계에서는 전소가 적절한 법정지에서 제기된 것인지에 관하여 심판하지 않는다. 더욱이 후소가 제기된 법원에서 전소 법정지의 적절성 여부를 심판하는 것은 보통법계의 입법례까지 고려하더라도 이례적인 입법례로 볼 수 있다.

113) 이와 달리 내국소송이 전소인 경우에는 제12조 제1항에 의해서 우리나라가 적절한 법정지인지를 심판해볼 수 있을 것이다.

앞선 논의를 요약하자면 다음과 같다. 개정 국제사법 제11조 제1항 본문, 단서 제1호, 제4항에 의하여 ① 대한민국을 전속관할로 하는 국제재판관할합의가 있는 경우, ② 외국소송이 지나치게 지연되는 경우, ③ 그 밖에 특별한 권리보호의 이익이 있는 경우에 대하여 법원이 우선주의에 대한 예외로서 구체적 타당성 있는 결과를 실현할 수 있는 여지를 열어두고 있다. 여기에 더하여 ④ 대한민국이 외국보다 해당 사건을 심리하기에 더 적절한 법정지임이 명백한 경우까지 우선주의에 대한 예외를 규정하는 것은 구체적 타당성을 과도하게 고려한 것이다. 이 예외로 인하여 당사자들의 예측가능성과 법적안정성이 저하되고, 법원의 심리부담도 가중될 것으로 예상된다. 앞서 본 것처럼 제11조 제1항 단서 제2호는 법체계의 정체성과 논리적 일관성을 해하는 측면도 있다. 그러므로 필자는 제1항 단서의 예외로서는 제1호의 내용만을 규정하는 것이 더 바람직하다고 본다.

나. 제11조 제3항

개정 국제사법 제11조 제3항은 "법원은 대한민국 법령 또는 조약에 따른 승인요건을 갖춘 외국의 재판이 있는 경우 같은 당사자 간에 그 재판과 동일한 소가 법원에 제기된 때에는 그 소를 각하하여야 한다"고 규정한다.[115] 이는 동일한 당사자 사이의 동일한 사건에 관한 외국판결이

---

114) 이헌묵(주 31), 419 역시 개정 국제사법 제11조 제1항 단서 제2호는 제11조 제1항 본문에서 정한 법원의 조치(소송절차의 중지)를 임의적인 것으로 하는 재량, 제12조의 재량과 더불어 3중의 재량을 구성한다고 설명하고, 이러한 재량들 상호간의 관계가 불명확하며 과도한 재량은 중복제소금지 원칙을 형해화시킬 수 있는 문제가 있다고 지적한다.

115) 스위스 국제사법은 "스위스 법원은 스위스에서 승인될 수 있는 외국의 재판이 그에게 제출된 때에는 즉시 소를 각하한다."는 규정을 두고 있다(제9조 제3항). 브뤼셀 I recast 규정 역시 회원국과 제3국의 소송경합에 관하여 제3국

확정되고 그 외국판결이 우리나라에서 승인 요건을 갖추었을 때 우리 법원이 취하여야 할 조치를 정한 것이다. 위와 같은 경우에는 민사소송법 제217조가 정한 외국재판 승인의 법리가 아니라 개정 국제사법 제11조 제3항이 정한 국제적 소송경합의 법리에 따라 소를 각하하라는 취지이다.[116) 이러한 해결방식에 대하여는, 외국판결이 확정된 경우에는 이미 국제적 소송경합이 아니라 외국판결의 승인 문제로 전환되는 것임에도 불구하고 외국판결의 승인 법리가 아니라 국제적 소송경합의 법리에 의해 사안을 해결할 논리적 근거가 뚜렷하지 않다는 비판이 있다.[117) 우리 판례에 의할 때, 원고피고 공통형 소송임을 전제로, 외국판결이 청구기각의 판결이면 우리나라에서도 청구기각의 판결을 하며, 외국판결이 청구인용의 판결이면 우리나라에서는 소 각하 판결을 하여야 한다. 개정 국제사법 제11조 제3항은 외국판결의 결론(주문)과는 무관하게, 우리나라에 계속된 소를 각하할 것을 정하고 있으므로, 위 조항은 언뜻 기존의 법리로부터 이탈하는 것으로 보이기도 한다. 그러나 개정 국제사법 제11조 제3항의 개정 경과에 비추어 보면, 개정 국제사법 제11조 제3항은 국제적 소송경합이 있던 중에 전소인 외국의 소송절차에서 판결이 선고(확정)되어 국제적 소송경합 상태가 해소되고, 그 외국판결이 우리나라에서 승인요건을 갖추게 되면 우리나라에 계속된 후소를 각하하라는 취지로 제한 해석함이 타당하다. 본래 국제사법 개정안을 마련하는 과정에서, 2018년 국제사법 개정안 제11조 제3항은 "법원은 우리 법령 또는 조약에 따른 승인 요건을 구비한 외국 재판이 제출된 때에는 제1항의 소를 각하하여야 한다."고 규정하고 있었다. 이와 같은 조항의 취지는 외국 전소에서의 판결 선고(확정)으로 국제적 소송경합 관계가 해

의 법원에서 승인 가능한 판결이 확정된 경우 회원국 법원이 소를 각하하여야 함을 규정한다.

116) 석광현(주 31), 470.

117) 오정후(주 95), 83.

소되고, 그 판결이 우리나라에서의 승인 요건을 갖춘 경우에는 법원이 후소인 국내 소송절차의 처리방법으로서 소를 각하하라는 간명한 지침을 제공하는 것이었고, 거기서 더 나아가 일반적으로 외국재판의 승인의 법리에 변경을 가하려는 것이 아니었다.[118] 이는 주로 제1항의 결정에 의해 중지되어 있는 소송절차를 예정한 것이지만, 반드시 소송절차가 중지되어 있을 것을 필요로 하는 것은 아니다. 그리고 이러한 취지는 위 문언에 의하여 쉽게 알 수 있었다. 그런데 개정 국제사법 제11조 제3항은 그와 달리, "법원은 대한민국 법령 또는 조약에 따른 승인 요건을 갖춘 외국의 재판이 있는 경우 같은 당사자 간에 그 재판과 동일한 소가 법원에 제기된 때에는 그 소를 각하하여야 한다."고 규정하고 있다. 개정 국제사법 제11조 제3항의 문언은, 국제적 소송경합 상태에 있다가 그것이 전소인 외국 소송절차에서의 판결 선고(확정)로 해소된 상황에 한정하여 적용되는 것으로 해석되지 않고, 보다 일반적으로 외국재판의 승인 법리를 입법으로써 변경하려는 것처럼 해석되기도 한다. 더 나아가 그 문언 상으로는 언뜻 내국소송의 소 제기 당시 이미 승인 대상인 외국판결이 선고(확정)되어 있었던 경우에 적용되는 것처럼 읽히기도 한다.[119] 만약 입법자가 2018년 국제사법 개정안과 달리 일반적으로 외국재판의 승인 법리를 변경하려는 의사로 위와 같이 문언을 바꾼 것이라면, 당연히 이를 존중하여야 할 것이다. 그러나 문제는 그러한 입법자의 의사를 확인할 자료가 없다는 것이다. 2018년 국제사법 개정안은 제

---

118) 석광현, "2018년 국제사법 전부개정법률안에 따른 국제재판관할규칙: 총칙을 중심으로", 국제거래와 법 제21권, 2018, 96.

119) 이와 달리 2018년 국제사법 개정안은 국제적 소송경합 없이 외국의 판결이 선고(확정)된 뒤 비로소 우리나라에서 소가 제기된 때에는 제11조 제3항이 아니라 외국판결의 승인 법리를 적용할 것을 전제하고 있다. 석광현(주 118), 97 참조. 결국 2018년 국제사법 개정안 제11조 제3항에 의해 의도되었던 취지와, 개정 국제사법 제11조 제3항의 문언 상 해석되는 취지 사이에는 상당한 괴리가 있는 것으로 보인다.

20대 국회의 회기 만료로 폐기되었고, 정부가 2020. 8. 제21대 국회에 새로운 국제사법 개정안을 제출하였는데, 그 개정안에서 제11조 제3항의 문언이 위와 같이 변경되어 있었고, 적어도 필자가 확인할 수 있는 범위에서는 그러한 변경의 사유를 확인할 수 있는 근거는 없다. 그러므로 필자는 개정 국제사법 제11조 제3항의 문언이 현재와 같이 된 것은 입법기술 상의 오류라고 보고, 그 취지를 2018년 국제사법 개정안에 기초하여 파악하는 것이 옳다고 본다. 이것이 규정의 체계와 개정 경과를 통해 추정할 수 있는 입법자의 의사에 부합하는 해석이다. 궁극적으로는 제11조 제3항의 문언을 2018년 국제사법 개정안의 그것처럼 개정함으로써 그 취지를 분명히 하는 것이 필요하다고 생각된다.

다. 제11조 제5항

개정 국제사법에서 제11조 제5항을 통해 소의 선후 결정에 관하여 간결하고 명확한 지침을 제공하고자 한 시도는 높게 평가할 수 있다. 그러나 위 규정을 두는 것은 그 타당성을 수긍하기 어렵다. 첫째, 우리나라에서만 소의 선후에 관한 실질법 규정을 두는 것은 자칫 국제적 소송경합 상황에서 내려진 내국판결에 대한 외국의 승인·집행 거부를 초래할 수 있다. 예를 들어 우리나라와 일본에 동일한 당사자 사이의 동일한 청구에 관한 소송이 경합하는 상황에서, 우리나라에서 먼저 소가 제기되었으나 소송계속은 일본에서 먼저 발생한 경우를 가정해 보자. 우리 법원은 개정 국제사법 제11조 제5항에 근거하여 내국소송이 전소임을 전제로 본안의 실체에 관한 판결에 나아갈 것이나, 그 판결이 확정되어 일본에서 승인·집행이 요청되는 경우 위 판결은 후소 법원에서 내려진 판결로서 절차적 공서에 반한다는 이유로 승인·집행이 거부될 가능성이 높다. 승인·집행에 관한 판단은 승인이 요청되는 국가의 법(위 사안에서는 일본법)에 의하여 이루어지기 때문이다. 일정한 체약국 내에서 통용되는 협약 또는 유럽의 브뤼셀 I recast 규정처럼 국제적 공동체 내에서 규범력을 발휘하는 규칙에서 소송계속 시점에 관한 실질법 규정을 두는 경우, 그 협약 또는 규칙의 적용 범위 내에서 그러한 실질법 규정이 실효성을 발휘할 것을 기대할 수 있다. 그러나 한 국가가 국제사법을 뛰어넘어 실질법 규정을 두는 경우에는 앞선 예에서 보는 바와 같이 불필요한 법적 혼란을 야기할 수 있다는 것을 유의해야 한다.[120] 둘째, 소송계속이 있어야만 비로소 소송경합을 논할 수 있으므로 그 선후 판단 역시 소송계속 시점을 기준으로 하는 것이 논리적이다.[121] 현행법의 해석론은 물론 개정 국제사법 역시 전소인 '외국소송의 계속'과 후소인 '내국소송의 계속'을 전제로 국제적 소송경합을 규율한다(제11조 제1항). 그런데 정작 소의 선후는 소송계속 시점이 아닌 '소를 제기한 때'를 기준으로 판단한다는 규율 방식은 논리적 정합성이 떨어진다. 셋째, 개정 국제사법 제11조 제5항이 소의 선후와 관련된 국제사법적 쟁점을 모두 해소해주지 못한다.[122] 나라마다 '소 제기'의 개념을 달리하므로, '소 제기'를 우리나라 법을 기준으로 평가하여야 하는지 아니면 문제된 외국의 법을 기준으로 평가하여야 하는지 다시 국제사법적 문제가 발생한다. 필자는 앞서 우리나라 법을 기준으로 '소 제기'를 평가하는 것이 입법취지에 부합하는 해석이라는 견해를 밝혔는데, 이는 나름의 답을 내 놓은 것일 뿐이다. 개정 국제사법 제11조 제5항이 도입되더라도 국제사법적으로 여전히 불분명한 쟁점이 남아 있게 된다.

따라서 필자는 개정 국제사법 제11조 제5항의 규정을 두지 않는 것이 타당하다고 본다. 특히 우리 국제사법에 소의 선후에 관한 실질법 규정을 두는 것이 적합한지에 관하여는 근본적인 의문이 있다. 소의 선후에

---

120) 스위스 국제사법 제9조 제2항은 스위스에서의 소송계속 시점에 관하여만 특칙을 두고 있을 뿐이다. 이 규정을 통해서 국제적 소송경합 맥락에서 스위스에 계속된 소의 소송계속 시점이 '절차를 개시하기 위한 최초의 행위가 행해진 때'로 앞당겨진다.

121) 이헌묵(주 31), 401; 오정후(주 95), 84.

122) 이헌묵(주 31), 401.

관하여 국제적으로 통용되는 규칙에 의해 위 규정이 뒷받침된다면 모르겠으나, 현재로서는 위와 같은 규정을 두는 것은 시기상조이다. 다소 번잡하더라도 소송계속 시점을 국제사법적 접근방법에 의하여 각 법정지법에 의하여 정하는 것이 바람직하다고 생각된다.

라. 관련 소송에 관한 규율

엄격한 의미의 국제적 소송경합 외에 관련 소송에 관한 규율도 오늘날 중요한 쟁점으로 부각되고 있다. 관련 소송 문제는 근본적으로 관련된 사건을 병합하여 심리함으로써 가장 합리적이고 효율적으로 해소될 수 있다.[123] 개정 국제사법은 제6조에 국제소송에서 사건 병합의 기초가 되는 '관련 사건의 관할'에 관한 규정을 두고 있다. 이는 여러 개의 청구 가운데 어느 하나에 대하여 대한민국 법원에 국제재판관할이 있는 경우 '상호 밀접한 관련이 있는' 여러 개의 청구 모두에 대한민국의 국제재판관할을 인정하거나(제1항), 공동피고 가운데 대한민국에 일반관할이 인정되는 1인에 대한 청구와 다른 공동피고에 대한 청구 사이에 '밀접한 관련이 있어서 모순된 재판의 위험을 피할 필요가 있는 경우'에 공동피고에 대한 소를 하나의 소로 대한민국 법원에 제기할 수 있도록 한 것이다(제2항).[124] 가사사건에 대하여는 가사 본안사건에 부수하는 청구에 대하여 일반적인 관련 사건의 관할을 인정한다(제3항, 제4항).[125]

---

123) 미국의 연방이송 제도는 필요한 경우 사건을 이송 및 병합하여 심리하는 것이 법원의 재판관할권 행사와 당사자들의 이익을 효과적으로 보장하는 수단임을 보여준다. 제3장-제2절-Ⅲ의 2.항 참조.
124) 이에 관한 내용의 상세는 석광현(주 31), 456 이하 참조. 사건의 주관적 병합을 인정하게 되면 사건에 관한 피고의 관할이익을 부당하게 박탈하게 될 우려가 있어서 사건의 객관적 병합보다 그 요건을 엄격히 하고 있다.
125) 이규호, "소의 병합, 국제소송경합, 보전처분 및 해상사건에 대한 국제재판관할", 국제사법연구 제18권, 2012, 157 이하는 다양한 국제규범 또는 국제적 법

　그런데 이 관련 사건의 관할에 관한 규정만으로는 국제적으로 병행되는 관련 소송 문제를 해결하기에 부족하다. 관련 사건의 관할은 당사자들이 한 나라의 법원에 분쟁 해결절차를 집중시키고자 하는 의사를 가지고 있을 때에만 의미가 있기 때문이다. 국제적으로 병행되는 관련 소송 문제는 이와 달리 당사자들이 서로 다른 법정지에서 재판받기를 원하는 경우에 문제된다. 따라서 국제적으로 병행되는 관련 소송 문제를 해결하기 위해서는 어느 한 국가의 법원에 계속된 소송절차를 중지하는 등으로 절차 사이의 관계를 조율·조정하거나, 궁극적으로 법역을 넘어 사건을 이송 및 병합할 수 있는 시스템이 전제되어야 근본적인 해결이 가능하다.

　브뤼셀 I recast 규정은 관련 소송이 상이한 회원국들의 법원에 계속된 경우, 최초에 소송이 계속한 법원 이외의 법원은 소송절차를 중지할 수 있고, 최초로 소송이 계속된 국가의 법이 절차의 병합을 허용하는 경우에는 더 나아가 당사자의 신청에 의하여 관할권의 행사를 거부할 수 있다고 규정한다(제30조 제1항, 제2항). 프랑스의 판례는 관련 사건에 관한 규칙(민사소송법 제101조)을 국제적으로 관련 소송이 병행하는 경우에도 적용할 수 있음을 긍정한다. 지식재산의 국제사법에 관한 유럽 막스플랑크 그룹(European Max-Plank Group on Conflict of Laws in Intellectual Property: EMPG)이 2011년 발표한 '지식재산의 국제사법 원칙(Principles for Conflict of Laws in Intellectual Property, 이하 'CLIP 원칙'이라 한다)'126) 역시 관련 소송이 여러 국가의 법원들에 계속한 경우 최초 소송이 계속된 법원 이외의 법원들이 재량에 의해 소송절차를 중지할 수 있는 것으로 정하고 있다(제2:702조).127) 미국법률협회(ALI)가 2007년

───────────

원칙이 규정하고 있는 관련 사건의 관할에 대하여 소개하고 있다.
126) CILP 원칙에 대한 일반적인 소개는 우선 석광현, "국제지적재산권분쟁과 국제사법: ALI 원칙(2007)과 CLIP 원칙(2011)을 중심으로", 민사판례연구 제34집, 2012, 1065 이하 참조. 류재현, "CLIP 원칙의 소개 및 우리 법과의 비교 –준거법에 대한 규정을 중심으로-", 국제사법연구 제24권 제1호, 2018, 125 이하는 CLIP 원칙의 준거법 규정에 관한 분석을 상세하게 다루고 있다.

발표한 '지식재산: 초국가적 분쟁에서의 관할권, 준거법 및 재판을 규율
하는 원칙(Intellectual Property: Principles Governing Jurisdiction, Choice of
law and Judgments in Transnational Disputes, 이하 'ALI 원칙'이라 한다)'은
더 나아가 동일한 거래나 사건, 일련의 거래들 또는 사건으로 발생한 소
송이 여러 나라에 계속한 경우 최초 소송이 계속된 법원은 당사자의 절
차 조정 신청에 따라 공조, 사건의 병합 등을 통해 절차를 조정하는 결
정을 하여야 하고, 다른 법원들은 소송절차를 중지하는 등 그 결정을 따
르기 위한 조치를 하도록 정하고 있다(제222조, 제223조).[128]

국제적으로 병행하는 관련 소송에 대하여도 적절한 규율이 필요함은
앞서 본 바와 같다. 관련 소송에 대하여 ALI 원칙이 두고 있는 것과 같
이 사건의 법역 간 이송 또는 병합 가능성을 전제로 한 조치는 국제적으
로 통용될 수 있는 원리나 규칙에 의해 뒷받침 되지 않는 한 우리 법에
규율하기 어렵고, 설령 이를 규율하더라도 그 실효성을 보장할 수 없을
것이다.[129] 현재로서는 브뤼셀 I recast 규정과 같이 관련 소송이 계속된
경우에 법원의 재량에 의해 소송절차를 중지할 수 있다는 방식의 규정
을 둠으로써 관련 소송에 관한 불필요한 절차의 중복을 피하고 사법시
스템의 효율성을 증진할 수 있을 것이다.[130]

---

127) 그 내용의 상세는 석광현(주 126), 1090 참조.
128) 그 내용의 상세는 석광현(주 126), 1092 이하 참조.
129) 헤이그 국제사법회의는 '관할 프로젝트'를 진행하면서 사건의 법역 간 이송과
    병합을 포함한 광범위한 공조체계 마련 가능성을 검토하고 있다. 만약 이러
    한 공조체계를 실현할 수 있다면 국제적 소송경합 또는 병행하는 관련 소송
    의 문제는 근본적인 문제의 해결에 근접하게 될 것이다.
130) 브뤼셀 I recast 규정은 역내의 관련 소송에 관한 규정(제30조)과 역내소송과
    역외소송 사이의 관련 소송에 관한 규정(제34조)을 따로 두고 있다. 역내의 관
    련 소송에 관하여는 사건의 병합과 같은 강한 공조체계에 관한 규칙이 있는데
    비해(제30조 제2항), 역내소송과 역외소송 사이의 관련 소송에 관하여는 소송
    절차의 임의적인 중지(제34조 제1항) 정도의 느슨한 규칙만 있을 뿐이다. 우리
    가 현 단계에서 입법례로서 참고한다면 후자가 더 참고가치가 높을 것이다.

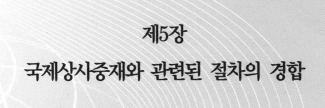

제5장

국제상사중재와 관련된 절차의 경합

제1절 중재절차와 소송절차의 경합

Ⅰ. 중재절차와 소송절차 경합 해결의 이론적 체계

1. 중재절차와 소송절차 경합의 특수성

국제적인 민사 및 상사분쟁 해결절차의 경합은 어떠한 사건에 대하여 심판할 권한을 가지는 법원 또는 중재판정부 사이에 우선권을 정하는 문제로 귀결된다는 점에서 근원적인 동질성이 있다. 다만 분쟁해결 수단의 차이에 따라 논리적 구조에 차이가 나타난다. '소송경합', '중재절차 상호간의 경합'은 그 구조가 유사한데, '중재절차와 소송절차의 경합'은 위 경우들과 그 논리적 구조가 다르다.[1]

소송경합의 경우, 각국의 법원은 기본적으로 자국의 국제재판관할규칙에 의하여 해당 사건을 심판할 '대등하고 합법적인 재판관할권(equal and legitimate jurisdiction)'을 가진다. 중재절차 상호간 경합의 경우에도, 각 중재판정부는 유효하고 이행가능한 중재합의에 의하여 해당 사건을 심판할 대등하고 합법적인 판정권한을 가진다.[2] 소송경합이나 중재절차

---

1) Bermann, International Arbitration and Private International Law, Brill/Nijhoff, 2017, para. 273-275. Bermann 교수는 소송경합과 중재절차 상호간의 경합은 구조적으로 완전한 유사성(entirely mirrors)을 가지는데 반해, 중재절차와 소송절차의 경합은 그보다 복잡한 구조를 가지고 있다고 설명한다. 필자는 중재절차와 소송절차의 경합과 관련한 '자기권한심사의 소극적 효과'와 관련하여서는 별도로 논문을 발간하였다. 이필복, "중재판정부의 자기권한심사의 소극적 효과", 서울대학교 법학 제63권 제1호, 2022, 91 이하 참조.

2) 만약 어느 한 중재판정부에 중재권한을 부여하는 중재합의가 무효나 이행불가능으로 판명되는 경우에는 중재절차 상호간 경합의 전제가 성립하지 않는다.

상호간 경합의 경우 어떠한 사건을 심판할 대등하고 합법적인 권한을
가지는 법정 중 어느 것이 해당 사건의 본안을 심리하는 것이 합당한가
를 판단할 규칙이 필요할 따름이다.[3] 이러한 규칙은 앞서 본 것처럼 우
선주의가 될 수도 있고, 부적절한 법정지의 법리가 될 수도 있다. 어떤
규칙을 채택하여 국제적 소송경합 또는 국제적인 중재절차 상호간 경합
을 해결할 제도를 설계할 것인가는 각 국가 또는 각 법체계의 입법정책
의 문제이기도 하다.

　이와 달리 중재절차와 소송절차의 경합 국면에 관하여 보면, 유효하
고 이행 가능한 중재합의가 있는 경우에는 중재판정부만이 해당 사건을
심리할 합법적인 권한을 가진다. 중재합의(仲裁合意, arbitration agreement)
란 일반적으로, '현재 발생하고 있거나 장래 발생할지도 모르는 분쟁을
중재에 의하여 해결하기로 하는 당사자 간의 합의'를 말한다.[4] 중재의
본질은 당사자 간의 합의로 일정한 법률관계에 관한 분쟁을 법원의 재
판에 의하지 아니하고 중재인의 판정에 의하여 해결한다는 데 있다.[5]
오늘날 '유효한 중재합의는 법원의 소송절차에 대한 장벽을 구성한다(a
valid arbitration agreement constitutes a bar to court proceedings)'는 원리는
중재제도를 이루는 핵심적 기초로 인정되고 있다.[6] 다시 말해 어떠한
분쟁과 관련한 유효한 중재합의가 있는 경우, 중재합의에 기초하여 구
성된 중재판정부만이 해당 분쟁을 심리할 전속적인 관할권을 가지게 되

---

3) Sheppard, Final Report on *Lis Pendens* and Arbitration: ILA Toronto Conference(2006)
　 on International Commercial Arbitration, ILA, 2006, para. 1. 8.
4) 목영준/최승재, 상사중재법 개정판, 박영사, 2018, 51. 우리 중재법 제3조 제2호
　 참조.
5) 중재법 제3조 제1호 참조. McLachlan, Lis Pendens in International Litigation, Brill,
　 2009, 191은 '국제재판관할권의 적극적 저촉'으로부터 유발되는 불확실성과 잠
　 재적 불편을 제거할 필요성은 거래 당사자들의 중재합의를 유발하는 강한 동
　 기가 된다고 설명한다.
6) Hobér, "Res Judicata and Lis Pendens", Recueil Des Cours Vol. 366, 2013, 195.

고, 법원은 해당 분쟁을 심리할 권한을 가지지 못하는 것이다.[7]

이처럼 중재와 소송 사이의 경쟁 관계는 중재제도 자체에 상존·내재해 있는 문제이다.[8] 따라서 이러한 원리는 상사중재에 관한 국제규범의 중요 규정들에도 반영되어 있다. 뉴욕협약 제2조 제3항은 "당사자들이 이 조에서 의미하는 합의[9]를 한 사항에 관한 소송이 제기되었을 때에는 체약국의 법원은, 전기 합의를 무효, 실효 또는 이행불능이라고 인정하는 경우를 제외하고, 어느 한쪽 당사자의 요청에 따라서 중재에 회부할 것을 당사자에게 명한다."고 규정하고 있고, 모델 중재법 제8조 제1항 역시 "중재합의의 대상이 된 사건이 법원에 제소되었을 경우로서, 일방 당사자가 그 분쟁의 본안에 관한 제1차 진술서를 제출하기 이전에 이에 관한 항변을 제기하면, 법원은 그 중재합의가 무효이거나, 실효하였거나, 또는 이행불능의 상태에 있는 것으로 판단되지 아니하는 한 당사자들을 중재에 회부하여야 한다."고 규정한다. 다만 중재합의에 위반하여 법원에 소가 제기된 때에 그 소를 어떻게 조치할 것인지는 각국의 입법에 맡겨져 있다. 모델 중재법을 수용한 우리 중재법은, 피고가 본안에 관한 최초의 변론에 앞서 중재합의가 있다는 이른바 '방소항변(妨訴抗辯)'을 하면 법원은 중재합의가 없거나 무효이거나 효력을 상실하였거나 그 이행이 불가능한 경우, 그리고 중재합의의 대상이 아닌 분쟁인 경우를 제외하고는 그 소를 각하(却下)하도록 정하고 있다(제9조 제1항).

---

7) Sheppard(주 3), para. 1. 9. 중재합의는 일단 강한 전속성의 추정을 받는다. 다만 모든 중재합의가 전속성을 가지는 것은 아니다. 선택적 중재조항이 그 예이다. 우리 대법원은 선택적 중재합의에 대해서는 조건부로 유효성을 인정하고 있다(대법원 2005. 5. 27. 선고 2005다12402 판결 등 참조).

8) Bermann(주 1), para. 276.

9) 뉴욕협약 제2조 제1항은 "각 체약국은, 계약적 성질의 것인지 여부를 불문하고, 중재에 의하여 해결이 가능한 사항에 관한 일정한 법률관계와 관련하여 당사자 간에 발생하였거나 또는 발생할 수 있는 분쟁의 전부 또는 일부를 중재에 회부하기로 약정하는 당사자 간의 서면에 의한 합의를 승인한다."고 규정하여 체약국의 중재합의 승인의무를 정하고 있다.

　이처럼 유효하고 이행 가능한 중재합의가 있는 경우에는 중재판정부만이 당해 분쟁을 심리할 전속적인 권한을 가지므로, 중재와 소송이 경합하는 경우 양자의 우선권을 정하는 문제는 과연 '유효하고 이행 가능한 중재합의가 존재하는가'를 확인하는 문제로 귀결된다.[10] 그런데 아래에서 보는 것처럼 중재판정부는 자신의 판정권한 유무를 판단하기 위하여 중재합의의 존재(existence), 유효성(validity),[11] 이행가능성(capability of being performed),[12] 그리고 범위(scope)(이하 이들을 통틀어 '중재합의의 유효성 등'이라 한다)를 심판할 권한을 가지고, 법원 역시 종국적으로 중재합의의 유효성 등을 심판할 권한을 가진다. 따라서 판정권한 유무, 즉 중재합의의 유효성 등을 심판할 권한이라는 맥락에서도 다시 중

---

10) McLachlan(주 5), 192.

11) 석광현 교수는 중재합의의 유효성 외에 중재합의에 특유한 유효요건 내지 중재합의의 적법요건으로서 '허용요건'을 별도로 고려의 대상으로 삼는다. 석광현, "해외직접구매에서 소비자의 보호: 국제사법, 중재법과 약관규제법을 중심으로", 국제사법과 국제소송(제6권), 박영사, 2019, 200. 이와 달리 김인호, "가맹사업계약에 포함된 부당하게 불리한 중재합의의 유효성", 비교사법 제27권 제2호(통권 제89호), 2020, 357은 중재합의의 성립 및 유효성과 별도로 허용요건을 고려할 필요가 없다고 한다. 한편 목영준/최승재(주 4), 69; 석광현, 국제상사중재법연구 제1권, 박영사, 2007, 27은 중재가능성(仲裁可能性, arbitrability) 없는 사항에 대한 중재합의는 무효이므로 넓게 보면 중재합의의 유효성 문제에 포함된다고 본다. 이와 달리 김인호, "중재가능성의 합리적 경계획정을 통한 국제중재의 증진", 비교사법 제23권 제3호(통권 제74호), 2016, 1152는 중재가능성이 없는 경우에 중재합의는 유효하나 중재의 대상인 특정한 유형의 분쟁에 대하여 중재합의가 이행될 수 없을 뿐이라고 한다. 중재합의의 유효성의 개념적 범주에 관한 이와 같은 상이한 인식을 유의할 필요가 있다.

12) 이 책에서는 중재합의가 '실효(inoperative)' 또는 '이행불능(incapable of being performed)'에 빠지지 않은 상태를 이행 가능한 상태라고 한다. 우리 중재법 제9조 제1항은 '실효'와 '이행불능'을 나누고 있으나, 이 책에서는 애초부터 무효인 경우를 '무효'로, 처음에는 유효하였지만 법원의 판단 시점에 효력이 실효되거나 이행불능에 이른 상태를 '이행불능'으로 취급한다. 강병근, 국제중재의 기본 문제, 한림과학원, 2000, 157 참조.

재판정부와 법원 사이의 우열을 정하는 것이 요청된다. 결국 중재절차
와 소송절차가 경합하는 경우에는, 중재판정부와 법원 사이의 본안에
관한 심판 권한의 우선권을 정하는 문제는 다시 중재합의의 유효성 등
에 관한 중재판정부와 법원 사이의 심판권한 배분 및 그 상호간의 우열
을 어떻게 정할 것인가의 구조로 전환된다. 그리고 이 단계에서 다시 우
선주의, 부적절한 법정지의 법리, 그리고 제3의 원리(아래에서 보는 '자
기권한심사의 소극적 효과'를 인정할 것인지 여부)를 적용할 것인가의
문제가 대두된다.

2. 중재판정부의 자기권한심사

어떠한 분쟁을 대상으로 하는 유효하고 이행가능한 중재합의가 있다
는 점에 대한 당사자들의 다툼이 없는 때에는 중재와 소송의 경합 문제
가 발생할 여지도 없다. 중재와 소송의 경합 문제는 중재합의의 유효성
등이 다투어지는 경우에 발생한다. 예컨대 중재합의의 대상인 계약의
일방 당사자가 중재조항에 기해 계약상 채무의 이행을 구하는 중재신청
을 하여 중재판정부가 구성되자 중재를 원하지 않는 상대방 당사자가
그 중재조항이 무효라고 주장하면서 중재판정부의 중재권한을 다투며
법원에 채무의 부존재를 다투는 소극적 확인의 소를 제기할 수도 있고,
반대로 일방 당사자가 중재조항의 무효를 주장하면서 법원에 계약상 채
무의 이행을 구하는 소를 제기하자 상대방 당사자가 방소항변(妨訴抗辯)
을 하면서 계약상 채무의 부존재 확인을 구하는 중재신청을 하여 중재
판정부에서 해당 분쟁을 심판하여 줄 것을 구할 수도 있다.[13]

---

13) 우리나라를 중재지로 하는 중재합의가 있는 경우, 당사자는 우리나라 법원에
중재합의의 부존재나 무효 등을 주장하면서 중재절차의 위법확인을 구하는 본
안소송을 제기할 수는 없다고 이해된다. 법원이 중재절차에 대하여 사법적 통
제로서 개입할 수 있는 경우는 중재법이 정한 경우에 한정되기 때문이다(중재

어느 경우에나 당해 분쟁에 관한 중재합의의 유효성과 이행가능성이
인정된다면 중재판정부가 사건을 심리할 권한을 가지게 된다. 그런데
뉴욕협약과 모델법은 '유효한 중재합의는 법원의 소송절차에 대한 장벽
을 구성한다'는 원리를 제공할 뿐 그러한 원리를 어떻게 적용할 것인가
에 관한 규칙, 즉 중재합의의 유효성 등의 심리와 판단을 어떻게 할 것
인가에 관한 규칙을 제공하지는 않는다.[14] 여기서 실무적으로 중요하게
제기되는 문제는 절차적인 문제, 즉 과연 법원과 중재판정부 중 누가 중
재합의의 유효성 등에 관한 심판을 할 권한을 가지는가의 문제이다.[15]

이에 관하여는 이론적으로 세 가지 해결 방법을 생각해볼 수 있다.[16]
법원에 심판 권한을 주는 방법, 중재판정부에 심판 권한을 주는 방법,
그리고 원칙적으로 양자 모두 심판 권한을 가지는 것으로 하되 소송경
합의 해결에 관한 규칙을 유추적용하여 법원과 중재판정부 중 어느 하
나에 우선적인 심판 권한을 귀속시키는 방법이 그것이다.[17] 마지막 방
법은 예컨대, 법원과 중재판정부 중 먼저 사건이 계속된 곳에 중재합의
의 유효성 등에 관한 심판 권한이 있다고 하거나(우선주의를 유추적용

법 제6조). 대법원 2004. 6. 25. 선고 2003다5634 판결 참조. 석광현(주 11), 436;
김인호, "중재판정과 법원재판의 조화적 그리고 갈등적 상호작용", 국제거래법
연구 제28집 제2호, 2019, 73 도 동지. 다만 석광현 교수는 중재판정부의 구성
전에는 법원이 위와 같은 소송에 대한 심판을 할 수 있다고 본다.

14) McLachlan(주 5), 47.

15) Sheppard(주 3), para. 1. 9.

16) 아래 세 가지 방법 외에 규율을 하지 않는 방안도 가능하다(규제소극설). 실제
로 이탈리아는 중재판정부와 법원 사이의 중재합의 유효성 등에 관한 권한의
충돌을 달리 규율하지 않고, 중재합의의 유효성 등에 관한 문제도 본안에 관한
실체의 문제로 보아 중재판정부와 법원 중 중재합의의 유효성 등에 관하여 먼
저 판단을 한 곳의 판단이 기판력을 가진다고 본다. 이에 관한 상세는
Poudret/Besson, Comparative Law of International Arbitration, Sweet&Maxwell, 2007,
para. 508 참조. 그러나 이러한 규제소극설은 절차의 중복으로 인한 비효율을
초래할 수 있다는 점에서 채택하기 어렵다.

17) Sheppard(주 3), para. 4. 6.

하는 경우),[18] 제반 사정을 고려하여 양자 중에 더 적절한 곳에서 중재 합의의 유효성 등에 관한 심판 권한을 가진다고 하는 것이다(부적절한 법정지의 법리를 유추적용하는 경우). 법원에 심판 권한을 주어야 한다 는 견해는 분쟁해결의 효율성과 당사자의 재판청구권 보장(이는 '공정 성'으로도 표현된다)을 주된 논거로 하고, 중재판정부에 심판 권한을 주 어야 한다는 견해는 그것이 중재제도의 취지에 부합한다는 것을 주된 논거로 한다.[19] 마지막 방법을 지지하는 견해는 국제적인 민사 및 상사 분쟁 해결절차 경합의 해결 방법을 '소송경합', '중재절차와 소송절차의 경합', '중재절차 상호간 경합'에 있어서 일관되게 관철하는 견해이다.

오늘날 국제적인 대세는 '중재판정부의 자기권한심사'를 인정한다. 즉 중재판정부는 그의 판정권한 존부를 스스로 판단할 수 있는 고유한 권한을 가지고 있다는 관념이 통용된다. 이를 '권한-권한 원칙(the doctrine of *competence-competence*)'이라고도 한다.[20] 뉴욕협약은 중재판정부의

---

18) 아래에서 보듯이 국제사법 개정 전의 스위스('Fomento 사건' 참조)는 우선주의 에 의하여 중재합의의 유효성 등에 관한 중재절차와 소송절차 간 심판 권한의 우선권을 정한다.

19) 목영준/최승재(주 4), 163; Barceló, "Kompetenz-Kompetenz and Its Negative Effect-A Comparative View", Cornell Legal Studies Research Paper, No. 17-40, 2017, 2. 아래에 서 보듯이 중재합의의 유효성 등에 관한 최종적이고 종국적인 심사는 중재지 의 법원에서 행하여지기 때문에, 법원에 판단 권한을 주는 경우 사후적으로 불 필요하였던 것으로 판정될 수 있는 중재판정부의 심사와 판단 절차가 진행되 는 것을 방지할 수 있다. 한편 박영길, "국제상사중재에 있어서의 분리원칙과 중재인의 자기관할권판정의 원칙", 중재연구 제13권 제2호, 2004, 215는 중재판 정부의 판정권한 유무 판단을 법원이나 그 밖의 조직에 위임하는 경우에는 당 사자가 판정권한을 다툴 때마다 중재절차를 중지하여야 하기 때문에, 중재절 차를 신속하게 처리하여야 한다는 중재제도의 목적과 이념에 반한다는 점을 지적한다.

20) '자기권한심사' 권한은 독일어로는 Kompetenz-Kompetenz라고 하고, 불어로는 'compétence de la compétence'라고 한다. 이는 독일에서 유래한 개념이다. 중재 판정부의 자기권한심사의 유래와 연혁 등에 관한 일반론에 관하여는 안병희, "중재법원과 국가법원과의 상관관계에 관한 연구", 연세대학교 대학원 법학박

자기권한심사에 관하여는 침묵한다. 그러나 모델 중재법 제16조 제1항
은 "중재판정부는 중재합의의 존부 또는 유효성에 관한 이의를 포함하
여 자신의 관할을 결정할 권한을 가진다."고 하여 중재판정부의 자기권
한심사 권한을 명문으로 규정한다. 그 밖에 1961년 국제상사중재에 관한
유럽협약(이하 '유럽협약'이라고 한다)21)을 비롯하여 많은 국내법과 중
재규칙들이 중재판정부의 자기권한심사 권한을 인정하고 있다. 모델 중
재법을 수용한 우리 중재법 역시 제17조 제1항에서 "중재판정부는 자신
의 권한 및 이와 관련된 중재합의의 존재 여부 또는 유효성에 대한 이의
에 대하여 결정할 수 있다."고 규정하여 중재판정부의 자기권한심사 권
한을 인정한다. 자기권한심사 권한의 이념적·이론적 원천은 법계에 따
라 다르게 설명되기도 하지만, 이것이 중재친화적인 법체계를 구현하기
위하여 필수적인 실용적인 원리(pragmatic principle)라는 점에는 국제적
으로 별다른 이견이 없다.22)

그러나 그렇다고 하여 오로지 중재판정부만이 중재합의의 유효성 등
에 관한 심판 권한을 전면적으로 독점하는 것이 아니다. 앞서 본 뉴욕협
약 제2조 제3항, 모델 중재법 제8조 제1항은 소를 제기 받은 법원이 당
사자로 하여금 당해 분쟁을 중재판정부에 회부하도록 할지 여부를 결정
함에 있어서 중재합의의 유효성 등에 관한 심판을 할 수 있는 것으로 규
정하고 있다. 그 심사의 강도(기준)와 중재판정부에 대한 관계에 있어서
심사권한의 우열(優劣)에 관하여는 아래에서 보는 논의들이 있지만, 적
어도 법원이 중재합의의 유효성 등에 관한 일정한 심판 권한을 가지는
것은 문언상 분명하다. 뉴욕협약과 모델 중재법이 전세계 중재법에 미
치는 광범위하고 실질적인 영향력을 고려할 때, 오늘날 대부분의 나라

사 학위논문, 2000, 37 이하 참조.
21) 유럽협약 제5조 제3항은 "판정권한이 문제된 중재인은 중재를 진행하여 그의
    판정권한에 대한 판단을 하여야 한다."고 규정한다.
22) Bermann(주 1), para. 100.

들은 중재합의의 유효성 등에 관한 법원의 심판 권한 역시 긍정하고 있을 것으로 보인다.[23]

결국 오늘날의 주도적인 이론적·제도적 흐름에 의하면, 소가 계속된 법원과 중재합의에 따라 구성된 중재판정부가 중재합의의 유효성 등에 관한 심판 권한을 공유한다. 여기서 중재합의의 유효성 등에 관한 법원과 중재판정부의 판단이 모순·상충될 위험이 발생하게 된다. 예컨대 분쟁해결방법에 관하여 중재합의가 있었던 계약의 일방 당사자로부터 소의 제기를 받은 법원이 그 중재합의가 무효라고 판단하여 소송절차를 계속 진행하고, 그 상대방 당사자의 중재신청에 따라 구성된 중재판정부는 이와 달리 같은 중재합의가 유효하고 이행 가능하다고 판단하여 중재절차를 진행하는 경우에는 소송절차와 중재절차가 동시에 진행되는 경우가 나타날 수 있다.[24] 그 반대로, 법원은 중재합의가 유효하고 이행 가능하다고 판단하여 소를 각하하였는데 중재판정부는 중재합의가 무효라고 판단하여 중재신청을 각하하는 경우가 나타날 수도 있다. 따라서 중재판정부의 판정권한에 대한 이의가 제기된 경우에 중재합의의 유효성 등에 관한 법원의 심판 권한과 중재판정부의 심판 권한 중 어느 것을 더 우선시킬 것인가가 중요한 문제로 대두된다.[25]

---

23) 모델 중재법을 수용한 우리나라 역시 중재법 제9조에서 법원의 중재합의의 존재, 유효성, 이행가능성, 그리고 중재조항의 적용범위에 관한 심판 권한을 긍정하고 있다.

24) 영국 항소법원의 *Deutsche Schachtbau und Tiefbohrgesellschaft v R'As Al Khaimah National Oil Co.,* [1990] 1 AC 295 (CA) 사건이 그러한 예를 보여준다. 이 사건에서 제네바의 ICC 중재판정부는 중재합의가 유효하다고 판단하여 종국적인 중재판정까지 나아갔고, 이와 달리 R'As Al-Khaimah의 법원은 착오 취소를 이유로 중재합의를 포함한 계약 전부가 취소되었음을 전제로 판결을 하였다. 영국에서 위 중재판정의 집행 절차가 진행되었는데, 영국 법원은 위 계약과 중재합의가 유효하다고 판단하여 그 집행을 허가한 바 있다. Scott, "Commentary: Practical Options When Faced with an Injunction Against Arbitration", Arbitration International Vol. 18, 2002, 333 참조.

3. 중재판정부의 자기권한심사에 대한 법원의 통제

중재합의의 유효성 등에 관한 중재판정부와 법원의 심판 권한 사이의 우열 문제와 개념적으로 구별하여야 하는 문제가 있다. 중재판정부의 자기권한심사에 대한 법원의 심사·통제 문제가 그것이다. 오늘날 대부분의 국가들은 중재판정부의 자기권한심사에 대하여, 최소한 중재판정 취소 절차 등을 통해 종국적·최종적으로는 중재지 법원의 심사·통제를 받도록 제도를 설계하고 있다.[26] 예컨대 모델 중재법 제34조 제2항 제1호 (ⅰ)은 중재합의가 무효인 경우를, (ⅱ)는 중재판정이 중재부탁된 범위에 속하지 아니하는 분쟁을 다룬 경우를 각각 중재판정의 취소사유로 규정하고 있다. 따라서 중재판정부가 자신의 판정권한을 긍정하여 중재판정에 나아간 경우에, 이에 불복하는 당사자는 중재판정 취소의 소를 통해서, 또는 중재판정 승인·집행의 단계에서 그 당부를 법원에서 다툴 수 있다.[27] 모델 중재법은 더 나아가 중재판정부의 판정권한에 대한 중재판정부와 법원의 동시통제(同時統制, concurrent control)를 제한적으로 허용한다. 중재판정부가 본안에 대한 종국적인 중재판정을 내리기 전에 법원이 중재판정부의 자기권한심사에 관여하는 체계를 동시통제라고 한다.[28] 모델 중재법 제16조 제3항은 중재판정부가 선결문제로서 자신의 관할권이 있음을 결정하는 경우에 당사자가 법원에 당해 사항을

---

25) Born, International Arbitration: Law and Practice, Wolters Kluwer, 2012, 52.

26) Hobér(주 6), 216; 안병희(주 20), 57.

27) 석광현(주 11), 433.

28) 동시통제 제도는 다액의 비용이 드는 장기간의 심리절차를 거친 후 중재판정이 내려졌는데 법원이 중재판정부의 판정권한 부존재를 이유로 중재판정을 취소하는 것은 심각한 시간과 비용, 노력의 낭비를 초래할 수 있다는 점을 근거로 마련되었다. 이러한 제도에 반대하는 견해는 동시통제가 절차에 대한 지연 책략 또는 방해 수단으로 활용될 수 있다는 점을 지적한다. 상세는 장문철, 현대중재법의 이해, 세창출판사, 2000, 125 이하 참조.

결정해 줄 것을 신청할 수 있다고 규정하는데, 중재판정부가 선결문제
로 자신의 권한을 긍정한 경우에 법원의 동시통제를 채택한 것이다.[29]
이처럼 중재판정부의 자기권한심사가 종국적으로 법원의 심사·통제를
받는 것은 자기권한심사의 내재적 한계이다. 즉 중재판정부의 자기권한
심사 권한은 일반적이고 무제한적이라고 할 수 없고, 결국 중재판정부
의 판정권한에 대하여 최종적으로 판단할 권한은 중재지의 법원에 주어
진다.[30] 그러나 소송절차와 중재절차가 경합하는 상황에서 중재판정부의
판정권한을 심판할 수 있는 시기적 우선권을 누구에게 귀속시키는가의
문제는 중재판정부의 판정권한 판단 자체가 종국적·최종적으로 법원의
심사·통제에 놓이는 것과는 별개의 문제이다.[31] 이는 법원과 중재판정부
사이의 관계설정과 상호작용 문제 전반을 관통하는 실제적인 절차 운용
에 관한 쟁점이다.[32] 이하에서는 항을 바꾸어 다시 이 내용을 살펴본다.

---

29) 석광현(주 11), 432. 우리 중재법은 종래 모델 중재법을 따라, 중재판정부가 선
   결문제로 자신의 판정권한을 긍정한 경우에 한하여 그에 불복하는 당사자가
   법원에 중재판정부의 판정권한에 대한 심사를 신청할 수 있는 것으로 정하고
   있었다. 2016년 중재판정부가 선결문제로 자신의 권한을 부정한 경우에도 동
   시통제를 허용하는 내용으로 중재법을 개정하였다. 이러한 개정 취지 및 그
   적용과 관련하여 발생할 수 있는 문제의 상세는 석광현, "국제상사중재에서 중
   재합의와 소송유지명령(訴訟留止命令, anti-suit injunction)", 국제상사중재법연구
   (제2권), 박영사, 2019, 111 이하 및 정선주, "2016년 개정 중재법 소고", 민사소
   송 제21권 제1호, 2017, 34 이하 참조.
30) 김용진, "중재와 법원 사이의 역할분담과 절차협력 관계 –국제적 중재합의 효
   력에 관한 다툼과 중재합의관철 방안을 중심으로–", 중재연구 제27권 제1호,
   2017, 89. 우리나라에서 중재법 제17조 제6항에 기한 중재판정부의 판정권한에
   관한 심사신청의 요건, 법원의 권한심사 결정에 대한 불복을 허용하지 않는 제
   17조 제8항의 의미에 관하여 설시한 판결로, 서울고등법원 2015. 1. 16. 선고
   2014나29096 판결(확정) 참조.
31) Greenberg/Kee/Weeramantry, International Commercial Arbitration: An Asia –Pacific
   Perspective–, Cambridge, 2011, para. 5.56.
32) 석광현, "한국에서 행해지는 ICC 중재에서 ICC 중재규칙과 한국 중재법의 상호
   작용", 국제상사중재법연구 제2권, 박영사, 2019, 373은 중재법 제17조는 그 문

4. 자기권한심사의 '소극적 효과(negative effect)'

중재합의의 유효성 등에 관한 중재판정부와 법원의 심판 권한 사이의 우선순위 문제는 중재판정부의 자기권한심사의 '소극적 효과(negative effect)'를 인정할 것인가라는 관점으로 논의되고는 한다. 우선 중재판정부가 스스로 자신의 판정권한 유무에 관하여 심판할 수 있다는 것을 자기권한심사의 '적극적 효과'라고 한다. 중재판정부가 자기권한심사를 함으로써 앞서 제2항에서 본 것처럼 중재판정부의 판정권한에 대한 법원과 중재판정부의 심판 권한이 공존하는 체계가 갖추어지는데, 이러한 효과가 바로 적극적 효과이다.[33] 여기서 한 걸음 더 나아가 법원은 중재판정부의 판정권한에 관한 판단이 있은 다음에야 비로소 중재판정부의 판정권한에 대해서 판단할 수 있다는 것, 즉 중재판정부의 판정권한 심판이 법원의 판정권한 심판보다 시기적으로 우선하여 행하여져야 한다는 것(chronological priority)을 자기권한심사의 '소극적 효과'라고 한다.[34] 자기권한심사의 소극적 효과를 인정하는 경우에는 설령 법원에 먼저 소가 제기된 경우라 하더라도 중재판정부가 우선하여 판정권한 유무를 심판할 권한을 가진다.[35] 자기권한심사의 소극적 효과를 인정하는가는 중재합의의 유효성 등에 대한 법원의 심사기준(standard of review)의 문제에도 직결된다.[36] 자기권한심사의 소극적 효과를 긍정하는 입법례는 법원이 중재합의의 유효성 등에 대한 심사를 할 수 없거나 적어도 '일응의

언과 성질상 강행규정이라고 보아야 한다고 설명한다.

33) Susler, "The English Approach to Compénce-Compétence", Pepperdine Dispute Resolution Law Journal Vol. 13, 2013, 427.

34) Sheppard(주 3), paras. 4. 12. 및 4. 13. 및 김용진(주 30), 88. 적극적 효과와 소극적 효과에 대한 이론적 설명은, Susler(주 33), 427 이하 참조.

35) Bermann(주 1), para. 106.

36) Born(주 25), 54; Wolff(eds.), New York Convention Commentary, C.H Beck·Hart·Nomos, 2012, 183.

심사(*prima facie* examination)'만을 할 수 있다고 보지만, 이를 부정하는 입법례는 법원이 중재합의의 유효성 등에 대하여 '전적인 심사(full examination/review)'를 할 수 있다고 본다.[37] 자기권한심사의 소극적 효과를 인정하고 그에 따라 '일응의 심사' 기준을 적용하는 입법례에서는, 법원은 일응 유효하고 이행 가능한 것으로 볼 수 있는 중재합의가 존재한다는 방소항변이 제출된 때에는 그 법원에 제기된 소를 각하하거나 중재합의의 유효성 등에 관한 중재판정부의 판단을 기다리기 위하여 소송절차를 중지하여야 한다고 규율하게 된다.[38]

　뉴욕협약은 중재판정부의 자기권한심사 자체에 대한 명시적인 규정을 두고 있지 않고, 모델 중재법 역시 제16조 제1항에서 자기권한심사의 적극적 효과만을 규정하고 있을 뿐 소극적 효과에 대해서는 침묵하고 있다고 이해된다.[39] 뉴욕협약과 모델 중재법은 중재합의의 대상인 사건이 법원에 제소된 때 법원이 중재합의의 유효성과 이행가능성을 판단하여 그것이 인정될 때에는 당사자들을 중재에 회부하여야 함을 정하고 있을 뿐이고, 법원에 제기된 소와 별도로 중재판정부에 중재합의의 대상인 사건이 계속된 경우—즉 소송과 중재의 경합이 발생한 경우—에 법원이 그 중재판정부에 대한 관계에서 자신의 심판 권한을 어떻게 행사하여야 하는지에 대해서는 어떠한 지침도 제공하지 않는 것이다.[40] 다만 모델 중재법 제8조 제2항은 "제1항에서 언급한 소가 제기된 경우에도 중재절차는 개시되거나 속행될 수 있으며 사건이 법원에 계속 중인

---

37) Poudret/Besson(주 16), para. 488; Wolff(eds.)(주 36), 183.
38) 목영준/최승재(주 4), 79.
39) Sheppard(주 3), paras. 4.20. 및 4.23; Poudret/Besson(주 16), para. 494; Barcel6(주 19), 5. 아래에서 보는 것처럼 스위스의 판례는 뉴욕협약 제2조 제3항이 중재합의의 유효성 등에 대한 심사방법을 '일응의 심사(*prima facie* examination)'에 한정하지 않고 있다는 점을 근거로 '중재지가 스위스 국외에 있는 경우'에는 스위스 법원이 중재합의의 유효성 등에 대하여 전적인 심사를 할 수 있다고 본다.
40) McLachlan(주 5), 200.

경우에도 중재판정이 내려질 수 있다."고 규정하여, 적어도 법원의 소송
절차가 진행된다는 사정만으로는 중재판정부의 자기권한심사의 적극적
효과에 제약이 가해지는 것은 아니라는 점을 명시할 뿐이다.[41] 이와 달
리 유럽협약은 "중재합의의 일방 당사자가 법원의 절차에 앞서 중재절
차를 개시한 때에는, 동일한 당사자 사이의 동일한 사건 또는 중재합의
의 부존재 또는 무효 또는 효력상실 여부에 대한 쟁점의 처리를 맡게 된
체약국의 법원은, 정당하고도 실질적인 이유(good and substantial reasons)
가 없는 한 중재판정이 내려질 때까지 중재인의 권한에 관한 판단을 중
지하여야 한다."고 규정한다(유럽협약 제6조 제3항). 이는 자기권한심사
의 소극적 효과를 긍정한 것이라는 견해가 유력하다.[42] 그러나 유럽협
약의 위 규정은 법원의 절차가 개시되기에 앞서 중재절차가 개시된 경
우에 한하여 중재판정부에 권한 판단의 우선권을 부여한 것이라는 점에
서 제한적·절충적인 내용의 자기권한심사의 소극적 효과만을 인정한 것
으로 봄이 타당하다.[43]

오늘날 자기권한심사의 소극적 효과는 그에 관한 입법례가 통일되어
있지 않고, 전세계적으로 적지 않은 논란의 대상이 되고 있다.[44] 특히

---

41) 모델 중재법이 비록 명백하게 자기권한심사의 소극적 효과를 도입하지는 않았
지만, 모델 중재법 제8조 제2항이 제16조 제3항(중재판정부가 선결문제로서 자
신의 관할권이 있음을 결정할 수 있고, 이에 불복하는 당사자는 법원에 당해
사항을 결정해 줄 것을 신청할 수 있으며, 이러한 신청이 계속 중인 경우에도
중재판정부가 중재절차를 속행하여 중재판정을 내릴 수 있다는 규정)과 더불
어 자기권한심사의 소극적 효과를 지지하는 것이라는 견해도 제시된다.
Bermann(주 1), para. 288; Susler, "The Jurisdiction of the Arbitral Tribunal:
Transnational Analysis of the Negative Effect of Competence", Macquarie Journal of
Business Law Vol. 6, 2009, 130.

42) Sheppard(주 3), paras. 4. 21. 내지 4. 22; Wolff(eds.)(주 36), 192.

43) 여기서 '정당하고도 실질적인 이유'는 뉴욕협약 제2조 제3항과의 양립가능성을
보장하기 위한 것이므로 좁게 해석되어야 한다는 견해가 유력하다. Wolff(eds.)
(주 36), 192.

44) 김용진(주 30), 88; Susler(주 41), 127.

위에서 본 것처럼 모델 중재법은 법원의 판정권한 심판 절차의 운용에
관하여 명확한 지침을 제공하지 않은 채 사실상 이를 각국의 입법 또는
구체적인 실무관행의 형성에 맡기고 있다. 따라서 우리나라처럼 모델
중재법을 수용한 나라들은 자기권한심사의 소극적 효과 인정 여부와 관
련하여 상당한 불확실성을 마주하게 된다.45) 자기권한심사의 소극적 효
과에 관한 주요한 입법례의 경향을 정리하자면, 자기권한심사의 소극적
효과를 인정하고 법원이 중재합의의 유효성 등에 대하여 '일응의 심사
(prima facie examination)'만을 할 수 있도록 하는 입법은 중재에 친화적
인 입법이고, 이를 인정하지 않는 입법은 사법적 효율성과 당사자의
재판청구권 보장을 중시하는 입법이라고 할 수 있다.46)

5. 자기권한심사의 소극적 효과에 관한 입법례

가. 프랑스

프랑스는 자기권한심사의 소극적 효과를 엄격하고 분명하게 인정하
는 가장 대표적인 입법례로 알려져 있다.47) 프랑스는 민사소송법에 중
재에 관한 규정을 두고 있는데, 중재를 크게 국내중재(제1442조 내지 제

---

45) McLachlan(주 5), 200. 법원의 심사 강도 내지 방법에 관한 모호함 역시 문제이
    다. 즉 법원이 prima facie review에 의할지 아니면 full review에 의할지 역시 각
    국의 구체적인 실무관행의 형성에 맡겨져 있고, 앞서 본 것처럼 이는 자기권한
    심사의 소극적 효과를 인정할 것인지 여부와도 밀접한 관련이 있다. Born(주
    25), 54; Susler(주 33), 432 이하 참조.
46) Wolff(eds.)(주 36), 184.
47) 프랑스 민사소송법 중 중재법 부분에 관하여는 우선 안건형/유병욱, "2011 프
    랑스 개정 민사소송법의 주요 내용과 시사점 -국제중재법을 중심으로-", 민사
    소송 제15권 제2호, 2011, 93 이하 및 조희경, "프랑스의 2011년 개정된 중재법
    이 우리에게 주는 시사점에 관한 소고", 홍익법학 제15권 제2호, 2014, 269 이하
    참조.

1503조)와 국제중재(제1504조 내지 제1527조)[48]로 나누어 규율한다. 당사자들이 달리 합의하지 않는 한 국제중재에 관한 규정과 저촉되지 않는 범위에서 국내중재에 관한 몇몇 중요 규정들은 국제중재에 대하여도 적용된다(제1506조).

국내중재에 관한 프랑스 민사소송법 제1465조는 자기권한심사의 적극적 효과를, 제1448조는 자기권한심사의 소극적 효과를 명문으로 규정한다.[49] 프랑스 민사소송법 제1448조는 "중재합의의 대상인 분쟁에 관한 소가 법원에 제기되면, 법원은 중재판정부에 아직 분쟁이 계속 중이지 않으며 중재합의가 명백하게(manifestement) 무효이거나 그 이행이 불가능하지 않은 이상 관할권을 부정하여야 한다. 법원은 직권으로 관할권 없음을 결정할 수 없다. 본 조에 반하는 모든 약정은 기재되지 아니한 것으로 본다."고 규정한다.[50] 즉 법원은 소 제기 당시 중재합의의 대상인 분쟁이 이미 중재판정부에 계속되어 있었던 경우에는 아무런 조건

---

48) 국제중재는 '국제상거래의 이익과 관련된 중재'를 말한다(제1504조). 이는 프랑스의 판례에 의해 확립된 국제중재의 정의를 성문화한 것이라고 한다. 조희경(주 47), 280.

49) Sheppard(주 3), para. 4. 33. 및 4. 34. 프랑스의 자기권한심사 권한 관련 법령과 판례의 소개는 박영길(주 19), 227 이하 참조.

50) 이러한 입법 정책은 1981년 민사소송법 개정을 통해 도입된 것이다. 2011년 개정 전 프랑스 민사소송법 제1458조는 "중재합의에 기하여 중재판정부에 계속된 분쟁에 관한 소가 법원에 제기되면, 법원은 관할권을 부정하여야 한다. 중재판정부에 아직 분쟁이 계속되지 않은 때에도, 법원은 중재합의가 명백하게 무효가 아닌 이상 관할권을 부정하여야 한다. 두 가지 경우 모두, 법원은 직권으로 관할권 없음을 결정할 수 없다."고 규정하고 있었다. 프랑스 민사소송법이 2011년 개정되면서 위 조항은 제1448조로 위치를 옮겼고, 그 문언 역시 본문과 같이 개정되었다. 2011년 개정 규정은 개정 전의 규정과 기본적으로는 같은 뜻을 규정하면서도, ① 법원에 대한 소 제기 당시 중재판정부에 아직 분쟁이 계속되지 않았던 경우에 법원이 관할권 없음을 선언하지 않을 수 있는 사유로 '중재합의의 이행불능'을 추가하였고, ② 자기권한심사의 강행규정으로서의 성격을 명시하였다.

없이, 그리고 중재판정부에 아직 분쟁이 계속되지 않았던 경우에는 중재합의가 명백하게 무효이거나 이행불능이라고 인정되는 사건 외의 모든 사건에 대하여, 중재합의의 대상인 분쟁에 관한 소에 대하여 관할 없음을 선언하여야 한다. 여기서 '명백하게(*manifestement*)'라는 기준은 중재합의의 무효 또는 이행가능성 없음이 분명하여야 한다는 것을 의미한다. 법원으로서는 중재합의의 무효 또는 이행불능 여부만을 심사하면 족하고 중재합의의 적용범위나 그 내용의 해석에 대한 어떠한 심사를 할 필요도 없다. 이러한 점에서 프랑스는 자기권한심사의 소극적 효과와 '일응의 심사(*prima facie* examintion)' 기준을 받아들인 대표적인 입법례로 꼽힌다.[51] 프랑스 파기원(破棄院, Cour de Cassation)은 "중재판정부만이 중재판정부에 계속된 분쟁의 중재조항에 관하여 그 유효성 또는 적용범위를 판단할 수 있는 권한을 가진다"[52]거나, "'중재합의의 명백한 무효'는 중재합의의 존재, 유효성, 그리고 적용범위에 대한 판단에 관한 중재판정부의 우선권 성립을 저지할 수 있는 유일한 사유이다"[53]라고 선언하는 등으로 이러한 입법 취지에 충실하게 법을 해석·적용하고 있다.[54] 2011년 민사소송법 개정을 통해서는 자기권한심사의 소극적 효과가 강행규정으로서의 성격을 가진다는 점을 명시하여, 그 효과를 더욱 강화하였다(제1448조 제3문). 따라서 프랑스의 예는 매우 중재 친화적인 입법례로 평가된다.[55]

국내중재와 달리 국제중재에서는 자기권한심사의 소극적 효과와 적극적 효과에 관한 제1448조와 제1465조를 당사자의 합의에 의해 적용배

---

51) Barceló(주 19), 9; Wolff(eds.)(주 36), 184; Seranglini/Ortscheidt, Droit de l'arbitrage interne et international, Montcherestien, 2013, para. 168.

52) Cass. Civ. 2, 10 Mai 1995, Coprodag et autre c. dame Bohin, Rev. arb. 1995, 617.

53) Cass. Civ. 1, 7 Juin 2006, No. 03-12.034.

54) 2011년 민사소송법 규정은 기존 판례 법리의 내용을 명시적으로 성문화한 것이라고 한다. 안건형/유병욱(주 47), 97 참조.

55) Susler(주 41), 145; 조희경(주 47), 272.

제할 수 있다.[56] 특히 자기권한심사의 소극적 효과의 강행규정으로서의 성격을 정한 제1448조 제3문은 이를 배제하는 당사자들의 합의가 없더라도 국제중재에 대해서는 적용되지 않는데(제1506조 제1항), 이는 국제중재의 맥락에서는 자기권한심사의 소극적 효과를 강행적으로 관철하기 어려운 현실을 고려한 것으로 보인다.

나. 스위스

중재에 관한 스위스의 법률은 국제사법(PILS)과 민사소송법(CCP)의 두 체계로 나뉜다. 국제사법 제12장(chapter 12, 제176조 내지 제194조)은 중재지가 스위스 내에 있으면서 적어도 한 당사자가 스위스에 거주하지 않는 중재에 적용되고, 민사소송법 제3부(part 3, 제353조 내지 제399조)는 중재지가 스위스 내에 있으면서 국제사법 제12장의 규정이 적용되지 않는 중재에 적용된다.

민사소송법 제372조 제2항은 "동일한 당사자 사이의 동일한 소송물에 대한 절차가 법원과 중재판정부에 계속된 경우 두 번째로 절차가 계속된 법정은 첫 번째로 절차가 계속된 법정에서 그 관할에 대한 결정을 할 때까지 절차를 중지하여야 한다."고 규정하여 중재절차와 소송절차 사이에서도 우선주의가 적용됨을 명시한다. 따라서 국제사법이 적용되지 않는 순수한 국내중재의 경우에는 판정권한 유무의 심판에 대한 중재판정부와 법원 사이의 우선권이 자기권한심사의 소극적 효과의 문제가 아니라 우선주의에 의해 결정된다.[57]

국제중재의 경우, 국제사법에 위 민사소송법과 같은 규정이 없다. 그런데 연방대법원은 2001년 *Fomento* 사건[58]에서, 중재지를 스위스로 하

---

56) 조희경(주 47), 283.

57) Berger/Kellerhals, International and Domestic Arbitration in Switzerland, Stämpfli Publishers, 2010, para. 949.

는 중재판정부는 국제사법 제9조 제1항을 준수하여 먼저 소가 계속된 외국의 법원이 그 관할 유무를 판단할 때까지 중재절차를 중지하여야 한다고 판단하였다. 국제적 소송경합에 관한 국제사법 제9조의 규정을 스위스를 중재지로 하는 중재절차와 외국의 소송절차가 경합하는 맥락에서도 (유추)적용하여야 한다고 본 것이다.[59] 이 사건의 사실관계 및 경과를 요약하면 다음과 같다.[60]

  스페인의 건설회사인 Fomento는 파나마 회사인 CCT와 파나마의 Colon 지역에 컨테이너 터미널 건설 도급계약을 체결하였다. 위 계약은 스위스를 중재지로 하고 ICC 중재규칙에 따르되 스위스의 민사절차법을 보충적으로 적용하여 분쟁을 해결한다는 중재조항을 포함하고 있었다. 위 계약의 이행 과정에서 당사자 사이에 분쟁이 발생하여 계약이 종료되었다. 1998년 Fomento는 파나마 법원에 소를 제기하였고, CCT는 위 법원에 중재합의가 있음을 주장하면서 방소항변을 하였다. 파나마의 제1심법원은 CCT의 방소항변이 너무 늦게 제기되었음을 이유로 CCT의 항변을 받아들이지 않았다. 이후 CCT는 스위스에서 중재신청을 하였는데, Fomento는 자신이 파나마 법원에 소를 제기함으로써 중재합의를 포기하였고 CCT 역시 파나마 법원에 방소항변을 제때 제기하지 않음으로써 이에 동의하였다고 중재판정부의 판정권한을 다투었다. 그 사이 파나마의 항소심 법원은 CCT의 방소항변이 적시에 제기되었다고 판단하여 제1심법원의 결정을 취소하였다. 중재판정부는 위 항소심 판결에 기초하여 자신의 판정권한

---

58) *Fomento de Construcciones y Contratas SA v Colon Container Terminal SA*, BGE 127 III 279 (2001). 영어 번역본은 19 ASA *Bull.* (2001), 555 참조.
59) 연방대법원은, 중재판정이 판결과 같은 방법으로 집행 가능하기 때문에 상충되는 판단을 피하기 위한 우선주의와 기판력이 스위스를 중재지로 하는 중재판정의 경우에도 동등하게 적용되어야 한다고 판단하였다. 위 판결의 2 (c) (aa) 참조.
60) *Fomento* 사건에 대한 소개와 분석은 McLachlan(주 5), 208 이하 및 Hobér(주 6), 226 이하 참조.

을 긍정하고 본안에 관한 중재판정을 내렸다. 그러나 이후 파나마 대법원은 다시 CCT의 방소항변이 적시에 제기되지 않았다고 판단하고 파나마 법원에서 소송절차를 계속 진행할 것을 명하였다. 이에 Fomento는 중재판정부의 결정에 대하여 우선주의를 위반한 것이라고 주장하면서 스위스의 법원에 중재판정의 취소를 구하였다. 스위스 연방대법원은 스위스 국제사법 제9조를 (유추)적용하여 파나마 법원이 중재판정부의 판정권한 판단에 우선권을 가진다고 판단하였고, Fomento의 청구를 받아들여 중재판정을 취소하였다.

연방대법원이 위와 같은 결론에 이르는 과정에서 스위스에서 자기권한심사의 소극적 효과가 인정되는지 여부를 판단할 필요가 있었다. 우선주의는 각 법정에 대등하고 합법적인 심판 권한이 있음을 전제로 각 법정의 우선순위를 '선착순'으로 정하는 원칙이므로, 만약 중재판정부가 법원에 대한 관계에서 자신의 판정권한을 심판할 일반적인 우선권을 가진다면 중재절차와 소송절차의 경합에 대하여 우선주의를 (유추)적용하는 것은 불합리하기 때문이다.[61] 이에 대한 연방대법원의 판단은 다음과 같았다.

"일방 당사자는 중재합의를, 상대방 당사자는 법원에 대한 소의 제기를 뒷받침하는 새로운 합의를 주장하는 경우에, 각각의 법정(중재판정부과 국가의 법원)은 동등하게 그 쟁점을 심판할 권한을 가진다. 그러므로 중재판정부에 우선권을 부여할 법적인 근거가 없다. 우선주의는 지지되어야 한다."

이처럼 스위스 연방대법원은 자기권한심사의 소극적 효과를 부정하고 국제중재와 소송의 경합에 대하여도 우선주의를 (유추)적용하였다. 그러나 이에 대하여는 많은 비판이 제기되었고, 결국 2007년 스위스 국

---

61) McLachlan(주 5), 212.

제사법이 개정되면서 제186조 제1bis항으로 "중재판정부는 국가 법원 또
는 다른 중재판정부에 동일한 당사자들 사이의 동일한 대상에 관한 소
가 계속하는가에 관계없이 자신의 관할에 대하여 판단한다. 다만 주목
할 만한 사유(beachtenswerte Gründe)에 의해 절차의 중지가 요구되는 경
우에는 그러하지 아니하다."는 조항이 신설되었다. 이 규정은 스위스가
중재지인 국제중재에 대하여 우선주의에 대한 예외를 인정하기 위한 것
으로서, 위 Fomento 사건의 판례를 입법으로 뒤집은 것이다.[62] 그러나
위 규정은 중재판정부가 다른 소송절차 또는 중재절차의 경합과는 무관
하게 자신의 판정권한에 대한 판단을 의무적으로 하여야 하는 것으로
규정하였다는 점에서 그 실질적 내용은 모델 중재법 제8조 제2항에 상
당히 근접한다.[63] 따라서 이러한 입법의 경위에도 불구하고, 스위스 국
제사법 제186조 제1bis항이 자기권한심사의 소극적 효과까지 명시적으로
규정한 것으로 보기는 어렵다.[64]

2007년 국제사법의 개정에 의해 자기권한심사의 소극적 효과가 명문
으로 도입된 것으로 볼 수는 없지만, 스위스의 판례와 실무에서는 이를
수용하는 흐름이 확대되고 있다. 스위스 연방대법원은 스위스를 중재지
로 하는 국제중재에 대하여는 '중재합의가 명백하게 무효이거나 그 이
행이 불가능하지 않은 이상 법원의 관할권을 부정하여야 한다'고 판단
하여 자기권한심사의 소극적 효과를 긍정하는 판결을 하였다.[65] 다만
스위스를 중재지로 하지 않는 국제중재의 경우에는, 스위스의 법원은

62) Hobér(주 6), 228; Berger/Kellerhals(주 57), para. 951c.

63) Berger/Kellerhals(주 57), para. 951d.

64) Kohler/Rigozzi, International Arbitration: Law and Practice in Switzerland, Oxford,
  2015, para. 5.43.

65) 4A_279/2010 of 25 October 2010, 29 ASA Bull. (2011), 129. 민사소송법(CCP) 제61
  조 b항. Kohler/Rigozzi(주 64), para. 5.45는 민사소송법 제61조 b항은 법원이 중
  재합의의 유효성과 이행가능성에 대하여 일응의(prima facie) 심사를 하여야 함
  을 시사하고 있다고 설명한다.

방소항변에 대하여 뉴욕협약 제2조 제3항을 적용하며, 뉴욕협약 제2조
제3항이 중재합의의 유효성 등에 대한 심사방법을 '일응의 심사(*prima
facie* examination)'에 한정하지 않고 있음을 들어 법원이 중재판정부의
판정권한에 대하여 전적인 심사를 하여야 한다고 본다.[66] 이는 중재지
가 스위스 외에 있는 경우에는 중재판정의 취소에 관한 스위스 국제사
법 제190조 제2항 (b)호가 적용되지 않으므로 스위스의 법원이 중재합의
의 유효성 등에 관한 중재판정부의 판단을 재심사할 기회를 가지지 못한
다는 점을 주된 근거로 한다.[67] 스위스에서는 현재 자기권한심사의 소극
적 효과를 도입하기 위한 입법 프로젝트가 진행되고 있다고 한다.[68]

다. 영국

영국은 역사적으로 중재에 대한 관계에서 법원을 중심으로 형성된
전통적인 법리와 절차적, 실체적 규칙들을 보호하려는 보수적인 입장을
취해 왔다.[69] 법원은 기본적으로 중요한 국제중재에 관한 규칙들을 중
요하게 취급하지 않았고, 중재절차에 대한 법원의 간섭을 광범위하게
인정하였으며, 중재판정부의 판정권한에 대한 판단 역시 법원에 의해

---

66) BG, BGE 122 III 139, 14(3) ASA Bull. 527 (1996).
67) Wolff(eds.)(주 36), 183. 이처럼 중재지가 국내인지 국외인지에 따라 자기권한심
    사의 소극적 효과의 인정 여부를 달리하는 판례의 경향에 대해서는 중재지가
    국외에 있는 중재판정에 대해서는 종국적으로 외국중재판정의 승인·집행의 맥
    락에서 심사 및 통제가 이루어질 수 있으므로 정당한 구분의 근거가 되지 못
    한다는 비판이 유력하다. Barceló(주 19), 26 이하 참조.
68) Kohler/Rigozzi(주 64), para. 5.47.
69) 영국 중재법의 발전과정에 관한 상세는 김민경, "중재판정의 취소에 관한 연구
    -영국 중재법과 우리 중재법을 중심으로-", 서울대학교 대학원 법학석사 학위
    논문, 2014, 21 이하 참조. 대표적으로 *Scott v Avery*, (1856) 25 LJ 38 사건 판결에
    서 귀족원은 '법원은 언제라도 중재판정에 대해 사법심사를 할 수 있고 법률적
    용에 잘못이 있으면 무효를 선언할 수도 있으므로 유효한 중재합의로써 법률
    문제에 대한 법원의 관할을 빼앗을 수 없다'고 판시하였다.

거의 전속적으로 행하여졌다.[70] 그러나 이러한 실무 경향은 영국이 모델 중재법의 구조와 중요한 규정들을 반영한 1996년 중재법(Arbitration Act 1996)을 제정하면서 근본적인 변화를 겪게 된다.[71]

1996년 중재법 제30조 제1항은 모델 중재법 제16조 제1항과, 1996년 중재법 제9조 제1항, 제4항은 뉴욕협약 제2조 제3항, 모델 중재법 제8조 제1항과 각각 대동소이한 조항을 두고 있다. 우선 1996년 중재법 제30조 제1항은 자기권한심사의 적극적 효과를 명문으로 규정한다. 다만 '당사자들이 달리 합의하지 않는 한'이라고 하여 당사자의 합의로 중재판정부의 자기권한심사를 배제하는 것을 허용한다.[72] 따라서 영국에서 중재판정부의 자기권한심사는 근본적으로 당사자의 중재에 관한 당사자자치(arbitral party autonomy)에 기초해 있다고 이해된다.[73] 한편 1996년 중재법은, 중재합의의 대상인 사건에 관하여 소가 제기된 경우 상대방 당사자는 법원에 중재합의의 대상인 사건에 관한 소송절차의 중지신청을 할 수 있고, 그러한 신청을 받은 법원은 중재합의가 무효, 실효 또는 이행불능의 상태에 있는 것으로 판단되지 않는 한 당해 소송절차를 중지하여야 한다고 규정한다(제9조 제1항, 제4항).

1996년 중재법은 모델 중재법과 유사한 규율체계를 가지고 있으므로, 모델 중재법과 마찬가지로, 중재절차와 소송절차의 경합 상태에서 중재판정부와 법원이 중재합의의 유효성 등에 관한 각자의 판단 권한을 어

---

70) Susler(주 33), 430.
71) 영국 중재법은 원칙적으로 영국을 중재지로 하는 중재에 대하여 적용된다(제2조 제1항). 다만 소송절차의 중지(제9조 내지 제11조), 중재판정의 승인·집행(제66조)에 관한 규정은 중재지가 외국이거나 당사자가 중재지를 정하지 않은 경우에도 적용된다(제2조 제2항).
72) 1996년 영국 중재법 제30조 제1항은 '당사자들이 달리 합의하지 않는 한' 중재판정부는 (ⅰ) 유효한 중재합의가 있었는지, (ⅱ) 중재판정부가 적법하게 구성되었는지, (ⅲ) 당해 분쟁이 중재합의의 대상에 포함되는지를 판단할 수 있다고 하여 자기권한심사의 적극적 효과를 규정한다.
73) Merkin/Flannery, Arbitration Act 1996(5th), Routledge, 2014, 102 참조.

떻게 행사하여야 하는지에 대하여 명시적인 지침을 제공하지 않고 있다
고 이해된다.[74] 그러나 영국 귀족원은 *Fiona Trust* 사건[75]에서 중재법 제
9조 제4항의 해석·적용과 관련하여, "만약 중재인이 특정한 분쟁에 대하
여 판단할 권한을 가지고 있음에도 그러한 권한을 행사하는 데 제약을
받고 법원의 절차가 중지되지 않는다면, 이는 영국이 뉴욕협약의 체약
국으로서 국제적으로 부담하는 의무를 위반하는 것이 될 수 있다. … 중
재법의 해석상, 일반적으로 중재인들이 그들의 당해 분쟁에 대한 판정
권한 유무를 심판할 첫 번째 법정(the first tribunal)이 되는 것이 정당하
다."고 하여 중재판정부에 그들의 판정권한을 판단할 우선권을 주어야
한다고 선언하였다.[76] 나아가 귀족원은 '중재조항은 그에 반대되는 명백
한 문언이 기재되지 않은 한 당해 계약과 관련하여 발생할 수 있는 모든
주장을 대상으로 하는 것으로 추정될 것이고, 중재합의의 유효성 여부
에 관한 판단 역시 그 범주에 포함된다'고 판단하였다. 이로써 영국법의
해석상 중재판정부는 원칙적으로 중재합의의 유효성에 관한 우선적 심
사 권한을 가지는 것으로 이해된다.[77] 따라서 피고가 방소항변으로서
중재합의가 존재한다는 점을 소명하기만 하면, 원고가 그 중재합의가
무효라는 점을 일견 명백하게 증명하지 못하는 이상 법원은 소송절차를

---

74) Hobér(주 6), 224. Susler(주 41), 133은 '영국의 소극적 효과에 대한 입장은 모델
중재법의 입장을 전제로 한다'고 기술한다.

75) *Fiona Trust & Holding Corp. v Privalov & Ors.*, [2007] 2 Lloyd's Rep 267(CA) 및
[2008] 1 Lloyd's Rep 254 (HL). 위 사건에서 Fiona Trust는 러시아 국영의 해운기
업인 Privalov의 심의관(director-general)이 중재조항을 포함한 용선계약을 체결
함에 있어서 뇌물을 수수하였다고 주장하면서 위와 같은 위법한 행위에 기초
한 중재합의가 무효라고 다투었다. 제1심법원인 상사법원은 Fiona Trust의 주장
을 받아들여 중재합의가 무효라고 판단하였으나, 항소법원은 중재합의의 무효
여부에 관한 판단 권한이 중재판정부에 있다고 판단하였고, 귀족원은 이를 타
당한 것으로 수긍하였다. 이 사건은 주된 사건명인 *Premium Nafta Products Ltd.
v Fili Shipping Co. Ltd.* 사건으로 소개되기도 한다.

76) Susler(주 33), 446.

77) Merkin/Flannery(주 73), 45.

중지하고 사건을 중재절차에 회부하여야 한다.[78]

그런데 영국의 판례상 중재합의의 존재(existence)와 범위(scope)에 대해서는 원칙적으로 자기권한심사의 소극적 효과가 적용되지 않는다는 판단도 나타나고 있어 그 적용범위에 관하여는 다소 불분명함이 존재한다.[79] 즉 High Court와 항소법원의 판례[80] 중에는 1996년 중재법 제9조 제4항이 나열하고 있는 "무효, 실효 또는 이행불능(null and void, inoperative, or incapable of being performed)"이라는 사유는 이미 그 존재가 인정된 중재합의의 유효성(validity)에 관한 내용만을 포함하고 있는 것이고, 중재합의의 존재와 범위는 제9조 제4항의 적용범위 밖에 있으므로 이들 사항에 대해서는 원칙적으로 법원이 '전적인 심사(full review)'를 하여야 한다는 법리를 선언한 것들이 있다. 다만 법원은 ① 중재합의의 존재가 사실상 확실한 경우(virtually certain), ② 중재조항의 적용 범위에 관한 다툼이 명백히 중재의 대상인 다른 쟁점과 결부되어 있는 경우, ③ 중재절차가 법원의 절차보다 먼저 계속되었을 경우, ④ 중재판정부의 판정권한에 관한 중재판정부의 결정 또는 판정[81]이 법원에서 사후적 심사의 대상이 되어 있을 경우 등의 사정이 있을 때에는 법원이 재량에 의하여 절차를 중지하고 중재합의의 존재와 범위에 관하여 일응의 심사를 할 수 있다.[82]

---

78) *JSC BTA Bank v Ablyazov*, [2011] 2 Lloyd's Rep 129; *Golden Ocean Ltd. v Humpuss Intermoda Transportasi Tbk Ltd.*, [2013] EWHC 1240 (Comm.).

79) 이러한 판단이 영국의 판례법리로서 확립된 수준인지는 분명하지 않다. 다만 McLachlan(주 5), 202; Barceló(주 19), 27 이하는 이것이 영국에서 확립된 법리인 것으로 소개하고 있다.

80) *Ahmad Al-Naimi v Islamic Press Agency Inc.*, [2000] 1 Lloyd's Rep. 522 (CA); *Law Debenture Trust Corp. Plc v Elektrim Finance BV*, [2005] EWHC (Ch) 1412; *Nigel Peter Albon v Naza Motor Trading*, [2007] EWHC 665(ch); *Joint Stock Co. Aeroflot-Russian Airlines v Berzovsky&ORS(No. 3)*, [2013] EWCA Civ. 784.

81) 이는 실질적으로는 중재판정부의 판정권한을 긍정한 결정 또는 판정만을 의미한다. Barceló(주 19), 29.

이처럼 중재합의의 유효성 문제(자기권한심사의 소극적 효과 긍정)와 중재합의의 존재, 범위의 문제(원칙적으로 자기권한심사의 적극적 효과를 부정하되 일정한 경우 법원의 재량 여지 있음)를 달리 취급하는 것이 영국에서 확립된 판례법리인지는 보다 면밀한 확인 작업을 필요로 한다. 다만 앞서 본 영국 하급심 법원의 판결례들은 소송경합 맥락에서 사용되어 온 '부적절한 법정지의 법리'에 기초한 법원의 재량적 접근이 중재절차와 소송절차의 경합 맥락에서도 사용될 수 있음을 시사한다는 점에서 의미가 있다. 한편 1996년 중재법은 당사자의 합의 또는 중재판정부의 허가에 기초하여 중재합의의 유효성 등의 쟁점에 대한 심리를 법원에서 할 수 있도록 하는 제도를 두고 있는데, 이는 영국 중재법에 특유한 제도이다.[83)]

라. 미국

미국 연방중재법(Federal Arbitration Act, FAA)[84)]은 중재판정부의 자기

---

82) 이러한 내용의 상세는 Barceló(주 19), 27 이하 참조.

83) 1996년 중재법 제32조는 법원이 당사자의 신청에 의하여 중재판정부의 판정권한(substantive jurisdiction of the tribunal)에 대하여 판단할 수 있도록 하되(제1항), 다만 그러한 신청은 다른 모든 당사자들의 서면합의를 수반하거나, 법원이 그러한 사항을 판단하는 것이 비용을 절감하고, 그러한 신청이 지체 없이 이루어졌으며, 법원에 의해 판단되어야 할 정당한 이유(good reason)에 의해 뒷받침되는 경우로서 중재판정부의 허가(permission)가 있는 경우에 한하여 심리될 수 있다(제2항). 제31조 제5항은 중재판정부가 제32조에 의한 법원의 심리가 진행되는 동안 당사자들의 동의를 받아 중재절차를 중지할 수 있다고 규정한다. 이는 당사자들의 합의에 의하여 중재판정부의 판정권한 유무에 대한 심사를 법원에 맡김으로써 불필요한 중재비용의 발생을 방지할 수 있다는 점에서 이점이 있다고 한다. Susler(주 41), 136. 이 제도의 취지와 성격은 독일 민사소송법 제1032조 제2항의 중재절차의 허용성 여부에 대한 확인 신청 제도와 유사하다.

84) 미국 연방법(United States Code) Title 9. 연방중재법은 1925년 제정되어 1947년

권한심사에 관한 별도의 규정을 두고 있지 않다.[85] 다만 연방중재법 제3조는 '어떠한 소 또는 소송절차에 관련된 쟁점이 서면 중재합의에 의하여 중재에 회부될 수 있는(referable to arbitration)것임이 인정되는 경우에, 법원은 당사자의 신청에 의하여 그 중재절차가 진행되는 동안 당해 소송절차를 중지하여야 한다.'고 규정한다.[86] 따라서 미국 연방중재법의 해석상 '중재에 회부될 수 있는 쟁점'이라는 개념이 중요하다. 이를 "중재회부 가능성(arbitrability)"[87]이라고 한다.

어떠한 분쟁에 대하여 중재회부 가능성이 인정되면, 그에 대해서는

성문화 되었다. 뉴욕협약의 내용을 반영한 외국중재판정의 승인·집행에 관한 제2장(Chapter 2)이 1970년에, 국제상사중재에 관한 미주간 협약(Inter-American Convention, '파나마 협약'이라고도 한다)의 내용을 반영한 제3장(Chapter 3)이 1990년 추가되었다.

85) 1955년 통일주법위원회(Commissioners of Uniform State Laws)의 대회에서 35개 주가 연방중재법과 유사한 통일중재법(Uniform Arbitration Act, UAA)을 채택하여 공포하였고, 이후 14개 주가 그와 유사한 입법을 하였다. 이로써 미국 대부분 주에서는 통일중재법이 적용되는데, 통일중재법은 연방법 우선원칙(federal preemption doctrine)에 의해 연방중재법이 정한 원칙과 내용을 따라야 한다. 통일중재법은 2000년 14개 영역에 관한 대대적 개정을 하였는데, 2016년 현재 18개 주가 개정통일중재법(RUAA)을 채택하였다고 한다. 개정통일중재법에 관한 상세는, Meyerson, "The Revised Uniform Arbitration Act: 15years later", Dispute Resolution Journal Vol.71-1, 2016, 1 이하 참조.

86) 다만 이는 그 소송절차 중지를 신청한 당사자가 중재절차에 출석할 것(not in default)을 조건으로 한다.

87) 이 책에서 "arbitrability"는 기본적으로 특정 분쟁이 중재로 해결될 수 있는 유형의 것인지 여부를 말하는 '중재가능성(仲裁可能性) 내지 중재적격(仲裁適格)'을 의미한다. 이러한 의미의 중재가능성에 관한 개관은 우선 김인호(주 11), 1147 이하 참조. 그러나 미국 판례법상 "arbitrability"가 아래와 같이 '중재판정부가 어떠한 사항에 대하여 심판할 권한이 있는 상태'를 의미하는 용법으로 사용되므로(실체적 중재회부 가능성), 용어의 혼동을 방지하기 위하여 미국 판례법을 설명함에 있어서는 "arbitrability"를 '중재회부 가능성'이라고 표현한다. Bermann(주 1), para. 112는 미국 법원의 이와 같은 용어 사용이 개념적 혼동을 불러일으킬 수 있다고 지적한다.

법원이 아닌 중재판정부가 독점적 심판 권한을 가진다. 여기서 '중재회부 가능성(arbitrability)'은 미국의 판례법상의 독특한 개념이다. 중재회부 가능성은 다시 '실체적 중재회부 가능성(subtstantive arbitrability)'과 '절차적 중재회부 가능성(procedural arbitrability)'의 두 유형으로 나뉜다. 실체적 중재회부 가능성은 '중재판정부가 어떠한 사항에 대하여 심판할 권한이 있는가'에 관한 문제이다.[88] 이는 지금까지 다룬 '중재합의의 유효성 등' 내지 '중재판정부의 판정권한 유무'에 개념에 상응한다.[89] 한편 절차적 중재회부 가능성은 예컨대 기간의 제한, 통지 요건의 준수, 필요적인 조정(mediation) 전치(前置), 기판력(res judicata) 있는 판결 또는 중재판정의 존재, 중재신청권의 포기(waiver of the right to arbitrate)와 같이 중재합의에 따른 중재절차의 실현을 둘러싼 절차적 제한사항의 존재 여부에 관한 문제이다.[90]

　　미국 연방중재법은 적극적 효과이든 소극적 효과이든 '자기권한심사'

---

88) Susler(주 41), 125.

89) Barceló(주 19), 15, 21 및 Park, "The Arbitrator's Jurisdiction to Determine Jurisdiction", Boston University School of Law & Legal Theory Paper Series, 2007, 34 참조. 한나희/하충룡, "중재가능성에 대한 미국연방법원의 해석", 중재연구 제28권 제4호, 2018, 118도 동지. 강수미, "미국 판례상 중재조항의 분리가능성에 관한 고찰", 중재연구 제24권 제2호, 2014, 126은 미국에서의 중재가능성은 '어떠한 분쟁이 중재의 대상이 될 수 있는가의 문제뿐 아니라, 당사자들이 중재에 의한 분쟁을 해결하기로 합의하였는지 여부, 그 합의의 범위, 중재하여야 할 계약적 의무를 발생시킬 수 있는 상황이 충족되었는지 여부, 이러한 문제를 누가 판단할 것인지에 관한 문제도 포함'한다고 설명한다. 이는 실체적 중재회부 가능성에 관한 설명으로 이해된다.

90) Bermann(주 1), para. 111; Barceló(주 19), 21; 한나희/하충룡(주 89), 120. 강수미(주 89), 126은 "특정한 절차가 해당 분쟁에 적용되는지 여부, 그러한 절차가 이행 또는 면제되었는지 여부 및 무단의 절차 불이행이 중재로 분쟁을 해결할 의무를 면제시키는지 여부 등과 같은 쟁점을 다루는 것"이라고 설명한다. 이러한 설명은 타당해 보인다. 김인호(주 11), 1151은 절차적 중재회부 가능성은 중재의 정당성 측면보다는 효율성의 측면에서 논의되는 문제라고 한다. 미국에서는 절차적 중재 가능성을 'gateway issue'라고 표현하기도 한다.

에 관한 명문의 법률규정을 두고 있지 않다. 대신 연방중재법 제3조에 근거한 '중재회부 가능성 심사(arbitrability question)'를 통하여 쟁점이 된 어떤 사항에 대한 중재판정부의 판정권한이 있는지 여부를 심판한다. 그런데 이 중재회부 가능성 심사에 관하여 법원과 중재판정부 중 어디에 심판의 우선권이 있는지가 문제되는데, 그에 관한 논증은 '자기권한 심사'의 소극적 효과에 관한 논의에 근접한다.[91]

중재회부 가능성에 대한 법원 또는 중재판정부의 심판 권한에 관한 연방법원의 판례법은 당사자자치(party autonomy)의 관념에 기초해 있다는 두드러진 특징을 보인다. 그리고 판례는 '실체적 중재회부 가능성'의 문제와 '절차적 중재회부 가능성'의 문제에 대하여 다른 방향으로 형성되었다. 그 상세한 내용은 다음과 같다.

우선 실체적 중재회부 가능성에 대한 심판 권한의 귀속 문제를 다룬 선도적 사건은 연방대법원의 1995년 *First Options* 사건[92]이다. 이 사건에서는 국내 중재 사건에서 중재합의의 존재 여부를 법원과 중재판정부 중 어느 곳이 우선하여 판단할 것인지가 문제 되었는데, 실체적 중재회부 가능성의 심판 권한에 관한 법리가 제시되었다. 연방대법원은 어떠한 사항에 대한 중재판정부의 판정권한은 당사자 사이의 중재합의로부터 유래한다는 점에 착안하여, ① '중재회부 가능성(arbitrability)' 문제 역시 당사자들이 이를 중재판정부의 판단에 맡기기로 합의한 때에 한하여 중재판정부가 이를 판단할 권한을 가지는데, ② 당사자들이 중재회부 가능성을 법원과 중재판정부 중 누가 심판할 것인가라는 '불가사의한 (rather arcane)' 문제에 대해서까지 생각하고 합의하는 경우가 드물 것이므로 법원이 그 심판 권한을 가진다고 추정할 수 있고, ③ 이러한 추정을 뒤집고 당사자들이 특히 중재회부 가능성에 관한 심판을 중재판정부

---

91) Barceló(주 19), 15; Susler(주 41), 138.
92) *First Options of Chicago, Inc. v Kaplan*, 514 U. S. 938 (1995). 이 판결에 관한 상세한 소개는 강수미(주 89), 127 이하 참조.

에 맡기기로 합의하였다고 인정하기 위해서는 당사자들이 그렇게 하였다는 "명확하고 오해의 여지가 없는(*clear and unmistakable*)" 증거가 있어야 한다는 법리를 선언하였다.[93] 이는 자기권한심사의 논리적 근거를 당사자의 중재합의에서 찾는 것으로서, 과거 독일에서 통용되었던 이른바 '자기권한심사합의(*Kompetenz-Kompetenz Klausel*)'[94]의 개념 체계와 상당한 유사성을 보인다.[95]

연방대법원의 2010년 *Rent-A-Center* 사건[96]은 *First Options* 사건의 법리가 적용되는 예를 잘 보여준다.[97] 위 사건에서 Jackson은 Rent-A-Center에 고용되는 조건으로 '중재청구에 대한 상호합의'라는 문서에 서명을 하였는데, 위 합의는 '중재인은 이 합의의 전부 또는 일부가 무효이거나 이를 취소할 수 있는지에 관한 주장을 포함하여 합의의 이행가능성(enforceability)과 관련된 모든 분쟁을 해결할 전속적인 권한을 가진다'는 내용을 포함하고 있었다. Jackson은 Rent-A-Center를 상대로 법원에 소를 제기하면서, 위 중재합의가 비양심적이어서 무효이므로 그 이행가능성이 없다고 다투었다. 연방대법원은 위 문언에 의할 때 위 중재합의의 유효성(validity)에 관하여는 이를 중재판정부의 심판에 맡기기로 하는 '명확하고 오해의 여지가 없는' 증거가 있다고 할 수 없으므로 법원에 그 심사 권한이 귀속하나, Jackson이 중재합의의 유효성에 한정하여 다투는 것이 아니라 전체로서의 합의에 대한 이행가능성 여부를 다투는 것이므

---

93) 이러한 법리는 '중재회부 가능성'에 관한 판단 권한을 중재판정부에 주는 경우에는, 당해 분쟁을 중재로 해결할 의사가 없고 법원에 의한 분쟁해결을 기대하였던 당사자에게 중재를 강요하는 결과가 될 수 있다는 점을 고려한 것이다. 이 판결의 내용과 논리 구조에 관한 상세한 설명은, Reetz, "The Limits of the Competence-Competence Doctrine in United States Courts", Dispute Resolution International Law Vol. 5, 2011, 6-10 참조.

94) 이에 관하여는 아래 마.항에서 살펴본다.

95) Park(주 89), 34, 41.

96) *Rent-A-Center, West, Inc. v Jackson*, 561 U. S. 63 (2010)

97) 이 사건에 관한 소개는 한나희/하충룡(주 89), 122도 참조.

로 이는 중재인에게 판정권한이 귀속한다고 판단하였다.[98]

이처럼 *First Options* 사건의 법리에 따르면 '명확하고 오해의 여지가 없는' 증거에 의하여 중재회부 가능성에 관한 심판 권한을 중재판정부에 수여하는 중재합의가 인정되지 않는 한 그에 관한 심판 권한이 법원에 귀속한다.[99] 다만 최근에는 당사자들이 중재판정부의 '자기권한심사'를 규정하고 있는 기관중재규칙[100]들을 중재합의의 내용으로 수용하는 경우가 적지 않아서 중재회부 가능성에 관한 중재합의의 존재가 인정되는 예가 적지 않다고 한다.[101] 한편 위 법리를 적용함에 있어서 '명확하고 오해의 여지가 없는' 증거를 얼마나 엄격하게 인정하는지도 중요한 의미를 가지는데, 미국의 판례들을 이를 관대하게 인정하는 경향을 보인다고 한다.[102] 결국 오늘날 미국에서는 중재회부 가능성에 관한 중재판정부의 심판 권한이 점점 우위를 점해가는 것으로 보인다.

연방대법원은 *Howsam* 사건[103]에서는 *First Options* 사건과 결이 다른 법리를 제시하였다. *Howsam* 사건에서는 중재신청인이 중재신청을 함에

---

98) 중재합의의 존재 여부가 문제된 사건으로, *Buckeye Check Cashing, Inc. v Cardegna*, 546 U. S. 440 (2006)도 참조. 위 판결에서 연방대법원은 '중재합의가 존재하는지 여부의 문제는 중재합의의 유효성(validity) 문제와 구별되어야 한다'고 판시하였다.

99) Hobér(주 6), 224.

100) 국제상업회의소(ICC) 중재규칙 제6조 제5항, 미국중재협회(AAA) 규칙 제19조 제1항, 런던중재법원(LCIA) 규칙 제23조 제1항 등 참조.

101) Hobér(주 6), 224; Barceló(주 19), 23; Born(주 25), 54.

102) Hobér(주 6), 224. 예를 들어 *Alliance Bernstein Investment Research & Management Inc. v Schaffran*, 445 F. 3d 121 (2d Cir 2006) 사건에서는 '근로자의 차별(employment discrimination)'에 기한 청구가 Code of National Association of Securities Dealers(NASD Code)의 중재금지 조항의 적용을 받는지 여부가 문제되었는데, 법원은 '당사자들이 NASD Code가 정한 중재절차에 따라 중재하기로 합의한 이상, 당사자들은 중재인들이 중재회부 가능성의 범위에 대한 우선적인 판단 권한(primary authority)을 가지는 데 동의한 것이다'라고 판단한 바 있다. 위 판결에 관한 상세한 설명은, Park(주 89), 36 이하 참조.

103) *Howsam v Dean Witter Reynolds, Inc.*, 537 U. S. 79 (2002)

있어서 중재합의에서 정한 6년의 중재신청 기한[104]을 준수하였는가가 문제되었는데, 이는 절차적 중재회부 가능성의 범주에 포섭된다.[105] 연방대법원은 중재신청인이 중재합의에서 정한 절차적 요건을 갖추어 중재신청을 하였는가라는 문제에 대해서는 당사자들이 법원이 아닌 중재판정부에서 심판을 맡길 의사를 가지고 있다고 추정하는 것이 합리적이고, 당사자들이 그 심판권한을 법원에 수여하기로 하는 반대의 합의가 "명확하고 설득력 있는(clear and convincing)" 증거에 의해 증명되지 않는 한 절차적 중재회부 가능성에 관한 심판 권한은 중재판정부에 있다는 법리를 제시하였다. 이는 절차적 중재회부 가능성의 문제는 실체적 중재회부 가능성의 문제와는 달리 원칙적으로 중재판정부에 심판 권한이 귀속한다는 것을 명확히 밝힌 것으로 이해할 수 있다.[106]

중재판정부의 자기권한심사에 관한 개념이 법률에 도입되지 않은 상태에서 당사자 자치의 원칙에 입각하여 발전한 위와 같은 미국의 판례법리는 기본적으로 합리적이라고 생각된다. 다만 오늘날 미국의 판례법리가 중재판정부의 중재회부 가능성에 관한 판단을 종국적이고 최종적인 것으로 취급하는 것[107]은 문제라는 지적이 있다.[108] 중재판정은 종

---

104) 이 사건에서 적용된 전미증권가협회(National Association of Securities Dealers, Inc., NASD)의 중재절차규칙 § 10304는 어떤 분쟁, 청구 또는 다툼도 이를 야기한 사건이 발생한 때로부터 6년 내에만 중재에 회부될 수 있다(eligible for submission to arbitration)고 정하고 있다.

105) 강수미(주 89), 130.

106) 강수미(주 89), 130 참조. 김인호(주 11), 1151; 한나희/하충룡(주 89), 120 역시 절차적 중재회부 가능성에 관한 판단은 중재판정부에 우선적으로 맡겨져야 한다고 설명한다.

107) *Republic of Ecuador v Chevron Corp.*, 638 F. 3d 384(2 Cir. 2011) 등 오늘날 다수의 연방항소법원 판결들은 (그에 관한 중재합의가 인정되는 경우) 중재판정부가 중재회부 가능성에 대한 최종적 심판 권한을 가지는 것으로 해석하고 있다고 한다. Hobér(주 6), 224.; Barceló(주19), 23. Park(주 89), 11은 '미국에서는 중재판정부가 판정권한에 관하여 최종적인 판단을 할 수 있도록 합의하는 것이 허용된다'라고 설명한다.

국적으로는 중재판정의 취소 또는 중재판정의 승인·집행 절차를 통해서 법원의 사후적 심사에 놓이게 된다는 점에서 이러한 지적은 타당하다.[109]

마. 독일

독일이 1998년 모델 중재법을 수용하기 전까지 연방대법원의 판례[110]와 통설은, 당사자들이 중재판정부의 판정권한에 관하여 별도의 중재합의를 함으로써 중재판정부가 그에 관하여 최종적인 판단을 할 수 있다고 보았다. 이처럼 당사자가 중재판정부에 그 판정권한에 대한 최종적인 심판 권한을 부여하는 중재합의를 '자기권한심사 합의(Kompetenz-Kompetenz Klausel)'라고 한다.[111]

그러나 독일이 1998년 모델 중재법을 수용하여 민사소송법을 개정하면서 규율체계가 크게 달라졌다.[112] 독일 민사소송법 제1032조 제1항은 "중재합의의 대상인 사건이 계속된 법원은 피고가 본안에 관한 변론 개시 전에 중재합의가 있다는 항변을 하는 경우 그 중재합의가 없거나 무효이거나 그 이행이 불가능하지 않은 한 그 소를 허용되지 않는 것으로 각하하여야 한다."고 규정하고, 제2항은 "당사자는 중재판정부의 구성

---

108) Barceló(주 19), 24.
109) Barceló(주 19), 24는 만약 당사자들이 중재판정부의 판단을 종국적이고 최종적인 것으로 한다는 합의를 한 때에는 법원의 사후적 심사가 배제될 수 있다고 한다. 그러나 그러한 합의는 중재판정 취소 또는 승인·집행 제도의 강행성에 반하는 것으로서 효력이 없다고 볼 여지가 크다.
110) BGH, 5 Mai 1977, III ZR 177/74
111) 이는 오늘날 미국에서 통용되는 '실체적 중재회부가능성'에 관한 판례법리와 유사하다.
112) 오늘날 독일의 통설은 중재판정부가 판정권한에 대하여 최종적이고 종국적인 판단을 할 수 있다는 내용의 '자기권한심사 조항'은 무효라고 본다. Park (주 89), 32; Kreindler/Wolff/Rider, Commercial Arbitration in Germany, Oxford, 2016, para. 4.104.

전에 법원에 중재절차의 허용성 여부에 대한 확인을 구하는 신청을 할 수 있다."고 규정하며, 제3항은 "제1항 또는 제2항의 절차가 계속 중인 경우에도 중재판정부는 중재절차를 개시 또는 계속해 중재판정을 내릴 수 있다."고 규정한다. 제1항, 제3항의 내용은 우리 중재법 제9조의 내용과 거의 동일하고, 제2항은 우리 중재법에는 없는 내용이다. 독일 민사소송법은 자기권한심사의 소극적 효과에 관하여 명문으로 규정하고 있지 않으므로 열린 해석이 가능하다.[113]

그런데 기본적으로 독일의 법원은 중재판정부에 중재합의의 유효성 등에 관한 우선적 심판 권한을 양보하지 않는다. 즉 독일에서는 자기권한심사의 소극적 효과가 인정되지 않는다.[114] 또한 독일의 법원은 중재합의의 유효성 등에 대하여 일응의 심사가 아닌 전면적인 심사 권한을 가진다고 여겨진다.[115] 독일 민사소송법 제1032조 제1항이 "소를 허용되지 않는 것으로 각하하여야 한다"고 규정하고 있으므로 법원으로서는 소의 각하 여부에 관한 심사를 '일응의 심사'로 제한할 수 없다는 것이다.[116] 따라서 중재합의의 유효성 등이 중재대상인 분쟁의 본안사건에서 선결문제로 다투어질 때에는 당해 사건이 계속된 법원이 전적으로 중재합의의 유효성에 관하여 심판한다. 다만 다른 법원에서 민사소송법 제1040조 제3항(중재판정부의 판정권한에 대한 법원의 재심사 절차) 또는 제1059조(중재판정 취소 절차)에서 중재합의의 유효성 등에 관한 심리가 진행 중이면 위 본안소송이 계속된 법원은 민사소송법 제148조 제1항에 근거하여 소송절차를 중지하여야 한다는 것이 통설이다.[117]

---

113) Poudret/Besson(주 16), para. 495; Kreindler/Wolff/Rider(주 112), para. 4.221.

114) Poudret/Besson(주 16), para. 495; Barceló(주 19), 13; Stein/Jonas, Kommentar zur Zivilprozessordnung(23. Auflage), Mohr Siebeck, 2014, § 1032 para. 21; Böckstiegel/Kröll/Nacimiento(eds.), Arbitration in Germany -The Model Law in Practice-(2nd.), Wolters Kluwer, 2015, § 1032 para. 35.

115) Hobér(주 6), 225; Barceló(주 19), 13; Wolff(eds.)(주 36), 183.

116) Böckstiegel/Kröll/Nacimiento(eds.)(주 114), § 1032 para. 7.

독일법의 특수성은 민사소송법 제1032조 제2항에 있다.[118) 당사자는 '중재판정부의 구성 전'에 법원에 중재절차의 허용성 여부에 대한 확인을 구하는 신청(Antrag)을 할 수 있다.[119) 이 신청절차는 중재판정부의 판정권한에 대한 분쟁을 조기에 해결할 수 있게 하기 위하여 마련된 것이다.[120) 이 신청에 따른 절차와 민사소송법 제1040조에 의한 중재판정부의 자기권한심사 절차 사이에는 양자의 시기적 선후에 따른 우열이 중요하게 작용한다. 우선 제1032조 제2항의 신청은 중재판정부의 구성 전에만 가능하다. 또한 위 신청이 중재판정부 구성보다 먼저 이루어졌더라도 만약 중재판정부가 제1040조 제3항에 따라 중간판정 또는 종국판정으로 그 판정권한에 관한 결정을 먼저 하게 되면 제1032조 제2항에 의한 신청은 그 신청의 이익을 상실하게 된다.[121) 이와 달리 위 신청에 따라 법원이 중재합의의 유효성 등에 관한 결정을 먼저 내리게 되면, 그러한 결정은 다른 법원에 대하여 기판력을 가지고, 중재판정부에 대하여도 기속력을 가진다는 것이 독일의 통설이다.[122) 요컨대 독일에서 중

---

117) Böckstiegel/Kröll/Nacimiento(eds.)(주 114), § 1032 para. 38.

118) 이 신청은 중재지가 독일이 아닌 경우에도 허용된다. Poudret/Besson(주 16), para. 483. 이러한 점에서 특히 독특하며, 중재지가 독일인 경우에 적용되는 제1040조 제3항의 절차와 근본적인 차이가 있다.

119) 이 신청은 제1032조 제1항의 소송이 계속되지 않은 때에만 신청의 이익이 있다고 인정된다. 중재대상인 분쟁의 본안사건에서 피고의 항변에 따라 중재합의의 유효성 등이 다투어 지는 경우에는 제1032조 제2항의 신청은 신청의 이익을 상실한다고 이해된다. Böckstiegel/Kröll/Nacimiento(eds.)(주 114), § 1032 para. 51.

120) Böckstiegel/Kröll/Nacimiento(eds.)(주 114), § 1032 para. 43.

121) Böckstiegel/Kröll/Nacimiento(eds.)(주 114), § 1032 para. 52. 중재판정부가 중간판정으로 판정권한에 관한 판단을 한 경우, 중재합의의 유효성 등에 관한 심판권한은 제1040조 제3항에 따라 위 중간판정에 대하여 재심사 하는 법원에 집중된다. 만약 중재판정부가 종국판정에 의해 중재합의의 유효성 등에 관하여 판단을 한 경우에는 제1059조의 중재판정 취소 절차가 진행되는 법원에 위 심판 권한이 집중된다.

122) Böckstiegel/Kröll/Nacimiento(eds.)(주 114), § 1032 paras. 57, 58. 만약 법원이 위

재절차의 허용성에 대한 확인을 구하는 신청 절차(제1032조)와 중재판정
부의 자기권한심사 절차(제1040조)는 병행될 수 있고, 서로 경쟁 관계에
있다고 말할 수 있다. 그러나 그럼에도 불구하고 중재판정부의 판정권
한에 관한 최종적인 심판 권한은 결국 법원에 귀속한다는 것에는 별다
른 의문이 없다.[123] 프랑스가 중재 친화적인 입법의 극단에 있다면, 독
일은 사법적 공정성과 효율성을 중시하는 관념이 작동하는 다른 극단에
있다고도 평가할 수 있다.

II. 우리 중재법상 중재절차와 소송절차 경합의 해결방안

1. 중재절차와 소송절차 경합의 처리에 관한 준거법

중재절차와 소송절차가 경합하는 경우에 그러한 상태를 어떤 법에
근거하여 해소할 것인가?

우선 중재판정부의 자기권한심사의 준거법에 관하여 중재합의의 효
력의 준거법에 의하여야 한다는 견해도 있으나, 오늘날에는 중재판정부

신청절차에 따라 '중재합의가 무효여서 중재절차가 허용되지 않는다(위법하
다)'고 결정하게 되면, 중재판정부는 스스로 판정권한이 없다는 결정을 해야
하고, 그에 위반한 중재판정은 위 결정의 기판력을 받는 법원에 의해 취소되
는 상황을 면하기 어렵다(제1059조). 일부 학자들은 이와 같은 경우 중재판정
이 '무효'로서 별도의 취소절차를 요하지 않는다고 주장하나, 독일 연방대법
원은 제1040조 제3항에 따른 법원의 결정에 반하는 중재판정의 효력이 문제
된 사안에서, 해당 중재판정이 무효로 되는 것은 아니고 제1059조에 따른 취
소절차를 필요로 한다고 판단한 바 있다. BGH 19 Sep. 2013, SchiedsVZ 2013,
333.

123) Böckstiegel/Kröll/Nacimiento(eds.)(주 114), § 1032 para. 5. 아래에서 보는 것처럼
오늘날 독일의 통설과 판례는 '자기권한심사 합의'를 무효라고 본다. BGH 13
Jan. 2005, SchiedsVZ 2005, 95.

의 자기권한심사 권한은 입법에 의해 부여되는 것으로서 중재절차를 규율하는 법, 즉 '중재지법(仲裁地法, lex arbitri)'에 의하여 규율되어야 한다는 견해가 유력하다.[124] 이는 중재판정부의 자기권한심사 권한의 법적 성격에 부합하는 해석으로서 타당하다. 따라서 예컨대 중재합의의 유효성 등이 중재절차 내에서 다투어지거나 그에 관한 중재판정에 대해서 법원의 심사·통제가 이루어지는 경우에는 그 절차가 중재지법에 의해서 규율된다는 점에 별다른 의문이 없다.[125] 예컨대 우리 중재법 제17조 제6항에 정한 것과 같은 법원의 재심사(동시통제) 절차나 제36조에 정한 것과 같은 중재판정 취소 절차는 중재지법에 의해 규율된다.[126]

문제는 중재절차와 소송절차가 경합하는 상황에서 중재지와 소가 제기된 법정지가 다른 경우이다. 법원이 본안에 관한 선결문제로서 중재합의의 유효성 등에 관하여 심판하는 경우에, 자기권한심사의 소극적 효력 유무, 중재합의의 유효성 등에 대한 심사 기준, 방소항변을 받아들인 효과(절차를 중지할 것인지 관할권을 부정하여 소를 각하할 것인지 여부) 등을 중재지법에 의할 것인지 아니면 소가 제기된 법원의 법정지법(法廷地法, lex fori)에 의할 것인지 문제이다. 이에 관하여는 법정지법에 의할 것이라는 견해가 널리 받아들여지고 있고, 타당하다.[127] 다만 이때에도 중재합의의 유효성 자체의 판단은 중재합의의 실질적 유효성의 준거법에 의하여야 할 것이다.[128]

그러므로 아래 2.항의 '국내의 논의'는 중재지가 외국인지 내국인지

---

124) Greenberg/Kee/Weeramantry(주 31), para. 5.49; Born, International Commercial Arbitration(2nd), Wolters Kluwer, 2014, 1238; Mayer, "L'autonomie de l'arbitre international dans l'appréciation de sa propre compétence", Recueil des Cours Vol. 217, 1989, 344.

125) Sheppard(주 3), para. 5.8.

126) 중재판정 취소의 소는 중재지국 또는 중재절차의 준거법 소속국이 전속적 국제재판관할을 가지는 것으로 이해되고 있다. 석광현(주 10), 235.

127) Wolff(eds.)(주 36), 184; Born(주 124), 1238; Mayer(주 124), 345.

128) Born(주 124), 1237.

를 불문하고 우리나라에 어떤 중재합의에 반하는 소가 제기된 경우에 유의미하게 적용된다.

2. 국내의 논의

우리 중재법 제17조 제1항 전문은 "중재판정부는 자신의 권한 및 이와 관련된 중재합의의 존재 여부 또는 유효성에 대한 이의에 대하여 결정할 수 있다."고 규정하여 자기권한심사의 적극적 효과를 명문으로 규정한다.

자기권한심사의 소극적 효과는 우리 법상 이를 인정할 수 있을지 여부가 다소 불분명하다. 모델 중재법을 받아들인 우리 중재법은 제9조 제1항에서 "중재합의의 대상인 분쟁에 관하여 소가 제기된 경우에 피고가 중재합의가 있다는 항변(抗辯)을 하였을 때에는 법원은 그 소를 각하(却下)하여야 한다. 다만, 중재합의가 없거나 무효이거나 효력을 상실하였거나 그 이행이 불가능한 경우에는 그러하지 아니하다."고 규정할 뿐으로, 중재합의의 유효성 등에 관한 중재판정부의 심사 권한과 법원의 심사 권한 사이의 우선순위를 정하지 않는다. 다만 제9조 제3항이 "제1항의 소가 법원에 계속(繫屬) 중인 경우에도 중재판정부는 중재절차를 개시 또는 진행하거나 중재판정을 내릴 수 있다."고 규정하여 법원의 소송절차와 무관하게 중재판정부가 중재절차를 개시·진행하고 중재판정도 내릴 수 있다고 정하므로, 적어도 법원의 소송계속 사실만으로는 중재절차가 중지되지 않는다는 것은 분명히 하고 있다.

국내의 학설은 대체로 자기권한심사의 소극적 효과를 긍정하는 것으로 보인다. 우선 자기권한심사의 개념을 "중재판정부에 우선적으로 중재합의의 유·무효에 대한 관할권 존부를 판단할 수 있게 하되, 이에 대한 다툼이 있는 경우에는 최종적인 판단을 국가의 법원에 유보한다는 점에서 순차적 우선의 원칙(rule of chronological priority)"이라고 소개하

는 견해가 있다.[129] 이는 소극적 효과가 당연히 자기권한심사의 내용을
이룬다고 본 것이다.[130] 자기권한심사의 소극적 효과가 중요한 의미를
가진다는 견해,[131] 법원으로서는 중재합의가 일응(prima facie) 존재하면
이를 유효하다고 보고 소를 각하하거나 소송절차를 정지한 후 분쟁해결
을 중재절차에 맡기는 것이 국제거래에 관한 중재의 최근 경향이라고
소개하는 견해[132]는 모두 자기권한심사의 소극적 효과를 긍정하는 견해
라고 할 수 있다. 이와 달리 법원에 제기된 본안소송에서 중재합의의
유·무효가 선결문제로 다투어지는 경우에는, 절차의 신속을 고려할 때
법원이 소송절차를 중지하고(또는 기일을 추정하고) 중재판정부에 일차
적 판단을 구할 필요는 없다는 견해도 있다.[133] 이는 자기권한심사의 소
극적 효과에 대한 부정적인 견해로 이해된다.

3. 검토

가. 자기권한심사의 소극적 효과의 인정 여부

이상의 비교법적 검토에서 볼 수 있듯이 자기권한심사의 소극적 효
과를 인정하는지 여부뿐만 아니라 이를 인정하는 경우에도 그 구체적인
적용 범위나 적용 방식은 나라마다 각양각색이다. 중재합의의 유효성
등에 대한 심판권한에 관한 중재판정부와 법원 사이의 우열을 정함에
있어서, 프랑스처럼 자기권한심사의 소극적 효과에 의하는 나라가 있는
가 하면, 영국처럼 법원의 재량적 판단을 가미하는 나라도 있고, 국제사
법 개정 전의 스위스처럼 우선주의에 의하는 나라도 있다. 또한 영국과

---

129) 김용진(주 30), 87.

130) 김용진(주 30), 88.

131) 박영길, "Lis Pendens와 중재", 중재 제327호, 2009, 11.

132) 목영준/최승재(주 4), 79.

133) 석광현(주 11), 439.

미국은 자기권한심사의 소극적 효과라는 법원리가 아니라 근본적으로 당사자 자치의 이념에 관념적 뿌리를 두고 있다는 데에서도 프랑스, 스위스, 독일 등 대륙법계 국가들과 차이가 나타난다. 비교법적 검토를 통해, 어느 나라가 중재절차와 소송절차에 관하여 어떤 규율을 하고 있는가는 일단 그 나라의 고유한 법 전통이 기저에서 영향을 미치고 있음을 알 수 있다. 그러나 ① 효과적인 중재합의의 실현 및 중재 친화적인 법질서 조성이라는 이념과 ② 사법절차적 효율성 달성[134] 및 당사자의 재판청구권 보장이라는 이념을 조화·타협시켜 최적의 균형점을 찾아내고자 하는 각국의 입법정책적 또는 사법정책적 결단이 더 중요하고 결정적인 요소이다.[135]

그렇다면 우리나라의 현행법상 중재절차와 소송절차의 경합을 해결함에 있어서 중재합의의 유효성 등에 관한 중재판정부의 심판 권한과 법원의 심판 권한 사이의 우열을 어떻게 판가름할 것인가. 자기권한심사의 소극적 효과를 긍정할 수 있을 것인가? 필자는 다음과 같은 이유로 우리 법상 자기권한심사의 소극적 효과를 긍정하는 것이 타당하다고 본다. 첫째, 자기권한심사의 소극적 효과를 긍정함으로써 중재합의의 유효성 등에 관하여 중재판정부와 법원 사이에 상충하는 판단이 내려질 위험을 방지할 수 있다.[136] 우선주의에 의하거나 법원의 재량에 의하여 우열을 정하는 경우에도 상충하는 판단을 방지할 수 있을 것이지만, 자기권한심사의 소극적 효과는 양자의 우열을 가장 선명하고 단순하게 결정하는 기준이다. 우리 법상 중재판정부의 판정권한의 유무에 대한 판단

---

134) 자기권한심사의 소극적 효과를 부정하는 견해는, 중재판정부가 스스로 판정권한이 있음을 전제로 중재판정에 나아갔는데 중재판정의 승인·집행 또는 취소 단계에서 중재합의가 무효인 것으로 판명되는 경우 법적 불안정과 불필요한 비용의 낭비를 피할 수 없다는 점을 주된 근거로 든다. Bermann(주 1), para. 108.

135) Barceló(주 19), 2, 31; Susler(주 41), 142.

136) McLachlan(주 5), 203.

의 적법 여부는 법원에 의한 재심사의 대상이 될 수 있기 때문에(중재법 제17조 제6항,[137] 제36조 제2항 제1호 가목), 일단 중재판정부에 중재합의의 유효성 등에 대한 심판의 우선권을 주더라도 그에 대한 법원의 최종적인 심판 권한 역시 보장된다. 둘째, 자기권한심사의 적극적 효과는 소극적 효과에 의해 뒷받침될 때 비로소 의미를 가질 수 있다.[138] 중재판정부의 판정권한이 다투어지는 경우에는 법원의 소송절차와의 경합이 발생하는 경우가 적지 않다. 그러한 경우 단지 중재판정부가 자신의 판정권한을 스스로 판단할 수 있다는 것에 그치지 않고 법원에 대한 관계에서도 우선하여 판정권한을 판단할 수 있다고 할 때 비로소 중재판정부의 자기권한심사 권한이 실효적인 것이 될 수 있다. 만약 자기권한심사의 소극적 효과가 인정되지 않는 경우에는, 유효한 중재합의를 무력화하거나 절차를 지연시키려는 의도를 가진 당사자가 전략적 목적으로 법원에 소를 제기하는 상황을 방지하거나 그에 적절히 대처하기 어려울 수 있다.[139] 셋째, 모델 중재법과 이를 수용한 현행 중재법은 비록 명시적으로 방침을 드러내지는 않지만 자기권한심사의 소극적 효과를 전제로 하고 있다고 해석된다. '법원에 소가 계속 중인 경우에도 중재판정부

---

137) 2016년 개정 전 중재법(제17조 제6항)은 중재판정부의 의사에 반하여 중재판정을 강제할 수 없다는 점 등을 고려하여 판정권한을 긍정한 중재판정부의 결정에 대하여만 법원에 불복할 수 있도록 정하고 있었으나, 2016년 판정권한을 부정한 중재판정부의 결정에 대하여도 법원에 불복할 수 있도록 중재법이 개정되었다. 이에 관한 상세는 석광현(주 29), 111 이하 참조.

138) 박영길(주 131), 11.

139) Bermann(주 1), para. 107. 예컨대 자기권한심사의 소극적 효과를 인정하지 않고 앞서 본 스위스의 Fomento 사건에서처럼 우선주의에 기초하여 먼저 소가 제기된 법원에 판정권한 판단의 우선권을 주는 경우에는, 잠재적인 중재피신청인으로 하여금 절차가 더딘 법정지를 선택하여 그곳에 선행 소송을 제기하도록 할 충분한 유인이 있게 된다(이는 앞서 국제적 소송경합에서 본 '어뢰소송'의 구조와 같다). 이는 중재절차의 완전성에 대한 중대한 위협이 될 수 있다. McLachlan(주 5), 213 및 Hobér(주 6), 228 참조.

는 중재절차를 개시 또는 진행하거나 중재판정을 내릴 수 있다'고 규정
하는 우리 중재법 제9조 제3항(모델 중재법 제8조 제3항)은 비록 명시적
으로 중재판정부의 우선권을 규정하지는 않지만, 자기권한심사의 소극
적 효과를 전제로 한 것이라는 견해가 유력하다.[140] 이는 타당한 견해로
보인다.[141] 위와 같은 규정이 있는 한 중재합의의 유효성 등에 관한 심
판 권한의 우선권을 우선주의나 법원의 재량적 판단에 의해 법원에 귀
속시킨다고 하더라도 그러한 결과가 실효성을 가질 수 없기 때문이
다.[142] 넷째, 자기권한심사의 소극적 효과를 채택하는 것은 당사자들의
예측가능성을 증진시킨다. 당사자들은 중재합의의 유효성 등에 관한 다
툼이 있고, 중재판정부와 법원에서 그에 관한 다툼이 동시에 계속된 때
에는 우선 중재판정부가 우선적 심판권한을 가진다는 것을 합리적으로
예측하고 대응할 수 있다.[143] 다섯째, 자기권한심사의 소극적 효과를 긍
정하는 것은 중재친화적인 법질서를 조성하는 데 유의미한 기능을 할
수 있다. 자기권한심사의 소극적 효과를 긍정한다는 것은 중재합의를
한 당사자들의 의사를 존중하고 법질서가 그 실현을 뒷받침한다는 것을
의미한다. 우리나라는 중재 친화적인 법질서를 조성하기 위한 일련의
노력을 기울이고 있는데, 자기권한심사의 소극적 효과를 인정하는 것은
이러한 정책 방향에도 부합한다.

   그러므로 법원으로서는 피고의 방소항변과 함께 중재합의의 존재를
인정할 수 있는 근거가 되는 서면 등이 증거로 제출되었고 당해 중재합
의에 기한 중재판정부가 이미 구성된 경우에는, 제출된 서면 등에 의하
여 바로 중재합의의 부존재, 무효, 실효 또는 이행불능을 인정할 수 있

---

140) Susler(주 41), 130.
141) 우리 중재법 제9조 제3항(모델 중재법 제8조 제3항)은 법원의 소송절차가 계
   속되었다는 사실이 중재절차를 중지하여야 하는 사유가 되지 않는다는 것을
   분명히 하였다는 점에서 중요하다. 박영길(주 131), 12.
142) Bermann(주 1), para. 293.
143) Barceló(주 19), 30.

는 경우가 아닌 한 중재판정부의 판정권한 유무에 대한 판단을 기다려 그 판단에 따른 해결을 함이 타당하다(이른바 '일응의 심사'). 이와 같은 방법에 의하는 경우, 스스로 판정권한을 긍정한 중재판정부의 판단이 추후 법원의 재심사 절차에 의해 뒤집히는 때에는 다시 소송을 하여야 하는 절차상의 번거로움이 발생할 여지는 있다. 그러나 중재합의의 유효성 등의 심판을 중재판정부에 집중시키고 그 판단을 우선함으로써 당사자의 중재합의를 실효적인 것으로 만들고 절차적 신속과 경제를 실현할 수 있다는 장점이 더 크다. 다만 중재판정부가 구성되지 않았고 법원에서만 중재합의의 유효성 등에 관한 다툼이 계속된 때에는 법원에서 전면적 심사를 할 수 있다고 보아야 할 것이다. 입법론적으로는 프랑스의 예와 같이 자기권한심사의 소극적 효과를 명시적으로 규정하는 것이 바람직하다고 본다.[144]

나. 중재판정부의 판정권한에 대한 법원의 재판이 먼저 내려진 경우

앞서 본 것처럼 우리 중재법의 해석에 의하더라도 중재판정부와 법원 중 중재판정부에 중재합의의 유효성 등에 관한 심판의 우선권을 부여하는 것이 타당하다. 그러나 예컨대 중재판정부가 구성되기 전에 법원에서 먼저 중재합의의 유효성 등에 관한 판단을 하거나 법원이 자기권한심사의 소극적 효과에 관한 인식 없이 중재판정부의 판정권한 유무에 관하여 판단을 하는 등 중재판정부의 판정권한에 대한 법원의 재판(결정 또는 판결)이 먼저 내려지는 경우가 있을 수 있다.[145] 이 경우 법

---

144) Kohler/Rigozzi(주 64), para. 5.41. 이 견해는 중재판정부와 법원의 공조를 통일적으로 규율하는 국제적 협약의 필요성을 제시하기도 한다.

145) 독일에서는 자기권한심사의 소극적 효과를 인정하지 않으므로 법원이 중재판정부에 앞서서 중재합의의 유효성 등에 대한 판단을 하는 경우가 적지 않다. 따라서 독일에서는 법원 재판의 중재판정부에 대한 기속력 논의가 중요하게 다루어진다. Böckstiegel/Kröll/Nacimiento(eds.)(주 114), § 1032 paras. 32, 33.

원의 재판은 중재판정부에 대하여 어떠한 효과를 가지는가?[146]

우선 법원이 중재합의의 대상인 분쟁에 관하여 유효하고 이행가능한 중재합의가 있다고 판단하여 자신의 재판관할권을 부정하는 재판을 한 경우, 그러한 재판이 중재판정부에 대하여 기속력을 가지지 못한다는 것은 오늘날 널리 받아들여지고 있다.[147] 법원이 자신의 재판관할권을 부정하였다고 하여 중재판정부에 중재에 관한 판정권한 행사를 강요할 수 없기 때문이다. 이 경우 법원과 중재판정부 모두 자신의 관할권을 부정하는 '소극적 저촉'이 발생할 수 있으나, 법원이 자신의 판정권한을 확인하였음에도 중재판정부가 스스로 판정권한을 부정하는 경우는 드물 것이다.[148] 다만 우리나라를 중재지로 하는 중재의 경우, 중재법 제17조 제6항에 따른 권한심사신청을 받은 법원이 중재판정부에 판정 권한이 있다는 결정을 하게 되면 중재판정부는 원칙적으로 중재절차를 계속해서 진행하여야 하므로 주의를 요한다(중재법 제17조 제9항).[149]

---

146) 중재합의의 유효성 등에 관한 중재판정부의 판단은 최종적으로 법원의 재심사 대상에 놓이게 되므로, 그러한 판단이 법원에 어떠한 효과를 가지는가는 그다지 중요하지 않다. 독일에서는 중재판정부가 자신의 판정권한을 인정함을 전제로 종국적인 중재판정을 하였음에도 법원이 이를 무시하고 중재합의의 대상인 분쟁의 본안에 관하여 종국판결을 한 경우 그 효과에 관하여 논란이 있으나, 다수설은 법원의 판결이 중재판정부의 판정에 우선하고 중재판정은 취소의 대상이 된다고 본다. Böckstiegel/Kröll/Nacimiento(eds.)(주 114), § 1032 para. 39.

147) Bermann(주 1), para. 296.

148) Bermann(주 1), para. 296. 중재판정부가 이와 같이 자신의 판정권한을 긍정하여 중재판정이 내려지고 당사자가 그 중재판정의 집행을 구하는 경우, 위 법정지와 집행을 요청받은 국가가 동일한 경우에는 집행신청을 받은 법원은 중재합의의 유효성 등을 긍정한 기존 판단의 기판력 내지 기속력을 받는다는데 의문이 없다. 문제는 위 법정지와 집행을 요청받은 국가가 다른 경우인데, 특별한 사정이 없는 한 집행신청을 받은 법원은 기존에 중재합의의 유효성 등을 긍정한 다른 국가 법원의 판단을 존중하는 것이 뉴욕협약(제2조 제3항)의 취지에 부합한다고 해석된다. 김인호(주 13), 93.

149) 이 경우 중재인이 중재절차의 진행을 할 수 없거나 원하지 아니하면 중재인

이와 달리 법원이 스스로 쟁점이 된 당해 분쟁에 관하여 재판관할권 있음을 인정한 경우에 그 재판이 중재판정부에 대하여 기속력을 가지는지 여부에 관하여는 견해가 나뉜다.[150] 먼저 기속력을 부정하는 견해는, 법원이 재판관할권을 부정한 경우와 마찬가지로 그러한 결정이 중재판정부에 대하여 기판력을 가지지 못하고, 중재판정부는 독자적으로 자신의 판정권한에 관하여 판단할 수 있다고 본다.[151] 이와 달리 기속력을 긍정하는 견해는, 적어도 그 법원이 중재지의 법원인 경우에는 스스로 재판관할권이 있음을 인정한 법원의 재판에 기속력이 있다고 본다.[152] 중재지의 법원은 중재판정 취소절차에서 중재판정부의 판정권한 판단에 대하여 최종적·종국적인 심사를 할 권한을 가지기 때문이다. 예컨대 법원이 중재합의의 유효성을 부정하고 스스로 분쟁에 관한 관할권이 있다고 인정한 경우에는, 설령 중재판정부가 스스로 판정권한을 인정하고 중재판정에 나아간다 하더라도 종전 재판의 기판력을 받는 법원에 의해 그 중재판정이 취소될 것이다.[153] 기속력을 부정하는 견해도 이러한 현

의 권한은 종료되고 제16조에 따라 중재인을 다시 선정하여야 한다(중재법 제17조 제9항). 이는 2016년 중재법 개정 시 중재판정부가 판정권한을 부정한 경우에도 당사자가 법원에 권한심사신청을 할 수 있도록 제17조 제6항을 개정하면서 그 후속절차에 관한 명확한 지침을 제공하기 위하여 신설된 조항이다. 석광현(주 29), 115; 이호원, "2016년 개정 중재법의 주요 내용", 중재연구 제30권 제1호, 2020. 11. 중재법 제17조 제9항에 관한 비판적 검토는 정선주(주 29), 39 이하 참조.

150) 중재법 제17조 제9항은 법원이 중재판정부의 판정권한을 인정한 경우에 관하여만 규율하고 있다.

151) Söderlund, "Lis pendens, Res Judicata and the Issue of Parallel Judicial Proceedings", Journal of International Arbitration, Vol. 22, 2005, 305.

152) Bermann(주 1), para. 303; Böckstiegel/Kröll/Nacimiento(eds.)(주 114), § 1032 para. 32. 이는 독일의 통설이기도 하다.

153) 김인호(주 13), 94. 중재지와 법정지가 다른 경우에는, 중재판정 취소재판에 관한 전속관할이 속하는 중재지에서 중재합의의 유효성 등을 부정한 판결 등이 승인 요건을 갖추어야만 그 기판력을 받게 될 것이다.

상을 부정하는 것은 아니다.[154] 다만 전자는 중재 친화적인 관점에서 중재판정부의 자유로운 심판 권한을 더 중시하는 것이고, 후자는 절차적 효율성과 중재지 법원의 감독적 기능을 중시하는 것이다. 필자는 중재지 법원이 내린 재판의 기속력을 긍정하는 견해를 지지한다. 법원이 스스로 어떠한 분쟁에 대한 재판관할권이 있음을 인정하고 본안에 관한 종국판결을 내려 그 판결이 확정되기에 이른 때에는, 그 분쟁에 관하여 중재절차를 계속할 이익이 있다고 보기 어렵다. 필자는 앞서 본 것처럼 자기권한심사의 소극적 효과를 인정하므로, 법원이 내린 재판의 기속력을 부정하는 것이 더 일관된 논리 구성일 수 있다. 그러나 어떠한 경위에서든 법원에서 중재판정부의 판정권한을 부정한 재판이 먼저 확정된다면, 향후 그 절차에서 내려질 중재판정이 취소될 것이 명백히 예상되는 무익한 중재절차를 허용할 필요는 없을 것이다.

다. 자기권한심사 합의의 유효성 등

중재절차와 소송절차의 경합에 관련된 문제로서 '자기권한심사 합의 (또는 자기권한심사 조항, *Kompetenz-Kompetenz Klausel*)'의 유효성 여부가 논의되기도 한다. 이는 당사자가 본안에 관한 중재판정부의 판정권한을 발생시키는 중재합의에 부가하여 중재합의의 유효성에 등에 관한 별도의 중재합의를 함으로써 중재판정부의 판정권한에 관한 최종적인 심판권한을 법원으로부터 중재판정부로 이전시키는 합의가 허용되는가 하는 문제이다.[155] 자기권한심사 합의의 유효성을 긍정하는 견해는, 자기권한심사 합의가 중재합의의 대상인 분쟁을 법원에 제소함으로써 중재절차의 진행을 방해하거나 지연시키려는 일방 당사자의 시도에 실효적인 대응책이 될 수 있음을 근거로 한다.[156] 앞서 본 것처럼 미국의 판

---

154) Bermann(주 1), para. 298.
155) 김용진(주 30), 90.

레법이 실질적으로 자기권한심사 조항의 체계를 허용하고 있고, 과거 독일의 판례와 통설이 이를 허용하고 있었다.[157] 그러나 우리 중재법은 모델 중재법을 수용하여 법원이 중재판정부의 판정권한에 관한 결정에 대하여 최종적인 심사를 하도록 정하고 있다. 그리고 이는 중재절차와 소송절차 상호간의 관계에 관하여 우리 법이 채택한 기본적인 설계로서 강행규정으로서의 성격을 가지고 있다[158] 따라서 우리나라를 중재지로 하는 중재인 경우 또는 우리나라 법원이 중재합의의 유효성 등을 심판하는 경우에는 자기권한심사 합의의 유효성을 부정함이 타당하다.[159]

우리 중재법의 해석상 자기권한심사의 소극적 효과가 인정된다고 볼 때, 당사자들이 이를 배제하기로 하는 합의의 효력은 어떻게 볼 것인가? 프랑스 민사소송법은 국내중재에서 자기권한심사의 소극적 효과에 관한 제1448조가 강행규정임을 명시하고 있다. 국내에서 이에 관한 논의는 찾아볼 수 없으나, 우리 중재법상 자기권한심사의 소극적 효과가 명확한 규정에 의해서 선언되어 있지는 않아서 그것이 강행규정으로서의 성격을 가진다고 보기 어려운 점, 당사자들이 중재판정부 아닌 법원에서 중

---

156) 김용진(주 30), 90.

157) 자기권한심사 합의에 관한 독일 판례에 대한 상세는 안병희(주 20), 49 이하 참조.

158) 독일에서는 1998년 모델 중재법을 받아들여 민사소송법 개정을 한 이후 중재판정부의 판정권한을 종국적으로 법원에 의하여 심사하도록 하는 것이 입법자의 의사이고, 자기권한심사 합의는 위법하다는 인식이 널리 받아들여졌다. 오늘날 독일의 통설과 판례는 제1040조 제3항이 강행규정이라는 전제 아래 '자기권한심사 합의'를 무효라고 본다. BGH 13 Jan. 2005, SchiedsVZ 2005, 95. Kreindler/Wolff/Rider(주 112), para. 4.104; Böckstiegel/ Kröll/Nacimiento(eds.)(주 114), § 1040 para. 3 참조.

159) 석광현(주 11), 70; 정선주, "중재절차에서 법원의 역할과 한계 -개정 중재법과 UNCITRAL 모델법 등을 중심으로-", 중재학회지 제10권, 2000, 78; 이호원, "국제중재절차에서의 법원의 역할", 국제규범의 현황과 전망 제29호, 2014, 84. 김용진(주 30), 91은 중재판정부의 판정권한에 대한 동시통제 제도가 도입된 이상 당사자들이 자기권한심사 합의를 할 실익도 적다고 한다.

재합의의 유효성 등에 관한 심판을 먼저 하도록 합의하는 경우 절차적 효율성을 증진시킬 수 있는 점 등에 비추어 보면, 우리나라를 중재지로 하는 중재에 있어서 자기권한심사의 소극적 효과를 배제하는 합의의 유효성을 부정할 것은 아니라고 생각된다.

만약 우리 중재법의 해석상 자기권한심사의 소극적 효과가 인정되지 않는다고 볼 때 당사자들이 소극적 효과를 부여하는 합의를 하는 경우는 어떠한가? 미국의 판례법 등을 참조할 때 이는 당사자 자치의 원칙상 당연히 허용된다고 할 것이다. 다만 자기권한심사 합의에 이르는 정도로 중재판정부에 최종적인 심판권한을 부여하는 것까지 허용되는 것은 아니다. 만약 중재판정부에 최종적인 심판권한을 부여하는 내용이 포함되어 있다면 그 부분은 효력이 없다고 할 것이다(일부무효).

제2절 중재절차 상호간의 경합

Ⅰ. 중재절차 상호간의 경합에 관한 일반이론

1. 중재절차 상호간의 경합이 발생하는 원인

중재는 중재판정부에 독점적인 권한을 부여하겠다는 당사자 사이의 합의에 기초한다. 유효한 중재합의에 따라 구성된 중재판정부만이 중재합의의 대상인 분쟁을 심판할 독점적 권한을 가진다. 따라서 동일한 당사자 사이의 동일한 청구(소송물)에 관한 중재절차 상호간의 경합, 즉 엄격한 의미의 중재절차 사이의 경합은 좀처럼 발생하지 않는다.160) 다만 다음과 같은 경우에는 중재절차 사이의 경합이 발생할 수 있다.161) 첫째, 이중의 중재절차 합의가 있는 경우(dual arbitration clauses). 예를 들어 매도인이 중재신청을 하는 경우와 매수인이 중재신청을 하는 경우 서로 다른 중재지에서 서로 다른 중재규칙에 의하여 중재를 하도록 중재합의를 하거나, 중재를 신청하는 각 당사자의 국적에 따라서 중재지를 달리 정하는 중재합의를 하는 경우가 그러하다.162)163) 둘째, 다양한

---

160) Hobér(주 6), 238.
161) 이하의 분류는 Hobér(주 6), 239 이하 참조.
162) 쟁점별로 중재지를 달리 정하는 경우도 있다. 예컨대 제조물의 결함 여부에 관한 사항은 A 중재지에서 심판하도록 정하고, 그 밖의 모든 사항은 B 중재지에서 심판하도록 정하는 중재합의를 하는 것이다. 다만 이러한 유형의 중재합의는 통상적으로 중재절차 상호간의 경합을 발생시키지 않는다.
163) 이중의 중재절차 합의는 냉전 시대에는 드물지 않았다고 한다. 예컨대 소련 측에 속해 있는 국가의 당사자가 중재신청을 하는 경우에는 스톡홀름을 중재지로 하는 중재신청을 하고, 비소련 측에 속해 있는 국가의 당사자가 중재신청을 하는 경우에는 모스크바를 중재지로 하는 중재신청을 하도록 정하는 것

해석의 가능성을 내포하는 흠 있는 중재조항이 있는 경우(defective arbitration clauses). 예컨대 "서울의 국제중재 판정부"에서 중재를 하도록 정한 중재조항이 있는 경우, 이는 서울을 중재지로 하는 임시중재(ad hoc arbitration)에 관한 합의를 한 것으로 해석될 수도 있고, 서울중재센터(국제중재센터)에서 하는 기관중재(institutional arbitration)에 관한 합의를 한 것으로 해석될 수도 있다. 또한 "비엔나상업회의소(Vienna Chamber of Commerce) 또는 국제상업회의소(ICC)"에서 중재를 하도록 정한 것과 같이 중재기관 사이의 우열을 정함이 없이 복수의 중재기관을 나열하는 중재조항이 있는 경우에도, 서로 다른 중재기관에서 각각 중재 신청이 이루어지는 상황을 초래할 수 있다. 셋째, 당사자 사이의 개정 등을 거치면서 여러 버전의 중재합의가 있는 경우(different versions of the arbitration agreement). 스위스 연방대법원의 *Andersen* 사건[164]이 이러한 유형의 중재절차 경합을 다룬 바 있는데, 전형적인 유형은 아니지만 이러한 경우에도 중재절차 사이의 경합이 발생할 수 있다.

2. 중재판정의 기판력

가. 중재판정의 기판력 일반론

중재합의에서 별도로 중재절차 내에서의 상소에 관하여 정하고 있지 않은 한, 중재판정부가 법정의 요건[165]을 갖추어 중재판정서를 작성하고 관여 중재인이 서명하여 그 중재판정서의 정본이 당사자에게 송달되

이다.
164) *Arthur Andersen v Andersen Consulting*, 2000 ASA Bull. 546. 스위스 연방대법원은 개정된 중재합의에 의한 중재판정부가 정당한 판정권한을 가지는 것으로 판단하였다.
165) 내국중재의 경우 중재법 제32조가 '중재판정의 형식과 내용'을 정하고 있다.

면 중재판정은 형식적으로 확정된다.[166] 확정된 중재판정에 기판력(旣判力, Res Judicata)[167]이 있다는 것은 오늘날 사실상 모든 법체계 하에서 받아들여지고 있다.[168] 예컨대 중재판정의 승인(recognition)에 관한 뉴욕협약이나 모델 중재법의 규정들은 확정된 중재판정이 기판력을 가진다는 것을 당연한 전제로 하고 있다.[169] 그러나 중재판정 기판력의 본질을 법원에서 내려진 판결의 기판력과 완전히 동일시할 수 없다는 것이 통설이다.[170] 특히 중재절차의 기저를 이루는 당사자자치가 중요한 영향

---

166) 손용근, "중재판정의 효력에 관한 일반적 고찰", 법조 제57권 제10호, 2004, 193; 강수미, "중재판정의 효력에 관한 연구", 중재연구 제27권 제1호, 2017, 63 은 중재판정의 형식적 확정을 위해 판정서 정본의 송달이 필요하다고 본다. 이와 달리 정선주, "중재판정의 효력 -확정력을 중심으로-", 민사소송 제9권 제2호, 2005, 213은 상소할 수 없는 법원의 판결이 선고와 동시에 확정되듯이, 중재판정도 판정서 정본의 송달을 필요로 하지 않고 서면으로 작성되어 중재인이 서명한 때에 형식적으로 확정된다고 한다.

167) 중재판정의 기판력과 관련된 개념으로서 '기속력'과 '구속력'이 있다. 우선 중재판정의 '기속력'은 확정된 중재판정을 내린 중재판정부가 해당 중재판정을 취소·변경할 수 없는 구속력을 말하는 것으로, 확정판결의 기속력에 대응한다. 한편 '구속력'은 당사자에게 중재판정을 따를 의무를 부과하는, 중재판정이 중재당사자를 구속하는 효력을 의미한다. 뉴욕협약 제5조 제1항 마호는 '당사자에 대하여 판정의 구속력이 아직 발생하지 않은 경우'를 외국중재판정의 승인 거부사유로 명시하고 있고, 우리 중재법 제38조 제1호 나의 1)목 역시 '중재판정의 구속력이 당사자에 대하여 아직 발생하지 아니하였다는 사실'을 내국중재판정의 승인거부사유로 명시한다. 기속력과 구속력에 관한 상세는 강수미(주 166), 64 이하. 구속력 개념에 관한 비판적 검토로는 석광현, "2016년 중재법에 따른 국내중재판정의 효력, 취소와 승인·집행에 관한 법리의 변화", 국제상사중재법연구(제2권), 박영사, 2019, 196 이하 참조.

168) Hobér(주 6), 257. 다만 중간판정에 대하여는 기속력은 인정될 수 있지만 기판력이 인정되지는 않는다. 강수미(주 166), 67.

169) Hobér(주 6), 263.

170) 중재판정의 기판력의 기저에는 분쟁해결을 중재인에게 위임하고 그 판단에 따르기로 하는 당사자 사이의 중재합의가 자리 잡고 있다(당사자자치). 그러나 중재합의 자체가 중재판정의 기판력의 직접적인 근거가 되기에는 부족하다. 중재제도를 둔 각 나라는 당사자의 절차적 권리와 법치국가의 원칙을 보

을 미치는데, ① 법원의 직권조사사항인 판결의 기판력과는 달리 중재판정의 기판력은 그 효과를 주장하고자 하는 당사자의 항변사항이고(특히, 중재판정부는 직권으로 다른 중재판정의 기판력을 고려할 수 없다), ② 당사자들은 합의에 의해 기판력을 배제하고 당해 분쟁을 새로운 중재에 맡기기로 하는 합의를 할 수 있다는 특징이 있다.[171]

소송경합의 경우와 마찬가지로 중재절차 상호간 경합의 맥락에서도 중재판정의 기판력에 대한 검토는 필수적이다. 중재판정의 기판력을 확정하는 문제는 중재절차 상호간의 경합에 관하여 논하기 위한 선결문제라고 할 수 있다. 서로 기판력을 미칠 수 없는 중재절차 상호간에는 원칙적으로 그 경합을 규율할 이익이 있다고 할 수 없기 때문이다.

나. 기판력의 준거법과 그 범위

일단 중재판정이 형식적으로 확정되면 그 중재당사자는 그 중재판정의 대상인 분쟁에 관한 판단에 대하여 동일한 당사자를 상대로 이를 재차 다투거나 그 판단 내용에 반하는 주장을 할 수 없고(불가쟁/不可爭),

---

장하기 위하여 중재절차를 법원의 소송절차에 뒤떨어지지 않도록 설계하고 중재판정에는 법원의 판결에 걸맞은 효과를 부여한다. 요컨대 중재판정에 대하여 기판력을 인정하는 것은 중재제도를 둔 각국의 입법적 결단에 따른 결과라 할 수 있다. 내국중재판정에 확정판결과 동일한 효력을 인정하는 우리 중재법 제35조는 그러한 입법적 결단의 표현이다. 정선주(주 166), 216; 강수미(주 166), 67; 서세원, "중재판정의 기판력에 관한 고찰", 중재연구 제17권 제2호, 2007, 9; 이호원, "중재판정 승인의 개념, 효력 및 절차에 관한 연구", 중재연구 제23권 제1호, 2013, 4.

171) Hobér(주 6), 257; 서세원(주 170), 11 이하; 이호원(주 170), 8 참조. 다만 이호원 교수는 중재판정에 기한 집행을 허가하는 재판이 확정될 때까지만 당사자들이 합의에 의해 중재판정의 기판력을 배제할 수 있다고 한다. 한편 정선주(주 166), 218 이하 및 강수미(주 166), 68 이하는, 중재판정의 기판력을 직권조사사항으로 보면서도 그에 대한 당사자의 처분의 자유를 인정한다.

다른 법원이나 중재판정부 역시 동일한 분쟁에 대하여는 그 판단에 모순되거나 저촉되는 판단을 할 수 없게 된다(불가반/不可反).[172]

　중재판정 기판력의 내용이 대체로 이와 같다는 것에는 전세계적으로 별다른 이견이 없으나,[173] 기판력의 범위에 관하여는 법계와 나라에 따라 작지 않은 차이가 나타난다.[174] 가장 두드러진 차이는, 대륙법계에서는 소송물에 대한 판단에 대하여만 기판력이 미친다고 보는 반면, 보통법계에서는 주문에서 내려진 소송물에 관한 판단 뿐만 아니라 실제 심판의 대상이 되었던 판결 이유 중의 사실적·법률적 쟁점에 관한 판단에 대하여도 기판력이 미친다고 본다(이른바 '쟁점차단효/爭點遮斷效', issue preclusion).[175] 우리 중재법 제35조는 "중재판정은 양쪽 당사자 간에 법원의 확정판결과 동일한 효력을 가진다. 다만, 제38조에 따라 승인 또는 집행이 거절되는 경우에는 그러하지 아니하다."고 규정하여 우리나라를 중재지로 하는 중재판정은 승인 거부사유가 없는 한 우리 법원의 확정판결과 동일한 효력을 가진다는 것을 명시한다.[176] 따라서 우리나라를

---

172) 국제법협회(ILA) 국제상사중재위원회는 2002년부터 중재판정의 기판력에 관한 보고서 작성 작업에 착수하여 2006년 국제상사중재와 관련한 절차의 경합에 관한 보고서와 함께 최종보고서를 채택하였다. Sheppard는 2004년 베를린 총회 결과를 토대로 중간보고서를 작성하였다. Sheppard, Interim Report 'Res Judicata' and Arbiration/ILA Berlin Conference(2004) on International Commercial Arbitration, ILA, 2004.

173) Born(주 124), 3734; Sheppard(주 172), 3.

174) Hobér(주 6), 258; Sheppard(주 172), 3.

175) 이호원(주 170), 10. 보통법계 내에서도 영국법과 미국법 사이에 차이가 있다. 미국의 경우 모든 중재판정에 쟁점차단효가 인정되는 것이 아니고, 영국에서 인정되는 쟁점차단효의 효력은 미국에서 인정되는 그것보다 더 좁다.

176) 현행 중재법 제35조의 해석상, 중재판정에 승인·집행 거부 사유가 존재하는 경우에는 중재판정이 취소절차에 의해 취소되지 않더라도 중재판정의 기판력이 발생하지 않는다. 중재법 제35조의 해석과 관련한 상세는 석광현(주 167), 199 이하 및 윤진기, "2016년 중재법상의 중재판정의 효력에 대한 몇 가지 의문과 별소의 심급 제한", 중재연구 제27권 제4호, 2017, 5 이하 참조.

중재지로 하는 중재판정의 경우 중재판정의 기판력이 발생하는 객관적·
주관적·시적 범위는 중재제도의 특성에 반하지 않는 범위 내에서는 우
리 법원에서 내려진 확정판결의 기판력 범위와 동일하게 파악하게 될
것이다.[177]

이처럼 중재판정의 기판력 범위에 관하여 법계별 또는 국가별로 차
이가 있으므로, 국제중재와 관련된 절차의 경합이 있거나 외국중재판정
의 승인·집행이 문제되는 경우에는 기판력의 범위를 어느 법에 의하여
정하는가가 매우 중요한 문제가 된다.[178] 이때 '중재판정이 내려진 중재
지법'과 '중재판정의 기판력이 작용하는 법정지 또는 중재지법'이 유력
한 준거법이 될 수 있다.[179] 이는 국제적 소송경합 맥락에서 논의되는
'외국판결의 기판력 범위에 관한 준거법' 문제와 유사하다.[180] 외국판결
승인의 효력 내지 본질에 관한 전통적 통설인 '효력확장설'을 유추한다
면 기본적으로는 중재판정이 내려진 중재지법이 중재판정의 기판력 범

---

177) 손용근(주 166), 195 이하; 강수미(주 166), 70; 이호원(주 170), 8. 정선주(주
   166), 225는 기본적으로 이러한 입장을 취하면서도, 중재판정 기판력의 객관
   적 범위와 관련하여, 중재절차에서는 청구취지와 청구원인이 엄격하게 기재
   되지 않으므로 법원의 소송절차와는 달리 실체법상의 청구권이나 권리관계
   를 기초로 사건의 동일성을 결정하는 것이 타당하다고 설명한다.
178) Hobér(주 6), 258.
179) 그 외에 중재합의의 준거법, 중재합의의 대상인 계약의 준거법도 유력한 준
   거법의 후보이다. Hobér(주 6), 258 참조. Sheppard는 2006년 국제상사중재위원
   회의 토론토 총회에서 결의가 이루어진 '절차의 경합과 중재에 관한 권고안',
   '기판력과 중재에 관한 권고안'을 해설하는 최종보고서를 작성하였다. '절차
   의 경합과 중재에 관한 권고안'에 대한 최종보고서는 각주 3), '중재와 기판력'
   에 대한 중간보고서는 각주 172)를 각 참조. '기판력과 중재에 관한 권고안'
   최종보고서는 Sheppard, Final Report on Res Judicata and Arbiration: ILA Toronto
   Conference(2006) on International Commercial Arbitration, ILA, 2006 참조. 위 보고
   서, para. 27에 의하면 위 총회에서는 '중재판정이 내려진 중재지법', '중재판
   정의 기판력이 작용하는 법정지 또는 중재지법', 그리고 '중재합의의 대상인
   계약의 준거법'을 가능한 준거법의 후보로 검토하였다.
180) 제2장-제1절-Ⅲ-2의 다.항 참조.

위에 관한 준거법이 된다고 볼 수 있다. 다만 외국중재판정의 효력이 그대로 확장된다고 볼 것인지, 아니면 이를 중재판정의 기판력이 작용하는 법정지 또는 중재지법에 의해 수정·제한된다고 볼 것인지는 보다 면밀한 검토를 필요로 한다.[181]

이와 관련하여 ILA 국제상사중재위원회는 2006년 중재판정의 기판력에 관한 혁신적인 권고안을 채택하였다.[182] 위 권고안은 법계별, 국가별로 서로 내용을 달리하는 기판력을 일률적으로 정의하는 것을 포기하고, 기판력의 핵심 내용인 적극적 효과(불가반력, 不可反力)와 소극적 효과(불가쟁력, 不可爭力)를 추출하여 '확정효와 차단효(conclusive and preclusive effect)'라는 개념으로 대체하였다.[183] 이는 ILA 국제상사중재위원회가 중재판정의 기판력 범위에 관한 문제를 국제사법적으로 접근하는 대신 국제적으로 통일적으로 통용될 수 있는 '확정효와 차단효' 개념을 실질법적으로 창설하는 방법을 택한 것임을 의미한다.[184] 위 '확정효와 차단효'는 ① 중재판정의 주문에 포함된 결정 또는 구제수단 및 그에 이르는 모든 이유(reasoning), ② 중재판정부에 의해 실제로 심리 및 판단의 대상이

---

181) 이호원(주 170), 10은 중재판정의 기판력으로서 쟁점차단효까지 인정하는 국가에서 내려진 중재판정에 대하여 우리나라에서 그처럼 넓은 효력을 인정할 경우 외국중재판정이 우리법상 인정되는 기판력보다 광범위한 효력을 가지게 되어 당사자의 심문청구권 내지 방어기회가 침해될 가능성이 있으므로, 우리나라에서 인정되는 기판력의 범위로 축소되어야 한다고 설명한다. 이는 외국판결의 기판력 범위에 관한 누적설에 상응하는 것으로 이해된다. Hobér(주 6), 259도 동지.

182) 위 권고안은 중재절차 상호간에 작용하는 기판력에 관하여만 규율하는 것으로서, 기판력 문제를 마주한 국제상사중재의 중재인들을 위한 것이다(권고안 제1조). Sheppard(주 179), para. 9.

183) Sheppard(주 179), para. 15.

184) Sheppard(주 179), paras. 23, 26-28. 다만 국제사법적 접근을 완전히 버리는 것이 아니다. 오히려 기판력의 내용 중 통일적으로 추출할 수 있는 '확정효와 차단효'는 실질법적으로 규율하고(권고안 제3조 내지 제7조), 그 외의 나머지 기판력 문제는 국제사법의 영역에 남겨두는 혼합형 체계이다.

되었던 사실적·법적 쟁점으로서 그에 관한 판단이 중재판정 주문의 결론에 이르는 데 핵심적(essential)이거나 근본적(fundamental)이었던 것,[185] 그리고 ③ 중재판정의 결론에 이르는 과정에서 중재판정부에 제기될 수 있었으나 제기되지 않은 청구, 청구원인 또는 사실적·법적 쟁점(이하 통틀어 '청구 등'이라 한다)으로서 그러한 청구 등을 후속 중재절차에서 제기하는 것이 절차적 불공정이나 남용을 구성하지 않는 것에 미친다.[186] 권고안은 이처럼 '확정효와 차단효'가 미치는 객관적 범위를 중재판정 주문의 결론에 이르는 핵심적이거나 근본적인, 그리고 가정적인 청구 등에 이르도록 확장하고 있는데, 이는 국제상사중재의 맥락에서는 국내의 기판력 개념에 얽매이지 않고 절차적 효율과 공정의 가치를 동시에 최대한으로 달성할 수 있는 새로운 규칙을 마련할 필요가 있다는 인식에 바탕을 둔 것이다.[187] 국제상사중재에서 중재판정의 기판력에 대한 이와 같은 접근은 현재로서는 일종의 입법론이라고 할 수 있을 것이지만,[188] 개별 중재판정부로서는 이러한 권고안의 타당성을 인정한다면 현시점에서도 이를 수용할 여지가 있다.[189]

---

185) 이는 보통법계의 쟁점차단효를 규정한 것으로 이해된다. Sheppard(주 179), para. 56.

186) 기판력과 중재에 관한 권고안 제4조, 제5조. 한편 국제상사중재 맥락에서 어느 중재판정이 외국의 후속 중재절차에 대하여 '확정효와 차단효'를 가지기 위해서는 그 중재판정이 후속 중재절차의 중재지에서 승인될 수 있는 것이어야 한다(위 권고안 제3조 제1항).

187) Sheppard(주 179), para. 25, 60, 61.

188) Hobér(주 6), 258.

189) 김인호, "중재판정의 기판력의 새로운 구성 -시지푸스적 접근을 넘어 스노우화이트적 접근으로-", 인권과 정의 통권 제468호, 2017, 105 이하는, 중재판정의 기판력 내용은 국제법의 일반원칙과 당사자의 의사 및 기대에 비추어 형성되어야 함을 전제로, 국제상사중재에서의 중재판정은 그 국제성 및 중재에 의하여 분쟁을 집중하여 해결하려는 중재합의의 목적을 고려할 때 국내의 법원 재판보다 넓은 기판력을 부여할 필요가 있고, 국내중재판정에 대하여도 쟁점차단효를 인정할 수 있을 것이라고 설명한다. 이러한 접근 방법은 위 권

3. 관련 사건(related disputes)의 경합

앞서 본 것처럼 동일한 당사자 사이의 동일한 소송물에 관한 복수의 중재절차가 병행하는 고유한 의미의 중재절차 경합은 좀처럼 발생하지 않는다. 그러나 주된 쟁점 또는 당사자가 중첩되는 관련 사건이 병행하는 경우는 비교적 빈번하게 나타난다. 관련 사건이 경합하는 경우 같은 쟁점에 대하여 중복된 심리를 해야 하는 비경제가 발생하고, 때로는 같은 쟁점에 대한 판단의 모순·저촉이 발생할 우려가 있다. 따라서 중재절차의 경합과 관련하여서는, 당사자와 소송물이 동일한 전형적인 경합사건보다 관련 사건(related proceedings)의 해결이 더 빈번하고 중요하게 다루어진다.[190] 관련 사건의 범위는 각 중재지마다 그 판단 기준이 다를 수 있으나, 필자는 국제적 소송경합 및 관련 소송의 맥락에서와 마찬가지로 '판결의 결론에 이르기 위하여 심판이 필요한 핵심적인 사실적 또는 법률적 쟁점이 동일한 사건'이라고 파악하는 것이 타당하다고 본다.[191]

한 국가 내의 소송절차에서는 청구의 주관적, 객관적 병합 또는 사건의 병행심리를 통해서 관련 사건의 경합에서 발생하는 문제를 비교적 용이하게 해소할 수 있다. 그러나 여러 국가의 법원에 관련 사건에 관한 소송이 계속된 경우나 관련 사건에 관한 복수의 중재절차가 경합하는 경우에는 이 문제의 해결이 쉽지 않다. 특히 중재판정부로서는 중재합의에 기초하여 최우선적으로 중재합의의 당사자들을 위하여 사건을 심판할 의무를 부담하므로 직권에 의해서는 관련 사건에 관한 복수의 중재절차 경합으로 인하여 발생하는 문제를 해소하기 위한 조치를 취할

고안의 접근 방법과 유사하다.

190) Sheppard(주 3), para. 4.47.

191) 관련 소송에 관한 상세는 제2장-제1절-III항 참조. 다만 중재판정 기판력의 범위를 앞서 본 ILA 국제상사중재위원회의 '기판력과 중재에 관한 권고안'과 같이 파악한다면 관련 사건의 범주는 크게 축소될 것이다.

수 없고, 적어도 일방 당사자의 신청에 의해서만 그러한 조치를 취할 수 있다. 즉 관련 사건에 관한 중재절차가 경합되어 절차의 비경제 등과 같은 문제가 발생한다고 하더라도, 중재판정부는 당사자의 신청이 없는 한 원칙적으로 이를 고려함이 없이 중재합의에서 정한 바에 따라 사건을 심판하면 족하다. 또한 중재절차의 병합은 이를 허용하는 당사자들의 합의가 있는 경우에만 가능하다.192) 이러한 점에서 중재는 파편화된 분쟁해결방법이라고도 한다. 다만 그러한 조치를 취하는 것이 국제적 공서(international public policy)에 의하여 요청되는 경우에는 예외가 인정될 수 있다.193) 당사자 자치가 중재제도의 근간을 구성하는 원리이기는 하지만, 그것이 분쟁해결절차를 규율하는 근본원리들까지 전면적으로 포기되어야 한다는 것을 의미하지는 않기 때문이다. 따라서 어떠한 경우에 중재판정부가 직권으로 관련 사건에 관한 중재절차의 경합으로 인해 발생하는 문제를 해소할 수 있는 조치를 취할 수 있는지, 당사자의 신청이 있는 경우에 중재판정부가 어떠한 조치를 취할 수 있을 것인지가 중요한 문제가 된다. 이에 관하여는 아래 II항에서 구체적으로 살펴본다.

II. 우리 중재법상 중재절차 상호간 경합의 해결 방안

1. 국제법협회(ILA) 국제상사중재위원회의 권고안

오늘날 대부분의 국내법은 중재절차의 상호간의 경합에 관하여 규율

---

192) Kreindler/Wolff/Rider(주 112), para. 4.219. 미국 판례로서 *Connecticut Gen. Life Ins. Co. v Sum Assur. Co. of Canada*, 210 F. 3d 771 (7th Cir. 2000) 참조. 중재절차에 적용될 규칙을 정할 수 있는 중재판정부의 재량권도 절차의 병합에 대하여는 적용되지 않는 것으로 이해된다.

193) Hobér(주 6), 248.

하지 않고 있다. 우리 중재법 역시 중재절차 상호간의 경합에 관하여 어떠한 규정을 두고 있지 않다. 오늘날 국제적으로 광범위한 영향력을 가지는 모델 중재법이나 뉴욕협약 역시 중재절차 상호간의 경합의 처리에 관하여는 어떠한 암시조차 하고 있지 않다.

다만 국제법협회(ILA)의 국제상사중재위원회가 2006년 채택한 보고서 제5항은 중재절차가 경합하는 경우에는 원칙적으로 우선주의에 기초하여 뒤에 절차가 계속된 중재판정부는 그 절차를 중지하거나 관할권 없음을 선언하여야 한다는 권고안을 제공하고 있다. ILA 국제상사중재위원회 권고안은 국가나 당사자가 아닌 중재판정부를 대상으로 하는 실무 운영에 관한 일반적인 권고안 내지 지침으로서 법적 구속력은 없다.[194] 그러나 수년에 걸쳐 이루어진 종합적 검토의 산물로서 유력한 참고자료로 삼을 수 있다.

---

5. 당해 중재보다 먼저 병행절차가 개시되어 다른 중재판정부에 계속된 경우, 중재판정부는 준거법[195]에 의하여 금지되지 않고 아래의 조건이 충족되며 그러한 상태가 계속되는 한(병행절차에서 관련된 결정이 내려질 때까지), 당해 중재의 전부 또는 일부에 관하여 절차를 중지(stay)하거나 관할권의 행사를 거부(decline jurisdiction)하여야 한다.

　5.1. 병행절차의 중재판정부가 당해 중재의 대상인 쟁점에 관하여 심판할 권한을 가질 것

　5.2. 다음의 이유로 위 조치에 반대하는 당사자에게 중대한 손해(material prejudice)를 끼치지 않을 것

　　(i) 병행절차에서 제공될 수 있는 권리구제의 부적절

　　(ii) 병행절차의 적법절차원칙 불준수

　　(iii) 병행절차에서 내려졌거나 내려질 중재판정이 취소되거나 승인 또는 집행이 거부될 가능성

　　(iv) 기타 중요한 사유

---

194) Sheppard(주 3), para. 4.48.

앞에서 볼 수 있듯이 위 권고안은 기본적으로 우선주의에 기초하여 중재절차 상호 간의 경합을 해결한다. 다만 ① 병행절차에서 제공될 수 있는 권리구제의 부적절, ② 병행절차의 적법절차원칙 불준수, ③ 병행절차에서 내려졌거나 내려질 중재판정이 취소되거나 승인 또는 집행이 거부될 가능성 등의 사유로 중재판정부의 우선주의에 기초한 절차의 중지 또는 관할권 행사의 거부조치에 반대하는 당사자에게 중대한 손해를 끼치는 경우 등에는 이를 할 수 없다는 예외를 명시하고 있다. 이는 우선주의를 엄격하게 관철할 경우 나타날 수 있는 불합리를 완화하기 위한 시도라고 할 수 있다. 특히 '병행절차에서 제공될 수 있는 권리구제의 부적절'을 이유로 위와 같은 조치를 반대할 수 있다는 점에서, 우선주의에 중재판정부의 재량판단 여지를 가미한 것이라고 평가할 수 있다.

2. 우리 중재법상 중재절차 상호간 경합의 처리

우리 중재법은 중재절차 상호간 경합의 처리방법에 관하여 별도의 규정을 두고 있지 않다. 따라서 우리나라를 중재지로 하는 중재에서 중재절차 상호간 경합이 발생한 경우 이를 어떻게 해결할 것인지는 개별 사건에서 당해 사건을 맡은 중재판정부의 결정에 달려 있다. 다만 국내 중재에서 이에 관한 실무 관행을 형성하기에 따라서는 중재절차 상호간 경합의 경우에 대체로 어떠한 방향으로 해결되리라는 당사자들의 예측가능성을 증진할 수 있을 것이다.

필자는 기본적으로 우리나라의 중재판정부가 ILA 국제상사중재위원회 권고안을 따르는 것을 지지한다. 그 이유는 다음과 같다. 첫째, ILA 국제상사중재위원회 권고안은 우선주의를 원칙으로 하고 있는데, 이는 우리법상 국제적 소송경합에 관하여 우선주의를 원칙으로 적용하는 것

---

195) Born(주 124), 3809는 중재절차 상호간의 경합에 관한 준거법은 중재판정의 기판력에 관한 준거법과 일치시키는 것이 바람직하다고 한다.

과 균형이 맞는다. 둘째, 중재절차 상호간의 경합은 복수의 유효한 중재합의를 전제로 하는바, 중재판정부가 그 재량에 의하여 당사자의 중재합의로 부여된 판정권한을 행사하지 않는다는 관념은 다소 받아들이기 어렵다. 셋째, ILA 국제상사중재위원회 권고안은 우선주의를 원칙으로 채택함으로써 당사자들의 예측가능성을 증진하는 한편 그 엄격성으로 인한 불합리를 완화하기 위한 예외를 명시함으로써 절차 운영의 합리성을 꾀하고 있다.196) 아울러 현재로서는 ILA 국제상사중재위원회 권고안이 국제적으로 통용되는 거의 유일한 규범이라는 점에서, 여기에 우리 실무 관행을 일치시켜 가는 것이 정책적으로도 바람직하다.

3. 우리 중재법상 관련 사건 경합의 처리

우리 중재법은 관련 사건에 관한 중재절차가 경합하는 경우의 처리 방법에 관하여도 별도의 규정을 두고 있지 않다. 따라서 기본적으로 관련 사건이 병행하는 경우 이를 어떻게 해결할 것인지는 개별 사건에서 당해 사건을 맡은 중재판정부의 결정에 달려 있고, 다만 적절한 실무 관행을 형성할 필요가 있다는 점은 동일한 사건에 관한 중재절차 상호간의 경합이 있는 경우와 같다.

ILA 국제상사중재위원회 권고안은 관련 사건에 관한 중재절차가 경합하는 경우에는 중재판정부가 적극적으로 사건 관리(case management) 차원으로 접근하여, 일방 당사자의 신청에 의하여 다른 중재판정의 결과에 중대한 영향을 받게 되어 있는 중재절차를 중지하고, 당사자들에게 관련된 분쟁을 병합하도록 독려하는 방안을 제시한다.197) 중재판정부가 중재절차를 중지하거나 관련된 분쟁을 병합하는 것은 관련 사건에 관한 중재절차가 경합하는 경우 중재판정부가 선택할 수 있는 전형적인

---

196) Hobér(주 6), 242.
197) Sheppard(주 3), para. 4.49 및 5.11.

조치들이라고 할 수 있는데, 이들 조치를 함에 있어서 주의할 사항은 다음과 같다.

첫째, 앞서 본 것처럼 중재판정부는 직권으로 이들 조치를 할 수 없고 적어도 일방 당사자의 신청에 의하여 이들 조치를 할 수 있다. 다만 중재판정부가 절차의 경합으로 인한 문제를 해소하기 위한 조치를 하지 않는 것이 당해 중재절차의 피신청인에게 중대한 부정의(great injustice)를 야기하는 등 국제적 공서에 반한다고 인정되는 경우[198]에는 중재판정부가 직권으로 절차를 중지하거나 관련된 분쟁을 병합하기 위한 조치를 할 수 있다고 할 것이다.

둘째, 중재절차의 중지는 재량적 조치이다. 중재판정부는 절차의 경제·효율을 도모하고, 동일한 쟁점에 대한 모순·저촉되는 판단이 내려지는 것을 방지하기 위하여 관련 사건에 관한 중재판정이 내려질 때까지 당해 절차를 중지할 수 있다. 이는 특히 어느 한 사건의 심판 대상인 법률관계가 다른 사건의 선결적 법률관계에 해당하는 경우에 효과적인 조치가 될 수 있다. 한편 중재판정부는 당사자들이 신속하게 심판을 받을 이익이 있다는 점을 중재절차를 중지할지 여부를 판단함에 있어서 고려하여야 할 필요가 있다.

셋째, 관련 중재절차를 병합함에 있어서는 각 분쟁의 당사자들이 동일한 중재합의에 구속되지 않는다는 것에 유의할 필요가 있다. 따라서 각각의 중재지법이 특별히 이를 허용하는 근거 규정을 두거나,[199] 중재절차의 병합을 허용하는 당사자들의 합의가 존재하지 않는 한 절차의

---

198) Hobér(주 6), 252는 '피신청인에게 중대한 부정의를 야기하는 경우'를 국제적 공서에 반하는 경우의 한 예로 들고 있다.

199) 미국의 개정통일중재법(RUAA) 제10조는 중재합의가 절차의 병합을 금지하고 있지 않은 한, 일방 당사자의 반대에도 불구하고 법원이 일정한 요건 아래 중재절차를 병합할 수 있다고 정한다. 이는 당사자의 동의를 절차 병합의 기초로 삼는 기존의 법리와는 차이가 있는 입법으로 평가된다. 상세는 Meyerson(주 85), 18 이하 참조.

병합은 허용되지 않는다고 이해된다.[200]

넷째, 중재절차를 병합하는 방법이 아니라, 예컨대 여러 관련 사건에서 동일한 중재인을 선임하거나 중재인이 다르더라도 같은 의장중재인을 선정함으로써 관련 사건에 관한 중재를 실질적으로 통합하는 방법이 있다. 이와 같은 방법을 통해 모순·상충되는 판단을 피할 수 있을 뿐만 아니라, 경우에 따라서는 관련 사건의 증거조사와 같은 심리를 함께 하는 등으로 심리의 효율을 높일 수 있다.

---

200) Hobér(주 6), 253.

제6장

소송유지명령과 중재유지명령

제1절 법원의 소송유지명령

Ⅰ. 소송유지명령 일반이론

1. 소송유지명령의 개념과 기능

소송유지명령(訴訟留止命令, Anti-Suit Injunction)이란 일방 당사자에게 외국에서 소를 제기하는 것을 금지하거나 이미 계속된 외국소송의 수행을 금지하는 명령을 말한다.[1] 소송유지명령은 15세기 무렵 영국의 형평법 법원(courts of equity)이 당사자에게 보통법 법원에서 소 제기하는 것을 금지하기 위한 수단으로 활용하기 시작한 것에서 유래한다.[2] 형평법 법원은 보통법이 형평법적 권리를 보장하지 못할 때와 정의의 요청(ends of justice)에 비추어 적절한 간섭이 필요할 때에 유지명령을 하였는데,[3] 특히 후자는 특별한 권리보호 이익 없이 소송이 중복되는 경우와 당사

---

1) Raphael, The Anti-Suit Injunction(2nd), Oxford, 2019, para. 1.05. 이는 일반적인 금지형 소송유지명령(prohibitory injunction)을 전제로 한 설명이다. 의무형 소송유지명령(mandatory injunction)은 보다 적극적으로 당사자에게 그 금지의 대상인 국가에서 소송을 유지(留止)하는 행위를 할 의무를 부과하는 소송유지명령을 말한다. 아래 Ⅱ의 4항 참조.

2) 이창현, "국제적 분쟁해결에 있어서 '소송금지명령'의 활용에 관한 연구 –한국에서의 적용 가능성을 중심으로–", 서울대학교 법학전문박사 학위논문, 2020, 11 이하 참조. 이와 달리 Bermann, "The Use of Anti-Suit Injuction in International Litigation", Columbia Journal of Transnational Law Vol. 28, 1990, 593은 그보다 앞서 보통법 법원(common law courts)이 당사자와 교회법원에 대하여 광범위한 재판권의 행사를 금지하기 위하여 소송유지명령을 한 것에서 소송유지명령이 기원하였다고 본다.

3) Raphael(주 1), para. 2.03.

자가 보통법 법원에 소를 제기하는 것이 제반 사정에 비추어 괴롭히고 억압적인 것(vexatious and oppressive)으로서 양심에 반하는 것(contrary to good conscience)으로 인정되는 경우를 포함하고 있었다.[4] 영국에서는 일반적으로 보통법 법원이 형평법 법원보다 더 상위 법원으로서 형평법 법원 판사(chancellor)가 보통법 법원의 판사에게 지시나 명령을 할 권한이 없다고 여겨졌으므로 형평법 법원은 당사자를 상대로 해서만 소송유지명령을 내렸다.[5] 소송유지명령은 초기에는 영국 내의 서로 다른 법원 사이에서의 절차에 활용되었으나, 점차 외국법원에 계속 중인 절차에 대하여도 활용되는 제도로 발전하였다.[6]

국제소송의 맥락에서 보면, 오늘날 소송유지명령은 국제적 소송경합 또는 중재절차와 소송절차의 경합을 적극적으로 방지·회피하기 위한 수단으로 기능한다. 소송유지명령은, 국제적 소송경합 상황에서 법원이 우선주의 또는 부적절한 법정지의 법리에 기하여 형식적으로 존재하는 국제재판관할권을 행사하지 않는 것과는 반대의 접근방법을 취하는 것이다.[7] 즉 위와 같은 접근방법이 내국법원의 국제재판관할권을 행사하지 않음으로써 국제적 소송경합을 해결하는 수단이라면, 소송유지명령은 외국법원의 소송절차를 금지하고 내국법원의 국제재판관할권을 관철시킴으로써 선제적으로 국제적 소송경합을 방지·회피하는 수단이다. 또한 소송유지명령을 통해 중재합의 당사자 일방의 소 제기를 선제적으로 막

---

4) Bermann(주 2), 593.

5) Strong, "Anti-Suit Injunctions in Judicial and Arbitral Procedures in the United States", American Journal of Comparative Law Vol. 66, 2018, 155. 이처럼 소송유지명령은 형평법 법원이 보통법 법원의 소송절차에 대하여 제한적으로나마 통제와 우위를 점하기 위해 행사할 수 있는 특권이었다.

6) 이규호, "관할합의에 기초한 소송유지명령(anti-suit injunction)의 법적 쟁점", 국제사법연구 제25권 제1호, 2019, 56. 소송유지명령이 외국의 소송에 적용되어가는 발전의 과정은 Raphael(주 1), para. 2.04 이하 참조.

7) Born/Rutledge, International Civil Litigation in United States Courts, Wolters Kluwer, 2018, 551.

을 수 있다면, 중재절차와 소송절차의 경합 상황에서 중재합의의 유효
성 등에 관하여 중재판정부와 법원 중 어느 곳이 심판의 우선권을 가지
는가의 문제 역시 발생하지 않을 것이다.

소송유지명령은 직접 외국의 법원에 대하여 내려지는 것이 아니라
당사자를 상대로 내려진다. 그러나 소송유지명령은 간접적으로, 그리고
실질적으로 내국법원이 외국법원의 국제재판관할권 행사 권한을 제한하
는 효과가 있는 것으로 받아들여지고 있다.[8] 따라서 법원의 소송유지명
령에 대하여는 그것이 예양(comity)에 반할 수 있다는 문제의식이 늘 뒤
따른다.[9]

2. 소송유지명령과 예양

소송유지명령에 관한 논의를 위해서는 우선 예양에 관한 논의를 할
필요가 있다. 예양(禮讓, comity)은 라틴어 ‘comitas’에서 유래한다. 라틴
어 ‘comitas’는 공손함(courtesy), 친절함(friendliness), 정중함(civility), 그리
고 인간성(humanity)이라는 의미로 해석된다.[10] 영어로 ‘comity’는 ‘다른
사람에 대한 공손함과 사려 깊은 행동(courtesy and considerate behavior
towards others)’을 의미한다.[11] 우리 표준국어대사전에 의하면, ‘국제예
양(國際禮讓)’은 ‘국가 간에 일반적으로 행하는 예의나 호의, 편의 따위
에 의하는 관례’라고 한다. 이처럼 ‘예양’은 예의 혹은 공손함 정도로 그
사전적 의미가 정리될 수 있을 것이나, 국제사법학 또는 국제민사소송
법학에서 법적 개념으로서의 예양의 의미와 기능을 확정하는 것은 어려

---

8) Bermann(주 2), 589; Born/Rutledge(주 7), 552. 미국 연방대법원의 판례로 *Donovan
   v Dallas*, 377 U. S. 408 (1964)도 참조.
9) Raphael(주 1), para. 2.03. 및 2.11.
10) Schultz/Ridi, “Comity and International Courts and Tribunals”, Cornell International
    Law Journal Vol 50, 2017, 580.
11) 옥스퍼드 영어사전(https://en.oxforddictionaries.com/definition/comity) 참조.

운 문제로 여겨진다.[12]

국제사법학에서 '예양' 개념은 베스트팔렌 조약 이후 근대 국가의 주권 개념과 함께 등장하였다.[13] 네덜란드는 그 무렵 국제적 상업거래의 중심지였으므로 네덜란드 법학자들은 자연스럽게 '주권국가 사이의 저촉법' 개념에 주목하였고, 이는 엄격한 속지주의(屬地主義, territoriality)의 발달로 이어졌다.[14] 17세기 네덜란드 학파의 대표주자인 울리히 후버 (Ulrich Huber, 1636-1694)는 1689년 발표한 "상이한 국가에 있어서의 상이한 법의 저촉에 관하여"라는 글에서 다음과 같은 3대 공리(公理)를 주장하였다. 첫째, 일국의 법률은 그 국경 내에서만 적용되고, 모든 신민을 구속한다. 둘째, 신민이라는 것은 영구적 또는 일시적이든 간에 그 국내의 모든 사람을 말한다. 셋째, 각국의 군주는 예양(comitas)에 의해, 관련된 타국의 군주나 신민의 권한이나 권리를 해하지 않을 것을 한도로, 그 영토 내에서 집행되는 국내법이 어느 곳에서나 효력을 가지는 것을 승인할 수 있다.[15] 후버의 첫째와 둘째 공리는 속지주의 원칙을 재확인한 것이다. 후버의 세 번째 공리에서 예양 개념이 처음으로 제시되었다. 이 예양 개념은 미국의 선구적인 국제사법학자인 Joseph Story의 주석을 매개로 하여 보통법계에서 중요한 법원리로 자리잡았다.[16] Story의 설명에 의하면, 예양 개념은 속지주의 원칙을 엄격하게 적용할 때 수 있는 불편한 결과를 회피하기 위하여 마련된 것이다. 즉 국가주권 원칙의 날선 대립을 완화하지 못하는 경우에는 국제적인 불화를 야기할 수 있고, 법원

---

12) Briggs, "The Principle of Comity In Private International Law", Recueil Des Cours 354, 2011, 79.

13) 예양의 역사에 관하여는 Watt/Dornis, "Comity", Encyclopedia of Private International Law, 2017, 382 이하 참조.

14) Lorenzen, "Story's Commentaries on the Conflict of Laws: One Hundred Years after", Harvard Law Review Vol. 48, 1934, 16.

15) 이상의 내용은 이호정, 국제사법, 경문사, 1983, 52와 장문철, 국제사법총론, 홍문사, 1996, 36의 소개를 참조한 것이다.

16) Watt/Dornis(주 13), 384.

으로서도 법원 외의 다른 행정부처에 의해서 해결되는 것이 더 적절한 쟁점들에 대해서 해결해야 하는 어려운 상황에 놓이게 될 수 있는데, 예양은 이러한 문제를 완화해 준다.[17]

이처럼 국제사법학 또는 국제민사소송법학에서의 '예양'의 개념은 국가주권 원칙 내지 속지주의 원칙에 대응하여 등장한 것으로서, 한 국가의 주권 행사가 다른 국가의 주권을 침해하거나 간섭하여서는 안 된다는 관념으로부터 유래한다. 이를 토대로 국제사법학에서 '예양'의 개념에 관하여 보면, 우선 국내의 유력한 견해는 예양을 '상이한 국가, 특히 그의 법원과 법제가적절한 경우 서로에게 상호 존중, 공감과 존경을 나타내는 것'이라고 설명한다.[18] 한편 Briggs는 국제사법 영역에서의 예양을, 판사가 섭외적 요소를 가지는 사건을 심판함에 있어서 이를 조심스럽게 다루어야 한다는 원리로서 하나의 사법적 판단 도구(judicial tool)이고,[19] ① 외국의 사법기관에 대한 상호신뢰에 기초하여 서로 간섭하지 않는다(non-interference)는 것과, ② 외국의 사법기관의 행위가 확정적이라는 것을 존중하거나 그에 신뢰를 부여한다는 두 가지 핵심적 요소에 기초한 실천적 원리로 이해되어야 한다고 설명한다.[20] 소송유지명령에 관한 권위자인 Raphael은, 예양은 사법상 권리의무의 문제가 아니라 공서(public order)의 문제로서, 서로 다른 국가, 법체계, 그리고 법원 사이의 상호 존중을 반영한 관념이라고 설명한다.[21] 영국 판례의 주류는 예

---

17) Briggs(주 12), 93.
18) 석광현, "국제상사중재에서 중재합의와 소송유지명령(訴訟留止命令, anti-suit injunction)", 국제상사중재법연구(제2권), 박영사, 2019, 288.
19) Briggs(주 12), 89.
20) Briggs(주 12), 89. Briggs는 사법적 판단 도구이자 실천적 원리로서의 예양이 작용하는 국면을 ① 준거법의 적용범위 결정과 그 해석, ② 재판의 절차법(특히 국제재판관할권을 행사할지 여부에 관한 재량권을 행사함에 있어서), ③ 외국 판결의 승인과 집행(특히 승인 및 집행에 관한 규칙을 형성함에 있어서), 그리고 ④ 국제사법공조 또는 국제도산절차의 공조로 나누어 설명한다.
21) Raphael(주 1), para. 1.26. *British Airways Board v Laker Airways Ltd.*, [1984] QB

양을 '한 국가의 법원이 정당한 이유 없이 외국의 사법체계에 대한 영토
적 및 사법적 주권에 간접적으로라도 간섭(interfere)하는 조치를 해서는
안 된다는 원리'라고 한다.[22] 요컨대 예양 개념의 연원과 이에 관한 제
견해들을 종합해 보면, 국제사법학 또는 국제민사소송법학에서의 예양
은 '외국의 법체계와 사법기관에 대한 불간섭과 존중을 핵심 가치로 하
는 일반적 법원리'라고 정리할 수 있을 것이다. 이처럼 예양은 일반적
법원리로 통용되는 것이므로, 그것이 적용되는 기능적 맥락에 따라서
다양하게 원용되고 있다.

　소송유지명령은 법원이 당사자로 하여금 다른 국가의 법원에서 소송
을 하지 못하도록 저지함으로써 소송유지명령을 내리는 국가의 법원이
당해 사건에 대한 국제재판관할권을 행사하고자 하는 것이다. 소송유지
명령의 상대방은 외국 또는 외국법원이 아니라 당사자이지만, 결국 간
접적으로 외국의 사법권 행사에 대한 간섭으로 귀결된다. 따라서 예양
의 원칙은 영국에서 법원이 소송유지명령을 발령할지 여부에 관한 재량
권을 행사함에 있어서 독자적이고도 중요한 고려사항이 되어 왔다.[23]
아래에서 상세하게 살펴볼 것이지만, 예양은 미국의 각 주와 대륙법계
국가에서 소송유지명령이라는 제도를 수용할 수 있을 것인지 자체와 관
련하여서도 결정적인 기준으로 작용하고 있다. 대개 대륙법계에서는 소
송유지명령이 예양의 원칙에 반한다고 보고 있는데,[24] 현재 유럽의 브뤼
셀 체제하에서는 소송유지명령이 허용되지 않는 것으로 이해되고 있다.[25]

　　142(CA), 186H도 참조.

22) *Credit Suisse Fides Trust SA v Cuoghi*, [1998] QB 818 (CA), 827; *Airbus Industrie GIE
　　v Patel and others*, [1999] 1 AC 119 (HL), 133H, 138G, 140A-B, F 등 참조.

23) Raphael(주 1), para. 1.30.

24) Briggs(주 12), 134.

25) Raphael(주 1), para. 12.13. 이하 참조.

II. 소송유지명령에 관한 입법례

아래 III항에서는 우리나라에서 국제적 소송경합 또는 중재절차와 소송절차의 경합을 방지·회피하기 위하여 법원으로부터 소송유지명령을 받는 것이 가능한지를 살펴보고자 한다. 그에 앞서 여기서는 영국과 미국, 그리고 브뤼셀 체제하에서의 소송유지명령에 관한 취급을 살펴본다.

1. 영국의 소송유지명령[26]

가. 영국의 소송유지명령 일반론

영국의 1981년 상급법원법(Senior Court Act 1981) 제37조는 High Court가 중간적인 또는 최종적인 유지명령을 내릴 수 있다고 규정한다(제1항).[27] 법원은 적절하다고 생각을 하는 조건을 달아서 또는 조건 없이 유지명령을 내릴 수 있다(제2항). 이 규정은 소송유지명령에 관한 일반적인 근거 규정으로 이해된다.[28]

영국에서 소송유지명령을 내릴 권한은 형평법적 권한이기 때문에 법원은 기본적으로 그에 관한 재량권을 가진다. 법원의 재량권은 판례에

---

[26] 오늘날 미국을 제외한 보통법계 국가들에서는 대체로 영국에서 발달한 소송유지명령의 개념과 원리(판례법)를 적용하고 있다고 한다. 스코틀랜드 역시 소송유지명령에 관하여 영국법과 동일한 기본 원리를 적용하고 있다. Raphael(주 1), para. 1.12.-16.

[27] 1873년 및 1875년 재판소법(Judicature Act)에 의해서 보통법 법원과 형평법 법원이 통합되고, 형평법 법원은 상사에 특화된 고등법원인 High Court의 일부로 편입되었다(High Court의 재판을 항소법원인 Court of Appeal, 상고법원 격인 House of Lords에서 다시 심리할 수 있으므로, High Court는 그 명칭과 기능에도 불구하고 실질적으로는 제1심법원처럼 기능한다). 이에 따라 소송유지명령을 할 수 있는 권한도 High Court에 귀속되었다. Raphael(주 1), para. 2.15.

[28] Raphael(주 1), para. 3.06; 이규호(주 6), 57.

의해 형성된 몇몇 원칙에 기초하여 행사되므로, 소송유지명령의 구체적 요건을 특정하여 설명하는 것은 다소 어려움이 있다.[29] 다만 오늘날 영국법상 소송유지명령의 일반원칙을 폭넓게 반영하고 있는 주도적인 판례로는 1987년 항소법원의 *Aérospatiale* 사건[30] 판결로 설명된다.[31] 영국법상 소송유지명령은 당사자가 영국의 법원 또는 중재판정부에 대한 전속적인 분쟁해결합의를 통해 실체적 권리인 외국에서 제소되지 않을 권리(right not to be sued abroad)를 가지는 경우와 당사자가 그러한 실체적 권리를 가지지 않는 경우로 크게 나누어 접근할 수 있다.

나. 영국법상 소송유지명령의 요건

영국법상 소송유지명령의 요건은 대체로, ① 피고에 대하여 영국 법원의 대인관할권이 있을 것, ② 원고가 외국에서 제소되지 않을 권리(right not to be sued abroad)를 가지거나(당사자가 실체적 권리를 가지는 경우), 또는 ③ 소송유지명령을 발하는 것이 정의의 요청(the ends of justice)에 부합할 것(당사자가 실체적 권리를 가지지 않는 경우), 그리고 ④ 소송유지명령을 발하는 것이 예양(comity)에 반하지 않을 것으로 정리된다.[32] 이하에서 위 요건을 나누어 개괄적으로 살펴본다.

1) 피고에 대한 영국 법원의 대인관할권

법원이 소송유지명령의 상대방에 대하여 대인관할권(*in personam*

29) Raphael(주 1), para. 4.02 - 4.06.
30) *Société Nationale Industrielle Aérospatiale v Lee Kui Jak*, [1987] AC 871(PC)
31) Raphael(주 1), para. 4.01. *Aérospatiale* 사건에서 Goff 경에 의해 채택된 법리는 귀족원의 *Airbus Industrie GIE v Patel*, [1999] 1 AC 119 (HL) 및 Donohue v Armco, [2002] 1 Lloyd's Rep 424 (HL) 판결 등에서 승인되었다.
32) 이창현(주 2), 39 이하; 석광현(주 18), 279 이하 및 Lüttringhaus/Fentiman, "Anti-Suit Injunctions", Encyclopedia of Private International Law, 2017, 82.

jurisdiction)을 가지기만 하면, 법원은 1981년 상급법원법 제37조 제1항에 따라 최종적 또는 중간적인 소송유지명령을 내릴 수 있다.[33]

2) 외국에서 제소되지 않을 권리

당사자(신청인)가 영국을 관할법원으로 하는 전속적 국제재판관할합의 또는 영국을 중재지로 하는 중재합의를 통해서 실체적 권리(substantive rights)인 '외국에서 제소되지 않을 권리(right not to be sued abroad)'를 가지는 경우에는 이를 보장하기 위한 소송유지명령이 내려질 수 있다.[34] 어느 곳에서도 소를 제기하지 않기로 하는 부제소 합의도 '외국에서 제소되지 않을 권리'를 구성한다.[35]

이 경우에도 소송유지명령을 내릴지 여부는 여전히 법원의 재량 아래 놓여 있다. 그러나 법원은 *Angelic Grace* 사건[36]에서 제시된 기준에 따라, 통상적으로 소송유지명령의 상대방(피신청인)이 소송유지명령이 내려지지 않아야 할 '강력한 이유(strong reasons)'를 증명하지 못하는 한 소송유지명령을 내릴 수 있다(이른바 '*Angelic Grace*' 원칙).[37] 신청인이

---

33) *Fourie v Le Roux*, [2007] 1 WLR 320 (HL). 이때 최종적인 유지명령을 내리기 위하여 영국 법원에서 보호되거나 집행되어야 할 실체적 권리가 존재할 것이 요구되지도 않는다. 종래에는 반드시 적어도 형평법에 의해서라도 인정되는 실체적 권리가 필요하다는 판례법리가 우세하였다. Siskina v Distos Compania Vaviera, [1979] AC 210 (HL). 상세는 Raphael(주 1), para. 3.03 – 3.06.

34) Raphael(주 1), para. 4.05. 다른 나라를 법정지로 하는 전속적 국제재판관할합의가 있거나 다른 나라를 중재지로 하는 중재합의가 있는 경우에 영국에서 소송유지명령을 할 수 있는가도 문제되나, 예양의 원칙상 허용되지 않는 것으로 이해된다. *Ibid.*, para. 7.43 – 7.50.

35) *National Westminster Bank v Utrecht-America Finance*, [2001] 3 All ER 733 (CA). Raphael(주 1), para. 7.39.

36) *Aggeliki Charis Compania Maritima v Pagnan*, [1995] 1 Lloyds Rep 87 (CA). *The Angelic Grace* 원칙(principle)으로 불리는 위 판결의 법리는 이후 *Donohue v Armco*, [2002] 1 Lloyd's Rep 424 (HL) 등 귀족원과 대법원의 판례들에 의해 승인되었다.

외국에서 제소되지 않을 실체적 권리가 인정되는 경우에도 아래 3)항의
'정의의 요청에 부합할 것'이라는 요건을 충족하여야 하는데,[38] *Angelic
Grace* 원칙은 그러한 기준을 구체화한 것으로 이해할 수 있다.[39] '외국
에서 제소되지 않을 권리'가 인정된다고 하여 예양 원칙 위반 심사가 면
제되는 것도 아니지만, 영국을 관할법원으로 하는 전속적 국제재판관할
합의 또는 영국을 중재지로 하는 중재합의가 있는 경우에는 통상
(ordinarily) 영국 법원이 당해 사건을 심판할 충분한 이익(sufficient interest)
이 있다고 인정된다.[40]

비전속적 국제재판할합의를 한 경우에는 원칙적으로 '외국에서 제소
되지 않을 권리'가 인정되지 않는다.[41] 다만 ① 신청인이 영국에서 소송
유지명령에 의해 보호될 수 있다는 합의가 그 재판관할합의에 포함된

---

37) Raphael(주 1), para. 7.15. Raphael은 이 '강력한 이유'를 판단하기 위하여 고려할
   요소로서 분쟁해결합의조항의 성질, 소송의 성질, 소송유지명령 신청인의 행
   위 요소, 그리고 예양을 든다. 예컨대 영국에서 내려진 판결이 외국에서 집행
   되기 어려운 경우, 소송유지명령의 상대방에게 예견하지 못한 중대한 불이익
   을 초래하는 경우, 소송유지명령으로 인하여 절차가 현저히 지연되는 경우, 소
   송유지명령의 신청인이 외국의 국제재판관할권에 복종한 바 있어 소송유지명
   령의 신청이 금반언에 반하는 경우 등에서 '강력한 이유'가 인정될 수 있다. 다
   만 외국이 더 적절한 법정지(*Forum Conveniens*)라는 사정은 원칙적으로 '강력
   한 이유'를 구성하지 못한다. *Ibid.*, para. 8.09 - 8.51 참조.
38) *Crédit Suisse First Boston (Europe) v MLC (Bermuda)*, [1999] 1 Lloyds Rep 767
39) 전속적 국제재판관할 또는 중재합의를 위반하는 구체적 행위가 괴롭히거나 억
   압적일(또는 비양심적일) 것이 요구되지는 않는다. *Toepfer International v
   société Cargill France*, [1998] 1 Lloyds Rep 379 (CA). Raphael(주 1), para. 7.18.
40) *Airbus Industrie GIE v Patel*, [1999] 1 AC 119 (HL). Raphael(주 1), para. 4.80.
41) 법정지로서 영국을 포함한 비전속적 국제재판관할합의는 당사자들이 지정된
   법정지 중 어느 하나에서 절차를 진행하는 데 합의한 것이고, 외국에서 제소하
   는 것을 금지하는 것이 아니기 때문이다. Raphael(주 1), para. 9.01. 어떤 면에서
   당사자들은 비전속적 국제재판관할합의를 함으로써 국제적 소송경합이 발생
   할 수 있는 가능성을 양해한 것이라고도 볼 수 있다. *Deutsche Bank AG v
   Highland Crusader Offshore Partners LP*, [2010] 1 WLR 1023 (CA) 참조.

경우,42) ② 비전속적 국제재판관할합의에 기하여 영국에서 먼저 소가 계속된 경우43)에는 예외적으로 영국에서 재판받을 실체적 권리가 인정된다.44) 당사자들이 영국법을 준거법으로 하는 합의를 하였고, 외국법을 적용하여 실체에 관한 재판을 하는 것이 부정의한 때에도 소송유지명령이 내려질 수 있다.45)

3) 정의의 요청에 부합할 것

소송유지명령은 '정의의 요청에 의하여(the ends of justice)' 또는 '정의의 이익을 위하여(the interest of justice)' 합당한 경우에 내려질 수 있다.46) 앞서 2)항에서 본 것처럼 소송유지명령의 신청인이 '외국에서 제소되지 않을 권리'를 가지는 경우에는 정의의 요청에 부합할 것이라는 요건이 비교적 쉽게 충족된다(*Angelic Grace* 원칙). 그러나 그러한 실체법상 권리가 인정되지 않는 경우에도 소송유지명령을 하는 것이 정의의 필요에 부합하는 경우에는 소송유지명령이 내려질 수 있다. 다만 이는 외국의 소송절차가 피고에게 '괴롭히거나 억압적인 것(vexatious or oppresive)'이거나 또는 '소송유지명령의 상대방인 당사자의 행위가 비양심적인 것(unconscionable)'인 경우에 한한다.47) 이러한 상태는 엄격하게

---

42) *Deutsche Bank AG v Highland Crusader Offshore Partners LP*, [2010] 1 WLR 1023 (CA); *Ecom Agroindustrial Corp. Ltd. v Mosharaf Composite Textile Mill Ltd.*, [2013] EWHC 1276(Comm.)

43) *BNP Paribas SA v Anchorage Capital Europe LLP*, [2013] EWHC 3073(Comm.)

44) Fentiman, International Commercial Litigation(2nd), Oxford, 2015, para. 16.52.

45) Fentiman(주 44), para. 16.60 이하 참조.

46) Raphael(주 1), para. 4.22.

47) Raphael(주 1), para. 4.47. '외국의 소송절차가 괴롭히거나 억압적인 것'이라는 기준은 대표적으로 *Aérospatiale* 사건에서, '소송유지명령의 상대방인 당사자의 행위가 비양심적인 것'이라는 기준은 대표적으로 *British Airways Board v Laker Airways*, [1985] AC 58 (HL)(이하 '*British Airways* 사건'이라고 한다) 및 *Turner v Grobit*, [2002] 1 WLR 107 (HL) 사건에서 사용되었다. '소송유지명령의 상대방인 당사자의 행위가 비양심적인 것'은 '외국의 소송절차가 괴롭히거나 억압적인

정의되지 않고, 각 사건의 맥락에 따라 유연하게 파악된다.[48] 구체적으로는 다음과 같은 기준들이 제시된다.[49]

① 단순히 영국이 적절한 법정지(*forum conveniens*)라는 이유만으로는 소송유지명령을 할 수 없다.[50]

② 소송유지명령은 외국소송이 과잉관할에 기초하여 피고를 괴롭히거나 억압적인 목적으로 제기된 경우에 그 소송의 당사자인 '피고의 이익을 위하여' 내려지는 것이지, '영국의 공서를 위하여' 내려지는 것은 아니다. 영국의 공서는 법원이 소송유지명령을 내리지 않을 근거로서 고려될 뿐이다.[51]

③ 단순히 국제적 소송경합을 방지하기 위하여 소송유지명령을 할 수 없다. 외국의 소송절차의 개시 또는 속행이 소송유지명령의 신청인에게 부정의하다는 사정이 독립적으로 증명되어야 한다.

④ 단순히 영국법원에서 내려진 판결이 외국에서 승인되는 것을 보장하기 위하여 소송유지명령을 할 수 없다.

한편 외국에서 소송절차를 개시하거나 속행하는 것이 신청인의 절차적 권리를 침해하는 것이거나 신청인에게 부정의한 때에도 영국에서 재

것'보다 넓은 관념으로 통용되어, '정의의 요청에 부합할 것'이라는 개념에 근접한다. 오늘날 '외국의 소송절차가 괴롭히거나 억압적인 것'이라는 기준이 더 보편적으로 쓰이고 있는데, 양자의 구별은 이론적인 의미가 있을 뿐 실무상 큰 차이를 불러오는 것은 아니다. Raphael(주 1), para. 2.29 – 2.35 및 4.47 – 4.60.

48) *Aérospatiale* 사건에서는 '괴롭히거나 억압적인 것'의 개념은 일정한 정의(definition)에 의해 제한되어서는 안 된다는 관념이 선언되었고, 귀족원은 *British Airways* 사건에서는 '비양심적인 것'의 개념이 광범위하고 유연하게 파악되어야 한다고 판시하였다.

49) Fentiman(주 44), para. 16.38.

50) *Société Nationale Industrielle Aérospatiale v Lee Kui Jak*, [1987] AC 871(PC)

51) *Turner v Grovit*, [2002] WLR 107 (HL). 지금까지 판례의 주류는 이러한 입장을 따르고 있다. 다만 추밀원(Privy Council)은 *Stichting Shell Pensionenfonds v krys*, [2015] AC 66 (PC) 사건에서 법정지의 중요한 공서를 보호하기 위하여 필요한 경우에는 소송유지명령을 할 수 있다고 판시한 바 있다.

판받을 절차적 권리가 도출된다.[52] 즉 외국 소송절차가 적법절차 원칙을 위반하여 영국 법원의 국제재판관할, 소송절차, 그리고 판결을 방해하거나 영국 법원의 국제재판관할, 소송절차, 그리고 판결을 보장하기 위해 필요한 경우로서 정의의 필요에 부합하는 경우에는 법원이 소송유지명령을 할 수 있다.[53] 이처럼 절차의 보장을 위하여 소송유지명령을 하는 경우에는 신청인으로서는 외국의 소송절차가 괴롭히거나 억압적인 것임을 별도로 증명할 필요가 없다.[54]

4) 예양에 반하지 않을 것

영국 법원은 1883년 *Hyman* 사건[55] 판결 이후 약 100년간 외국에 대한 소송유지명령은 '높은 주의(great caution)'를 가지고 행사되어야 한다고 보아 그 발령을 자제하였다.[56] 이후 영국에서 The Atlantic Star 사건, *MacShannon* 사건, *Spiliada* 사건 등을 통해 부적절한 법정지의 법리가 수용되면서 이러한 흐름에 반향이 일어났다. 1981년 *Castanho* 사건[57]에서 귀족원의 Scarman 경은 '부적절한 법정지의 법리를 적용하여 내국소송을 중지하는 기준과 소송유지명령을 통하여 외국소송을 제한하는 기준은 동등하게 적용되어야 한다'고 보아, 소송유지명령이 그 상대방 당사자가 외국에서 재판받을 적법한 이익을 박탈하는 것이 아닌 한 영국 법원이 당해 사건의 '가장 적절한 법정지(the most appropriate forum)'이기만 하면 소송유지명령을 할 수 있다고 하였다. 그러나 이러한 접근은 예양의 원칙에 비추어 불합리한 결론이었고, 얼마 지나지 않아 1987년 항

---

52) Fentiman(주 44), para. 16.67 이하 참조.
53) *Bank of Tokyo v Karoon*, [1987] AC 45 (Note) (CA) 60G 등 참조. Raphael(주 1), para. 4.67.
54) *Stichting Shell Pensionenfonds v krys*, [2015] AC 66 (PC)
55) *Hyman v Helm*, (1883) 24 Ch D 531 (CA)
56) Raphael(주 1), para. 2.18 - 2.23.
57) *Castanho v Brown & Root*, [1981] AC 557 (HL)

소법원의 *Aérospatiale* 사건에서 Goff 경에 의해 수정되었다.[58] 이후 Goff 경은 1998년 귀족원의 *Airbus* 사건[59]에서, 소송유지명령이 수반하는 외국 법원에 대한 간섭을 정당화하기 위해서 예양의 원칙은 '영국 법원이 당해 사건을 심판할 충분한 이익(sufficient interest) 또는 당해 사건과의 충분한 연관성(connection)'을 가질 것을 요구한다고 판시하여 예양의 원칙이 소송유지명령에 작용하는 내용을 분명히 하였다.[60] 예양의 원칙은 법원이 소송유지명령을 내릴지에 관한 재량을 행사함에 있어서 중요한 잣대가 된다. 다만 앞서 본 것처럼 영국을 관할법원으로 하는 전속적 국제재판관할합의 또는 영국을 중재지로 하는 중재합의가 있는 경우에는 통상 영국 법원이 당해 사건을 심판할 충분한 이익이 있다고 인정된다.

2. 미국의 소송유지명령

가. 미국의 소송유지명령 일반론

미국 연방법은 법원에 소송유지명령을 발할 권한을 부여하는 법령상 규정을 두고 있지 않다(대부분의 주 법률도 마찬가지이다). 그러나 미국 법원은 미국이 영국법을 계수하여 1789년 사법법(Judiciary Act 1789)을 제정할 때부터 영국의 형평법 법원이 행사할 수 있는 형평법적 권한(equity jurisdiction)을 행사할 수 있고, 그러한 권한에는 소송 유지명령을 내릴 수 있는 권한도 포함하는 것으로 취급하여 왔다.[61] 미국에서도 소송유지명령을 내릴 것인지 여부는 기본적으로 법원의 재량에 맡겨져 있

---

58) Raphael(주 1), para. 2.25 및 2.27.
59) *Airbus Industrie GIE v Patel*, [1999] 1 AC 119 (HL)
60) Raphael(주 1), para. 2.36.
61) Strong(주 5), 155; Born/Rutledge(주 7), 552. 미국 연방대법원의 *Grupo Mexicano de Desarrollo, S. A. v Alliance Bond Fund, Inc.*, 527 U. S. 308 (1999) 판결은 이러한 점을 명확히 판시하였다.

다. 그리고 미국 연방대법원이 소송유지명령에 관한 중요 쟁점들에 대해서 침묵하고 있는 탓에 미국의 소송유지명령에 관한 법리는 연방항소법원의 판례를 중심으로 발달하여 왔다.[62] 그런데 소송유지명령이 예양의 원칙과 충돌할 수 있는 점을 고려하여 소송유지명령을 엄격한 요건 아래 허용하는 경향과 비교적 관대한 요건 아래 허용하는 경향으로 나뉘어 나타나고 있다.[63] 이는 보수적 접근방식, 완화된 접근방식, 중도적 접근방식으로 나누어볼 수 있다.[64] 이러한 소송유지명령의 기준은 내국소송 상호 간에 관한 것이든 외국소송에 관한 것이든 동일하게 적용된다.[65]

나. 미국의 연방순회구별 접근 방식

1) 보수적 접근방식

컬럼비아 특별순회구, 연방 제3순회구, 제6순회구, 제8순회구 항소법원은 사실상 외국법원에 대한 소송유지명령을 허용하지 않는 입장이다.[66] 이처럼 소송유지명령에 대하여 보수적인 법원들은 당사자와 소송물의 중복이 소송유지명령을 정당화할 근거가 되지 못한다고 본다. 대

---

62) Strong(주 5), 156, 159. 동일한 연방순회구(federal circuit) 내에서는 연방 법원과 주 법원이 적용하는 기준 사이에 주목할 차이는 나타나지 않는다고 한다.

63) Born/Rutledge(주 7), 552; Bermann, International Arbitration and Private International Law, Brill/Nijhoff, 2017, para. 285.

64) 이러한 분류는 이규호(주 6), 58 이하를 따른 것이다. 이창현(주 2), 75 이하은 '완화된 접근방식'과 '엄격한 접근방식'의 두 가지로 나누어 설명한다. 이는 분류 방식의 문제이지 근본적으로 내용에 차이가 있는 것은 아니다.

65) Strong(주 5), 159.

66) *Answers in Genesis of Kentucky, Inc. v Creation Ministries Int'l, Ltd.*, 556 F.3d 459, 471(6th Cir. 2009); *Stonington Partners, Inc. v Lernout & Hauspie Speech Prods. NV*, 310 F.3d 118, 127(3d Cir. 2002); *Sea Containers Ltd. v Stena AB*, 890 F.2d 1205, 1214(D.C. Cir. 1989) 등 참조. 제11순회구 역시 위 보수적 입장을 지지하고 있으나 이를 분명히 밝히고 있지는 않다고 한다. *Canon Latin America, Inc. v Lantech(CR) SA*, 508 F.3d. 597, 601(11th Cir. 2007) 등 참조.

신 소송유지명령은 ① 법원의 고유하고 적법한 재판관할권을 지키기 위하여[전형적으로, 소송유지명령에 대한 유지명령(anti-anti suit injuntion)을 위하여 소송유지명령을 하는 경우], 또는 ② 법정지의 중요한 이익에 대한 침해를 방지의 필요성이 국제적 예양 원칙을 지킬 이익을 넘어서는 경우에만 내려질 수 있다.[67] 이러한 입장을 취하는 법원들은 예양(comity)을 중시하는데, 예양에 의하여 소송유지명령이 매우 제한적인 경우에만 내려질 것이 요구된다고 본다.[68]

2) 완화된 접근방식

연방 제5순회구, 제7순회구, 제9순회구 항소법원은 당사자와 소송물의 중복만으로 충분히 소송유지명령을 내릴 수 있는 요건을 충족한다고 본다.[69] 이들 순회구 연방항소법원은 예양에 대한 강조를 완화하고 대신 중복소송과 남용적 소송, 그리고 판결의 모순·저촉을 피하기 위해 필요한 경우에 소송유지명령을 내릴 수 있다고 본다.[70] 이들 순회구 연방항소법원들은 국제적 소송경합이 초래하는 불편과 불공정을 피하고 절차적 효율성을 높이기 위한 구제책을 마련할 필요성에 보다 큰 비중을 두고 있다.[71]

---

67) Born/Rutledge(주 7), 553. 예컨대 그 주에서 내려진 확정판결의 기판력으로 인하여 외국법원에서의 소송이 허용되지 않는 경우를 들 수 있다. 이규호(주 6), 59.

68) 이는 연방법원이 주 법원에 대하여 소송유지명령을 내릴 수 있는가가 문제되었던 리딩케이스인 *Laker Airways Ltd, v Sabena*, 731 F.2d 909, 928(D.C. Cir. 1984) 사건의 설시를 따르는 것이다.

69) *Microsoft Inc. v Motorola Inc.*, 696 F.3d 872(9th Cir. 2012); *H-D michigan, LLC v Hellenic Duty Free Shops, SA*, 694 F.3d 827, 848(7th Cir. 2012); *Karaha Bodas Co., LLC v Perusahaan Pertambangan Minyak Dan Gas Bumi Negara*, 335 F.3d 357, 366(5th Cir. 2003) 등 참조.

70) Strong(주 5), 161.

71) 이규호(주 6), 61.

3) 중도적 접근방식

연방 제2순회구 법원은 한때 소송유지명령을 허용하지 않는 입장이었으나 최근에는 소송유지명령을 허용하는 입장으로 선회하고 있다.[72] 연방 제1순회구 역시 보수적 접근방식을 수정하여 수용하고 있는데,[73] 이를 중도적 접근방식으로 분류할 수 있다.[74]

보수적이든, 완화적이든, 혹은 중도적이든 미국의 법원은 ① 미국 법원이 당해 분쟁에 대한 대인관할권을 가질 것, ② 소송유지명령 신청 사건의 당사자, 핵심 쟁점이 외국소송의 당사자, 핵심 쟁점과 동일할 것을 공통된 소송유지명령의 발령 요건으로 삼고 있다.[75] 또한 전속적 국제재판관할합의를 위반하여 소가 제기된 경우에 그에 대한 소송유지명령에 대하여는 예양의 원칙 위반을 거의 문제 삼지 않는다.[76]

3. 브뤼셀 체제와 소송유지명령

앞서 본 것처럼 대부분의 보통법계 국가에서는 영국에서 발달한 소송유지명령의 개념과 요건, 효과에 관한 법리를 따르고 있다. 그러나 독일, 프랑스 등 전통적인 대륙법계 국가들은 소송유지명령이 외국의 법질서에 대한 간섭이 될 수 있고, 자국의 법관들에게 외국법원의 재판권 행사에 관하여 규율할 수 있는 권한이 없다고 보아 이를 허용하지 않는 경향을 보인다.[77] 대신 이들 국가들은 외국판결의 승인·집행 단계에서

---

72) Born/Rutledge(주 7), 553. 소송유지명령을 허용하지 않는 경향의 판례로, *In re Rationis Enters., Inc. of Panama*, 261 F.3d 264 (2nd Cir. 2001) 등 참조. 소송유지명령을 허용하는 경향의 판례로, *Paramedics Electromedicina Comercial, Ltda v GE Med. Sys. Info. Techs., Inc.*, 369 F.3d 645 (2nd Cir. 2004) 등 참조.

73) Born/Rutledge(주 7), 553.

74) Born/Rutledge(주 7), 553은 연방 제1순회구와 제2순회구 항소법원 역시 기본적으로 보수적 접근방식을 취하되, 이를 다소 수정한 것으로 평가한다.

75) Strong(주 5). 159. 이창현(주 2), 74는 '핵심 쟁점'을 '소송물'이라고 표현한다.

76) Strong(주 5). 165.

소권 남용적인 외국소송을 규율하는 메커니즘을 택한다.[78] 브뤼셀 체제
는 기본적으로 대륙법계 국가들을 중심으로 구성되어 있으므로 소송유
지명령에 대하여도 이러한 대륙법계의 접근이 우세하게 나타난다. 아래
에서 보는 것처럼 일련의 유럽사법재판소 판례는 소송유지명령을 배척
하는 근거로서 '브뤼셀 체제의 효율성', '상호 신뢰' 등의 근거를 들고 있으
나 법계(法系) 간 전통의 차이가 미치는 영향을 간과할 수 없을 것이다.[79]

유럽사법재판소는, 영국 법원이 스페인의 소송절차가 영국인인 소송
유지명령 신청인을 괴롭히기 위한 목적으로 개시되었음을 이유로 스페
인의 소송절차에 관한 소송유지명령을 내리는 것이 브뤼셀 체제와 저촉
되는지가 쟁점이 된 2004년 *Turner* 사건[80] 결정에서, 브뤼셀 체제하에서
영국법원이 다른 체약국에 대한 소송유지명령을 발하는 것은 브뤼셀체
제와 양립할 수 없다고 판단하였다.[81] 유럽사법재판소는 소송유지명령
은 상호신뢰(相呼信賴, mutual trust) 원칙, 실질재심사 금지 원칙(實質再
審査 禁止 原則, principle of the prohibition of *révision au fond*)[82]에 기초
하여 판결의 자유로운 유통을 추구하는 브뤼셀 체제의 이념에 반한다고
판시하였다. 유럽사법재판소는 소송유지명령이 브뤼셀 체제의 메커니즘
를 위험에 빠뜨리고, 소송유지명령에도 불구하고 다른 국가에서 판결을
선고하거나 그와 저촉하는 소송유지명령을 발하는 경우에는 브뤼셀체제

---

77) Fawcett, Declining Jurisdiction in Private International Law, Oxford, 1995, 186, 204.
78) Fawcett(주 77), 204.
79) Raphael(주 1), para. 12.04.
80) *Turner v Grovit*, Case C-159/02 [2004] ECR I-3565.
81) *Turner* 사건에 대한 상세한 분석은 석광현(주 18), 291 이하 참조.
82) 브뤼셀 I 규정 제35조 제3항은 '재판국 법원의 관할은 재심사될 수 없다'고 규
   정하고, 제36조는 "외국의 재판은 어느 경우에도 그의 실질에 관하여 재심사될
   수 없다."고 규정한다. 브뤼셀 체제 하에서 각 나라의 법원은 자국의 국제재판
   관할권 존부에 관하여 고유한 심판 권한을 가진다. 실질재심사 금지 원칙에
   관한 상세는 이필복, "외국판결의 승인에서의 공서 위반 심사의 대상", 사법 제
   44호, 2018, 291 이하 참조.

가 예정하지 않은 문제를 야기할 수 있다는 점을 지적하였다.

비록 *Turner* 사건은 소송유지명령 신청인의 '외국에서 제소되지 않을 권리'가 전제되지 않은 사건이었으나, 위와 같은 법리는 전속적 국제재판관할합의에 기하여 위와 같은 실체적 권리가 인정되는 사건에서도 마찬가지로 적용될 수 있다고 이해된다.[83] 이후 유럽사법재판소는 영국 법원이 런던을 중재지로 하는 중재절차를 지원·보장하기 위하여 위 중재합의에 반하여 제기된 이탈리아의 소송절차에 관한 소송유지명령을 내리는 것이 브뤼셀 체제에 저촉되는지가 쟁점이 된 2009년 *The Front Comor* 사건[84] 결정에서도 *Turner* 사건의 법리를 이어갔다.[85] 이 사건에서 유럽사법재판소는 중재합의와 전속적 국제재판관할합의는 '외국에서 제소되지 않을 권리'를 발생시킨다는 점에서 동등함을 전제로, 외국의 소송절차가 중재합의에 반한다는 이유로 외국의 소송절차의 개시 또는 속행을 금지하는 법원의 명령은 브뤼셀 체제와 양립하지 않는다고 판단하였다.[86] 이는 위 소송유지명령이 자신의 국제재판관할권 유무에 관하

---

83) Raphael(주 1), para. 12.09. Turner 사건의 법리를 재확인한 유럽사법재판소의 결정으로, *Falco Privatstiftung v Weller-Lindhorst*, Case C-533/07 [2010] 참조.

84) *Allianz v West Tankers*, Case C-195/07 [2009] ECR I-663. 위 사건은 선박충돌에 따른 보험금 및 구상금 청구에 관한 것이었는데, 선박보험의 목적물인 선박의 이름을 따서 *The Front Comor* 사건이라고 종종 일컬어진다.

85) 석광현(주 18), 293 이하에서는 이 사건에 관하여 상세히 다루고 있다.

86) 이 사건에서 가장 핵심적인 쟁점은 이러한 점보다는 중재합의를 지원·보장하기 위한 법원의 소송유지명령이 '중재에 관한 사항'으로서 브뤼셀 체제의 적용범위 밖에 있는가 하는 것이었다(브뤼셀 I 규정 제1조 제2항 d호 참조). 중재합의를 지원·보장하기 위한 법원의 소송유지명령이 브뤼셀 체제의 적용범위 안에 있다면 Turner 사건의 법리가 대체로 일관되게 적용될 수 있을 것이나, 그렇지 않다면 유럽사법재판소가 달리 이 문제에 관하여 규율·심판할 권한이 있다고 보기 어려웠다. 유럽사법재판소는 위와 같은 소송유지명령이 그 자체로서는 브뤼셀 체제의 적용범위 밖에 있는 구제수단이라 하더라도 그 효과가 브뤼셀 I 규정에 따른 다른 체약국의 권한 행사를 제한하거나 그에 영향을 미침으로써 브뤼셀 체제의 효율성을 저해할 수 있는 것이라면 브뤼셀 I 규정의 적용을 받을 수 있다고 보아, 중재합의를 지원·보장하기 위한 법원의 소송유지

여 판단할 이탈리아 법원의 고유한 권한을 박탈하는 것이고, 이는 브뤼셀 체제가 기초하고 있는 상호 신뢰(mutual trust)의 이념에 반하는 것이며, 소송유지명령 상대방 당사자의 재판청구권을 침해할 수 있기 때문이다.

위 결정들에 의하여 브뤼셀 체제 하에서는 자국 법원의 국제재판관할권을 관철하기 위한 소송유지명령과 법원의 중재절차 지원을 위한 소송유지명령은 허용되지 않는 것으로 이해된다. 그러나 특히 *The Front Comor* 사건 결정은 거센 비판을 직면하였다. 위 결정에 비판적인 견해의 핵심적인 주장은, 위와 같은 결정은 중재합의의 효력을 저해하려는 일방 당사자의 부당한 시도에 대하여 중재지의 법원이 행사할 수 있는 유력한 통제 권한을 박탈한다는 것이었다.[87] 이는 중재합의의 유효성 등에 관하여 최종적으로 심판하고 통제할 수 있는 권한은 중재지의 법원에 귀속되어야 마땅하고, 그러한 권한이 외국법원에 계속된 소—그리고 그에 대한 재판권을 행사하는 당해 외국의 법원—에 의해 훼손되는 것은 부당하다는 관점을 바탕으로 한다.[88] 이에 따라 ① '중재'에 관한 브뤼셀 체제의 적용 배제를 광범위한 내용으로 명시하는 규정을 두는 안, ② 중재와 관련한 부수적 절차(소송유지명령 포함)에 관하여는 중재지의 법원이 전속관할을 가지고, 중재합의의 유효성에 관하여는 중재지의 법원이 다른 국가의 법원에 비하여 우선적 심판 권한을 가진다는 규

명령이 브뤼셀 체제에 저촉되는지에 관한 실체 판단에 나아갔다. 이에 관한 상세한 분석은, Filip, "The Interface between Arbitration and the Brussels Regulation", American University Business Law Review Vol. 5 No.3, 2016, 491 이하 참조.

87) Raphael(주 1), para. 12.15. 특히 국제상사중재의 중심지를 자처하는 영국과 프랑스의 실무가와 학자들이 이러한 비판을 주도하였다.

88) 이는 제3장-제1절-Ⅰ-3의 나.항에서 본, 어뢰소송에 대응하여 전속적 국제재판관할합의의 유효성과 효력을 관철하기 위한 브뤼셀 Ⅰrecast 규정의 개정 취지와 그 맥락을 같이 한다. 브뤼셀 Ⅰrecast 제31조 제2항, 제3항은 합의된 법정지의 법원에 관할합의의 유효성 등에 관한 우선적 심판 권한을 인정한다.

정을 두는 안[89] 등 입법적 개선 시도가 이루어졌으나, 브뤼셀 Ⅰrecast
규정에서 그 정도에 이르는 강한 입법이 채택되지는 못하였다.[90]

한편 영국은 브뤼셀 체제 내에서 ① 브뤼셀체제 밖에 있는 국가에서
개시된 소송에 대한 소송유지명령,[91] ② 중재판정부에 의해 내려진 소송
유지명령, 그리고 ③ 중재유지명령[92]은 여전히 허용된다고 보고 있다.[93]
향후 영국의 유럽연합 탈퇴(Brexit) 이후 영국과 유럽연합 사이에서 소송
유지명령을 둘러싼 충돌이 어떻게 해소될 것인지는 주의 깊게 지켜볼
필요가 있다.[94]

---

89) B. Hess, T. Pfeiffer, P. Schlosser 교수는 2008년 유럽연합 개별 회원국의 보고서
등을 기초로 브뤼셀 Ⅰ 규정 개정에 관한 이른바 'Heidelberg Report'를 작성하
였는데, 위 보고서는 위와 같은 관할 원칙을 도입하는 안을 포함하고 있었다.
EU 집행위원회는 2009년 'Heidelberg Report' 등에 기초한 개정 방안을 담은 보
고서인 녹서(綠書, Green Paper)를 발간하기도 하였다.

90) 개정안과 그 경과에 관한 상세는 Filip(주 86), 497-501 참조. 브뤼셀 Ⅰrecast 전
문(Recital) 제12조는 4개 항에서 중재에 대한 규정의 적용 배제를 강화하는 내
용의 몇 가지 원칙들을 열거하고 있다. 특히 제4항은 "이 규정은 특히 중재판
정부의 구성, 중재인의 권한, 중재절차의 진행 그 밖에 절차에 관한 일체의 다
른 측면 등과 관련한 소 또는 부수적 절차(ancillary proceedings)와 중재판정의
취소, 재심사, 상소, 승인 또는 집행에 관한 소 또는 판결에 대하여 적용되어서
는 아니된다."고 규정한다. 이 규정에 의해서 *The Front Comor* 사건의 결정 취
지(각주 86 참조)는 더 이상 유지될 수 없다는 견해도 제시된다(아래 Gazprom
시건 결정의 법무관인 Wathlet의 보고서 등). 그러나 그렇게까지는 해석하기 어
렵다는 견해가 더 유력해 보인다. Raphael(주 1), para. 12.15; Filip(주 86), 501.

91) 영국 대법원은 *Ust-Kamenogorsk Hydropower Plant JSC v AES Ust-Kamenogorsk
Hydropower Plant LLP*, [2013] 1 WLR 1889 (SC) 사건에서 이와 같은 취지로 판단
하였다.

92) *Republic of Kazakhstan v Istil Group Inc.*, [2007] EWHC 2729 (Comm.)

93) Kohler/Rigozzi, International Arbitration: Law and Practice in Switzerland, Oxford,
2015, para. 5.70.

94) Raphael(주 1), para. 12.01 - 12.03 참조.

III. 우리나라에서의 소송유지명령

1. 소송유지명령과 예양의 원칙

소송유지명령은 국제적 소송경합 또는 중재절차와 소송절차의 경합 문제를 선제적으로 방지·회피하기 위한 매우 효과적인 수단이 될 수 있다. 예컨대 전속적 국제재판관할합의의 일방 당사자가 위 국제재판관할 합의에 위반하여 합의된 법정지 이외의 국가에서 먼저 소를 제기한 경우, 피고로서는 일단 응소의 부담을 떠안을 수밖에 없다. 추후에 그 소가 국제재판관할합의를 위반한 것으로 인정되어 각하되거나, 그 소송절차에서 내려진 본안판결이 승인·집행되지 않거나, 혹은 피고가 그 소 제기로 인한 소송비용 등에 관하여 손해배상을 받을 수 있음과는 별개로, 피고에게 가장 바람직한 상황은 그 소송 자체를 수행하지 않는 것일 수 있다. 따라서 외국에서의 소송절차 개시 또는 속행 자체를 금지하는 소송유지명령은 때로 가장 유효하고 확실한 국제재판관할합의 보장 방안이자 국제적 소송경합의 방지 방안이 될 수 있다.[95] 당사자 사이에 중재합의가 있는 경우에도 마찬가지이다. 따라서 소송유지명령 제도의 필요성과 그 실효성은 일단 이를 인정할 수 있다.

다만 쉽지 않은 문제는 예양의 원칙과의 조화 문제이다. 예양의 원칙상 근본적으로 소송유지명령이라는 제도를 허용할 수 없다고 본다면 아무리 필요성과 실효성이 높다 하더라도 우리 법에 이를 수용하기에는 어려움이 있다. 따라서 우선 소송유지명령이 우리 법체계 또는 법 정책

---

95) 앞서 본 것처럼 영국에서는 영국을 법정지로 하는 전속적 국제재판관할이 있는 경우 소송유지명령의 신청인에게 '외국에서 제소받지 않을 권리'를 인정한다. 미국에서도 전속적 국제재판관할합의를 위반한 소 제기에 대해서는 각 연방순회구의 소송유지명령에 대한 접근방식의 차이에도 불구하고 소송유지명령이 허용될 것이라는 견해가 유력하게 제시된다. Strong(주 5), 164.

상 허용되는지를 우선 예양의 원칙과의 관계에서 살펴볼 필요가 있다.

필자는 소송유지명령이 직접적이고 일반적으로 예양의 원칙에 반하지는 않는다고 본다. 앞서 본 것처럼 예양의 원칙은 외국의 재판권 행사에 간섭(interfere)하지 않는다는 데 그 본질이 있다. 여기서 간섭이라는 것은 어떠한 사법작용으로 인해 다른 나라의 재판권 행사를 요구하거나 그 재판권 행사를 제약하는 것을 의미한다고 할 것이다. 그런데 소송유지명령은 당사자에 대하여 내려지고 그 효과의 집행 역시 당사자에 대하여 이루어진다. 소송유지명령을 받은 당사자는 다른 나라에서 소 제기를 할 수 없는 재판청구권의 제약을 받게 되지만, 이는 어디까지나 그 당사자의 개인적 권리에 대한 제한이지 소 제기가 금지된 다른 나라의 재판권 행사에 대한 제한은 아니다. 당사자의 재판청구권 제한에 따른 간접적이고 반사적인 효과로서 다른 나라의 재판권 행사 기회가 사실상 제약되는 것일 뿐이므로, 소송유지명령이 직접적이고 일반적으로 예양의 원칙에 반하는 것이라고 보기는 어렵다.

그러나 소송유지명령이 간접적으로 외국의 주권 행사를 제약하는 측면이 있음을 부인할 수 없다. 소송유지명령은 어떤 식으로든 예양의 원칙에 기초한 통제를 받을 수밖에 없다. 이러한 통제는 소송유지명령이라는 제도의 발원지인 영국에서도 일반적으로 받아들여지고 있음은 앞서 본 바와 같다.

그러므로 결국 소송유지명령에 있어서 예양의 원칙은 구체적·개별적 사안에서 소송유지명령에 관한 법원의 재량을 행사하는 데 고려될 요건으로 기능한다고 이해함이 타당하다.[96] 예양의 원칙을 어떻게 적용할 것인지는 기본적으로 구체적인 상황 하에서 법원의 재량에 맡겨져 있다. 다만 예양에 대한 고려가 어떻게 작동하는지를 일정한 기준으로 정

---

96) 석광현(주 18), 307은 우리 법원이 가처분 형태로 소송유지명령을 함에 있어서 '보전의 필요성'을 판단하는 데 예양의 원칙을 적절히 고려해야 한다고 설명한다. 이는 타당한 기술이다.

립할 수 있다면 당사자의 예측가능성을 증진시킬 수 있을 것이다. 소송
유지명령에 대하여 완화된 접근방식을 취하는 미국의 연방 제9순회구
항소법원은 예양에 관하여 다음과 같은 판시를 한 바 있는데 이는 참고
할 만하다.[97]

> 법원은 소송유지명령이 예양의 원칙을 위반하는지를 정확하게 계산할 필요
> 는 없고, … 소송유지명령에 따른 간섭이 중대하여 수인할 수 없는 것인지 여부
> 를 추산하면 족하다. … 어쨌든 예양은, 많은 법원들이 인정해 온 것처럼 복잡
> 하고 모호한 개념이다. 이것은 엄격한 의무라고 할 수 없지만 그렇다고 해서
> 단순히 선의에 의한 예의도 아니다.
>
> 그럼에도 불구하고, 이 사건은 소송유지명령 맥락에 있어서 예양의 원칙 위
> 반 심사에서 고려될 객관적 요소들을 제공한다. 예컨대, 예양은 사적인 계약상
> 분쟁에서는 국제법적 분쟁이나 정부 간의 분쟁에 비하여 덜 위협될 것이다. …
> 법원은 국제적 예양이 특정한 상황 아래에서 영향을 받는지 여부와 그 범위를
> 추산하여야 한다. 내국소송과 외국소송이 제기된 순서는, 결정적이지는 않지만
> 특정한 상황에 따라서는 유의미한 요소일 수 있다. 소송유지명령이 내려지는
> 범위 역시 예양의 원칙 위반 심사에서 유의미한 요소이다. 우리가 소송유지명
> 령에 관한 전범(典範)으로 인정한 바 있던 Laker Airways 사건에서, 콜럼비아 특
> 별순회구 법원은 다음과 같이 설명하였다. "예양은 소송유지명령의 범위는 예
> 상되는 해(害, harm)를 방지하기 위하여 필요한 범위를 초과하여서는 안 된다
> 는 것을 가르쳐준다."

위와 같은 판시는 두 가지 시사점을 제공한다. 첫째, 예양의 원칙은
소송유지명령의 필요성에 대한 피신청인의 항변 요소로 고려되는 것이
타당하다. 앞서 본 것처럼 소송유지명령이 직접적이고 일반적으로 예양

---

97) *Microsoft Corp. v Motorola, Inc.*, 696 F. 3d 872 (9th Cir. 2012).

의 원칙에 반하는 것이라고 보기 어렵다. 특히 순전한 사인간의 분쟁에 서는 기본적으로 소송유지명령이 예양의 원칙에 대하여 가해지는 위협 의 정도가 크다고 할 수도 없다. 브뤼셀 체제 하에서는 예양의 원칙을 강하게 적용함으로써 '회원국 상호간의 신뢰'라는 체제의 기초를 유지할 필요성이 긴요하지만, 일반적으로는 외국과의 긴밀한 상호 신뢰를 전제 하기도 어렵다. 결국 소송유지명령의 신청인이 그 소송유지명령이 예양 의 원칙에 반하지 않음을 적극적으로 소명할 것이 필요하다기 보다는, 피신청인이 예양의 원칙에 비추어 소송유지명령을 수인하기 어렵다는 사정을 소명하도록 하는 접근 방식이 더 적합하다. 둘째, 예양의 원칙은 구체적인 사실관계와 맥락을 바탕으로 비례적으로 적용되어야 한다. 비 례적인 예양의 원칙 적용에 있어서 고려될 사항들로는 다음의 것들을 들 수 있을 것이다.

① 전속적 분쟁해결합의의 존재 여부

앞서 본 영국과 미국의 예에서 볼 수 있듯이, 만약 우리나라를 법정 지로 하는 전속적 국제재판관할합의 또는 우리나라를 중재지로 하는 중 재합의가 있는 경우라면, 이를 위반한 외국소송에 대한 소송유지명령은 통상적으로 예양의 원칙에 위반되지 않는다고 볼 것이다.

② 소송유지명령의 내용과 범위

외국에서의 소 제기 또는 외국에서의 소송수행을 전적으로 금지하는 경우에는 예양의 원칙과 상충할 여지가 커지지만, 청구의 범위나 소송 수행의 방법에 관하여 제한하는 것이라면 예양의 원칙과 상충할 여지가 줄어들 것이다.

③ 사건의 성격과 내용

문제된 사건이 해사·해상 사건처럼 본질적으로 높은 국제성을 가지는 경우, 소송유지명령을 내리는 국가에서 주된 도산절차가 진행되는 경우 등에서는 사건의 성격상 소송유지명령에 대한 수인 정도가 높아질 것이다.[98] 또한 예컨대 특정 기업을 상대로 한 제조물 책임 소송이나 광범위한 환경오염 피해에 따른 손해배상금 또는 보험금 청구 소송 등의 경우에는 사건의 공평하고 효율적인 해결을 위해서 관할을 집중시킬 필요가 있을 것인데, 이러한 요소 역시 소송유지명령에 대한 수인 정도를 높일 수 있다. 다만 단순히 소송유지명령을 내리는 국가가 당해 사건을 심리하기에 더 적절한 법정지라는 정도만으로는 예양의 원칙을 충족한다고 보기 어렵다.

④ 소송계속의 순서

국제적 소송경합 상황에서, 만약 외국에서 먼저 소가 계속되었다면 그 외국소송에 대한 소송유지명령은 예양의 원칙에 반한다고 볼 여지가 그렇지 않은 경우보다 더 클 것이다.

⑤ 당사자 행위의 목적과 태양

외국소송을 제기한 당사자(소송유지명령의 피신청인)에게 상대방을 괴롭히거나 소송절차를 남용할 목적이 있었음이 인정되는 경우에는 소송유지명령이 보다 쉽게 내려질 수 있을 것이다. 이와 달리 예컨대 소송유지명령의 신청인이 외국의 소송절차에 복종하여 변론관할이 성립한 때에는 소송유지명령을 내리는 것이 예양의 원칙에 반한다고 볼 여지가 커질 것이다.

---

98) Strong(주 5), 166.

2. 소송유지명령 발령을 위한 요건

우리나라에서 국제적 소송경합 해결을 위한 법원의 소송유지명령은 통상 민사집행법 제300조 제2항의 '임시지위를 정하는 가처분'의 형태로 이루어질 것이다.[99] 따라서 우리나라에서 국제적 소송경합 해결을 위한 소송유지명령을 하기 위해서는 가처분의 요건으로서 ① 우리 법원에 국제재판관할이 있어야 하고, ② 실체법상 '피보전권리'의 존재가 인정되어야 하며, ③ 보전의 필요성이 인정되어야 한다.[100]

가. 국제재판관할

우리 민사집행법 제303조는 "가처분의 재판은 본안의 관할 법원 또는 다툼의 대상이 있는 곳을 관할하는 지방법원이 관할한다."고 규정한다. 가처분에 관한 국제재판관할에 관하여도 우리나라에 본안 사건의 관할이 있으면 우리나라에 국제재판관할을 인정할 수 있다.[101] 이때 가처분 형태로 내려지는 소송유지명령의 본안 사건이 무엇이 되어야 할 것인가는 다소 쉽지 않은 문제로 나타난다. 예컨대 우리나라를 법정지로 한 전속적 국제재판관할합의 또는 우리나라를 중재지로 하는 중재합의의 일방 당사자가 이를 위반하여 외국법원에 소제기를 한 경우에, 소송유지명령을 내릴 근거가 되는 본안사건이 무엇이 될 것인가라는 문제이다.[102] 이 경우 일단 불법행위로 인한 손해배상 청구 사건이 본안사건이 될 것이라는 견해가 제시된다.[103] 그러나 필자는 전속적 국제재판관할

---

99) 석광현(주 18), 298.
100) 석광현(주 18), 299.
101) 석광현(주 18), 299.
102) 이는 우리나라의 가처분 제도가 본안소송의 존재를 필수적인 전제로 하는 데 기인한다.
103) 이규호(주 6), 104. 석광현(주 18) 299도 만약 외국에서의 소송이 불법행위를

합의 또는 중재합의가 있는 경우에는 당사자가 그 자체로 상대방에게
부작위의무의 이행을 본안소송으로 구할 실체적 권리를 가진다고 본다.
따라서 예컨대 우리나라를 법정지로 하는 전속적 국제재판관할합의가
있는 때에는 외국에서의 제소로 인한 불법행위(또는 채무불이행)의 성
립을 전제할 필요 없이, 우리나라에 소송유지명령을 할 국제재판관할이
있다고 할 것이다.[104]

나. 피보전권리

우리나라에서 당사자가 가처분으로써 소송유지명령을 구하는 경우에
는 다른 나라에서의 소송의 금지를 구할 수 있는 실체적 권리, 즉 '외국
에서 제소되지 않을 권리(the right not to be sued abroad)'가 인정되어야
한다.[105] 이러한 피보전권리의 존부는 당사자들이 분쟁해결합의를 하였
는지 여부에 따라 나누어 살펴 볼 필요가 있다.

1) 분쟁해결합의가 있는 경우

당사자 사이에 분쟁해결합의(국제재판관할합의 또는 중재합의)가 있
었던 경우에는, 그 분쟁해결합의 효력의 준거법에 따라 실체법상 피보
전권리의 존재 여부를 판단하여야 한다.[106] 국제재판관할합의의 효력은
기본적으로 법정지법에 의한다.[107] 당사자가 법원을 통하여 중재합의를
강제할 수 있는가도 법정지법에 의한다.[108] 따라서 우리나라 법원에서

구성한다면 한국이 불법행위지인 경우 그러한 본안 소송 및 그에 기한 가처
분관할을 인정할 수 있을 것이라고 한다.
104) 석광현(주 18), 299.
105) 석광현(주 18), 300.
106) 석광현(주 18), 303.
107) 석광현, 국제민사소송법, 박영사, 2012, 118.
108) 석광현, 국제상사중재법연구 제1권, 박영사, 2007, 127.

소송유지명령의 발령과 관련하여 국제재판관할합의 또는 중재합의의 효력이 문제되는 경우에는 국제재판관할합의 또는 중재합의의 효력에 관한 우리나라의 이론에 따라 실체적 권리의 존재 여부를 판단하여야 한다.

우리나라에서 국제재판관할합의를 순수한 소송계약으로 보아야 하는지 아니면 실체법적 계약으로 보는지에 관하여 분명한 이론이 정립되어 있지 않다.[109] 필자는 국제재판관할합의를 소송법적 효력을 가지는 실체법적 계약으로 이해한다.[110] 독일에서는 재판관할합의의 본질을 소송계약(*Prozessvertrag*)으로 파악하여 재판관할합의가 실체법상 피보전권리의 근거가 되지 못한다고 보는 견해가 유력하지만, 연방대법원은 재판관할합의를 소송법적 효력을 가지는 실체법적 계약으로 본다.[111] 최근에도 독일연방대법원은 국제재판관할합의의 일방 당사자가 그 관할합의를 위반하여 소를 제기한 경우 그 상대방은 외국에서의 소송절차 수행을 위해 들인 소송비용 상당액을 손해배상으로 구할 수 있다고 판단한 바 있다.[112] 이는 재판관할합의의 실체법적 효과를 더욱 분명하게 인정한 것으로 이해된다. 독일 연방대법원은 위 사건에서 다음과 같이 판시하였다.

당사자들은 국제재판관할합의와 준거법 합의를 통해서 법적인 분쟁을 실체적인 측면과 절차적인 측면 모두에서 예측 가능하게 할 이익을 표명한 것이다.

---

109) 이규호(주 6), 103.

110) 영국 등 보통법계 국가들은 정치한 소송행위의 개념을 알지 못하므로 국제재판관할합의의 법적 성격에 관한 논의가 발달해 있지 않다. 석광현(주 107), 118의 각주 110) 참조. 다만 전속적 국제재판관할합의가 있는 때에는 그에 기초한 실체적 권리가 당연히 발생한다고 보고 있음은 앞서 본 바와 같다.

111) 1963. 11. 28. 독일연방대법원 판결, BGHZ 40, 320.

112) 2019. 10. 17. 독일연방대법원 판결, BGH, III ZR 42/19. 이에 관한 소개는 김민경, "전속적 국제재판관할합의 위반으로 인한 소송금지가처분(Anti-suit Injunction)과 손해배상청구", 국제거래법연구 제30집 제1호, 2021, 140 이하 참조.

당사자들은 법적인 예측가능성을 확보하고, 소송과 관련한 (경제적) 위험을 계
산 가능하게 만들며, … 법정지를 미리 확정함으로써 법정지 쇼핑을 방지하고
국제재판관할에 대한 값비싼 분쟁을 피할 것을 목표로 위와 같은 합의를 한다.
이러한 목표는 위 합의를 위반으로 인하여 손해를 입은 당사자가 합의 위반으
로 인하여 발생한 소송비용을 보상받을 수 있도록 함으로써 달성될 수 있다.

이러한 독일 연방대법원의 판시는 우리나라에서도 타당하게 수용될
수 있다.[113] 따라서 우리나라를 법정지로 하는 전속적 국제재판관할합
의 또는 우리나라를 중재지로 하는 중재합의가 있는 때에는 그에 대한
이행청구권(외국에서 제소되지 않을 권리)이 피보전권리가 된다고 할
것이다.[114] 이와 달리 국제재판관할합의가 전속적인 것이 아닌 경우에
는 원칙적으로 소송유지명령의 근거가 되는 실체적 권리를 발생시키지
못한다.[115] 다만 예컨대 배제적 국제재판관할합의에 의해서 관할이 배
제된 다른 나라의 법원에 소가 제기되었다면 예외적으로 관할합의에 대
한 이행청구권이 실체적 권리로서 피보전권리가 될 수 있을 것이다.[116]
　한편 우리나라에서는 중재합의를 '절차적 법률관계에 관한 사법상의

---

113) 이규호(주 6), 104-106은 이른바 '발전적 소송계약설'을 취하여 전속적 국제재
　　판관할합의가 일정한 요건을 갖추었을 때(① 그 합의의 위반행위가 위법한
　　행위로서 피해자의 이익을 침해할 것, ② 위반행위에 대한 금전배상만으로는
　　구제의 실효성을 기대하기 어려울 것, ③ 외국법원에의 제소금지로 인하여 보
　　호되는 피해자의 이익과 가해자의 불이익을 비교·교량할 때 피해자의 이익이
　　더 클 것) 비로소 제소금지청구권이라는 피보전권리가 발생한다고 한다. 그
　　러나 이처럼 피보전권리의 발생이 반드시 불법행위의 성립을 필요로 하는지
　　는 의문이다.
114) 이창현(주 2), 199, 229; 이규호(주 6), 103 및 김민경(주 112), 132.
115) 법정지로서 우리나라를 포함한 비전속적 국제재판관할합의는 당사자들이 지
　　정된 법정지 중 어느 하나에서 절차를 진행하는 데 합의한 것이고, 외국에서
　　제소하는 것을 금지하는 것이 아니기 때문이다.
116) 영국에서도 비전속적 국제재판관할합의에 기초하여 '외국에서 제소되지 않을
　　권리'를 인정하는 예가 있음은 앞서 본 바와 같다.

계약', '소송상의 관계에 대한 실체법상의 계약' 또는 '소송법적 효과를 수반하는 특수한 사법상의 계약'이라고 보는 견해가 유력하다.[117] 독일에서는 학설상 중재합의의 법적 성질을 소송계약(*Prozessvertrag*)으로 보아 중재합의가 실체법상 피보전권리의 근거가 되지 못한다고 보는 유력하지만, 연방대법원은 국제재판관할합의와 마찬가지로 소송법적 효력을 가지는 실체법적 계약으로 본다.[118] 필자는 중재합의 역시 소송법적 효력을 가지는 실체법적 계약의 성질을 가지고, 우리나라를 중재지로 하는 중재합의에 의해 외국에서 제소되지 않을 권리가 인정될 수 있다고 본다.

2) 분쟁해결합의가 없는 경우

문제는 당사자들이 어떠한 분쟁해결합의도 하지 않은 경우에도 우리법상 소송유지명령의 피보전권리를 인정할 수 있는가 하는 점이다. 필자는 기본적으로 이에 대하여 부정적이다. 앞서 본 것처럼 영국에서는 실체적 권리가 인정되지 않더라도 '소송유지명령을 내리는 것이 정의의 요청에 부합하는 경우'에는 법원이 소송유지명령을 할 수 있다. 그러나 이는 형평법에 기초한 영국법의 전통과 법원의 소송유지명령을 허용하는 명시적인 법률 규정(1981년 상급법원법 제37조 제1항)이 있기 때문에 가능한 일이다. 이와 달리 우리나라에는 법원이 소송유지명령을 내릴 명문의 근거 규정이 없을 뿐만 아니라, 본안소송 또는 가처분 신청을 통해 소송유지명령을 구할 수 있는 '실체적 권리'의 존재가 필수적이다. 그런데 분쟁해결합의를 포함하지 않은 법률관계의 일방 당사자가 자신의 법정지 선택권을 남용하였거나 상대방을 괴롭히기 위한 목적으로 외국에서 소를 제기한 경우에, 그것이 재판청구권 침해 등을 원인으로 한 불법행위를 구성할 가능성이 있음과는 별개로 그러한 이유로 상대방이

---

117) 석광현(주 18), 305.
118) 석광현(주 18), 303. 1963. 11. 28. 독일연방대법원 판결, BGHZ 40, 320 참조.

'외국에서 제소되지 않을 권리'를 취득한다고 보기는 어렵다.[119] 따라서 분쟁해결합의가 없는 경우에는 우리 법상 소송유지명령의 피보전권리를 인정하기 어렵다.[120]

다만 분쟁해결합의가 없는 경우라도, 당사자의 법정지 선택권이 사실상 '영(0)'에 수렴하여 우리나라만이 당해 사건에 대하여 실효적 권리구제가 가능한 유일한 법정지에 해당하는 경우에는 예외적으로 '외국에서 제소되지 않을 권리'를 인정할 여지가 있을 것이다. 이러한 경우는 흔치 않을 것이나, 예컨대 어떠한 법률관계 당사자들의 상거소지법상 공통적으로 우리나라에 전속적 국제재판관할권이 인정되는 경우에는 상황에 따라서 당사자의 법정지 선택권이 거의 '영(0)'에 수렴할 수 있는데, 이때 당사자들에게 '신속하고 적정한 재판을 받을 권리'에서 파생한 '외국에서 제소되지 않을 권리'를 인정할 수 있을 것이다.

---

119) 일방 당사자가 자신의 법정지 선택권을 남용하여 상대방 당사자의 신속하고 적정한 재판을 받을 권리를 침해하였다는 이론 구성은 가능하지만, 그렇다고 하여 일방 당사자의 법정지 선택권이 박탈된다거나 그것이 사실상 소멸된다고까지 볼 근거는 없다. '외국에서 제소되지 않을 권리'는 당사자 간의 분쟁해결합의 등을 통해 외국에서 소를 제기할 선택권이 배제되었을 때 비로소 인정될 수 있다.

120) 석광현(주 18), 301은 분쟁해결합의가 없는 경우 일방 당사자가 외국법에 따라 국제재판관할이 있는 외국에서 소를 제기하는 것은 그의 권리행사로서 허용되고 이는 원칙적으로 적법하다고 본다. 다만 외국에서의 제소가 권리남용에 해당하는 경우 이에 대한 예외를 인정할 수 있는지, 인정한다면 그 범위는 어떠한지에 관한 검토가 필요하다고 설명한다. 이와 달리 이창현(주 2), 253 이하는 분쟁해결합의가 없는 경우라도 부당 외국 제소 행위가 불법행위를 구성한다고 볼 수 있는 경우에는 불법행위에 관한 민법 규정을 기초로, 또는 민법의 여러 규정들에 의한 전체유추의 방법으로 소송금지청구권의 발생을 인정할 수 있다고 한다.

다. 보전의 필요성

법원이 소송유지명령을 하기 위해서는 '외국에서 제소되지 않을 권리'를 가지는 채권자에게 생길 현저한 또는 급박한 위험을 피하기 위한 필요성이 인정되어야 한다(민사집행법 제300조 제2항). 전속적 국제재판관할합의 또는 중재합의를 위반하여 제기된 소송절차에서 내려진 판결이 장차 승인·집행 단계에서 규율될 수 있다 하더라도, 소송 초기에 외국에의 소 제기·속행 등을 규율할 필요성이 있다. 피고로서는 소송유지명령을 받음으로써 외국의 소송절차에 응소함에 따른 시간·비용·노력의 지출과 명성·위신의 손상을 방지할 수 있기 때문이다.[121]

한편 소송유지명령은 간접적이고 사실적으로 외국 법원의 재판권 행사를 제약하는 효과가 있으므로, 예양의 원칙은 피고의 항변에 따라 보전의 필요성을 감쇄(減殺)하는 고려요소로 참작되어야 한다. 다만 앞서 본 것처럼 원칙적으로 분쟁해결합의가 있는 때에 한하여 피보전권리를 인정할 수 있는바, 앞서 제1항에서 정리한 바 있듯이 유효한 전속적 국제재판관할합의 또는 중재합의를 위반한 외국소송에 대한 소송유지명령은 통상적으로 예양의 원칙에 위반되지 않는다고 본다면, 우리나라에서 소송유지명령에 대한 '보전의 필요성' 심사는 그 강도가 완화될 여지가 있다. 분쟁해결합의가 있음에도 불구하고 소송유지명령이 허용되지 않을 상황에 관하여는 영국 판례법상의 '강력한 이유(strong reasons)'의 분석을 참고할 수 있을 것이다.

3. 소송유지명령 발령의 효과

영국에서는 소송유지명령을 따르지 않는 것은 법원 모욕에 해당한

---

121) 석광현(주 18), 306.

다.[122] 따라서 영국에서는 소송유지명령을 따르지 않으면 당사자는 구금, 벌금, 재산압류 등 법원 모욕에 따른 제재를 받게 된다.[123] 미국에서도 소송유지명령 위반은 '민사적 법원 모욕'을 구성하며, 구금, 벌금 부과 등의 제재가 뒤따른다.[124] 소송유지명령은 본래 개인적인 처벌에 의해 뒷받침된다는 데 특색이 있는 것이다.[125] 그러나 우리법상으로는 소송유지명령을 위반하였다고 하여 법원 모욕에 따른 처벌을 하는 것은 불가능하다.[126] 따라서 현행법 하에서는 현실적으로 소송유지명령과 함께 그 명령위반에 대한 간접강제결정[127]을 함으로써 명령의 실효성을 확보할 수 있을 것이다.[128] 또한 우리 법원의 소송유지명령에 반하는 외국법원의 판결은 우리나라에서 승인 및 집행이 거부될 것이다.[129] 가처분 위반에 대하여 벌금(또는 과태료)이나 민사구금과 같은 인적 제재 수단을 도입하자는 입법론도 유력하게 제시되고 있다.[130] 만약 그와 같은

---

122) 영국에서 유지명령 위반은 이른바 '민사적 법원모욕'으로서 위법하기는 하지만 형사적 차원의 범죄에 해당하지는 않는 것으로 취급된다. *OB v The Director of the Serious Fraud Office*, [2012] EWCA Crim 67 참조. 민사적 법원모욕은 이행의 강제를 주된 목적으로 하고 처벌을 부수적 목적으로 한다. 하민경 외, 각국 법원모욕의 제재 방식에 관한 연구, 사법정책연구원, 2015, 127.

123) 제재의 상세한 내용은, 하민경 외(주 122), 128 이하 참조.

124) 하민경 외(주 122), 137 이하 참조.

125) Raphael(주 1), para. 1.01.

126) 석광현(주 18), 307.

127) 민사집행법 제261조 제1항은 간접강제에 관하여 규정하고 있다. 간접강제는 직접강제나 대체집행을 할 수 없는 부대체적 작위의무와 부작위의무에 대한 강제집행방법으로 이해된다(통설). 소송유지명령의 집행을 위해서는 장래의 부작위의무 위반행위에 대한 간접강제금의 지급의무를 명하는 형태로 이루어지게 될 것이다. 간접강제에 관한 일반적 검토에 관하여는 우선 정선주, "간접강제금의 본질과 소송상의 제문제", 민사소송 제16권 제1호, 2012, 433 이하 및 유아람, "간접강제의 법리와 실무상 문제", 민사집행법연구 제7권, 2011, 200 이하 참조.

128) 이규호(주 6), 81; 석광현(주 18), 307.

129) 석광현(주 18), 307.

130) 정선주, "가처분제도의 남용에 대한 제제 방안", 민사소송 제21권 제2호, 2017,

형태의 입법이 이루어진다면 소송유지명령의 효과는 영국에서의 그것에 유사한 모습으로 발현될 수 있을 것이다.

4. 소송유지명령의 승인과 집행

예를 들어 영국 법원이 당사자에게 우리나라에서의 소제기와 소송수행을 제한하는 내용의 소송유지명령을 한 경우에, 이는 원칙적으로 우리나라에서 승인 또는 집행의 문제를 불러일으키지 않는다. 우리 민사소송법 제217조에 의해 승인의 대상이 되는 재판은 '외국법원의 확정판결 또는 이와 동일한 효력이 인정되는 재판'에 한정되기 때문이다. 따라서 잠정적 소송유지명령은 물론 종국적 소송유지명령도 우리나라에서 승인의 대상이 되지 않는다.[131] 소송유지명령의 상대방은 외국법원이 아니라 이를 받은 당사자이고, 그 실효성은 원칙적으로 외국에서의 승인·집행이 아니라 당사자에 대한 법정모욕에 기한 처벌의 위하(威嚇)적 효과에 의해 달성된다는 것에 유의할 필요가 있다.

다만 소송유지명령과 관련하여서도 제한적으로나마 승인이 문제되는 경우가 있을 수 있다. 필자는 ① '의무형 소송유지명령'이 내려진 경우에는 소송유지명령의 내용에 대한 사실상의 승인이 문제될 수 있고, ② 소송유지명령을 내린 국가의 법원에서 내린 판결의 승인·집행 맥락에서는 소송유지명령의 승인이 일종의 선결문제가 되어 간접적으로 승인에 관한 심판이 이루어질 수 있다고 본다.

소송유지명령의 방식은 크게 금지형(禁止形, prohibitory injunction)과 의무형(義務形, mandatory injunction)으로 나뉜다.[132] 금지형은 표준적인

---

240 이하; 한승 외, "가처분 위반에 대한 제재 도입문제", 민사집행법 실무연구 Ⅲ(통권 제5권), 2011, 164 이하 등 참조.
131) 석광현(주 18), 307.
132) Raphael(주 1), para. 3.38.

소송유지명령의 방식으로, 소송유지명령의 상대방인 당사자에게 소의
제기나 소송수행을 금지하는 내용의 명령만을 포함한다. 그러나 금지형
소송유지명령이 있다고 하여 외국의 소송절차가 어떠한 영향을 받는 것
이 아니기 때문에 금지형 소송유지명령으로는 그 목적을 달성하기에 부
족한 경우가 있다. 이에 경우에 따라서는 법원이 소송유지명령의 상대
방인 당사자로 하여금 그 외국법원에서 소송유지명령의 내용에 부응하
여 소송절차를 중지하거나 종료하는 명령을 받도록 명하는 의무형 소송
유지명령을 내리기도 한다.[133] 의무형 소송유지명령에 대해서는 소송유
지명령의 내용에 대한 사실상의 승인이 문제될 수 있다. 다만 해당 외국
법원이 소송유지명령의 내용에 구속되는 것은 아니라고 할 것이다.

다음으로 소송유지명령을 내린 국가의 법원에서 판결이 내려졌을 때
그 판결이 소송유지명령의 대상이 된 국가에서 승인·집행될 수 있는가
가 문제될 수 있다. 소송유지명령의 대상이 된 국가가 우선주의를 채택
하고 있고 그 국가에서 먼저 소가 계속된 경우, 소송유지명령이 승인되
지 않으면 소송유지명령을 내린 국가의 법원에서 내려진 판결의 승인·
집행이 거부될 수 있다. 프랑스의 *In Zone Brands* 사건[134]은 이러한 유
형의 문제에 관하여 전형적인 사례를 제공한다. 위 사건의 사실관계와
경과를 요약하면 다음과 같다.

프랑스의 In Zone Brands Europe(A 회사)은 미국의 In Zone Brands
International(B 회사)와 사이에, A 회사가 B 회사의 어린이 음료를 유럽에서 독
점적으로 재판매하는 내용의 계약을 체결하였다. 위 계약에는 미국 조지아주
법을 준거법으로 지정하는 조항과, 계약상 분쟁을 조지아주 법원에서 해결하기

---

133) *Masri v Consolidated Contractors(No. 3)*, [2009] QB 503 (CA); *Petter v EMC*, [2015]
EWCA Civ. 828 등 참조.
134) *In Zone Brands International INC v IN Zone Brands Europe*, Cass Civ. 1, 14
Octobre 2009, No. 08-16,369.

로 하는 전속적 국제재판관할합의 조항이 포함되어 있었다. B 회사가 위 재판
매 계약을 종료하자, A 회사는 B 회사를 상대로 프랑스 법원에 계약의 이행을
구하는 소를 제기하였다. B 회사는 미국 조지아주 법원에 A 회사를 상대로 소
를 제기하는 한편 위 전속적 국제재판관할 합의를 근거로, A 회사의 프랑스에
서의 소송을 금지하는 소송유지명령을 신청하였다. 이후 조지아주 법원에서
소송유지명령과 원고(B 회사) 승소의 결석판결이 내려지자 B 회사는 프랑스에
서 소송유지명령과 위 판결의 집행을 구하는 신청을 하였다. 이에 대하여 A 회
사는 조지아주 법원이 내린 소송유지명령은 프랑스의 주권[135]과 유럽인권협약
제6조에 의해 보장되는 A 회사의 재판청구권을 침해하는 것으로서 공서에 반
하므로 프랑스에서 집행될 수 없다는 항변을 하였다.[136]

프랑스 파기원은 다음과 같은 논지로 프랑스에서 위 소송유지명령과
미국 판결의 집행이 가능하다고 판단하였다.

① 당사자들이 미국 법원에 전속적 국제재판관할을 부여하기로 합의하였으
   므로 위 소송유지명령은 사기(fraud)나 전략적 행동(strategic behavior)에
   기한 것이 아니다.
② 미국 법원이 당사자들의 국제재판관할합의를 집행하여 국제재판관할권
   을 행사하므로 A 회사는 재판청구권을 침해받는 것이 아니다.
③ 당해 소송유지명령이 유럽연합의 법이나 협정의 적용범위 밖에 있고,[137]

---

135) 파기원은 2004년 *Stolzenberg v Daimler Chrysler Canada*, Cass 1 Civ. 30 Juin 2004,
    Rev crit DIP (2004) 815 사건에서는 '재산동결명령(Mareva Injuction)'은 프랑스에
    서 집행 가능하지만, 소송유지명령은 간접적으로 프랑스의 주권을 침해하므
    로 원칙적으로 프랑스에서 집행될 수 없다고 판단하였다.
136) 위 소송유지명령이 프랑스에서 집행될 수 없는 경우, 국제적 소송경합에 관
    하여 원칙적으로 우선주의를 따르는 프랑스법상 미국 판결의 집행이 거부될
    여지가 크다.
137) 이는 유럽사법재판소의 판례(*Turner* 사건과 *West Tankers* 사건)에 의하여 브뤼
    셀 체제 하에서는 소송유지명령이 승인될 수 없기 때문이다. Raphael(주 1),

그 목적이 당사자들에 의해 사전에 체결된 계약상 의무에 대한 위반을 제지하기 위한 것인 때에는 프랑스의 국제적 공서에 반하지 않는다.[138]

파기원의 위와 같은 판단은 소송유지명령에 적대적인 대륙법계 국가의 태도 변화를 시사한다는 점에서 많은 주목을 받고 있다. 이 사건은 적어도 당사자 사이의 분쟁해결합의에 기한 계약상 의무를 집행하기 위한 소송유지명령은 대륙법계에서도 그 효력이 인정될 수 있다는 것을 보여준다.[139] 또한 위 사건은 소송유지명령의 승인이 작동하는 메커니즘을 보여준다는 점에서도 중요한 의미가 있다.[140] 이처럼 소송유지명령의 승인은 그 소송유지명령을 한 국가에서 내려진 판결이 그 소송유지명령의 대상이 된 국가에서 승인·집행되기 위한 선결문제로서 간접적인 심판의 대상이 될 수 있다.

---

para. 1.19; Saussine, "Forum Conveniens and Anti-Suit Injunctions Before French Courts: Recent Developments", International and Comparative Law Quarterly Vol. 59 No. 2, 2010, 525.

138) 위 판결 취지상 이 '계약상 의무'에 국제재판관할합의에 기한 계약상 의무 외에 중재합의에 기한 계약상 의무도 포함되는지는 불분명하다. Saussine(주 137), 525는 중재합의에 기한 계약상 의무도 포함된다고 본다.

139) Raphael(주 1), para. 1.47. 한편 최근 독일과 프랑스에서는 미국 법원의 소송유지명령을 유지하기 위한 소송유지명령(anti-anti-suit injunction)을 허용한 사례가 있어 주목을 요한다. 독일의 *Nokia v Daimler and Continental, OLG München*, Urteil v. 12/12/2019, 6 U 5042/19, MittdtPatA 2020, 169 사건 및 프랑스의 *IPCom v Lenovo and Motorola*, Paris Court of First Instance(Tribunal de Grande Instance) RG 19/59311 사건 참조. 위 두 사건에 관한 해설 및 평가는 이창현(주 2), 89 및 99 이하 참조.

140) 위 사건에서 '집행(enforcement)'이라는 표현이 사용되기는 하였지만 실제로는 구체적인 집행행위를 수반하는 것이 아니라 단지 소송유지명령의 효력이 그 대상이 된 국가에도 확장될 수 있는가라는 승인 여부가 문제되었다고 할 수 있다.

제2절 중재판정부의 소송유지명령

I. 중재판정부의 소송유지명령 일반이론

1. 중재와 관련된 유지명령

중재와 관련된 유지명령의 종류는 크게 다음의 세 가지로 나뉘며, 각 유형의 유지명령에 대하여 적용되는 법리에 차이가 있다.[141] 특히 '소송유지명령(①, ② 유형)'과 '중재유지명령(③ 유형)' 사이에는 큰 차이가 나타난다.

① 중재절차 지원을 위한 법원의 소송유지명령
② 중재판정부의 소송유지명령
③ 중재유지명령

우선 소송유지명령과 중재유지명령은 중재합의의 유효성에 대한 접근 방향을 달리한다. 소송유지명령(①, ② 유형)은 중재합의가 유효하고 이행 가능함을 전제로 중재절차를 뒷받침하기 위하여 법원 또는 중재판정부가 내리는 유지명령이다. 중재유지명령(③ 유형)은 중재합의가 존재하지 않거나, 무효이거나 이행 가능하지 않음을 전제로 중재절차의 개시 또는 속행을 금지하기 위하여 법원이 내리는 유지명령이다.[142]

또한 소송유지명령과 중재유지명령은 각각 상충하는 원리·이념에도 차이가 있다. 소송유지명령은 다른 국가의 재판권 행사를 제약하면서

---

141) McLachlan, Lis Pendens in International Litigation, Brill, 2009, 219.
142) Bermann(주 63), para. 333, 339.

주로 예양의 원칙과의 충돌 문제를 일으킨다.[143] 이와 달리 중재유지명령은 중재합의의 승인과 중재판정부의 판정권한 존중에 관한 뉴욕협약의 체계, 그리고 중재판정부의 자기권한심사 원칙과 상충한다.[144] 이러한 차이는 소송유지명령과 중재유지명령의 상대방에 대한 차이로 이어진다. 소송유지명령의 경우에는 예양의 원칙에 의해 직접 상대국 법원을 상대로 명령을 할 수 없고 오로지 당사자를 상대로 해서만 내려질 수 있지만, 중재유지명령은 예양의 원칙의 제한을 받지 않으므로 때때로 당사자뿐만 아니라 중재판정부, 중재판정부를 구성하는 중재인, 심지어 중재기관을 상대로 내려지기도 한다.[145] 중재유지명령은 오늘날 중재지 법원의 감독 권한이 강화되고 중재판정부의 자기권한심사 원칙이 널리 받아들여지면서 그 예가 점점 드물어지고 있다고 한다.[146]

중재절차 지원을 위한 법원의 소송유지명령에 관하여는 앞서 제1절에서 살펴보았다. 이 절에서는 중재판정부의 소송유지명령에 관하여 본다.

2. 중재판정부의 소송유지명령 일반이론

2006년 개정된 모델 중재법 제17조 제2항 (b)호는 중재판정부가 일방 당사자의 신청에 따라 '중재절차 자체에 현존하거나 급박한 해악 또는 영향을 초래할 행위의 방지 또는 중단을 구하는 조치를 취할 것'을 명하는 임시적 처분을 내릴 수 있음을 규정한다. 이는 중재판정부의 소송유지명령에 관한 규정으로 이해된다.[147] 중재판정부는 중재합의의 유효성 등을 심판할 고유한 권한을 가진다(중재판정부의 자기권한심사 권한). 따라서 중재판정부는 유효하고 이행 가능한 중재합의의 실현 내지 집행

---

143) Bermann(주 63), para. 341.
144) Kohler/Rigozzi(주 93), para. 5.72 참조.
145) Bermann(주 63), para. 336.
146) Raphael(주 1), para. 1.09.
147) McLachlan(주 141), 221.

이 당사자 일방의 소제기로 인하여 훼손될 위험이 있는 경우에는 이를
저지하기 위한 적극적인 조치로서 소송유지명령을 내릴 수 있는 것이다.

유럽사법재판소의 2015년 *Gazprom* 사건[148] 결정은 '법원의 중재절차
지원을 위한 소송유지명령'과 '중재판정부의 소송유지명령'의 체계적 차
이를 보여준다. 이 사건에서는 중재지의 중재판정부가 중재합의에 반하
여 외국에 소를 제기한 당사자에 대하여 한, 소송상 청구를 일부 철회하
거나 축소하도록 하는 내용의 소송유지명령(중재판정)을 그 외국의 법
원이 승인·집행하는 것이 브뤼셀 체제에 저촉되는지 여부가 쟁점이 되
었다. 위 사건의 사실관계를 간략히 요약하면 다음과 같다.

　　러시아의 국영 천연가스 개발 회사인 Gazprom은 리투아니아 정부와 함께
　　리투아니아의 천연가스 개발 회사(E.ON Ruhrgas)의 주주가 되어 주주 간 계약
　　을 체결하였다. 위 주주 간 계약에는 스톡홀름 상업회의소(Stockholm Chamber
　　of Commerce)를 중재지로 하는 중재조항이 포함되어 있었다. 리투아니아 정부
　　는 2011년 3월 리투아니아 민법 규정에 근거하여 Gazprom이 선임한 위 회사의
　　이사 등의 부당행위에 대한 조사를 리투아니아 법원에 청구하였다(이하 '조사
　　청구'라 한다). 이에 Gazprom은 스톡홀름 상업회의소의 중재법원에 위 조사 청
　　구 절차의 금지를 구하는 신청을 하였다. 중재판정부는 2012년 6월 리투아니아
　　정부에 대하여 위 조사 청구 중 일부를 철회 또는 축소하도록 명하는 중재판정
　　을 내렸다. Gazprom은 리투아니아 법원에 위 중재판정의 승인과 집행을 구하
　　는 신청을 하였다. 그러나 리투아니아의 제1심법원과 항소심 법원은 위 중재판
　　정을 승인·집행하는 것은 위 조사 청구를 할 리투아니아 정부의 권한과 위 조
　　사 청구 사건에 관한 관할 유무를 판단할 리투아니아 법원의 고유한 권한을 제

---

148) *Gazprom OAO v Lietuvos Respublika*, Case C-536/13 EU:C:2015:316. 이 결정에 관
　　한 종합적이고 상세한 분석은 Phua/Lee, "Anti-Suit Injunctions: Enforcing Arbitration
　　Agreements in the EU: Analytical Failings after Gazprom and the Brussels(Recast)",
　　Cambridge Law Review Vol. 2, 2017, 18 이하 참조.

한하는 것으로서 리투아니아의 주권을 침해하는 결과를 초래한다고 하여, 공서 (public policy) 위반을 이유로 그 승인 및 집행을 거부하였다. 리투아니아 대법원은 위 사건을 심판하기에 앞서 위와 같은 중재판정부의 소송유지명령을 승인·집행하는 것이 브뤼셀 체제에 저촉되는 것인지에 관한 선결적 판단을 유럽사법재판소에 회부하였다.

유럽사법재판소는 회원국이 중재판정부의 소송유지명령을 승인·집행을 하든 혹은 이를 거부하든 간에 브뤼셀 체제는 그에 관한 아무런 제약도 가하지 않는다고 판단하였다. 즉 중재판정부의 소송유지명령을 승인·집행하는 문제는 브뤼셀 체제의 적용범위 밖에 있고(브뤼셀 I 규정 제1조 제2항 d호), 그 승인 여부는 각국의 국내법(각국이 가입한 국제협약 포함)에 맡겨져 있다는 것이다. 유럽사법재판소는 위와 같은 논증 과정에서 중재판정부의 소송유지명령과 중재절차 지원을 위한 법원의 소송유지명령 사이의 중요한 차이점을 지적하였다. 이는 중재판정부의 소송유지명령(중재판정)은 ① 중재판정 취소 또는 승인·집행 절차를 통해 법원에 의한 재심사의 대상이 될 수 있으므로 상대방 당사자의 재판청구권을 침해하지 않고, ② 각국의 법원이 관여하지 않으므로 그 소송유지명령의 승인·집행이나 그 거부가 회원국의 상호 신뢰(mutual trust)와 관련한 문제를 야기하지 않으며, ③ 법원의 소송유지명령과 달리 그에 불응하였을 때 제재나 처벌을 수반하지 않는다는 것이다.[149] 이는 중재절차 지원을 위한 법원의 소송유지명령보다 중재합의의 실현·집행을 위한 중재판정부의 소송유지명령이 더 유연하게 수용될 수 있음을 시사한다.

---

149) *Gazprom* 사건 결정의 para. 37-40 참조.

Ⅱ. 우리나라에서의 중재판정부의 소송유지명령

2016년 개정된 우리 중재법 제18조 제2항 제2호는 중재판정부가 "중재절차 자체에 대한 현존하거나 급박한 위험이야 영향을 방지하는 조치 또는 그러한 위험이나 영향을 방지하는 조치 또는 그러한 위험이나 영향을 줄 수 있는 조치의 금지"를 명하는 임시적 처분을 할 수 있다고 규정한다. 이로써 그동안 국내에서 그 가능 여부가 논란이 되었던 '중재판정부의 소송유지명령'이 가능하게 되었다.[150] 더욱이 그러한 임시적 처분에 대한 집행력을 부여할 근거를 마련하였으므로(중재법 제18조의7) 그 실효성도 확보할 수 있다.[151] 앞서 *Gazprom* 사건에서 볼 수 있듯이, 중재판정부의 소송유지명령은 당사자의 재판청구권 침해 문제를 불러일으키지 않고, 예양의 원칙과도 마찰이 적다. 또한 중재판정부에 자기권한심사 권한을 인정하는 오늘날 중재법의 체계와도 합리적으로 호환된다. 우리나라를 중재지로 하는 중재합의가 있는 경우 중재판정부의 소송유지명령은 중재법 제18조의2 제1항 각호에서 정한 요건에 따라 이루어진다. 즉 신청인은 ① 신청인이 임시적 처분을 받지 못하는 경우 신청인에게 중재판정에 포함된 손해배상으로 적절히 보상되지 아니하는 손해가 발생할 가능성이 있고, 그러한 손해가 임시적 처분으로 인하여 상대방에게 발생할 것으로 예상되는 손해를 상당히 초과할 것, ② 본안에 대하여 합리적으로 인용가능성이 있을 것을 소명하여야 한다.[152] 이는

---

150) 정선주, "2016년 개정 중재법 소고", 민사소송 제21권 제1호, 2017, 41; 석광현, "2016년 중재법에 따른 중재판정부의 임시적 처분: 민사집행법에 따른 보전처분과의 정합성에 대한 문제 제기를 포함하여", 국제상사중재법연구(제2권), 박영사, 2019, 150. 2016년 개정 중재법에 의한 임시적 처분의 요건과 효과에 관한 상세는 박준선, "상사중재 활성화를 위한 중재판정부의 임시적 처분제도의 개선 –2016년 개정 중재법을 중심으로–", 중재연구 제26권 제2호, 2016, 115 이하도 참조.
151) 석광현(주 150), 173 이하 참조.

명문의 규정이 없어 민사집행법상 가처분에 의하는 중재절차 지원을 위한 법원의 소송유지명령의 경우와 다르다.

---

152) 이에 관한 상세는 석광현(주 150), 157 이하 참조.

제3절 중재유지명령

이론적으로는 중재지의 법원이 당사자나 중재판정부 등에 중재유지명령을 내릴 수 있지만, 오늘날 중재법의 통설과 실무례는 원칙적으로 중재절차의 중지 또는 금지를 명하는 중재유지명령은 허용되지 않는다고 본다.[153] 중재유지명령을 제한하여야 한다는 주장의 근거는 다음과 같다. 첫째, 중재유지명령은 중재판정부의 자기권한심사 원칙에 반한다.[154] 자기권한심사 원칙은 중재판정부의 판정권한에 대하여 중재판정부에 심판 권한이 귀속됨을 전제로 하는데, 중재유지명령은 중재판정부의 판정권한에 대한 법원의 판단을 앞세우는 것이기 때문이다.[155] 둘째, 중재유지명령은 당사자자치의 이념에 기초한 분쟁해결수단으로서 국제적으로 활발히 통용되고 있는 중재제도의 완전성을 해할 수 있다.[156] 이러한 점에서 중재유지명령은 중재절차의 개시가 명백하게 남용적인 경우를 제외하고는 원칙적으로 허용되어서는 안 된다고 이해된다.[157]

우리나라에서 법원이 민사집행법의 가처분 제도에 의하여 중재유지명령을 할 수 있는가? 우선 앞서 본 바와 같이 중재유지명령은 '중재절

---

153) Raphael(주 1), para. 11.01.
154) Raphael(주 1), para. 11.01.
155) 영국 항소법원의 *Weissfisch v Julius*, [2006] EWCA Civ 218 사건에서, Phillips 경은 '당사자가 스위스 법에 따른 중재에 의해 분쟁을 해결하기로 합의한 당연한 결과로서 그 중재합의의 유효성은 스위스 중재판정부에 의해서 스위스법에 의해 판단되어야 하고, 영국 법원이 스위스 중재판정부의 권한을 제한하는 것은 자기권권한심사 원칙에 반하는 것으로서 허용되지 않고, 다만 특별한 사정(special circumstances)이 있는 때에 한하여만 예외적으로 허용될 수 있다'고 판시하였다.
156) Bermann(주 63), para. 341.
157) Kohler/Rigozzi(주 93), para. 5.73.

차의 개시가 명백하게 남용적인 경우'를 제외하고는 원칙적으로 허용되어서는 안 된다는 것이 오늘날의 국제적 대세이다. 이는 우리나라에서도 기본적으로 타당하다고 할 수 있다. 더욱이 우리 중재법은 법원이 중재절차에 관여할 수 있는 경우를 '중재법에서 정한 사항'으로 엄격하게 한정하면서 중재절차의 진행을 정지하는 가처분을 허용하는 규정을 두고 있지 않은바, 중재합의의 부존재·무효·효력상실·이행불능을 주장하면서 법원에 가처분의 방법으로 중재절차의 진행을 정지해달라고 신청하는 것은 우리 중재법의 체계상 허용되지 않는다고 보아야 한다.[158] 아울러 가처분은 피보전 권리로서 실체적 권리를 필요로 한다. '중재절차의 개시가 명백하게 남용적인 경우'에 해당한다 하더라도 단지 그러한 이유만으로는 '중재절차를 개시·수행하지 않을 부작위의무'를 인정하기 어렵다. 결국 중재유지명령은 일반적으로 우리 법체계에서 허용되지 않는다고 이해될 뿐만 아니라, 설령 중재절차의 개시가 명백하게 남용적인 경우라 하더라도 가처분의 피보전 권리를 인정할 수 없어 중재유지명령을 할 수 없다고 봄이 타당하다.[159]

---

158) 이호원, "중재절차에서의 법원의 역할", 국제규범의 현황과 전망 제29호, 2014, 85. 대법원 2018. 2. 2. 자 2017마6087 결정은 중재합의의 부존재나 무효 등을 이유로 법원에 중재절차의 정지를 구하는 가처분신청을 할 수 없다고 판단하였다. 이에 관한 평석은 조인영, "소송금지가처분과 중재금지가처분 -대법원 2018. 2. 2.자 2017마6087 결정 및 개정 중재법상 간이집행절차를 중심으로-", 2019 법관연수 어드밴스 과정 연구논문집, 2020, 607 이하 참조.

159) 김인호, "국제계약의 분쟁해결메커니즘의 구조와 상호작용", 국제거래법연구 제23집 제1호, 2014, 72는 '중재절차에 의하는 것이 불공정하고 권리남용이 되는 등의 예외적인 경우'에는 중재유지명령이 허용될 수 있다고 한다.

제7장

결론

제1절 요약과 정리

국제적인 민사 및 상사분쟁 해결절차의 경합은 어떠한 사건에 대하여 대등하고 합법적인 심판권한을 가지는, 또는 그렇게 추정되는 각국의 법원 또는 중재판정부 사이의 우열을 정하기 위한 규칙을 정하는 문제로 귀결된다.

그중 국제적 소송경합과 관련하여, 대륙법계에서는 우선주의에 의하여 법원 상호간의 우열을 정함으로서 절차의 중복으로 인한 문제를 해소하는 접근방법이, 보통법계에서는 이른바 '부적절한 법정지의 법리'에 근거한 법원의 재량적 판단에 의하여 당사자에게 당해 분쟁을 해결하기에 가장 적합한 국제재판관할을 제공한다는 접근방법이 이어져 왔다. 그런데 대륙법계의 접근방법은 당사자들에게 높은 예측가능성을 제공하는 대신 경직된 규칙의 적용을 관철하는 경우에는 구체적으로 부정의한 결과에 이를 수 있다는 한계가 있다. 반대로 보통법계의 재량적인 접근방법은 구체적인 타당성은 확보할 수 있으나 당사자들의 예측가능성은 양보되어야 한다는 한계가 있다. 따라서 대륙법계의 전통과 보통법계의 전통은 여전히 경쟁 관계에 있지만, 오늘날 적지 않은 입법례에서 두 가지 접근 방식을 융합하여 최대한의 합리성을 달성하고자 하는 시도들이 이어지고 있는 것은 주목할 만하다. 대륙법계의 전통을 따르는 우리나라의 현행법하에서는 기본적으로 승인예측설과 우선주의에 기초한 국제적 소송경합의 규율 방식을 따를 것이지만, 개정 국제사법은 보통법계의 재량적 접근방식을 상당히 가미하고 있다. 특히 국제사법 개정한 제11조, 제12조의 규정은 현행법의 해석론으로는 확보하기 어려운 구체적 타당성을 확보할 규율 수단들을 마련하고 있는바, 몇 가지 개선이 필요한 사항에도 불구하고 개정 국제사법이 통과된다면 우리나라는 예측가능하면서도 구체적인 합리성을 확보할 수 있는 우수한 국제적 소송경합에 관한 규칙을 가지게 될 것이다.

중재절차와 소송절차가 경합하는 경우에는 유효하고 이행 가능한 중재합의가 존재하는지 여부를 판단하는 것이 중요하다. 오늘날 중재합의의 유효성 등을 심판할 권한은 중재판정부와 법원 모두에게 귀속된다. 따라서 이 심판 권한 사이의 우열을 정하는 것이 필요하다. 이에 관하여는 중재판정부가 법원보다 중재합의의 유효성과 이행가능성을 시기적으로 우선하여 판단할 수 있다는 '자기권한심사의 소극적 효과'를 인정할 수 있는지가 문제된다. 필자는 모델 중재법을 수용한 우리나라 중재법의 해석상 자기권한심사의 소극적 효과를 인정하는 것이 중재제도의 본질에 부합하고, 중재 친화적인 법체계를 구현하고자 하는 우리 중재법의 취지에도 상응한다고 본다.

예외적이고 드물기는 하지만, 동일한 사건 또는 관련 사건에 관한 중재절차 상호간의 경합이 나타나기도 한다. 이 문제의 해결은 기본적으로 중재판정부의 재량에 맡겨져 있는데, 국제법협회(ILA) 국제상사중재위원회의 권고안이 유력한 참고자료가 될 수 있다.

한편 소송유지명령과 중재유지명령 역시 국제적인 민사·상사분쟁 해결절차의 결합 해결에 있어서 반드시 검토되어야 할 사항이다. 소송유지명령은 국제적 소송경합 또는 중재절차와 소송절차의 경합을 효과적으로 방지·회피할 수 있는 수단이다. 현행법상 법원의 소송유지명령은 원칙적으로 당사자 사이에 분쟁해결합의(전속적 국제재판관할합의 또는 중재합의)가 있는 때에 한하여 내려질 수 있다고 생각된다. 그리고 이때 예양의 원칙에 관한 고려가 충분히 이루어져야 한다. 중재판정부의 소송유지명령은 2016년 개정된 중재법에서 중재판정부의 임시적 처분의 일환으로 도입되었다. 중재유지명령은 우리법의 체계상 일반적으로 허용되지 않는다고 이해된다.

제2절 향후의 과제

우선 2020년 야심차게 개시된 헤이그 국제사법회의의 '관할 프로젝트'에 대한 지속적인 관심과 적극적인 관여가 향후 현실적이고 주된 과제가 될 것이다. '관할 프로젝트'는 비록 중재와 관련한 쟁점을 배제하고 국가 간 소송의 경합에 관하여만 다룰 것으로 예정하고 있지만, 관련 소송을 포함하여 국제적 소송경합 해결을 위한 국제적으로 통일된 규범을 마련하기 위한 시도가 중점적으로 진행될 것으로 예상된다. 그 진행 과정에서 이루어질 광범위한 입법례 조사, 대륙법계와 보통법계의 타협과 조율은 국제적 소송경합 해결을 위한 규칙의 발전에 큰 기여를 할 것으로 보인다. 한편 관할 프로젝트는 소가 계속된 국가 상호간의 정보 공유와 나아가 사건의 병합심리에 이르기까지 사법공조에 의한 국제적 소송경합의 해결에 관한 사항도 잠재적인 검토의 대상으로 삼고 있다. 그러한 규칙이 원활하게 작동하기 위해서는 공조체계에 관한 상세한 지침과 양식이 필요하다. 국제적 소송경합을 해결하는 방법으로서(특히, 관련 소송의 경우에) 국제적 공조를 통한 해결은 매우 효과적인 방법이 될 수 있다. 헤이그 국제사법회의의 이러한 야심찬 도전들에 계속 관심을 가지고 그 입법 동향을 우리 법의 해석론과 입법론에 반영할 필요가 있을 것이다.

필자는 이 책에서 국제적인 민사 및 상사분쟁 해결절차의 경합에 관하여 총괄적으로 다루면서 제6장에서 소송유지명령과 중재유지명령에 관하여 다루었다. 이는 이 책의 대주제와 관련된 소주제들을 체계적으로 살펴보는 차원에서 검토하고, 필요한 최소한도에서 필자의 견해를 밝힌 것이다. 그러나 국제적인 민사 및 상사분쟁 해결절차의 경합에 관하여 실무적으로 더 유의미한 해결책을 마련하기 위해서는, 그에 대하여 법원 또는 중재판정부가 어떠한 조치를 해야 하는가 뿐만 아니라 당사자들이 적극적으로 그러한 상황을 방지·회피하기 위하여 하는 소송유지명령 신청에 대하여 법원 또는 중재판정부가 어떻게 대응하여야 하는가에 관하여도 명확한 답을 가지고 있어야 한다. 이에 관하여는 향후 보다 광범위한 조사와 연구, 실무례의 집적이 필요해 보인다.

국제적인 분쟁해결절차의 경합은 상당히 광범위한 주제를 포괄한다. 오늘날에는 사실상 우리가 상정 가능한 모든 분쟁해결수단의 경합이 발생할 수 있다고 보아도 무방하다. 이 글에서는 소송과 중재를 중심으로 하여서만 살펴보았지만, 앞으로는 조정, 도산 등 여러 다양한 분쟁해결절차와 소송, 중재의 경합, 그리고 그들 상호간의 경합에 관하여 체계적인 논의의 틀을 정립하는 것 역시 커다란 과제가 될 것이다.

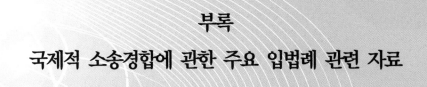

부록
국제적 소송경합에 관한 주요 입법례 관련 자료

1. 일본 민사소송법 및 인사소송법(발췌)[1]

원문	번역문
[民事訴訟法]	[민사소송법]
第三条の九(特別の事情による訴えの却下) 裁判所は、訴えについて日本の裁判所が管轄権を有することとなる場合(日本の裁判所にのみ訴えを提起することができる旨の合意に基づき訴えが提起された場合を除く。)においても、事案の性質、応訴による被告の負担の程度、証拠の所在地その他の事情を考慮して、日本の裁判所が審理及び裁判をすることが当事者間の衡平を害し、又は適正かつ迅速な審理の実現を妨げることとなる特別の事情があると認めるときは、その訴えの全部又は一部を却下することができる。	제3조의9(특별한 사정에 의한 소의 각하) 재판소는, 소에 대하여 일본의 재판소가 관할권을 갖게 되는 경우(일본의 재판소에만 소를 제기할 수 있다는 합의에 기하여 소가 제기된 경우를 제외한다)에도, 사안의 성질, 응소에 의한 피고의 부담 정도, 증거의 소재지 그 밖의 사정을 고려하여 일본의 재판소가 심리 및 재판하는 것이 당사자 사이의 형평을 해하거나, 또는 적정하고 신속한 심리를 실현하는데 방해될 특별한 사정(特別の事情)이 있다고 인정될 경우에는 그 소의 전부 또는 일부를 각하할 수 있다.
第百四十二条(重複する訴えの提起の禁止) 裁判所に係属する事件については、当事者は、更に訴えを提起することができない。	제142조(중복된 소제기의 금지) 재판소에 계속된 사건에 관하여, 당사자는 다시 소를 제기할 수 없다.
[人事訴訟法] 第三条の五(特別の事情による訴えの却下) 裁判所は、訴えについて日本の裁判所が管轄権を有することとなる場合においても、事案の性質、応訴によ	[인사소송법] 제3조의5(특별한 사정에 의한 소의 각하) 재판소는, 소에 대하여 일본의 재판소가 관할권을 갖게 되는 경우에도, 사안의 성질, 응소에 의한 피고의 부담 정

---

1) 아래 민사소송법와 인사소송법 규정은, 심활섭, "일본 2011년 민사소송법 및 민사보전법의 일부개정법률상의 국제재판관할규정", 국제사법연구 제18권, 2012, 541면 이하의 번역을 참조하였다. 법원도서관 한·일 비교법령 서비스(http://lcu.scourt.go.kr/lawcomp/default.jsp)는 우리나라 법과 일본법의 문언을 비교·대조하여 제공하고 있다.

る被告の負担の程度、　証拠の所在地、当該訴えに係る身分関係の当事者間の成年に達しない子の利益その他の事情を考慮して、日本の裁判所が審理及び裁判をすることが当事者間の衡平を害し、又は適正かつ迅速な審理の実現を妨げることとなる特別の事情があると認めるときは、その訴えの全部又は一部を却下することができる。	도, 증거의 소재지, 해당 소에 관계된 신분관계의 당사자 사이의 성년에 이르지 못한 자(子)의 이익 그 밖의 사정을 고려하여 일본의 재판소가 심리 및 재판하는 것이 당사자 사이의 형평을 해하거나, 또는 적정하고 신속한 심리를 실현하는데 방해될 특별한 사정(特別の事情)이 있다고 인정될 경우에는 그 소의 전부 또는 일부를 각하할 수 있다.

2. 중국 민사소송법 및 2015년 사법해석(발췌)

원문	번역문
[中華人民共和國 民事訴訟法] 第一百一十九条 起诉必须符合下列条件: (一) 原告是与本案有直接利害关系的公 民、法人和其他组织; (二) 有明确的被告; (三) 有具体的诉讼请求和事实、理由; (四) 属于人民法院受理民事诉讼的范围 和受诉人民法院管辖。	[중화인민공화국 민사소송법] 제119조 소의 제기는 아래와 같은 조건을 갖추 어야 한다. 1. 원고가 해당 사건과 직접적인 이해관 계를 가진 공민, 법인 기타 조직일 것 2. 명확한 피고가 존재할 것 3. 구체적인 소송상의 청구 및 사실, 이 유가 있을 것 4. 소가 인민법원이 수리(受理)할 민사 소송의 범위에 속하고 소를 수리하 는 인민법원의 관할에 속할 것
第一百二十三条 人民法院应当保障当事人依照法律规定 享有的起诉权利。 对符合本法第一百一 十九条的起诉, 必须受理。 符合起诉条 件的, 应当在七日内立案, 并通知当事 人 ; 不符合起诉条件的, 应当在七日内 作出裁定书, 不予受理 ; 原告对裁定不 服的, 可以提起上诉。	제123조 인민법원은 당사자들이 법에 따라 향 유하는 제소할 권리를 보장하여야 한 다. 본법 제119조에서 정한 조건에 부 합하는 제소는 반드시 수리(受理)되어 야 한다. 제소 조건에 부합하는 경우 7 일 이내에 사건을 입안(立案)하고 관련 당사자에게 통지하여야 하며, 제소 조 건에 부합하지 않는 경우 7일 이내에 소를 수리하지 않는 재정(裁定)²⁾을 하 여야 한다. 원고가 재정에 대하여 불복 하는 경우에는 상소를 제기할 수 있다.
第四编 涉外民事诉讼程序的特别规定 第二百五十九条 在中华人民共和国领域内进行涉外民事 诉讼, 适用本编规定。 本编没有规定的, 适用本法其他有关规定。	제4편 섭외민사소송절차의 특별규정 제259조 중화인민공화국 영역 내에서 섭외민사소 송을 진행하는 경우에는 본편의 규정을 적용한다. 본편의 규정이 없는 경우에는 이 법의 기타 관련된 규정을 적용한다.

[最高人民法院 关于适用《中华人民共和国民事诉讼法》的解释]	[최고인민법원의 중화인민공화국 민사소송법의 적용에 관한 해석('2015년 사법해석')]
第五百三十二条 涉外民事案件同时符合下列情形的，人民法院可以裁定驳回原告的起诉，告知其向更方便的外国法院提起诉讼： (一) 被告提出案件应由更方便外国法院管辖的请求，或者提出管辖异议； (二) 当事人之间不存在选择中华人民共和国法院管辖的协议； (三) 案件不属于中华人民共和国法院专属管辖； (四) 案件不涉及中华人民共和国国家、公民、法人或者其他组织的利益； (五) 案件争议的主要事实不是发生在中华人民共和国境内，且案件不适用中华人民共和国法律，人民法院审理案件在认定事实和适用法律方面存在重大困难； (六) 外国法院对案件享有管辖权，且审理该案件更加方便。	제532조 섭외민사사건이 아래의 각 사유에 동시에 해당하는 경우, 인민법원은 원고의 소를 각하하는 재정(裁定)을 하고, 더 적절한 외국법원에 제소할 것을 당해 원고에게 고지할 수 있다. 1. 피고가 더 적절한 외국법원이 사건을 관할하여야 한다는 청구를 제출하거나, 또는 관할권에 대한 이의를 제출할 것 2. 당사자 사이에 중화인민공화국 법원에의 관할을 선택하기로 하는 합의가 존재하지 아니할 것 3. 사건이 중화인민공화국 법원의 전속관할에 속하지 아니할 것 4. 사건이 중화인민공화국의 국익 또는 공민·법인 그 밖의 조직의 이익에 관한 것이 아닐 것 5. 사건에서 다투어지는 중요한 사실이 중화인민공화국 국내에서 발생한 것이 아니고, 그 사건에 중화인민공화국의 법률이 적용되는 것이 아니며, 인민법원이 사건을 심리함에 있어 사실인정, 법률적용 면에서 중대한 곤란이 있을 것 6. 외국법원이 사건에 관한 관할권을 가지고, 그 해당사건을 심리하기에 적절할 것
第五百三十三条 中华人民共和国法院和外国法院都有管辖权的案件，一方当事人向外国法院起诉，而另一方当事人向中华人民共和国	제533조 중화인민공화국법원과 외국법원이 모두 관할권을 가지는 사건에서, 일방 당사자가 외국법원에 제소하고 다른 일

法院起诉的，人民法院可予受理。判决后，外国法院申请或者当事人请求人民法院承认和执行外国法院对本案作出的判决、裁定的，不予准许；但双方共同缔结或者参加的国际条约另有规定的除外。 外国法院判决、裁定已经被人民法院承认，当事人就同一争议向人民法院起诉的，人民法院不予受理。	방당사자가 중화인민공화국법원에 제소한 경우, 인민법원은 그 소를 수리할 수 있다. 판결 후 외국법원 또는 당사자가 인민법원에 대하여 외국법원이 본안에 대하여 선고한 판결·재정(裁定)의 승인과 집행을 구하는 경우, 인민법원은 이를 허가하지 아니한다. 다만, 양 국가가 공동으로 체결 또는 가입한 국제조약이 별도로 규정하고 있는 경우를 제외한다. 외국법원의 판결·재정이 이미 인민법원에서 승인되었는데 당사자가 동일분쟁에 관하여 인민법원에 제소한 경우에는, 인민법원은 그 소를 수리하지 아니한다.

---

2) 중국 민사소송법상 재정(裁定)은 판결, 결정과 구별되는 재판 형식으로, 우리 법은 이를 알지 못한다. 재정은 우리 법의 '결정'과 유사한 특성을 가지고 있다고 한다. 중국 민사소송법상 판결과 결정, 재정의 차이에 관해서는 한대원, 현대중국법개론(개정판), 박영사, 2009, 646 이하 참조.

3. 독일 민사소송법(발췌)[3]

원문	번역문
§ 148 Aussetzung bei Vorgreiflichkeit (1) Das Gericht kann, wenn die Entscheidung des Rechtsstreits ganz oder zum Teil von dem Bestehen oder Nichtbestehen eines Rechtsverhältnisses abhängt, das den Gegenstand eines anderen anhängigen Rechtsstreits bildet oder von einer Verwaltungsbehörde festzustellen ist, anordnen, dass die Verhandlung bis zur Erledigung des anderen Rechtsstreits oder bis zur Entscheidung der Verwaltungsbehörde auszusetzen sei.	제148조 선결관계 시의 중지 ① 계속 중인 다른 소송의 대상이거나 행정관청에서 확인해야 할 법적 관계의 존부에 따라 소송의 재판이 전부 또는 일부 달라질 경우, 법원은 다른 소송의 종결 또는 행정관청의 결정 시점까지 변론의 중지를 명령할 수 있다.
§ 253 Klageschrift (1) Die Erhebung der Klage erfolgt durch Zustellung eines Schriftsatzes (Klageschrift).	제253조 소장 ① 서면(소장, *Klageschrift*)의 송달에 의하여 소가 제기된다.
§ 261 Rechtshängigkeit (1) Durch die Erhebung der Klage wird die Rechtshängigkeit der Streitsache begründet. (2) Die Rechtshängigkeit eines erst im Laufe des Prozesses erhobenen Anspruchs tritt mit dem Zeitpunkt ein, in dem der Anspruch in der mündlichen Verhandlung geltend gemacht oder ein den Erfordernissen des § 253 Abs. 2 Nr. 2 entsprechender Schriftsatz zugestellt wird.	제261조 소송계속 ① 소의 제기에 의하여 사건의 소송계속이 생긴다. ② 소송과정 중에 처음 제기된 청구의 소송계속은 구술변론에서 당해 청구가 주장된 시점 또는 제253조 제2항 제2호의 요건을 충족하는 서면이 송달된 시점에 발생한다.

---

3) 아래의 번역은 국회법률전자도서관(http://dl.nanet.go.kr/law/index.do)에서 제공하는 독일 민사소송법 번역문을 참조한 것이다.

(3) Die Rechtshängigkeit hat folgende Wirkungen:
1. während der Dauer der Rechtshängigkeit kann die Streitsache von keiner Partei anderweitig anhängig gemacht werden;
2. die Zuständigkeit des Prozessgerichts wird durch eine Veränderung der sie begründenden Umstände nicht berührt.

③ 소송계속은 다음과 같은 효력이 있다. 당사자는 소송계속이 지속되는 동안에는 다른 곳에서 당해 사건을 계속시킬 수 없다.
수소법원의 재판관할권은 그 근거가 되는 사정의 변경에 의하여 영향을 받지 아니한다.

§ 262 Sonstige Wirkungen der Rechtshängigkeit
Die Vorschriften des bürgerlichen Rechts über die sonstigen Wirkungen der Rechtshängigkeit bleiben unberührt.
Diese Wirkungen sowie alle Wirkungen, die durch die Vorschriften des bürgerlichen Rechts an die Anstellung, Mitteilung oder gerichtliche Anmeldung der Klage, an die Ladung oder Einlassung des Beklagten geknüpft werden, treten unbeschadet der Vorschrift des § 167 mit der Erhebung der Klage ein.

제262조 소송계속의 기타 효력
소송계속의 기타 효력에 관한 민법 규정은 소송계속의 영향을 받지 않는다. 이 효력 및 민법의 규정을 통해 인정되는 소의 제기, 통지 또는 법원 등록, 피고의 소환 또는 응소와 연계된 모든 효력은 제167조[4]와 상관없이 제소와 동시에 발생한다.

§ 1032 Schiedsvereinbarung und Klage vor Gericht
(1) Wird vor einem Gericht Klage in einer Angelegenheit erhoben, die Gegenstand einer Schiedsvereinbarung ist, so hat das Gericht die Klage als unzulässig abzuweisen, sofern der Beklagte dies vor Beginn der mündlichen Verhandlung zur Hauptsache rügt, es sei denn, das Gericht stellt fest, dass die Schiedsvereinbarung nichtig, unwirksam oder undurchführbar ist.

제1032조 중재합의와 법원에의 제소
① 중재합의의 대상인 사건이 계속된 법원은 피고가 본안에 관한 변론 개시 전에 중재합의가 있다는 항변을 하는 경우 그 중재합의가 없거나 무효이거나 그 이행이 불가능하지 않은 한 그 소를 허용되지 않는 것으로 각하하여야 한다.

(2) Bei Gericht kann bis zur Bildung des Schiedsgerichts Antrag auf Feststellung der Zulässigkeit oder Unzulässigkeit eines schiedsrichterlichen Verfahrens gestellt werden.

② 당사자는 중재판정부의 구성 전에 법원에 중재절차의 허용성 여부에 대한 확인을 구하는 신청을 할 수 있다.

(3) Ist ein Verfahren im Sinne des Absatzes 1 oder 2 anhängig, kann ein schiedsrichterliches Verfahren gleichwohl eingeleitet oder fortgesetzt werden und ein Schiedsspruch ergehen.

③ 제1항 또는 제2항의 절차가 계속 중인 경우에도 중재판정부는 중재절차를 개시 또는 계속해 중재판정을 내릴 수 있다.

§ 1040 Befugnis des Schiedsgerichts zur Entscheidung über die eigene Zuständigkeit

(1) Das Schiedsgericht kann über die eigene Zuständigkeit und im Zusammenhang hiermit über das Bestehen oder die Gültigkeit der Schiedsvereinbarung entscheiden. Hierbei ist eine Schiedsklausel als eine von den übrigen Vertragsbestimmungen unabhägige Vereinbarung zu behandeln.

제1040조 중재판정부의 판정권한에 관한 결정 권한

① 중재판정부는 자신의 권한 및 이와 관련된 중재합의의 존재 여부 또는 유효성에 대하여 결정할 수 있다. 이 경우 중재조항의 형식으로 된 중재합의는 계약 중 다른 조항과 독립한 합의로 취급되어야 한다.

(2) Die Rüge der Unzuständigkeit des Schiedsgerichts ist spätestens mit der Klagebeantwortung vorzubringen. Von der Erhebung einer solchen Rüe ist eine Partei nicht dadurch ausgeschlossen, dass sie einen Schiedsrichter bestellt oder an der Bestellung eines Schiedsrichters mitgewirkt hat. Die Rüge, das Schiedsgericht überschreite seine Befugnisse, ist zu erheben, sobald die Angelegenheit, von der dies behauptet wird, im schiedsrichterlichen Verfahren zur Erörterung kommt. Das Schiedsgericht kann in beiden Fällen eine spätere Rüge zulassen, wenn die Partei die

② 중재판정부의 권한에 대한 이의는 본안에 관한 답변서를 제출할 때까지 제기하여야 한다. 당사자는 중재인을 선임했거나 중재인의 선임에 관여하였다는 이유로 이의의 제기에서 배제되지 아니한다. 중재판정부가 그 권한의 범위를 벗어났다는 주장은 권한유월이 주장되는 사항이 중재절차에서 다루어지는 즉시 제기하여야 한다. 중재판정부는 위 두 경우에 당사자가 지연에 정당한 이유가 있다고 인정하는 경우 지연된 주장을 받아들일 수 있다.

Verspätung genügend entschuldigt. (3) Hält das Schiedsgericht sich fü zuständig, so entscheidet es über eine Rüge nach Absatz 2 in der Regel durch Zwischenentscheid. In diesem Fall kann jede Partei innerhalb eines Monats nach schriftlicher Mitteilung des Entscheids eine gerichtliche Entscheidung beantragen. Während ein solcher Antrag anhängig ist, kann das Schiedsgericht das schiedsrichterliche Verfahren fortsetzen und einen Schiedsspruch erlassen.	③ 중재판정부가 스스로 권한이 있다고 판단하면, 제2항에 따른 주장에 관하여 통상적으로 중간판정으로 결정한다. 이 경우에 각 당사자는 결정의 서면 통지 후 1개월 내에 법원에 중재판정부의 권한에 대한 심사를 신청할 수 있다. 이러한 신청이 계속 중인 동안 중재판정부는 중재절차를 계속하고 중재판정을 내릴 수 있다.

---

4) 독일 민사소송법 제167조는 '송달의 소급효'라는 제목 아래 "송달을 통해 기한이 준수되거나 소멸시효가 재개되거나 민법 제204조에 따라 정지될 경우, 송달이 이루어지면 신청 또는 의사표시의 접수 시에 그 효력을 갖는다"고 규정한다.

4. 프랑스 민사소송법(발췌)

원문	번역문
§ 100 Si le même litige est pendant devant deux juridictions de même degré également compétentes pour en connaître, la juridiction saisie en second lieu doit se dessaisir au profit de l'autre si l'une des parties le demande. A défaut, elle peut le faire d'office.	제100조 같은 심급으로서 관할권을 가지는 다른 두 법원에 동일한 사건이 계속된 경우, 일방 당사자의 신청이 있는 때에는 뒤에 소송이 계속된 법원은 앞서 소송이 계속된 법원을 위하여 소를 각하하여야 한다. 당사자의 신청이 없는 경우 법원은 이를 직권으로도 할 수 있다.
§ 101 S'il existe entre des affaires portées devant deux juridictions distinctes un lien tel qu'il soit de l'intérêt d'une bonne justice de les faire instruire et juger ensemble, il peut être demandé à l'une de ces juridictions de se dessaisir et de renvoyer en l'état la connaissance de l'affaire à l'autre juridiction.	제101조 다른 두 법원에 계속된 사건들 사이에 존재하는 관련성에 비추어 이들을 함께 심리 및 재판하는 것이 정의의 이익에 부합하는 경우, 어느 한 법원은 당사자의 신청에 따라 소를 각하하고 그 사실을 관련 사건이 계속된 다른 법원에 통지5)할 수 있다.
§ 102 Lorsque les juridictions saisies ne sont pas de même degré, l'exception de litispendance ou de connexité ne peut être soulevée que devant la juridiction du degré inférieur.	제102조 사건이 계속된 법원의 심급이 다른 경우에는, 소송경합 또는 관련 사건의 항변은 낮은 심급의 법원에만 제기될 수 있다.
§ 103 L'exception de connexité peut être proposée en tout état de cause, sauf à être écartée si elle a été soulevée tardivement dans une intention dilatoire.	제103조 관련 사건의 항변은 절차의 어느 때에도 행해질 수 있으나, 그 항변이 절차의 지연을 목적으로 지나치게 늦게 제기된 때에는 기각될 수 있다.

Titre I **L'arbitrage interne.**	**제1장** **국내중재**
§ 1448 Lorsqu'un litige relevant d'une convention d'arbitrage est porté devant une juridiction de l'Etat, celle-ci se déclare incompétente sauf si le tribunal arbitral n'est pas encore saisi et si la convention d'arbitrage est manifestement nulle ou manifestement inapplicable. La juridiction de l'Etat ne peut relever d'office son incompétence. Toute stipulation contraire au présent article est réputée non écrite.	**제1448조** 중재합의의 대상인 분쟁에 관한 소가 법원에 제기되면, 법원은 중재판정부에 아직 분쟁이 계속 중이지 않으며 중재합의가 명백하게 무효이거나 그 이행이 불가능하지 않은 이상 관할권 없음을 선언하여야 한다.[6] 법원은 직권으로 관할권 행사를 거부할 수 없다. 본 조에 반하는 모든 약정은 기재되지 아니한 것으로 본다.
§ 1465 Le tribunal arbitral est seul compétent pour statuer sur les contestations relatives à son pouvoir juridictionnel.	**제1465조** 중재판정부는 그 관할권에 대한 이의에 관하여 심판할 전속적인 관할권을 가진다.
Titre II **L'arbitrage international**	**제2장** **국제중재**
§ 1504 Est international l'arbitrage qui met en cause des intérêts du commerce international.	**제1504조** 국제상거래의 이익과 관련된 경우 중재는 국제적 성질을 가진다.
§ 1505 En matière d'arbitrage international, le juge d'appui de la procédure arbitrale est, sauf clause contraire, le président du tribunal judiciaire de Paris lorsque : (1) L'arbitrage se déroule en France ; ou (2) Les parties sont convenues de soumettre l'arbitrage à la loi de procédure française ; ou	**제1505조** 국제중재에 있어서 아래 각 호의 경우에는 달리 규정하지 않는 한, 파리사법(司法)법원의 법원장이 중재절차를 지원하는 법관이 된다.[7] (1) 프랑스에서 진행되는 중재의 경우[8] (2) 당사자들이 프랑스의 절차법을 중재에 적용하는 것으로 합의한 경우

(3) Les parties ont expressément donné compétence aux juridictions étatiques françaises pour connaître des différends relatifs à la procédure arbitrale ; ou (4) L'une des parties est exposée à un risque de déni de justice.	(3) 당사자들이 중재절차와 관련한 분쟁을 프랑스 법원에서 해결할 것을 명시적으로 합의한 경우 (4) 일방 당사자가 사법 거부(司法 拒否)의 위험에 노출된 경우
§ 1506 A moins que les parties en soient convenues autrement et sous réserve des dispositions du présent titre, s'appliquent à l'arbitrage international les articles : (1) 1446, 1447, 1448 (alinéas 1 et 2) et 1449, relatifs à la convention d'arbitrage ; (3) 1462, 1463 (alinéa 2), 1464 (alinéa 3), 1465 à 1470 et 1472 relatifs à l'instance arbitrale	제1506조 당사자들이 달리 합의하지 않는 한, 그리고 본 장의 규정에 반하지 않는 범위에서, 이하의 규정들은 국제중재에 대하여 적용된다. (1) 중재합의에 관한 제1446조, 제1447조, 제1448조 제1문 및 제2문, 제1449조 (3) 중재절차에 관한 제1462조, 제1463조 제2문, 제1464조 제3문, 제1465조 내지 제1470조, 제1472조

---

5) 'renvoyer'는 보통 '이송(移送)'으로 번역되나, 여기서는 소를 각하하였다는 사실에 대한 인식(認識, connaissance)의 이송(renvoyer)으로서 '사실의 통지'라고 번역함이 적절해 보인다.

6) 조희경, "프랑스의 2011년 개정된 중재법이 우리에게 주는 시사점에 관한 소고", 홍익법학 제15권 제2호, 2014, 283은 '관할권 없음을 선언한다'는 표현 대신 '각하한다'는 표현으로 번역한다.

7) 이른바 지원판사(juge d'appui) 제도에 관하여는 조희경(주 6), 279 이하 참조.

8) 프랑스에서는 외국 중재지의 중재판정이라 하더라도 실제 중재절차가 진행되는 중재장소가 프랑스라면 프랑스에서 내려진 국제중재판정이라고 인정된다. 조희경(주 6), 280.

5. 스위스 국제사법(발췌)9)

원문	번역문
Art. 9 Rechtshängigkeit (1) Ist eine Klage über denselben Gegenstand zwischen denselben Parteien zuerst im Ausland hängig gemacht worden, so setzt das schweizerische Gericht das Verfahren aus, wenn zu erwarten ist, dass das ausländische Gericht in angemessener Frist eine Entscheidung fällt, die in der Schweiz anerkennbar ist.	**제9조 소송계속** ① 동일한 당사자들 간의 동일한 대상에 관한 소가 먼저 외국에서 계속한 때에는 스위스의 법원은 외국법원이 적절한 기간 내에 스위스에서 승인될 수 있는 판결을 선고할 것이라고 기대되는 경우에는 절차를 중지한다.
(2) Zur Feststellung, wann eine Klage in der Schweiz hängig gemacht worden ist, ist der Zeitpunkt der ersten, für die Klageeinleitung notwendigen Verfahrenshandlung massgebend. Als solche genügt die Einleitung des Sühneverfahrens.	② 언제 소가 스위스에서 계속하였는가의 확인에 관하여는 소의 제기에 필요한 최초의 절차행위의 시점이 기준이 된다. 조정절차(調停節次)의 개시는 그러한 것으로 되기에 충분하다.
(3) Das schweizerische Gericht weist die Klage zurück, sobald ihm eine auslädische Entscheidung vorgelegt wird, die in der Schweiz anerkannt werden kann.	③ 스위스의 법원은 스위스에서 승인될 수 있는 외국의 재판이 그에 제출된 때에는 즉시 소를 각하한다.

---

9) 공식 명칭은 '국제사법에 관한 연방법률[Bundesgesetz über das Internationale Privatrecht (IPRG), Loi fédérale sur le droit international privé(LDIP)]'이다. 스위스의 법은 공식적으로 독일어, 프랑스어, 이탈리아어 세 언어로 표시되며 각각의 내용은 동등한 효력을 가진다. 여기서는 독일어 버전(IPRG)을 원문으로 표시하고, 그 번역은 기본적으로 석광현, "스위스 국제사법 재론", 국제사법연구 제26권 제1호, 2020, 595 이하의 "국제사법(國際私法)에 관한 연방법률" 국문번역을 따랐다.

Art. 186 Zuständigkeit	제186조 관할권
(1) Das Schiedsgericht entscheidet selbst über seine Zuständigkeit.	① 중재판정부는 스스로 그의 관할에 관하여 판단한다.
(1bis) Es entscheidet über seine Zuständigkeit ungeachtet einer bereits vor einem staatlichen Gericht oder einem anderen Schiedsgericht hängigen Klage über denselben Gegenstand zwischen denselben Parteien, es sei denn, dass beachtenswerte Gründe ein Aussetzen des Verfahrens erfordern.	①bis 중재판정부는 국가 법원 또는 다른 중재판정부에 동일한 당사자들 사이의 동일한 대상에 관한 소가 계속하는가에 관계없이 자신의 관할에 대하여 판단한다. 다만 주목할 만한 사유에 의해 절차의 중지가 요구되는 경우에는 그러하지 아니하다.
(2) Die Einrede der Unzuständigkeit ist vor der Einlassung auf die Hauptsache zu erheben.	② 관할위반의 항변은 본안에 대한 응소 전에 제기되어야 한다.
(3) Das Schiedsgericht entscheidet üer seine Zuständigkeit in der Regel durch Vorentscheid.	③ 중재판정부는 그의 관할에 관하여 통상 선결판정(先決判定)에 의하여 판단한다.

6. 브뤼셀 I recast 규정(발췌)[10]

원문	번역문
SECTION 9 Lis pendens — related actions Article 29 1. Without prejudice to Article 31 (2), where proceedings involving the same cause of action and between the same parties are brought in the courts of different Member States, any court other than the court first seised shall of its own motion stay its proceedings until such time as the jurisdiction of the court first seised is established. 2. In cases referred to in paragraph 1, upon request by a court seised of the dispute, any other court seised shall without delay inform the former court of the date when it was seised in accordance with Article 32. 3. Where the jurisdiction of the court first seised is established, any court other than the court first seised shall decline jurisdiction in favour of that court.	제9절 소송경합과 관련소송 제29조 ① 제31조 제2항에 저촉되지 않는 범위에서, 동일한 청구에 관하여 동일한 당사자들간에 상이한 회원국들의 법원에 소가 계속한 때에는, 최초로 소가 계속한 법원 이외의 법원은 최초로 소가 계속한 법원의 관할이 확정될 때까지 직권으로 소송을 중지하여야 한다. ② 제1항에 해당하는 경우, 당해 사건에 관한 소가 계속한 어느 법원의 요청이 있게 되면, 그 사건에 관한 소가 계속한 다른 모든 법원은 지체 없이 그 법원에 제32조의 규정에 따라 소송이 계속된 날짜를 고지하여야 한다. ③ 최초로 소송이 계속한 법원의 관할이 확정된 때에는 다른 법원은 그 법원을 위하여 관할권의 행사를 거부하여야 한다.

---

10) 브뤼셀 I 규정의 국문 시역은 석광현, "민사 및 상사사건의 재판관할과 재판의 집행에 관한 유럽연합규정", 국제사법과 국제소송 제3권, 박영사, 2004, 394 이하 참조. 이하의 브뤼셀 I recast 규정에 관한 번역은 기본적으로 위 국문번역을 참고한 것이다.

Article 30	제30조
1. Where related actions are pending in the courts of different Member States, any court other than the court first seised may stay its proceedings.	① 관련 소송이 상이한 회원국들의 법원에 계속한 때에는, 최초에 소송이 계속한 법원 이외의 법원은 소송절차를 중지할 수 있다.
2. Where the action in the court first seised is pending at first instance, any other court may also, on the application of one of the parties, decline jurisdiction if the court first seised has jurisdiction over the actions in question and its law permits the consolidation thereof.	② 최초로 소송이 계속된 법원의 절차가 제1심법원에 계속 중인 한, 최초로 소송이 계속된 법원 이외의 법원은, 최초로 소송이 계속된 법원이 그 소송들에 대하여 관할을 가지고 해당 국가의 법이 그 병합을 허용하는 경우에는, 당사자 일방의 신청에 의하여 관할권의 행사를 거부할 수 있다.
3. For the purposes of this Article, actions are deemed to be related where they are so closely connected that it is expedient to hear and determine them together to avoid the risk of irreconcilable judgments resulting from separate proceedings.	③ 서로 매우 밀접하게 관련되어 있어서 절차를 분리하는 경우 저촉되는 판결이 선고될 위험을 피하기 위하여 이를 병합하여 심리, 재판할 필요가 있는 경우에는 소송은 본 조의 목적상 관련된 것으로 본다.
Article 31	제31조
1. Where actions come within the exclusive jurisdiction of several courts, any court other than the court first seised shall decline jurisdiction in favour of that court.	① 소송이 수 개의 법원의 전속적 관할에 속하는 경우에는 최초에 소송이 계속한 법원 이외의 법원은 최초의 법원을 위하여 관할권의 행사를 거부하여야 한다.
2. Without prejudice to Article 26, where a court of a Member State on which an agreement as referred to in Article 25 confers exclusive jurisdiction is seised, any court of another Member State shall stay the proceedings until such time as the court seised on the	② 제26조에 저촉되지 않는 범위에서, 제25조에 의하여 전속적 관할을 부여하는 합의에 의하여 회원국의 법원에 소송이 계속된 때에는, 다른 회원국의 법원은 그 법원이 그 합의에 의하여 관할을 가지지 않음을 선고할 때까지 소송절차를 중지하

basis of the agreement declares that it has no jurisdiction under the agreement.	여야 한다.
3. Where the court designated in the agreement has established jurisdiction in accordance with the agreement, any court of another Member State shall decline jurisdiction in favour of that court.	③ 합의에 의하여 지정된 법원이 그 합의에 따른 관할을 확정한 때에는, 그 이외의 법원은 그 법원을 위하여 관할권의 행사를 거부하여야 한다.
4. Paragraphs 2 and 3 shall not apply to matters referred to in Sections 3, 4 or 5 where the policyholder, the insured, a beneficiary of the insurance contract, the injured party, the consumer or the employee is the claimant and the agreement is not valid under a provision contained within those Sections.	④ 제2항과 제3항은 제3절 내지 제5절의 보험계약자, 피보험자, 수익자, 피해자, 소비자 또는 근로자가 원고이고 각 절에 포함된 규정들에 의해 합의가 유효하지 않은 때에는 적용되지 않는다.
Article 32 1. For the purposes of this Section, a court shall be deemed to be seised: (a) at the time when the document instituting the proceedings or an equivalent document is lodged with the court, provided that the claimant has not subsequently failed to take the steps he was required to take to have service effected on the defendant; or (b) if the document has to be served before being lodged with the court, at the time when it is received by the authority responsible for service, provided that the claimant has not subsequently failed to take the steps he was required to take to have the document lodged with	**제32조** ① 이 절의 목적상 다음의 시기에 법원에 소송이 계속한 것으로 본다. (a) 절차를 개시하는 서면 또는 그에 상당하는 서면이 법원에 제출된 때. 다만, 원고가 그 후 서류가 피고에게 송달되도록 하기 위하여 취해야 하는 조치를 불이행하지 않은 경우에 한한다. 또는 (b) 서류가 법원에 제출되기 전에 송달되어야 하는 경우에는 송달을 담당하는 기관이 서류를 수령한 때. 다만, 원고가 그 후 서류가 법원에 제출되도록 하기 위하여 취해야 하는 조치를 불이행하지 않은 경우에 한한다. (b)호의 송달을 담당하는 기관은 송달되어야 할 서류를 최초로 수

the court. The authority responsible for service referred to in point (b) shall be the first authority receiving the documents to be served.	령하는 기관을 말한다.
2. The court, or the authority responsible for service, referred to in paragraph 1, shall note, respectively, the date of the lodging of the document instituting the proceedings or the equivalent document, or the date of receipt of the documents to be served.	② 제1항의 법원 또는 송달을 담당하는 기관은 절차를 개시하는 서면 또는 그에 상당하는 서면이 제출된 날 또는 송달되어야 할 서류를 수령한 날을 각각 기록하여야 한다.
Article 33 1. Where jurisdiction is based on Article 4 or on Articles 7, 8 or 9 and proceedings are pending before a court of a third State at the time when a court in a Member State is seised of an action involving the same cause of action and between the same parties as the proceedings in the court of the third State, the court of the Member State may stay the proceedings if: 　(a) it is expected that the court of the third State will give a judgment capable of recognition and, where applicable, of enforcement in that Member State; and 　(b) the court of the Member State is satisfied that a stay is necessary for the proper administration of justice. 2. The court of the Member State may continue the proceedings at any time if: 　(a) the proceedings in the court of the	**제33조** ① 소송이 계속된 회원국 법원의 관할이 제4조, 제7조 내지 제9조에 의해 인정되고, 그 소송이 계속될 당시 제3국의 법원에 동일한 청구에 관하여 동일한 당사자 간의 소가 계속한 때에는, 회원국의 법원은 아래의 요건이 갖추어진 때에 소송을 중지할 수 있다. 　(a) 제3국의 법원이 그 회원국 내에서 승인 또는 필요한 경우 집행이 가능한 판결을 선고할 것으로 예측될 것 　(b) 회원국의 법원이 사법권의 적절한 실현을 위하여 소송의 중지가 필요하다고 인정할 것 ② 회원국의 법원은 아래의 경우에 언제든 소송을 진행할 수 있다. 　(a) 제3국 법원의 절차가 중지되거나 또는 취하된 경우

third State are themselves stayed or discontinued; (b) it appears to the court of the Member State that the proceedings in the court of the third State are unlikely to be concluded within a reasonable time; or (C) the continuation of the proceedings is required for the proper administration of justice.	(b) 제3국의 법원의 절차가 합리적인 기간 내에 종결될 수 없을 것으로 인정되는 경우 (c) 사법권의 적절한 실현을 위하여 절차의 진행이 필요한 경우
3. The court of the Member State shall dismiss the proceedings if the proceedings in the court of the third State are concluded and have resulted in a judgment capable of recognition and, where applicable, of enforcement in that Member State.	③ 회원국의 법원은 제3국 법원의 절차가 종결되고 그 회원국에서 승인 또는 필요한 경우 집행이 가능한 판결이 확정된 경우에는 소를 각하(dismiss)하여야 한다.
4. The court of the Member State shall apply this Article on the application of one of the parties or, where possible under national law, of its own motion.	④ 회원국의 법원은 당사자 중 일방의 신청에 따라 또는 국내법에 따라 허용되는 경우에는 직권으로 본 조를 적용하여야 한다.
Article 34 1. Where jurisdiction is based on Article 4 or on Articles 7, 8 or 9 and an action is pending before a court of a third State at the time when a court in a Member State is seised of an action which is related to the action in the court of the third State, the court of the Member State may stay the proceedings if: (a) it is expedient to hear and determine the related actions together to avoid the risk of irreconcilable judgments	**제34조** ① 소송이 계속된 회원국 법원의 관할이 제4조, 제7조 내지 제9조에 의해 인정되고, 그 소송이 계속될 당시 제3국의 법원에 관련 소송이 계속한 때에는, 회원국의 법원은 아래의 요건이 갖추어진 때에 소송을 중지할 수 있다. (a) 절차를 분리할 경우 저촉되는 판결이 선고될 위험을 피하기 위하여 관련 소송을 병합하여 심리, 재판할 필요가 있을 것

resulting from separate proceedings;

(b) it is expected that the court of the third State will give a judgment capable of recognition and, where applicable, of enforcement in that Member State; and

(c) the court of the Member State is satisfied that a stay is necessary for the proper administration of justice.

2. The court of the Member State may continue the proceedings at any time if:

(a) it appears to the court of the Member State that there is no longer a risk of irreconcilable judgments;

(b) the proceedings in the court of the third State are themselves stayed or discontinued;

(c) it appears to the court of the Member State that the proceedings in the court of the third State are unlikely to be concluded within a reasonable time; or

(d) the continuation of the proceedings is required for the proper administration of justice.

3. The court of the Member State may dismiss the proceedings if the proceedings in the court of the third State are concluded and have resulted in a judgment capable of recognition and, where applicable, of enforcement in that Member State.

4. The court of the Member State shall

(b) 제3국의 법원이 그 회원국 내에서 승인 또는 필요한 경우 집행이 가능한 판결을 선고할 것으로 예측될 것

(c) 회원국의 법원이 사법권의 적절한 실현을 위하여 소송의 중지가 필요하다고 인정할 것

② 회원국의 법원은 아래의 경우에 언제든 소송을 진행할 수 있다.

(a) 저촉되는 판결이 선고될 위험이 더이상 없다고 인정되는 경우

(b) 제3국 법원의 절차가 중지되거나 또는 취하된 경우

(c) 제3국의 법원의 절차가 합리적인 기간 내에 종결될 수 없을 것으로 인정되는 경우

(d) 사법권의 적절한 실현을 위하여 절차의 진행이 필요한 경우

③ 회원국의 법원은 제3국 법원의 절차가 종결되고 그 회원국에서 승인 또는 필요한 경우 집행이 가능한 판결이 확정된 경우에는 소를 각하할 수 있다.

④ 회원국의 법원은 당사자 중 일방의

| apply this Article on the application of one of the parties or, where possible under national law, of its own motion. | 신청에 따라 또는 국내법에 따라 허용되는 경우에는 직권으로 본 조를 적용하여야 한다. |

7. ALI/UNIDROIT 원칙(발췌)

원문	번역문
2. Jurisdiction Over Parties	2. 당사자에 대한 관할
2.4 Exercise of jurisdiction must ordinarily be declined when the parties have previously agreed that some other tribunal has exclusive jurisdiction.	2.4 당사자들이 사전에 다른 법정(tribunal)이 전속적 관할을 가지고 있다는 합의를 한 경우에는, 통상적으로 법원의 관할권 행사는 거부되어야 한다.
2.5 Jurisdiction may be declined or the proceeding suspended when the court is manifestly inappropriate relative to another more appropriate court that could exercise jurisdiction.	2.5 법원이 관할권을 행사할 수 있는 더 적절한 다른 법원보다 관할권을 행사하기에 명백하게 부적절한 때에는 관할권의 행사를 거부하거나 절차를 중지할 수 있다.
2.6 The court should decline jurisdiction or suspend the proceeding, when the dispute is previously pending in another court competent to exercise jurisdiction, unless it appears that the dispute will not be fairly, effectively, and expeditiously resolved in that forum.	2.6 당해 분쟁이 관할권을 행사할 수 있는 다른 법원에 먼저 계속된 경우에는 법원은 관할권의 행사를 거부하거나 절차를 중지하여야 한다. 다만 그 다른 법원에서 당해 분쟁을 공정하고, 효과적이고, 신속하게 해결할 것으로 보이지 않는 때에는 그러하지 아니하다.
10. Party Initiative and Scope of the Proceeding	10. 당사자의 주도권과 절차의 범위
10.1 The proceeding should be initiated through the claim or claims of the plaintiff, not by the court acting on its own motion.	10.1 절차는 법원의 직권 발동이 아니라 원고의 청구에 의하여 개시되어야 한다.
10.2 The time of lodging the complaint with the court determines compliance	10.2 법원에 소장이 제출되는 시기가 제소기간(提訴其間, statues of

with statutes of limitation, lis pendens, and other requirements of timeliness.

limitation), 소송경합, 그리고 그 밖의 시기에 관한 요건의 충족 여부를 결정한다.

10.3 The scope of the proceeding is determined by the claims and defenses of the parties in the pleadings, including amendments.

10.3 절차의 범위는 변경을 포함한 당사자의 소답(訴答, pleadings)[11]에 포함된 청구와 항변에 의하여 결정된다.

10.4 A party, upon showing good cause, has a right to amend its claims or defenses upon notice to other parties, and when doing so does not unreasonably delay the proceeding or otherwise result in injustice.

10.4 당사자는, 정당한 이유를 제시하고 불합리하게 절차를 지연시키거나 다른 부정의한 결과를 일으키지 않는 때에, 상대방에게 통지된 청구 또는 항변을 변경할 권리를 가진다.

28. Lis Pendens and Res Judicata

28. 소송경합과 기판력

28.1 In applying the rules of lis pendens, the scope of the proceeding is determined by the claims in the parties' pleadings, including amendments.

28.1 소송경합의 규칙을 적용함에 있어서, 그 절차의 범위는 변경을 포함한 당사자의 소답에서의 청구에 의하여 결정된다.

28.2 In applying the rules of claim preclusion, the scope of the claim or claims decided is determined by reference to the claims and defenses in the parties' pleadings, including amendments, and the court's decision and reasoned explanation.

28.2 기판력의 규칙을 적용함에 있어서 청구 또는 재판이 내려진 청구의 범위는 변경을 포함한 당사자의 소답에서의 청구와 항변, 그리고 법원의 결정과 이유에 의하여 결정된다.

28.3 The concept of issue preclusion, as to an issue of fact or application of law to facts, should be applied only to prevent substantial injustice.

28.3 사실인정과 인정사실에 대한 법의 적용에 관한 쟁점차단효(爭點遮斷效, issue preclusion)[12]의 개념은, 실질적인 부정의(substantial injustice)를 방지하기 위하여서만 적용되어야 한다.

---

11) 미국의 소송절차는 소답절차(pleadings), 공판전 절차(pre-trial), 공판절차(trial)의
단계로 이루어진다. 여기서 소답(訴答)절차란 당사자들이 소장(訴狀)과 답변서
(答辯書)를 상호 교환하는 절차로서 이를 줄여서 이르는 말이다. 전원열, 민사
소송법 강의, 박영사, 2020, 283 참조.

12) 보통법계에서는 광의의 기판력 개념을 '청구차단효(請求遮斷效, claim preclusion)'
와 '쟁점차단효(爭點遮斷效, issue preclusion)'로 나누어 설명하는데, 전자는 우리
나라의 기판력에 가까운 것이고, 후자는 금반언을 비롯하여 판결이유의 구속력
을 포함하는 것이다. 쟁점차단효는 'collateral estoppel' 또는 'issue estoppel'이라
일컬어지기도 한다. 이에 관한 상세는 전원열(주 11), 519 참조.

8. 헤이그 재판협약(발췌)[13]

원문	번역문

Article 7
Refusal of recognition and enforcement
 	
1. Recognition or enforcement may be refused if –
  (e) the judgment is inconsistent with a judgment given by a court of the requested State in a dispute between the same parties; or
  (f) the judgment is inconsistent with an earlier judgment given by a court of another State between the same parties on the same subject matter, provided that the earlier judgment fulfils the conditions necessary for its recognition in the requested State.
 	
2. Recognition or enforcement may be postponed or refused if proceedings between the same parties on the same subject matter are pending before a court of the requested State, where –
  (a) the court of the requested State was seised before the court of origin; and
  (b) there is a close connection between
	제7조
	승인과 집행의 거부
	
	1. 다음과 같은 사유가 있을 때 판결의 승인 또는 집행은 거부될 수 있다.
	  (e) 판결이 승인·집행을 요청받은 국가에서 동일한 당사자들 사이의 분쟁에서 선고된 판결과 상충하는(inconsistent) 경우
	  (f) 판결이 동일한 당사자들 사이의 동일한 소송물에 관하여 다른 국가의 법원이 선고한 선행판결과 상충하는 경우. 다만 위 선행판결이 승인·집행을 요청받은 국가에서 승인 요건을 충족하여야 한다.
	
	2. 동일한 당사자 사이의 동일한 소송물에 관한 소송절차가 승인·집행을 요청받은 국가에 계속되어 있는 때로서 다음에 해당하는 경우 판결의 승인 또는 집행이 연기(postponed) 또는 거부될 수 있다.
	  (a) 승인·집행을 요청받은 국가의 법원에 먼저 소송이 계속되었고;
	  (b) 승인·집행을 요청받은 국가와 당

---

13) 이하의 번역은 김효정/장지용, 외국재판의 승인과 집행에 관한 연구, 사법정책연구원, 2020, 219 이하의 국문 번역을 참고하였다. 다만 용어의 사용례 등은 석광현, "헤이그국제사법회의「민사 및 상사사건의 국제재판관할과 외국재판에 관한 협약」2001년 초안", 국제사법과 국제소송 제3권, 박영사, 2004, 472 이하의 잠정 문안(interim text) 국문번역을 따랐다.

the dispute and the requested State. A refusal under this paragraph does not prevent a subsequent application for recognition or enforcement of the judgment.	해 분쟁 사이에 밀접한 관련이 있을 것 본 항에 의한 승인·집행의 거부는 승인 또는 집행을 위한 후속 신청(subsequent application)을 금지하지 아니한다.

9. 2022년 개정 국제사법(발췌)

제6조(관련 사건의 관할)

① 상호 밀접한 관련이 있는 여러 개의 청구 가운데 하나에 대하여 법원에 국제재판
관할이 있으면 그 여러 개의 청구를 하나의 소로 법원에 제기할 수 있다.

② 공동피고 가운데 1인의 피고에 대하여 법원이 제3조에 따른 일반관할을 가지는 때
에는 그 피고에 대한 청구와 다른 공동피고에 대한 청구 사이에 밀접한 관련이 있
어서 모순된 재판의 위험을 피할 필요가 있는 경우에만 공동피고에 대한 소를 하
나의 소로 법원에 제기할 수 있다.

③ 다음 각 호의 사건의 주된 청구에 대하여 제56조부터 제61조까지의 규정에 따라
법원에 국제재판관할이 있는 경우에는 친권자·양육자 지정, 부양료 지급 등 해당
주된 청구에 부수되는 부수적 청구에 대해서도 법원에 소를 제기할 수 있다.

1. 혼인관계 사건
2. 친생자관계 사건
3. 입양관계 사건
4. 부모·자녀 간 관계 사건
5. 부양관계 사건
6. 후견관계 사건

④ 제3항 각 호에 따른 사건의 주된 청구에 부수되는 부수적 청구에 대해서만 법원에
국제재판관할이 있는 경우에는 그 주된 청구에 대한 소를 법원에 제기할 수 없다.

제11조(국제적 소송경합)

① 같은 당사자 간에 외국법원에 계속 중인 사건과 동일한 소가 법원에 다시 제기된
경우에 외국법원의 재판이 대한민국에서 승인될 것으로 예상되는 때에는 법원은
직권 또는 당사자의 신청에 의하여 결정으로 소송절차를 중지할 수 있다. 다만,
다음 각 호의 어느 하나에 해당하는 경우에는 그러하지 아니하다.

1. 전속적 국제재판관할의 합의에 따라 법원에 국제재판관할이 있는 경우
2. 법원에서 해당 사건을 재판하는 것이 외국법원에서 재판하는 것보다 더 적절
함이 명백한 경우

② 당사자는 제1항에 따른 법원의 중지 결정에 대해서는 즉시항고를 할 수 있다.

③ 법원은 대한민국 법령 또는 조약에 따른 승인 요건을 갖춘 외국의 재판이 있는
경우 같은 당사자 간에 그 재판과 동일한 소가 법원에 제기된 때에는 그 소를 각
하하여야 한다.

④ 외국법원이 본안에 대한 재판을 하기 위하여 필요한 조치를 하지 아니하는 경우
또는 외국법원이 합리적인 기간 내에 본안에 관하여 재판을 선고하지 아니하거나

선고하지 아니할 것으로 예상되는 경우에 당사자의 신청이 있으면 법원은 제1항에 따라 중지된 사건의 심리를 계속할 수 있다.

⑤ 제1항에 따라 소송절차의 중지 여부를 결정하는 경우 소의 선후(先後)는 소를 제기한 때를 기준으로 한다.

제12조(국제재판관할권의 불행사)

① 이 법에 따라 법원에 국제재판관할이 있는 경우에도 법원이 국제재판관할권을 행사하기에 부적절하고 국제재판관할이 있는 외국법원이 분쟁을 해결하기에 더 적절하다는 예외적인 사정이 명백히 존재할 때에는 피고의 신청에 의하여 법원은 본안에 관한 최초의 변론기일 또는 변론준비기일까지 소송절차를 결정으로 중지하거나 소를 각하할 수 있다. 다만, 당사자가 합의한 국제재판관할이 법원에 있는 경우에는 그러하지 아니하다.

② 제1항 본문의 경우 법원은 소송절차를 중지하거나 소를 각하하기 전에 원고에게 진술할 기회를 주어야 한다.

③ 당사자는 제1항에 따른 법원의 중지 결정에 대해서는 즉시항고를 할 수 있다.

참고문헌

〈국내문헌〉

[단행본]

강병근, 국제중재의 기본 문제, 한림과학원, 2000.

강현중, 민사소송법(제7판), 박영사, 2018.

김연/박정기/김인유, 국제사법(제3판 보정판), 법문사, 2014. [김연 외]

김홍규/강태원, 민사소송법(제4판), 삼영사, 2017.

김홍엽, 민사소송법(제8판), 박영사, 2019.

김효정/장지용, 외국재판의 승인과 집행에 관한 연구, 사법정책연구원, 2020.

노영보, 도산법 강의, 박영사, 2018.

목영준/최승재, 상사중재법(개정판), 박영사, 2018.

민일영 외, 주석 민사소송법(IV), 한국사법행정학회, 2018. [민일영 외(집필자)]

석광현, 국제재판관할에 관한 연구, 서울대학교 출판부, 2001.

석광현, 국제민사소송법, 박영사, 2012.

석광현, 국제사법 해설, 박영사, 2013.

석광현, 국제상사중재법연구(제1권), 박영사, 2007.

석광현, 국제상사중재법연구(제2권), 박영사, 2019.

신창선/윤남순, 신국제사법(제2판), 피데스, 2016.

신창섭, 국제사법(제4판), 세창출판사, 2018.

이상윤, 영미법(개정판), 박영사, 2003.

이시윤, 신민사소송법(제15판), 박영사, 2021.

이호정, 국제사법, 경문사, 1983.

임성우, 국제중재, 박영사, 2016.

장문철, 국제사법총론, 홍문사, 1996.

장문철, 현대중재법의 이해, 세창출판사, 2000.

전대규, 중국민사소송법, 박영사, 2008.

전병서, 강의 민사소송법, 박영사, 2018.

전원열, 민사소송법 강의, 박영사, 2020.

정동윤/유병현/김경욱, 민사소송법(제7판), 법문사, 2019. [정동윤 외]

최준선, 국제거래법, 삼영사, 2018.

하민경 외, 각국 법원모욕의 제재 방식에 관한 연구, 사법정책연구원, 2015.

한국조정학회, 국제상사조정 및 합의의 집행 관련 협약과 모델법의 국내 수용 및 동북아시아 분쟁 조정 허브 도입방안 연구, 법무부, 2018.

한충수, 민사소송법(제2판), 박영사, 2018.

호문혁, 민사소송법(제13판), 법문사, 2016.

황승태, 한국형 대체적 분쟁해결(ADR) 제도의 발전 방향에 관한 연구, 사법정책 연구원, 2016.

　[논문]

강수미, "미국 판례상 중재조항의 분리가능성에 관한 고찰", 중재연구 제24권 제2 호, 2014.

강수미, "중재판정의 효력에 관한 연구", 중재연구 제27권 제1호, 2017.

강희철, "국제적 중복소송", 국제사법연구 제9권, 2003.

권창영, "국제민사보전법상 국제재판관할", 민사집행법 실무연구 III(통권 제5권), 2011.

김경욱, "중재당사자의 파산이 중재절차에 미치는 영향 –국내중재·파산절차에 한정하여–", 민사소송 제10권 제2호, 2006.

김명수, "국제중재절차와 국제도산절차의 경합", 국제사법연구 제25권 제2호, 2019.

김문숙, "일본법원의 국제재판관할권에 관하여 –2011년 개정민사소송법을 중심 으로–", 국제사법연구 제18권, 2012.

김문숙, "일본에서의 인사소송사건에 관한 국제재판관할 –개정 인사소송법을 중 심으로–", 국제사법연구 제25권 제2호, 2019.

김민경, "중재판정의 취소에 관한 연구 –영국 중재법과 우리 중재법을 중심으로 –", 서울대학교 대학원 법학석사 학위논문, 2014.

김민경, "전속적 국제재판관할합의 위반으로 인한 소송금지가처분(Anti-suit Injunction)과 손해배상청구", 국제거래법연구 제30집 제1호, 2021.

김영희, "영국법, 스코틀랜드법, 미국법, 그리고 로마법", 법사학연구 제52호, 2015.

김용진, "중재와 법원 사이의 역할분담과 절차협력 관계 –국제적 중재합의 효력

에 관한 다툼과 중재합의관철 방안을 중심으로-", 중재연구 제27권 제1
호, 2017.

김원태, "가사소송의 국제적 경합", 비교사법 제16권 제3호(통권 제46호), 2009.

김인호, "국제매매계약에 대한 국제소송과 국제상사 중재에서의 특정이행청구의
범위와 한계", 통상법률 통권 제100호, 2011.

김인호, "국제계약의 분쟁해결메커니즘의 구조와 상호작용", 국제거래법연구 제
23집 제1호, 2014.

김인호, "중재가능성의 합리적 경계획정을 통한 국제중재의 증진", 비교사법 제
23권 제3호(통권 제74호), 2016.

김인호, "중재판정의 기판력의 새로운 구성 -시지푸스적 접근을 넘어 스노우 화
이트적 접근으로-", 인권과 정의 통권 제468호, 2017.

김인호, "중재판정과 법원재판의 조화적 그리고 갈등적 상호작용", 국제거래법연
구 제28집 제2호, 2019.

김인호, "가맹사업계약에 포함된 부당하게 불리한 중재합의의 유효성", 비교사법
제27권 제2호(통권 제89호), 2020.

김주상, "외국판결의 승인과 집행", 사법논집 제6집, 1975.

김창준, "중복적 책임제한절차의 법률관계", 한국해법학회지 제35권 제1호, 2013.

김태병, "UNCITRAL 국제상사조정모델법의 개요", 조정마당 열린대화 제5호, 2007.

김현아, "중국법상 재산관계사건에 관한 국제재판관할", 국제사법연구 제23권 제
1호, 2017.

김효정, "헤이그관할합의협약 가입시의 실익과 고려사항", 국제사법연구 제25권
제1호, 2019.

노태악, "인터넷 명예훼손행위와 국제재판관할", 민사재판의 제문제 제13권,
2004.

노태악, "국제재한관할합의에 관한 2018년 국제사법 전부개정법률안의 검토 -법
원의 실무와 헤이그재판관할합의협약을 중심으로-", 국제사법연구 제25
권 제1호, 2019.

류재현, "CLIP 원칙의 소개 및 우리 법과의 비교 -준거법에 대한 규정을 중심으
로-", 국제사법연구 제24권 제1호, 2018.

박상순, "헤이그 재판관할합의협약에 대한 연구", 서울대학교 대학원 법학석사
학위논문, 2017.

박선아, "일본 전범기업을 상대로 한 민사소송의 의의와 과제", 법조 통권 제684
호, 2013.

박영길, "Lis Pendens와 중재", 중재 제327호, 2009.

박영길, "국제상사중재에 있어서의 분리원칙과 중재인의 자기관할권판정의 원칙", 중재연구 제13권 제2호, 2004.

박정훈, "헤이그 재판관할합의협약", 국제사법연구 제18호, 2012.

박준선, "상사중재 활성화를 위한 중재판정부의 임시적 처분제도의 개선 -2016년 개정 중재법을 중심으로-", 중재연구 제26권 제2호, 2016.

서세원, "중재판정의 기판력에 관한 고찰", 중재연구 제17권 제2호, 2007.

석광현, "국제계약의 준거법에 관한 몇 가지 논점", 국제사법과 국제소송 제1권, 박영사, 2002.

석광현, "스위스 국제사법", 국제사법과 국제소송 제1권, 박영사, 2002.

석광현, "민사 및 상사사건의 재판관할과 재판의 집행에 관한 유럽공동체협약", 국제사법과 국제소송 제2권, 박영사, 2002.

석광현, "민사 및 상사사건의 재판관할과 재판의 집행에 관한 유럽연합규정", 국제사법과 국제소송 제3권, 박영사, 2004.

석광현, "헤이그국제사법회의「민사 및 상사사건의 국제재판관할과 외국재판에 관한 협약」2001년 초안", 국제사법과 국제소송 제3권, 박영사, 2004.

석광현, "2005년 헤이그 재판관할합의 협약의 소개", 국제사법연구 제11호, 2005.

석광현, "국제적 소송경합", 국제사법과 국제소송 제4권, 박영사, 2007.

석광현, "국제상사중재에서 중재합의", 국제상사중재법연구 제1권, 박영사, 2007.

석광현, "국제지적재산권분쟁과 국제사법: ALI 원칙(2007)과 CLIP 원칙(2011)을 중심으로", 민사판례연구 제34집, 2012.

석광현, "2018년 국제사법 전부개정법률안에 따른 국제재판관할규칙: 총칙을 중심으로", 국제거래와 법 제21권, 2018.

석광현, "강제징용사건에 관한 일본판결의 승인 가부", 국제사법과 국제소송 제6권, 박영사, 2019.

석광현, "2018년 국제사법 개정안에 따른 국제재판관할규칙", 국제사법과 국제소송 제6권, 박영사, 2019.

석광현, "한국의 국제재판관할규칙의 입법에 관하여", 국제사법과 국제소송 제6권, 박영사, 2019.

석광현, "해외직접구매에서 소비자의 보호: 국제사법, 중재법과 약관규제법을 중심으로", 국제사법과 국제소송 제6권, 박영사, 2019.

석광현, "2016년 중재법에 따른 중재판정부의 임시적 처분: 민사집행법에 따른 보전처분과의 정합성에 대한 문제 제기를 포함하여", 국제상사중재법연구 제2권, 박영사, 2019.

석광현, "2016년 중재법에 따른 국내중재판정의 효력, 취소와 승인·집행에 관한 법리의 변화", 국제상사중재법연구 제2권, 박영사, 2019.

석광현, "국제상사중재에서 중재합의와 소송유지명령", 국제상사중재법연구 제2권, 박영사, 2019.

석광현, "국제분쟁해결의 맥락에서 본 국제상사중재: 통상분쟁해결절차 및 투자중재와의 대비를 중심으로", 국제상사중재법연구 제2권, 박영사, 2019.

석광현, "한국에서 행해지는 ICC 중재에서 ICC 중재규칙과 한국 중재법의 상호작용", 국제상사중재법연구 제2권, 박영사, 2019.

석광현, "우리 대법원 판결에 비추어 본 헤이그 관할합의협약의 몇 가지 논점", 국제사법연구 제25권 제1호, 2019.

석광현, "스위스 국제사법 재론", 국제사법연구 제26권 제1호, 2020.

석광현, "2019년 헤이그 재판협약의 주요 내용과 간접관할규정", 국제사법연구 제26권 제2호, 2020.

손경한, "중재 자치의 개념과 내용", 성균관법학 제24권 제3호, 2012.

손용근, "중재판정의 효력에 관한 일반적 고찰", 법조 제57권 제10호, 2004.

심활섭, "일본 2011년 민사소송법 및 민사보전법의 일부개정법률상의 국제재판관할규정", 국제사법연구 제18권, 2012.

안건형/유병욱, "2011 프랑스 개정 민사소송법의 주요 내용과 시사점 -국제중재법을 중심으로-", 민사소송 제15권 제2호, 2011.

안병희, "중재법원과 국가법원과의 상관관계에 관한 연구", 연세대학교 대학원 법학박사 학위논문, 2000.

양석완, "소극적 확인의 소와 소송경합", 고려법학 제64호, 2012.

양석완, "국제상사중재와 국제소송의 경합과 병행절차에 관한 연구 -로테르담 규칙을 중심으로-", 경영법률 제24집 제3호, 2014.

양창수, "민법의 역사와 민법학", 민법연구(제3권), 박영사, 1995.

오정후, "소송계속에 관하여", 서울대학교 법학 제54권 제1호, 2013.

오정후, "국제사법 개정안의 국제재판관할 -개정안의 편제와 총칙의 검토-", 민사소송 제22권 제2호, 2018.

오창석, "파산절차에 있어서 중재합의의 효력과 중재절차", 중재연구 제15권 제1호, 2005.

유아람, "간접강제의 법리와 실무상 문제", 민사집행법연구 제7권, 2011.

유영일, "국제재판관할의 실무운영에 관한 소고 -개정 국제사법과 헤이그신협약의 논의를 중심으로-", 법조 제51권 제11호(통권 제554호), 2002.

유영일, "국제재판관할의 실무운영에 관한 소고 -개정 국제사법과 헤이그신협약의 논의를 중심으로-", 법조 제51권 제12호(통권 제555호), 2002.

유재풍, "국제소송의 재판관할에 관한 연구", 청주대학교 법학박사 학위논문, 1994.

유재풍, "국제소송의 경합", 국제사법연구 제2호, 1997.

윤진기, "2016년 중재법상의 중재판정의 효력에 대한 몇 가지 의문과 별소의 심급 제한", 중재연구 제27권 제4호, 2017.

이규호, "국제상사중재와 국제소송의 경합", 국제사법연구 제16권, 2010.

이규호, "선제타격형 국제소송에 대한 연구", 민사소송 제14권 제2호, 2010.

이규호, "소의 병합, 국제소송경합, 보전처분 및 해상사건에 대한 국제재판관할", 국제사법연구 제18권, 2012.

이규호, "관할합의에 기초한 소송유지명령(anti-suit injunction)의 법적 쟁점", 국제사법연구 제25권 제1호, 2019.

이동진/서경민/이필복, "헤이그국제사법회의(HCCH) 외국판결의 승인과 집행에 관한 협약의 채택을 위한 제22차 외교회의 참가보고서", 국제규범의 현황과 전망(2019), 법원행정처, 2020.

이 연, "한국 법원에서의 국제물품매매협약의 흠결 보충 –중국법의 보충적 적용과 중국 법원의 해석론을 중심으로–", 서울대학교 법학석사 학위논문, 2019.

이창현, "국제적 분쟁해결에 있어서 '소송금지명령'의 활용에 관한 연구 –한국에서의 적용 가능성을 중심으로–", 서울대학교 법학전문박사 학위논문, 2020.

이철원, "EU법상 국제소송 경합의 처리와 우리 법에 대한 시사점 –브뤼셀 규정과 최근 ECJ 판결들에 대한 검토를 중심으로–", 한국해법학회지 제34권 제2호, 2012.

이필복, "외국판결의 승인에서의 공서 위반 심사의 대상", 사법 제44호, 2018.

이필복, "전속적 국제재판관할 개관", 국제사법연구 제24권 제1호, 2018.

이필복, "한진해운의 도산 관련 민사사건의 판결 동향 I", 한국해법학회지 제41권 제1호, 2019.

이필복, "한진해운의 도산 관련 민사사건의 판결 동향 II", 한국해법학회지 제41권 제2호, 2019.

이필복, "헤이그국제사법회의(HCCH) 국제재판관할 프로젝트에 관한 전문가그룹 제3차 회의 참가 보고", 2020 국제규범의 현황과 전망, 사법정책연구원, 2021.

이필복, "헤이그국제사법회의(HCCH) 국제재판관할 프로젝트에 관한 전문가그룹 제4차 회의 참가 보고", 2020 국제규범의 현황과 전망, 사법정책연구원,

2021.

이필복, "헤이그국제사법회의(HCCH) 국제재판관할 프로젝트에 관한 전문가그룹 제5차 회의 참가 보고", 2020 국제규범의 현황과 전망, 사법정책연구원, 2021.

이헌묵, "승인된 외국재판의 기판력의 범위를 결정하는 준거법", 민사소송 제22 권 제1호, 2018.

이헌묵, "국제적 소송경합의 처리에 관한 비교법적 연구", 국제사법연구 제25권 제1호, 2019.

이헌묵, "현행법에 따른 국제적 소송경합의 처리", 민사소송 제23권 제2호, 2019.

이헌묵, "국제적 소송경합에 관한 입법적 제안", 민사소송 제23권 제3호, 2019.

이호원, "중재판정 승인의 개념, 효력 및 절차에 관한 연구", 중재연구 제23권 제1 호, 2013.

이호원, "국제중재절차에서의 법원의 역할", 국제규범의 현황과 전망 제29호, 2014.

이호원, 2016년 개정 중재법의 주요 내용", 중재연구 제30권 제1호, 2020.

이호정, "스위스의 개정국제사법전", 서울대학교 법학 제31권 3-4호, 1990.

이호정, "영국에 있어서의 forum non conveniens를 이유로 하는 소송의 정지", 서 울대학교 법학 제36권 제3호, 제4호(통권 제99호), 1995.

임치용, "해운회사의 회생절차 개시와 국제사법의 주요 쟁점", 파산법연구 5, 박 영사, 2020.

장준혁, "일본 치하의 징용근로자의 대사인적 소송의 법률문제들", 판례실무연구 XI(상), 2014.

장준혁, "2019년 헤이그 외국판결 승인집행협약", 국제사법연구 제25권 제2호, 2019.

장준혁, "2019년 헤이그 재판협약의 우리나라 입법, 해석, 실무에 대한 시사점과 가입방안", 국제사법연구 제26권 제2호, 2020.

장지용, "헤이그 재판협약상 승인 및 집행의 요건과 절차", 국제사법연구 제27권 제1호, 2021.

전대규, "중국법상 섭외사건의 국제재판관할에 관하여", 국제사법연구 제18권, 2012.

전대규, "2012년 중국 민사소송법의 주요 개정내용 –입법배경과 시사점을 중심으 로–", 법조(통권 제690호), 2014.

전병서, "국제민사소송법 서설 및 외국인당사자의 소송상 취급", 사법행정 제36 권 제8호, 1994.

전병서, "국제적 소송경합", 서울제일변호사회 변호사 회원연구논문집, 1996.

전병서, "조정절차에 관한 국제적 동향", 변호사 제35집, 서울지방변호사회, 2005.

정선주, "중재절차에서 법원의 역할과 한계 -개정 중재법과 UNCITRAL 모델법 등을 중심으로-", 중재학회지 제10권, 2000.

정선주, "중재판정의 효력 -확정력을 중심으로-", 민사소송 제9권 제2호, 2005.

정선주, "간접강제금의 본질과 소송상의 제문제", 민사소송 제16권 제1호, 2012.

정선주, "한국과 독일의 중재판례 비교연구", 민사소송 제20권 제2호, 2016.

정선주, "2016년 개정 중재법 소고", 민사소송 제21권 제1호, 2017.

정선주, "가처분제도의 남용에 대한 제제 방안", 민사소송 제21권 제2호, 2017.

정선주, "소송판결의 기판력", 민사소송 제22권 제1호, 2018.

조인영, "소송금지가처분과 중재금지가처분 -대법원 2018. 2. 2.자 2017마6087 결정 및 개정 중재법상 간이집행절차를 중심으로-", 2019 법관연수 어드밴스 과정 연구논문집, 2020.

조희경, "프랑스의 2011년 개정된 중재법이 우리에게 주는 시사점에 관한 소고", 홍익법학 제15권 제2호, 2014.

최공웅, "국제소송과 중복제소의 금지", 민사재판의 제문제 제7권, 1993.

최공웅, "국제재판관할 원칙에 관한 재론", 법조 제47권 제8호, 1998.

최공웅, "국제사법의 적용대상과 섭외성의 판단", 법조 제48권 제8호, 1999.

최봉경, "동아시아 계약법의 현재, 과거 그리고 미래 -PACL을 꿈꾸며-", 저스티스 통권 제158-2호, 2017.

최봉경, "특정이행과 손해배상 -비교법적 연구를 중심으로-", 저스티스 통권 제178호, 2020.

피정현, "국제적 중복제소의 금지 여부", 현대사회와 법의 발달: 균제 양승두 교수 화갑기념논문집, 1994.

한나희/하충룡, "중재가능성에 대한 미국연방법원의 해석", 중재연구 제28권 제4호, 2018.

한승 외, "가처분 위반에 대한 제재 도입문제", 민사집행법 실무연구 III(통권 제5권), 2011.

한충수, "국제적 소송경합(Lis Pendens) -서울중앙지방법원 2002. 12. 13. 선고 2000가합90940 판결을 중심으로-", 민사소송 제8권 제2호, 2004.

한충수, "국제재판관할과 관련된 우리 판례의 현주소 -ALI/UNIDROIT의 국제민사소송원칙과의 비교를 중심으로-", 변호사 제37집, 2007.

한충수, "국제민사소송의 국제적인 흐름과 우리의 입법과제 -일본의 국제재판관할 관련 민사소송법 개정법률안을 중심으로-", 민사소송 제14권 제2호,

2010.

호문혁, "외국판결의 공서 위반 판단의 대상에 관한 연구 - 강제징용 사건 관련 대법원판결에 대한 검토를 중심으로", 법학평론 6권, 2016.

홍지욱, "한국 민사소송법 체제하에서 국제적 중복소송의 처리방안", 인천법학논총 제12집, 2009.

〈외국문헌〉

[단행본]

ALI/UNIDROIT, Principles of Transnational Civil Procedure, Cambridge University Press, 2006.

Bean, David, Injunctions(10th), Sweet and Maxwell, 2011. [Bean]

Berger, Bernhard/Kellerhals, Franz, International and Domestic Arbitration in Switzherland, Stämpfli Publishers, 2010. [Berger/Kellerhals]

Bermann, George A., International Arbitration and Private International Law, Brill/Nijhoff, 2017. [Bermann]

Born, Gary B., International Arbitration: Law and Practice, Wolters Kluwer, 2012. [Born]

Born, Gary B., International Commercial Arbitration(2nd), Wolters Kluwer, 2014. [Born]

Born, Gary B./Rutledge, Peter B., International Civil Litigation in United States Courts, Wolters Kluwer, 2018. [Born/Rutledge]

Böckstiegel, Karl-Heinz/Kröll, Stefan M./Nacimiento, Patricia(eds.) (written by Huber/Bach), Arbitration in Germany -The Model Law in Practice-(2nd.), Wolters Kluwer, 2015. [Böckstiegel/Kröll/Nacimiento(eds.)]

Brand, Ronald A./Herrup, Paul M., The 2005 Hague Convention on Choice of Court Agreements—Commentary and Documents—, Cambridge, 2008. [Brnad/Herrup]

Briggs, Adrian, The Conflict of Laws(4th), Oxford, 2019. [Briggs]

Callé, Pierre(eds.), Code de Procédure Civile, Dalloz, 2019. [Callé]

Cheshire, North & Fawcett(eds.), Private International Law (15th), Oxford, 2017. [Cheshire/North/Fawcett]

Dickinson, Andrew /Lein, Eva, The Brussels I Regulation Recast, Oxford, 2015. [Dickinson/Lein]

Fawcett, J. Jame et al.(eds.), Declining Jurisdiction in Private International Law, Oxford,

1995. [Fawcett]

Fentiman, Richard, International Commercial Litigation(2nd), Oxford, 2015. [Fentiman]

Garcimartín, Francisco/Saumier, Geneviève, Explanatory Report: HCCH Convention of 2 July 2019 on the Recognition and Enforcement of Foreign Judgments in Civil or Commercial Matters, HCCH, 2020. [Garcimartín/Saumier]

Greenberg, Simon/Kee, Christopher/Weeramantry, J. Romesh, International Commercial Arbitration: An Asia -Pacific Perspective-, Cambridge, 2011. [Greenberg/Kee/Weeramantry]

Guinchard, Serge(eds.), Droit et Pratique de la Procédure Civile, Dalloz, 2014. [Guinchard]

Hartley, Trevor, Choice of Court Agreements Under the European and International Instruments, Oxford, 2013. [Hartley]

Junker, Abbo, Internationales Zivilprozessrecht 5. Auflage, C.H.Beck, 2020. [Junker]

Kohler, Gabrielle K./Rigozzi, Antonio, International Arbitration: Law and Practice in Switzerland, Oxford, 2015. [Kohler/Rigozzi]

Kreindler, R./Wolff, R./Rider, S. M., Commercial Arbitration in Germany, Oxford, 2016. [Kreinler/Wolff/Rider]

Lowenfeld, Andreas F., International Litigation and Arbitration, Thomson West, 2006. [Lowenfeld]

McCaffrey, Stephen C. /Main, Thomas O, Transnational Litigation in Comparative Perspective, Oxford University Press, 2010. [McCaffrey/Main]

McLachlan, Campbell, Lis Pendens in International Litigation, Brill, 2009. [McLachlan]

Merkin Robert/Flannery Louis, Arbitration Act 1996(5th), Routledge, 2014. [Merkin/Flannery]

Poudret, Jean F./Besson, Sébastien, Comparative Law of International Arbitration, Sweet&Maxwell, 2007 [Poudret/Besson]

Raphael, Thomas, The Anti-Suit Injunction(2nd), Oxford, 2019. [Raphael]

Schack, Haimo, Internationales Zivilverfahrensrecht 8. Auflage, C.H.Beck, 2021. [Schack]

Schmid, jörg(eds.), Zürcher Kommentar zum IPRG, Schulthess, 2018. [Schmid]

Sheppard, Audley, Interim Report: 'Res Judicata' and Arbiration/ILA Berlin Conference(2004) on International Commercial Arbitration, ILA, 2004. [Sheppard]

Sheppard, Audley, Final Report on Lis Pendens and Arbitration: ILA Toronto

Confrence(2006) on International Commercial Arbitration, ILA, 2006. [Sheppard]

Sheppard, Final Report on Res Judicata and Arbiration: ILA Toronto Conference(2006) on International Commercial Arbitration, ILA, 2006. [Sheppard]

Seranglini, Christophe/Ortscheidt, Jérôme, Droit de l'arbitrage interne et international, Montcherestien, 2013. [Seranglini/Ortscheidt]

Stein/Jonas(eds.), Kommentar zur Zivilprozessordnung(23. Auflage), Mohr Siebeck, 2014. [Stein/Jonas]

Stone, Peter, EU Private International Law(3rd), Elgar European Law, 2014. [Stone]

Symeon, Symeonides, C. /Collins, Perdue W., Conflict of Laws: American, Comparative, International Cases and Materials(3rd), Thomson Reuters, 2012. [Symeon/Collins]

Tang, Zheng S./Xiao, Yongping /Huo, Zhengxin, Conflict of Laws in the People's Republic of China, Edward Elgar, 2016. [Tang/Xiao/Huo]

Wieczorek/Schütze(Hrsg.), Zivilprozessordnung und Nebengesetze (4. Auflage) Band 13/2, De Gruyter, 2019. [Wieczorek/ Schütze]

Wolff, Reinmar(eds.), New York Convention Commentary, C.H Beck·Hart·Nomos, 2012. [Wolff]

古田啓昌, 國際訴訟競合, 信山社, 1997. [古田]

兼子 一 編, 條解 民事訴訟法, 弘文堂, 2011. [兼子-(執筆者)]

菊井維大/村松俊夫, コンメンタール民事訴訟法 Ⅲ, 日本評論社, 2018. [菊井=村松]

吉村德重/上田竹志 編, 日中民事訴訟法 比較硏究, 九州大學出版社, 2017. [吉村=上田(執筆者)]

木棚照一, 國際私法, 成文堂, 2016. [木棚]

三木浩一/笠井正俊/垣內秀介/菱田雄郷, 民事訴訟法(第3版), 有斐閣, 2018. [三木 外]

石黑一憲, 國際民事訴訟法, 新世社, 2004. [石黑]

松本博之/上野泰男, 民事訴訟法(第8版), 弘文社, 2015. [松本=上野]

伊藤 眞, 民事訴訟法(第5版), 有斐閣, 2016. [伊藤]

中野貞一郎/松浦 馨/鈴木正裕, 新民事訴訟法講義(第3版), 有斐閣, 2018. [中野]

橫山 潤, 國際私法, 三省堂, 2015. [橫山]

宋朝武 主編, 民事诉讼法 (第5版), 中国政法大学出版社, 2015.

李双元/谢石松/欧福永, 国际民事诉讼法概论, 武汉大学出版社, 2016.

364 국제거래에 관한 분쟁해결절차의 경합

[논문]

Barceló, J. John., "Kompetenz-Kompetenz and Its Negative Effect-A Comparative View", Cornell Legal Studies Research Paper, No. 17-40, 2017. [Barceló]

Beenders, Daan/Hofstee, Wouter, "The First Blow is Half the Battle; the 'Torpedo' in (International) Legal Proceedings", Maandblad voor Vermogensrecht(M v V), 2015. [Beenders/Hofstee]

Bermann, George A., "The Use of Anti-Suit Injuction in International Litigation", Columbia Journal of Transnational Law Vol. 28, 1990. [Bermann]

Briggs, Adrian, "The Principle of Comity In Private International Law", Recueil Des Cours Vol. 354, 2011. [Briggs]

Burbank, B. Stephen, "Jurisdictional Conflict and Jurisdictional Equilibration: Paths to Via Media?", Houston Journal of International Law, Vol. 26 No. 2, 2004. [Burbank]

Bush, H. Jocelyn, "Comment, To Abstain or Not to Abstain?: A New Framework for Application of the Abstention Doctrine in International Parallel Proceedings", American University Law Review Vol. 58, 2008. [Bush]

Cornec, Alain/Losson, Julie, "French Supreme Court Restates Rules on Jurisdiction, Recognition and Enforcement of Foreign Decisions in Matrimonial Matters: A New Chance for Old Cases", Family Law Quarterly Vol. 44 No. 1, 2010. [Cornec/Losson]

Filip, de Ly, "The Interface between Arbitration and the Brussels Regulation", American University Business Law Review Vol. 5 No. 3, 2016. [Filip]

Franzosi, Mario, "Worldwide Patent Litigation and the Italian Torpedo", European Intellectual Property Review Vol. 19 No. 7, 1997. [Franzosi]

Furuta, Yoshimasa, "International Parallel Litigation: Disposition of Duplicative Civil Proceedings In the United States and Japan", Pacific Rim Law & Policy Journal Vol. 5 No. 1, 1995. [Furuta]

Gaudemet-Tallon, Hélène, "Répertoire de droit international", Compétence internationale: matière civile et commerciale, 2019. [Gaudemet-Tallon]

Hartley, C. Trevor, "The Modern Approach To Private International Law: International Litigation and Transactions From a Common Law Perspective", Recueil Des Cours Vol. 319, 2006. [Hartley]

Heinze, C., "Choice of Court Agreements, Coordination of Proceedings and Provisional

Measures in the Reform of the Brussels I Regulation", The Rabel Journal of Comparative and International Private Law, Vol. 75, No. 3, 2011. [Heinz]

Herrup, Paul/Brand, Ronald A., "A Hague Convention on Parallel Proceedings", University of Pittsburgh Legal Studies Research Paper No. 2021-23, 2021. [Herrup/Brand]

Hobér, Kaj, "Res Judicata and Lis Pendens", Recueil Des Cours Vol. 366, 2013. [Hobér]

Kenny, David/Hennigan, Rosemary, "Choice-of-Court Agreements, The Italian Torpedo, and the Recast of the Brussels I Regulation", International and Comparative Law Quartely Vol. 64, 2015. [Kenny/Hennigan]

Kühn, Wolfgang, "Arbitration and Insolvency", Dispute Resolution International Vol. 5 No. 2, 2011. [Kühn]

Lorenzen, Ernest G., "Story's Commentaries on the Conflict of Laws: One Hundred Years after", Harvard Law Review Vol. 48, 1934. [Lorenzen]

Lüttringhaus, Jan. D./Fentiman, Rechard, "Anti-Suit Injunctions", Encyclopedia of Private International Law, 2017. [Lüttringhaus/Fentiman]

Lüttringhaus, Jan. D./Silberman, Linda, "Lis Alibi Pendens", Encyclopedia of Private International Law, 2017. [Lüttringhaus/Silberman]

Mayer, Pierre, "L'autonomie de l'arbitre international dans l'appréciation de sa propre compétence", Recueil des Cours Vol. 217, 1989. [Mayer]

Meyerson, Bruce E., "The Revised Uniform Arbitration Act: 15 years later", Dispute Resolution Journal Vol. 71 No. 1, 2016. [Meyerson]

Park, William W., "The Arbitrator's Jurisdiction to Determine Jurisdiction", Boston University School of Law & Legal Theory Paper Series, 2007. [Park]

Parrish, L. Austen, "Duplicative Foreign Litigation", George Washington Law Review Vol. 78, 2010. [Parrish]

Pauwelyn, J. /Salles, L. E., "Forum Shopping Before International Tribunals: (Real)Concerns, (Im)Possible Solutions", Cornell International Law Journal Vol. 42, 2009. [Pauwelyn/Salles]

Phua, N. R. /Lee, Serena S. Y., "Anti-Suit Injunctions: Enforcing Arbitration Agreements in the EU: Analytical Failings after Gazprom and the Brussels(Recast)", Cambridge Law Review Vol. 2, 2017. [Phua/Lee]

Reetz, C. Ryan, "The Limits of the Competence-Competence Doctrine in United States Courts", Dispute Resolution International Law Vol. 5, 2011. [Reetz]

Saussine, Louis P., "Forum Conveniens and Anti-Suit Injunctions Before French Courts:

Recent Developments", International and Comparative Law Quarterly Vol. 59 No. 2, 2010. [Saussine]

Schultz, Thomas/Ridi, Niccolo, "Comity and International Courts and Tribunals", Cornell International Law Journal Vol. 50, 2017. [Schultz/Ridi]

Scott, D., "Commentary: Practical Options When Faced with an Injunction Against Arbitration", Arbitration International Vol. 18, 2002. [Scott]

Söderlund, Christer, "Lis pendens, Res Judicata and the Issue of Parallel Judicial Proceedings", Journal of International Arbitration, Vol. 22, 2005. [Söderlund]

Springer, Brian J., "An Inconvenient Truth: How Forum non Conveniens Doctrine Allows Defendants to Escape State Court Jurisdiction", University of Pennsylvania Law Review Vol. 163, 2015. [Springer]

Strong, S. I., "Anti-Suit Injunctions in Judicial and Arbitral Procedures in the United States", American Journal of Comparative Law Vol. 66, 2018. [Strong]

Susler, Ozlem, "The Jurisdiction of the Arbitral Tribunal: Transnational Analysis of the Negative Effect of Competence", Macquarie Journal of Business Law Vol. 6, 2009. [Susler]

Susler, Ozlem, "The English Approach to Compétence- Compétence", Pepperdine Dispute Resolution Law Journal Vol. 13, 2013. [Susler]

Tang, Sophia Zheng, "Declining Jurisdiction in Chinese Courts by Forum Non Conveniens", Hong Kong Law Journal Vol. 45 No. 1, 2015. [Tang]

Tirvaudey-Bourdin, Catherine, "Compétence-Exceptions de litispendance et de connexié", JurisClasseur Procédure civile Fasc. 600-95, 2018. [Tirvaudey-Bourdin]

Trocker, Nicolò, "Party Autonomy and Judicial Discretion in Transnational Litigation", International Contract Litigation, Arbitration and Judicial Responsibility in Transnational Disputes, Mohr Siebeck, 2011. [Trocker]

Watt, H. M./Dornis, T. W. "Comity", Encyclopedia of Private International Law, 2017. [Watt/Dornis]

Zhang, Huang, "International Jurisdiction under the 2005 Hague Convention on Choice of Court Agreements: Implications for China", Hong Kong Law Journal Vol. 47 No. 2, 2017. [Zhang]

高杉 直, "インターネット上の名誉毀損の國際裁判管轄と'特別の事情'(民訴法3條の9)における外國訴訟の考慮", ジュリスト(1505号), 2017. [高杉]

横溝 大, "國際裁判管轄における緊急管轄について", 法曹時報 64巻 8号, 1985.

横山 潤, "總論的考察 −立法の方向性から緊急管轄まで−", 國際私法年譜 第10号, 2008.

杨泽宇, "不方便法院原则在涉外民事诉讼中适用的条件", 人民司法 35, 2017.

彭奕, "不方便法院原则在我国的发展历程与立法完善—兼评2015年《民事诉讼法司法解释》第532条", 南京大学法律评论, 2016.

● 학술원 우수학술 도서
▲ 문화체육관광부 우수학술 도서